Psicologia da ioga
e meditação

Dados Internacionais de Catalogação na Publicação (CIP)
(Câmara Brasileira do Livro, SP, Brasil)

Jung, Carl Gustav, 1875-1961

Psicologia da ioga e meditação : seminários no ETH de Zurique : volume 6: 1938-1940 / Carl Gustav Jung ; tradução de Jacqueline Valpassos ; edição e introdução de Martin Liebscher. – Petrópolis, RJ : Vozes, 2024.

Título original: Psychology of yoga and meditation
ISBN 978-85-326-6966-7

1. Jung, Carl Gustav, 1875-1961 – Psicologia 2. Kundalini 3. Psicologia analítica 4. Yoga – Filosofia I. Liebscher, Martin. II. Título.

24-218496 CDD-294.543

Índices para catálogo sistemático:
1. Kundalini Yoga : Espiritualidade : Filosofia mística 294.543

Eliane de Freitas Leite – Bibliotecária – CRB-8/8415

C.G. JUNG
Psicologia da ioga e meditação

OUTUBRO DE 1938 A JUNHO DE 1939 E
NOVEMBRO DE 1940
EDIÇÃO E INTRODUÇÃO DE MARTIN
LIEBSCHER

Tradução de Jacqueline Valpassos

EDITORA
VOZES

Petrópolis

© 2020 Princeton University Press
© 2007 Foundation of the Works of C.G. Jung, Zürich
Edição original publicada em 2018 com o apoio da Fundação Philemon. Este livro pertence às Philemon Series da Fundação Philemon.

ⓟ PHILEMON SERIES

Tradução do original em inglês intitulado *Psychology of Yoga and Meditation – Lectures Delivered at ETH Zurich* – Volume 6. October 1938 to June 1939 and November 1940.

Direitos de publicação em língua portuguesa – Brasil:
2025, Editora Vozes Ltda.
Rua Frei Luís, 100
25689-900 Petrópolis, RJ
www.vozes.com.br
Brasil

Todos os direitos reservados. Nenhuma parte desta obra poderá ser reproduzida ou transmitida por qualquer forma e/ou quaisquer meios (eletrônico ou mecânico, incluindo fotocópia e gravação) ou arquivada em qualquer sistema ou banco de dados sem permissão escrita da editora.

CONSELHO EDITORIAL	PRODUÇÃO EDITORIAL
Diretor	Aline L.R. de Barros
Volney J. Berkenbrock	Anna Catharina Miranda
	Eric Parrot
Editores	Jailson Scota
Aline dos Santos Carneiro	Marcelo Telles
Edrian Josué Pasini	Mirela de Oliveira
Marilac LoraineOleniki	Natália França
Welder Lancieri Marchini	Priscilla A. F. Alves
	Rafael de Oliveira
Conselheiros	Samuel Rezende
Elói Dionísio Piva	Verônica M. Guedes
Francisco Morás	
Teobaldo Heidemann	
Thiago Alexandre Hayakawa	

Secretário executivo
Leonardo A.R.T. dos Santos

Editoração: Natália Machado
Diagramação: Victor Mauricio Bello
Revisão gráfica: Nilton Braz da Rocha/Fernando Sergio Olivetti da Rocha
Capa: Editora Vozes

ISBN 978-85-326-6966-7 (Brasil)
ISBN 978-0-691-20658-5 (Estados Unidos)

Este livro foi composto e impresso pela Editora Vozes Ltda.

Sumário

Introdução geral, 9

Ernst Falzeder | Martin Liebscher | Sonu Shamdasani

Diretrizes editoriais, 23

Agradecimentos, 29

Cronologia 1933-1941, 33

Introdução ao volume 6, 57

Nota dos tradutores, 91

Seminários sobre psicologia da ioga e meditação oriental constituídos pelo semestre do inverno de 1938/1939 e a primeira metade do semestre do verão de 1939, bem como os seminários 1 e 2 do semestre do inverno de 1940/1941:

SEMESTRE DO INVERNO DE 1938/1939, 93

Seminário 1, 95
  28 de outubro de 1938

Seminário 2, 109
  4 de novembro de 1938

Seminário 3, 127
  11 de novembro de 1938

Seminário 4, 143
  25 de novembro de 1938

Seminário 5, 159
  2 de dezembro de 1938

Seminário 6, 175
9 de dezembro de 1938

Seminário 7, 189
16 de dezembro de 1938

Seminário 8, 205
13 de janeiro de 1939

Seminário 9, 219
20 de janeiro de 1939

Seminário 10, 233
27 de janeiro de 1939

Seminário 11, 247
3 de fevereiro de 1939

Seminário 12, 261
10 de fevereiro de 1939

Seminário 13, 279
17 de fevereiro de 1939

Seminário 14, 295
24 de fevereiro de 1939

Seminário 15, 313
3 de março de 1939

SEMESTRE DO VERÁO DE 1939 (PARTE 1), 329

Seminário 1, 331
28 de abril de 1939

Seminário 2, 345
5 de maio de 1939

Seminário 3, 361
12 de maio de 1939

Seminário 4, 375
19 de maio de 1939

Seminário 5, 391
26 de maio de 1939

Seminário 6, 405
2 de junho de 1939
Seminário 7, 421
9 de junho de 1939
Seminário 8, 437
16 de junho de 1939
Seminário 9, 439
23 de junho de 1939

SEMESTRE DO INVERNO DE 1940/1941 (SEMINÁRIOS 1 E 2), 451
Seminário 1, 453
8 de novembro de 1940
Seminário 2, 469
15 de novembro de 1940

Abreviaturas, 487
Referências, 489
Índice, 515

Introdução geral

Ernst Falzeder
Martin Liebscher
Sonu Shamdasani

Entre 1933 e 1941, C.G. Jung palestrou no Instituto Federal Suíço de Tecnologia (ETH), no qual foi nomeado professor titular em 1935. Isso representou uma retomada de sua carreira universitária após um longo hiato, já que pedira demissão do cargo de professor na Faculdade de Medicina da Universidade de Zurique em 1914. Nesse período intermediário, a atividade docente de Jung consistiu principalmente em uma série de seminários no Clube de Psicologia de Zurique, que eram restritos a um grupo de membros composto por seus próprios alunos ou seguidores. Os seminários no ETH eram abertos e sua plateia formada por alunos da própria instituição, pelo público em geral e seguidores de Jung. O público a cada seminário afluía às centenas: Josef Lang, em uma carta a Hermann Hesse, falou de 600 participantes no fim de 1933 (Hesse, 2006, p. 299), Jung contou quatrocentos em outubro de 1935 (Jung, 1977, p. 87). Kurt Binswanger (comunicação pessoal)[1], que assistiu aos seminários, lembrava-se que as pessoas muitas vezes não encontravam assento e que os ouvintes "eram de todas as idades e de todas as classes sociais: estudantes [...]; indivíduos de

---

1. Entrevista com Gene Nameche [Countway Library of Medicine, Boston], p. 6.

meia-idade; bem como muitos idosos; muitas senhoras que já haviam estado em análise com Jung". O próprio Jung atribuiu tamanho sucesso à novidade de seus seminários e esperava um declínio gradual nos números: "Devido à grande plateia, meus seminários têm que ser realizados no *auditorium maximum*. É sem dúvida sua natureza sensacional que fascina as pessoas para que venham. Assim que perceberem que esses seminários tratam de assuntos sérios, os números se tornarão mais modestos".

Devido a esse contexto, a linguagem dos seminários é muito mais acessível do que a das obras publicadas de Jung neste período. Binswanger também observou que "Jung preparou cada uma dessas apresentações com extremo cuidado. Após os seminários, uma parte da plateia sempre permanecia para fazer perguntas, numa atmosfera totalmente natural e descontraída. Também era simpático o fato de Jung nunca aparecer apenas no último minuto, como faziam tantos outros palestrantes. Ele, ao contrário, já estava presente antes do seminário, acomodado em um dos bancos do corredor; e as pessoas podiam sentar-se com ele. Ele era comunicativo e aberto"[2].

Os seminários geralmente aconteciam às sextas-feiras, entre 18 e 19h. O público era formado por alunos regulares de disciplinas técnicas, que deveriam cursar matérias complementares da área das ciências humanas. Mas, como era possível se inscrever como ouvinte, muitos dos que tinham ido a Zurique para estudar com Jung ou fazer terapia assistiam aos seminários como uma introdução à Psicologia Analítica. Jung também realizou seminários no ETH com número restrito de participantes, nos quais aprofundava os tópicos dos seminários. Ao longo dos oito anos deles – que só foram interrompidos em 1937, quando Jung viajou para a Índia –, ele cobriu uma ampla gama

---

2. Entrevista com Gene Nameche [Countway Library of Medicine, Boston], p. 6.

de temas. Tais seminários estão no centro da atividade intelectual de Jung na década de 1930 e, além disso, fornecem a base de seu trabalho nas décadas de 1940 e 1950. Assim, compõem uma parte essencial da obra de Jung que ainda não recebeu a atenção e o estudo que merece. Os temas que Jung abordou nos seminários no ETH são provavelmente ainda mais significativos para os estudiosos, psicólogos, psicoterapeutas e o público em geral de hoje do que eram quando foram apresentados pela primeira vez. Com o passar dos anos, houve um crescente interesse pelo pensamento oriental, o hermetismo ocidental e as tradições místicas, a ascensão da teoria dos tipos psicológicos e o movimento de interpretação dos sonhos, e o nascimento da disciplina de História da Psicologia.

CONTEÚDO DOS SEMINÁRIOS

Volume 1: *História da psicologia moderna* (semestre de inverno de 1933/1934)

O primeiro semestre, de 20 de outubro de 1933 a 23 de fevereiro de 1934, consiste em dezesseis seminários sobre o que Jung chamou de história da "psicologia moderna", em que se referiu à psicologia como "uma ciência consciente", não aquela que projeta a psique nas estrelas ou em processos alquímicos, por exemplo. Seu relato tem início no alvorecer do Iluminismo e apresenta um estudo comparativo dos movimentos do pensamento francês, alemão e britânico. Jung colocou particular ênfase no desenvolvimento dos conceitos do inconsciente no Idealismo alemão do século XIX. Voltando-se para a Inglaterra e a França, traçou o despontar da tradição empírica e da pesquisa psicofísica, e como estas, por sua vez, foram retomadas na Alemanha e levaram ao surgimento da psicologia experimental. Ele reconstruiu o avanço da psicologia científica na França e nos Estados Unidos. Então, discorreu sobre a importância do espiritualismo e da pesquisa psíquica no nascimento da psicologia, conferindo especial atenção ao trabalho de Justinus Kerner e Théodore Flournoy. Jung dedicou cinco seminários a um estudo detalhado de *A vidente de Prevorst* (Kerner, 1829) e dois seminários a um estudo igualmente detalhado de *Da Índia ao Planeta Marte* (Flournoy, 1990 [1899]). Essas obras tiveram inicialmente um impacto considerável em Jung. Além de elucidar seu significado histórico, sua consideração sobre elas nos permite compreender o papel que a leitura desses materiais desempenhou em seus primeiros trabalhos. Excepcionalmente, nesta seção Jung evitou uma abordagem convencional da história das ideias e deu especial ênfase ao papel dos pacientes e sujeitos na constituição da psicologia. Ao longo de sua leitura dessas obras, Jung desenvolveu uma taxonomia detalhada do âmbito da consciência humana, que apresentou em uma série de diagramas. Ele então expôs uma série adicional de estudos de caso ilustrativos de indivíduos históricos em termos desse modelo: Nicolau de Flüe, Goethe, Nietzsche, Freud, John D. Rockefeller e o "chamado homem normal".

Dos principais vultos da psicologia do século XX, Jung foi indiscutivelmente o de espírito mais histórico e filosófico. Esses seminários têm, portanto, um duplo valor. Por um lado, apresentam uma contribuição seminal para a história da psicologia e, portanto, para a atual historiografia da psicologia. Por outro lado, é evidente que os desenvolvimentos que Jung reconstruiu teleologicamente culminam em sua própria "psicologia complexa" (como Jung preferia designar seu trabalho), e assim apresentam sua própria compreensão do surgimento [dessa psicologia]. Este relato fornece uma correção crítica às interpretações freudocêntricas predominantes sobre o desenvolvimento da obra de Jung, que já estavam em circulação nessa época. A taxonomia detalhada da consciência que ele expôs na segunda parte desse semestre não foi documentada em nenhum de seus trabalhos publicados. Ao apresentá-la, Jung observou que as dificuldades que encontrara com seu projeto de tipologia psicológica o levaram a empreendê-la. Assim, esses seminários apresentam aspectos críticos do pensamento maduro de Jung que não estão disponíveis em outros lugares.

Volume 2: Consciência e o inconsciente (semestre de verão de 1934)

Este volume apresenta doze seminários de 20 de abril de 1934 a 13 de julho de 1934. Jung começou com seminários sobre o *status* problemático da psicologia e tentou oferecer uma explicação de como as várias percepções da psicologia ao longo de sua história, que ele havia apresentado no primeiro semestre, tinham sido geradas. Isso o levou a expor as diferenças nacionais de ideias e perspectivas e a refletir sobre as diferentes características e dificuldades das línguas inglesa, francesa e alemã quando se tratava de expressar materiais psicológicos. Refletir sobre o significado da ambiguidade linguística levou Jung a relatar o *status* do conceito de inconsciente, que ilustrou com vários casos. Seguindo essas reflexões gerais, apresentou sua concepção das funções e tipos psicológicos, ilustrada por exemplos práticos de sua interação. Então, expôs seu conceito de inconsciente coletivo. Preenchendo uma lacuna em suas exposições anteriores, forneceu um mapa detalhado da diferenciação e estratificação de seus conteúdos, em particular no que diz respeito às diferenças culturais e "raciais". Jung, em seguida, passou a descrever métodos para tornar acessíveis os conteúdos do inconsciente: o experimento de associação, o método psicogalvânico e a análise dos sonhos. Em sua exposição de tais métodos, Jung revisou seu trabalho anterior à luz de sua compreensão atual. Em particular, ofereceu um relato detalhado de como a análise das associações nas famílias permitiu estudar a estrutura psíquica dessas famílias e o funcionamento dos complexos. O semestre terminou com uma visão geral do tópico sonhos e o estudo de vários sonhos.

Com base em sua reconstrução da história da psicologia, Jung então dedicou o restante desse semestre e os seguintes a uma exposição de sua "psicologia complexa". Como nos demais semestres, Jung viu-se diante de um público leigo, contexto que lhe proporcionou a oportunidade única de apresentar um relato completo e amplamente acessível de seu trabalho, já que não poderia pressupor conhecimentos prévios de psicologia. Dessa forma, encontramos aqui a introdução mais detalhada – e talvez a mais acessível – à sua própria teoria. Não é de modo algum, entretanto, uma mera introdução ao trabalho anterior, mas uma reformulação em grande escala de seus primeiros trabalhos em termos de sua compreensão naquele momento, e apresenta modelos da personalidade que não podem ser encontrados em nenhum outro lugar em sua obra. Assim, este volume representa a exposição mais atualizada de Jung sobre sua teoria dos complexos, experimentos de associação, compreensão dos sonhos, estrutura da personalidade e natureza da psicologia.

Volume 3: Psicologia moderna e sonhos (semestre de inverno de 1934/1935 e semestre de verão de 1935)

O terceiro volume apresenta seminários de dois semestres consecutivos: dezessete seminários de 26 de outubro de 1934 a 8 de março de 1935 e onze seminários de 3 de maio de 1935 a 12 de julho de 1935, aqui reunidos em um volume, pois todos tratam principalmente de métodos possíveis para acessar e tentar determinar o conteúdo do inconsciente. Jung começa com uma descrição detalhada da teoria e do método de análise dos sonhos de Freud e, em menor grau, de Adler, e então prossegue para seus próprios pontos de vista (os sonhos são "pura natureza" e têm caráter complementar/compensatório) e técnica (contexto, amplificação). Ele se concentra particularmente em três curtas séries de sonhos: a primeira, do ganhador do Prêmio Nobel, Wolfgang Pauli; a segunda, de um jovem homossexual; e a terceira, de uma pessoa psicótica, usando-as para descrever e interpretar simbolismos especiais. No semestre seguinte, ele conclui a discussão sobre o mecanismo, a função e o uso dos sonhos como método para nos esclarecer e fazer conhecer o inconsciente e depois chama a atenção para os "paralelos orientais", como a ioga, alertando contra seu uso indiscriminado pelos ocidentais. Em vez disso, dedica o restante do semestre a um exemplo detalhado de "imaginação ativa", ou "fantasiar ativo", como ele chama aqui, com a ajuda do caso de uma senhora americana de 55 anos, o mesmo que ele discutiu longamente no seminário alemão de 1931.

Este volume fornece uma descrição detalhada da compreensão de Jung sobre as teorias dos sonhos de Freud e Adler, lançando uma luz interessante sobre os pontos com os quais concordava e dos quais divergia, e como ele desenvolveu sua própria teoria e método em contraste com eles. Como tinha aguda consciência de estar falando para um público leigo, Jung procurou manter-se em um nível o mais básico possível – o que também é de grande ajuda para o leitor contemporâneo não especializado. Isso também é verdade para seu método de imaginação ativa, demonstrado em um longo exemplo. Embora ele tenha usado material também apresentado em outros lugares, a exposição em questão é altamente interessante precisamente porque é feita sob medida para um público leigo bastante variado e difere das apresentações para participantes escolhidos a dedo em seus seminários "privados" ou em livros especializados.

Volume 4: Tipologia psicológica (semestre de inverno de 1935/1936 e semestre de verão de 1936)

O quarto volume também combina seminários de dois semestres: quinze seminários de 25 de outubro de 1935 a 6 de março de 1936 e treze seminários de 1º de maio de 1936 a 10 de julho de 1936. O semestre de inverno dá uma introdução geral à história das tipologias e à tipologia na história intelectual e religiosa, da Antiguidade ao gnosticismo e cristianismo, da filosofia chinesa (*yin/yang*) à religião e filosofia persas (Arimã/Lúcifer), da Revolução Francesa ("déesse Raison") às *Cartas sobre a educação estética do homem*, de Schiller. Jung apresenta e descreve em detalhes as duas atitudes (introversão e extroversão) e as quatro funções (pensamento e sentimento como funções racionais, sensação e intuição como funções irracionais). No semestre de verão, ele se concentra na interação entre as atitudes e as várias funções, detalhando as combinações possíveis (sentimento, pensamento, sensação e intuição extrovertidos e introvertidos) com a ajuda de muitos exemplos.

O volume oferece uma excelente introdução de primeira mão à tipologia de Jung e é *a* alternativa para os leitores contemporâneos que buscam um texto básico, mas autêntico, em vez da obra-prima *Tipos psicológicos*, que, por assim dizer, esconde a Bela Adormecida por trás de uma espessa muralha de arbustos espinhosos, ou seja, suas mais de 400 páginas de "introdução", somente depois das quais Jung aborda sua tipologia propriamente dita. Como nos volumes anteriores, os leitores se beneficiarão do fato de Jung ter sido compelido a dar uma introdução básica e uma visão geral de seus pontos de vista.

Volume 5: Psicologia do inconsciente (semestre de verão de 1937 e semestre de verão de 1938)

Jung dedicou seus seminários do verão de 1937 (23 de abril a 9 de julho: onze seminários) e do verão de 1938 (29 de abril a 8 de julho: dez seminários) à psicologia do inconsciente. A compreensão da dependência sociológica e histórica da psique e da relatividade da consciência forma a base para familiarizar o público com diferentes manifestações do inconsciente relacionadas a estados hipnóticos e criptomnésia, afetos e motivações inconscientes, memória e esquecimento. Jung mostra as formas normais e patológicas de invasões de conteúdos inconscientes na consciência e delineia as metodologias para trazer à superfície o material inconsciente. Isso inclui métodos como o experimento de associação, análise de sonhos, imaginação ativa, bem como diferentes formas de expressão criativa, mas também ferramentas divinatórias antigas, incluindo astrologia e *I Ching*. O semestre de verão de 1938 voltou à série de sonhos do jovem homossexual discutido em detalhes nos seminários de 1935, desta vez destacando o método de Jung de interpretação de sonhos em nível individual e simbólico.

Jung ilustra seus seminários com vários diagramas e casos clínicos para torná-los mais acessíveis a não psicólogos. Em alguns casos, os seminários fornecem bem-vindas informações adicionais a artigos publicados, uma vez que Jung não era obrigado a restringir seu material a um espaço limitado. Por exemplo, Jung explicou melhor o famoso caso da chamada paciente da lua, tão importante para sua compreensão da realidade psíquica e da psicose, ou fez uma introdução muito pessoal ao uso do *I Ching*. Os seminários também lançam uma nova luz histórica sobre suas viagens à África, à Índia e ao Novo México e sobre sua abordagem quanto à psicologia, à filosofia e à literatura.

Volume 6: Psicologia da ioga e meditação (semestre de inverno de 1938/1939 e semestre de verão de 1939; além dos dois primeiros seminários do semestre de inverno de 1940/1941)

A série de seminários do semestre de inverno de 1938/1939 (28 de outubro a 3 de março: quinze seminários) e a primeira metade do semestre de verão de 1939 (28 de abril a 9 de junho: seis seminários) trata da espiritualidade oriental. Partindo do conceito psicológico de imaginação ativa, Jung procura encontrar paralelos nas práticas meditativas orientais. Seu foco é direcionado à meditação ensinada por diferentes tradições iogues e na prática budista. Os textos para a interpretação de Jung são os *Yoga Sûtra* de Patañjali, de acordo com a última pesquisa escrita por volta de 400 d.C. (Mass, 2006) e considerados uma das fontes mais importantes para o nosso conhecimento de ioga hoje, o *Amitâyur-Dhyâna-Sûtra* da tradição budista chinesa Terra Pura, traduzido do sânscrito para o chinês por Kâlayasas em 424 d.C. (Müller, 1894, p. xx-xxi), e o *Shrî-chakra-sambhâra Tantra*, um manuscrito relacionado à ioga tântrica, traduzido e publicado em inglês por Arthur Avalon (Sir John Woodroffe) em 1919 (Avalon, 1919).

Em nenhum outro lugar nas obras de Jung é possível encontrar interpretações psicológicas tão detalhadas desses três textos espirituais. Em termos de sua importância para a compreensão da visão de Jung sobre o misticismo oriental, os seminários de 1938/1939 só podem ser comparadas à sua leitura de *O segredo da flor de ouro* ou aos seminários sobre ioga kundalini.

No semestre de inverno de 1940/1941, Jung resume os argumentos de seus seminários sobre meditação oriental. O resumo é publicado como um adendo no fim do volume.

Volume 7: Exercícios espirituais de Inácio de Loyola (semestre de verão de 1939 e semestre de inverno de 1939/1940; além disso: seminário 3, semestre de inverno de 1940/1941)

A segunda metade do semestre de verão de 1939 (16 de junho a 7 de julho: quatro seminários) e o semestre de inverno de 1939/1940 (3 de outubro a 8 de março: dezesseis seminários) foram dedicados aos *Exercitia Spiritualia,* de Inácio de Loyola (1996 [1522-1524]), o fundador e primeiro superior-geral da Companhia de Jesus (jesuítas). Cavaleiro e soldado, Inácio foi ferido na batalha de Pamplona (1521), na sequência da qual experimentou uma conversão espiritual. Posteriormente, renunciou à sua vida mundana e se dedicou ao serviço de Deus. Em março de 1522, a Virgem Maria e o Menino Jesus apareceram a ele no santuário de Montserrat, o que o levou a procurar a solidão em uma caverna perto de Manresa. Lá, rezava sete horas por dia e escrevia suas experiências para que outros as seguissem. Esta coleção de orações, meditações e exercícios mentais constituíram a base dos *Exercitia Spiritualia* (1522-1524). No texto, Jung viu o equivalente à prática meditativa da tradição espiritual oriental. Ele oferece uma leitura psicológica da obra, comparando-a com a compreensão jesuíta moderna de teólogos como Erich Przywara.

As considerações de Jung sobre os *Exercitia Spiritualia* seguem os seminários sobre meditação oriental do ano anterior. Em nenhuma parte dos escritos de Jung se encontra uma comparação igualmente intensa entre o espiritualismo oriental e o ocidental. A sua abordagem corresponde ao objetivo da conferência anual de Eranos, ou seja, abrir um diálogo entre o Oriente e o Ocidente. As observações críticas de Jung sobre a adoção do misticismo oriental pelos europeus modernos e sua sugestão para que estes voltem às suas próprias tradições são esclarecidas por esses seminários.

No semestre do inverno de 1940/1941, Jung dedicou o terceiro seminário a um resumo dos anteriores sobre os *Exercitia Spiritualia*. Este resumo é adicionado como um adendo ao volume 7.

Volume 8: A psicologia da alquimia (semestre de inverno de 1940/1941 e semestre de verão de 1941)

Os seminários do semestre de inverno de 1940/1941 (do seminário 4 em diante; 29 de novembro a 28 de fevereiro: doze seminários) e do semestre de verão de 1941 (2 de maio a 11 de julho: onze seminários) fornecem uma introdução à compreensão psicológica de Jung sobre a alquimia. Ele explicou a teoria da alquimia, delineou os conceitos básicos e fez uma explanação sobre a pesquisa psicológica na alquimia. Mostrou a relevância da alquimia para a compreensão do processo psicológico de individuação. Os textos alquímicos sobre os quais Jung falou incluíram, ao lado de exemplos famosos como a *Tabula Smaragdina* e o *Rosarium Philosophorum*, muitos tratados alquímicos menos conhecidos.

Os seminários sobre alquimia foram a pedra angular no desenvolvimento da teoria psicológica de Jung. Suas conferências de Eranos de 1935 e 1936 versaram sobre o significado psicológico da alquimia e mais tarde foram fundidas em *Psicologia e alquimia* (1944). Os seminários no ETH a respeito do tema destacam a maneira como as ideias de Jung sobre a alquimia se desenvolveram ao longo daqueles anos. Como introdução à alquimia, fornecem uma ferramenta indispensável para se entender a complexidade de suas últimas obras, como o *Mysterium Coniunctionis*.

Referências

Avalon, A. [Sir John Woodroffe] (Ed.). (1919). *Shrî-chakra-sambhara Tantra*. Luzac; Thacker, Spink.

Flournoy, T. (1900 [1899]). *Des Indes à la planète Mars: Étude sur un cas de somnambulisme com glossolalie*. F. Alcan; C. Eggimann.

Flournoy, T. (1994). *From India to planet Mars: A case of multiple personality with imaginary languages*. Princeton University Press.

Hesse, H. (2006 [1916-1944]). *"Die dunkle und wilde Seite der Seele": Briefwechsel mit seinem psychoanalytiker Josef Bernhard Lang 1916-1944* (T. Feitknecht, ed.). Suhrkamp.

Inácio de Loyola (1996 [1522-1524]). The spiritual exercises. In *Personal writings: Reminiscences, spiritual diary, selected letters including the text of the spiritual exercises* (p. 281-328). Penguin.

Jung, C.G. (1996). *The psychology of kundalini yoga: Notes of the seminar given in 1932 by C. G. Jung* (S. Shamdasani, ed.). Princeton University Press [trad. Jung, 2022].

Jung, C.G. (2022). *A psicologia da ioga kundalini: Notas do seminário realizado em 1932 por C.G. Jung* (S. Shamdasani, ed.). Editora Vozes.

Kerner, J.A.C. (2011). *The seeress of Prevorst: Being revelations concerning the inner-life of man, and the inter-diffusion of a world of spirits in the one we habit*. Cambridge University Press.

Kerner, J.A.C. (2012). *Die seherin von Prevorst: Eröffnungen über das innere leben und über das hineinragen einer geisterwelt in die unsere*. (Trabalho original publicado em 1829).

Maas, P.A. (2006). *Samâdhipâda: Das erste kapitel des pâtañjalayogaśâstra zum ersten mal kritisch ediert*. Shaker.

Müller, M. (1894). Introduction to Buddhist Mahâyâna texts. In M. Müller (Ed.), *The sacred books of the East* (Vol. 49). Clarendon.

Diretrizes editoriais

Com exceção de algumas notas preparatórias, não há nenhum texto escrito por Jung nesta obra. O presente material foi reconstruído pelos editores por meio de diversos registros de participantes dos seminários. Através do uso de taquigrafia, as anotações tomadas por Eduard Sidler, um engenheiro suíço, e Rivkah Schärf – que mais tarde se tornou uma conhecida historiadora das religiões, psicoterapeuta e colaboradora de Jung – fornecem uma primeira base bastante precisa para a compilação dos seminários. (O método de taquigrafia usado está desatualizado e teve que ser transcrito por especialistas da área.)

Juntamente com os escritos recém-descobertos de Otto Karthaus, que fez carreira como um dos primeiros conselheiros vocacionais científicos na Suíça, Bertha Bleuler, e Lucie Stutz-Meyer, professora de ginástica da família Jung, essas anotações nos permitem não apenas recuperar acesso ao conteúdo dos seminários ministrados oralmente pelo fundador da psicologia analítica, mas também sentir o fascínio do público pelo orador Jung.

Existe também um conjunto de notas em inglês mimeografadas que foram publicadas de maneira privada e circularam em número limitado. Elas foram editadas e traduzidas por um grupo de falantes da língua inglesa em Zurique encabeçado por Barbara Hannah e Elizabeth Welsh e constituem mais um resumo do que uma tentativa de reprodução literal do conteúdo dos seminários. Em relação aos primeiros anos, a edição de Hannah se baseou apenas nas notas de Marie--Jeanne Schmid, a secretária de Jung na época; para os seminários posteriores, as anotações de Rivkah Schärf forneceram a única fonte para a maior parte do texto. A edição foi difundida em impressões privadas de 1938 a 1968.

A edição de Hannah se desvia do texto falado original de Jung conforme registrado nos outros apontamentos. Hannah e Welsh declararam em sua "Nota introdutória" que sua compilação "não pretende ser uma reprodução textual nem uma tradução literal". Hannah estava interessada principalmente na criação de um texto legível e coerente e não se esquivou de acrescentar ou omitir passagens para esse fim. Como sua edição foi baseada apenas em um conjunto de notas, ela não conseguiu corrigir trechos em que Schmid ou Schärf registraram o texto de Jung de forma errada. Mas como Hannah contava com a vantagem de conversar pessoalmente com Jung, quando não tinha certeza sobre o conteúdo de uma determinada passagem, sua compilação em inglês às vezes é útil para fornecer informações adicionais aos leitores de nossa edição.

Diferente de uma edição crítica, esta não se destina a fornecer as diferentes variações em um aparato crítico separado. Se tivéssemos listado fielmente todas as variações menores ou maiores nos registros, o texto teria se tornado virtualmente ilegível e, assim, teria perdido a acessibilidade que é a marca registrada da apresentação de Jung. Na maior parte, no entanto, podemos ter razoável certeza de que a compilação reflete com precisão o que Jung disse, embora ele possa ter usado palavras ou formulações diferentes. Além disso, em várias passagens-chave foi possível reconstruir o conteúdo literal como, por exemplo, quando diferentes anotadores identificaram certas passagens como citações diretas. As variações muitas vezes não agregam conteúdo e inteligibilidade e em muitos casos têm origem em erros ou na falta de compreensão por parte do participante que faz a anotação. Em sua compilação, os editores trabalharam de acordo com o princípio de que o máximo possível de informação deve ser extraído dos manuscritos. Se houver contradições óbvias que não possam ser decididas pelo editor, ou, como pode ser o caso, erros claros por parte de Jung ou do ouvinte, isso será esclarecido pela anotação do editor.

Dos anotadores, Eduard Sidler, cuja formação era em engenharia, tinha o menor entendimento da psicologia junguiana no início, embora naturalmente tenha se tornado mais familiarizado com ela ao longo do tempo. De qualquer forma, ele tentou registrar o mais fielmente que pôde, fazendo as anotações mais detalhadas dentre todas. Às vezes, porém, ele não conseguia mais acompanhar ou visivelmente entendia mal o que era dito. Por outro lado, temos a versão de Welsh e Hannah, que em si já constitui uma compilação, obviamente muito editada, mas que é (pelo menos nos primeiros semestres) o manuscrito mais coerente, além de também conter coisas que faltam em outras notas. Além disso, elas afirmam que "o próprio Prof. Jung [...] teve a gentileza de nos ajudar com certas passagens", embora não saibamos quais são. Ademais, ao longo dos anos, e também em seminários individuais, a qualidade, precisão e confiabilidade dos registros dos diferentes anotadores variam, como é natural. Em suma, o melhor que podemos fazer é tentar encontrar uma aproximação do que Jung realmente disse. Em essência, a escolha de como reunir essas anotações sempre será arbitrária, na ausência de qualquer medida objetiva.

Assim, é impossível estabelecer princípios editoriais exatos para cada situação, de modo que editores diferentes inevitavelmente chegassem exatamente às mesmas formulações. Só pudemos aderir a algumas diretrizes gerais, como "Interferir o mínimo possível e o quanto for necessário" ou "Tente estabelecer qual a coisa mais provável que Jung poderia ter dito, com base em todas as fontes disponíveis" (incluindo a *Obra completa*, obras autobiográficas ou entrevistas, outros seminários etc.). Se duas transcrições coincidirem e a terceira for diferente, geralmente é seguro optar pelas duas primeiras. Em alguns casos, no entanto, fica claro pelo contexto que as duas estão erradas e a terceira está correta. Ou, se as três não estiverem claras, às vezes é possível "limar" o texto recorrendo à literatura; por exemplo, quando Jung resume a história de Kerner, *A vidente de Prevorst*. Como acontece com todos os trabalhos acadêmicos desse tipo, não há uma receita explícita que forneça os mínimos detalhes: é preciso confiar em seu julgamento acadêmico.

Essas dificuldades não dizem respeito apenas à apuração do texto dos seminários de Jung no ETH, mas também às notas de seus seminários em geral, muitos dos quais já foram publicados sem abordar esse problema. Por exemplo, a introdução ao *Seminários sobre análise de sonhos* menciona o número de pessoas envolvidas na preparação das notas, mas não há relato sobre a forma como trabalharam ou como apuraram o texto (Jung, 1984, p. x-xi). Algumas notas manuscritas na biblioteca do Clube de Psicologia Analítica em Los Angeles indicam que a compilação das anotações envolveu um significativo "processamento em comitê". A este respeito, é interessante comparar a estrutura das frases do *Seminários sobre análise de sonhos* com o seminário de 1925, que foi conferido por Jung. Em 19 de outubro de 1925, Jung escreveu a Cary Baynes, depois de verificar as anotações da psicóloga e tradutora e reconhecer sua contribuição literária: "Trabalhei fielmente nas anotações, como você verá. Acho que elas como um todo são muito precisas. Certos seminários são até fluentes, ou seja, aqueles em que você não pôde impedir sua libido de entrar" (arquivo pessoal de Cary Baynes, Contemporary Medical Archives, Wellcome Library, Londres).

Nossa situação específica parece ser um problema de "abundância", por assim dizer, porque temos várias transcrições, o que muitas vezes não acontecia em outros seminários. Temos também a desvantagem de não podermos mais perguntar ao próprio Jung, como, por exemplo, Cary Baynes, Barbara Hannah, Marie-Jeanne Schmid ou Mary Foote podiam fazer. Só podemos trabalhar da melhor maneira possível e advertir o leitor de que não há garantia de que isto seja "textualmente Jung", embora tenhamos tentado chegar o mais próximo possível do que ele realmente disse.

Agradecimentos

A preparação desses seminários para publicação, a partir de milhares de páginas de notas dos ouvintes, teve uma longa gestação. Como um quebra-cabeça complexo montado por inúmeras mãos ao longo de muitos anos, este trabalho não teria sido possível sem as contribuições de várias pessoas, às quais são devidos agradecimentos. A Fundação Philemon, sob seus ex-presidentes Steve Martin, Judith Harris e Richard Skues, ex-copresidente Nancy Furlotti e atual presidente, Caterina Vezzoli, é responsável por este projeto desde 2004. Sem as contribuições de seus doadores, nada do trabalho editorial teria sido possível ou concretizado. De 2012 a 2020, o projeto foi apoiado por Judith Harris na UCL. De 2004 a 2011, o projeto foi apoiado principalmente por Carolyn Fay, o Centro Educacional C.G. Jung de Houston, a Fundação MSST e a Furlotti Family Foundation. O projeto também foi apoiado por bolsas de pesquisa da Associação Internacional de Psicologia Analítica em 2006, 2007, 2008 e 2009.

Este projeto de publicação foi iniciado pela antiga Sociedade dos Herdeiros de C.G. Jung (agora Fundação das Obras de C.G. Jung), entre 1993 e 1998. Desde o início, Ulrich Hoerni esteve envolvido em quase todas as fases do projeto, apoiado ativamente entre 1993 e 1998 por Peter Jung. O comitê executivo da Sociedade dos Herdeiros de C.G. Jung liberou os textos para publicação. No ETH de Zurique, o ex-responsável pelos arquivos, Beat Glaus, disponibilizou registros e supervisionou as transcrições. Ida Baumgartner e Silvia Bandel transcreveram notas taquigráficas dos seminários; C.A. Meier forneceu informações gerais sobre os seminários; Marie-Louise von Franz forneceu informações sobre a edição dos textos de Barbara Hannah; Helga Egner e Sonu Shamdasani deram orientação editorial; nos Arquivos da Família Jung, Franz Jung e Andreas Jung disponibilizaram textos e materiais relacionados; nos Arquivos do Clube Psicológico, o ex-presidente, Alfred Ribi, e a bibliotecária, Gudrun Seel, disponibilizaram apontamentos dos seminários; e Sonu Shamdasani encontrou anotações feitas por Lucie Stutz-Meyer. Rolf Auf der Maur e Leo La Rosa prestaram assessoria jurídica e administraram contratos.

Em 2004, a Fundação Philemon assumiu o projeto em colaboração com a Sociedade dos Herdeiros de C.G. Jung e, desde 2007, com sua organização sucessora, a Fundação das Obras de C.G. Jung e os Arquivos do ETH de Zurique. Na Fundação das Obras de C.G. Jung, Ulrich Hoerni, antigo presidente e diretor executivo, Daniel Niehus, presidente, e Thomas Fischer, diretor executivo, supervisionaram o projeto, e Ulrich Hoerni, Thomas Fischer e Bettina Kaufmann, assistente editorial, revisaram o manuscrito. Desde 2007, Peter Fritz da Agência Paul & Peter Fritz é responsável pela gestão de contratos. Nos Arquivos do ETH de Zurique, Rudolf Mumenthaler e Michael Gasser, ex-diretores, Christian Huber, diretor, e Yvonne Voegeli disponibilizaram textos e documentos relacionados. Nomi Kluger-Nash forneceu notas taquigráficas de Rivkah Schärf de alguns seminários, que foram então transcritos por Silvia Bandel. Steve Martin forneceu notas taquigráficas de Bertha Bleuler de alguns dos seminários.

O trabalho editorial foi supervisionado por Sonu Shamdasani, editor-geral da Fundação Philemon. Entre 2004 e 2011, a fase preparatória da compilação dos textos e do trabalho editorial foi realizada por Angela Graf-Nold. A partir de 2012, a compilação e o trabalho editorial foram realizados por

Ernst Falzeder, Martin Liebscher e (desde dezembro de 2018) Christopher Wagner no Health Humanities Centre e no departamento de alemão da UCL.

O editor deste volume, Ernst Falzeder, gostaria de expressar sua profunda gratidão à diretoria da Fundação Philemon e, em particular, a Judith Harris por seu apoio inestimável ao longo do trabalho neste projeto; a Sonu Shamdasani, Martin Liebscher e Chris Wagner da UCL pela excepcional colaboração, orientação e ajuda; a Ulrich Hoerni e Thomas Fischer da Fundação das Obras de C.G. Jung; à equipe da Princeton University Press, em particular Fred Appel, Karen Carter e Jay Boggis; aos integrantes do Grupo Phanês; à comunidade do fórum de tradutores em https://dict.leo.org/englisch-deutsch/; e a um grande número de amigos, parentes e simpatizantes ao longo dos anos, numerosos demais para serem mencionados aqui, em particular Eva Eckmair, Eva Erhart, Florian Falzeder, Gemmo Kosumi, Gerhard Laber, Martin Liebscher, Tommaso Priviero, Christian Schacht, Sonu Shamdasani, e Hale Usak. Agradecimentos especiais a Marina Leitner – como não poderia deixar de ser.

Cronologia 1933-1941

Compilada por Ernst Falzeder, Martin Liebscher e Sonu Shamdasani

Data	Eventos na carreira de Jung	Eventos mundiais
1933		
Janeiro	Jung continua seu seminário em inglês sobre as visões de Christiana Morgan, nas manhãs de quarta-feira.	
30 de janeiro		Na Alemanha, Hitler é nomeado chanceler do Reich pelo Presidente Paul von Hindenburg.
Fevereiro	Jung faz palestras na Alemanha (Colônia e Essen) sobre "A importância da psicologia para a época atual" (OC 10/3).	
27 de fevereiro		Incêndio do Reichstag em Berlim. O incêndio, possivelmente uma "operação de bandeira falsa", foi usado como evidência pelos nazistas de que os comunistas estavam conspirando contra o governo alemão, e o evento é visto como fundamental no estabelecimento da Alemanha nazista. Muitas prisões de esquerdistas. Em 28 de fevereiro, os direitos básicos mais importantes da República de Weimar foram suspensos.
4 de março		"Autodissolução" do parlamento austríaco e regime autoritário do chanceler Engelbert Dollfuss.

(continua)

Data	Eventos na carreira de Jung	Eventos mundiais
5 de março		Nas eleições federais alemãs, os Nacional-socialistas tornam-se o partido mais forte com 43,9% dos votos.
13 de março a 6 de abril	Jung aceita o convite de Hans Eduard Fierz para acompanhá-lo em um cruzeiro pelo Mediterrâneo, incluindo uma visita à Palestina.	
18/19 de março	Atenas. Visita ao Partenon e ao teatro de Dionísio.	
23 de março		O parlamento alemão aprova a *Ermächtigungsgesetz* (Lei de Concessão de Plenos Poderes), segundo a qual o governo tem o poder de promulgar leis sem o consentimento do parlamento ou do presidente do Reich – [isto é, o parlamento se desativou, anulando o próprio poder].
25 a 27 de março	Jung e Fierz visitam Jerusalém, Belém e o Mar Morto.	
28 a 31 de março	Egito, com visitas a Gizé e Luxor.	
Março a junho		Franklin D. Roosevelt inicia o New Deal.
1º de abril		Boicote nacional a lojas judaicas na Alemanha.
5 de abril	Via Corfu e Ragusa o *General von Steuben* aporta em Veneza, de onde Jung e Fierz pegam o trem para Zurique.	
6 de abril	Ernst Kretschmer renuncia à presidência da Sociedade Médica Geral para a Psicoterapia (SMGP) em protesto contra "influências políticas". Jung, como vice-presidente, aceita a presidência interina e o cargo de editor da revista da entidade, a *Zentralblatt für Psychotherapie*.	

(continua)

Data	Eventos na carreira de Jung	Eventos mundiais
7 de abril		O parlamento alemão aprova uma lei que exclui judeus e dissidentes do serviço público.
22 de abril		Professores "não arianos" são excluídos de suas organizações profissionais, médicos "não arianos" e "marxistas" perdem seu credenciamento no seguro nacional de saúde.
26 de abril		Formação da Gestapo.
1º a 10 de maio		Proibição de sindicatos na Alemanha.
10 de maio		Queima pública de livros em Berlim e outras cidades, inclusive livros de Freud.
14 de maio	O *Berliner Börsen-Zeitung* publica "Contra a psicanálise" e descreve Jung como o reformador da psicoterapia.	
22 de maio		Sándor Ferenczi morre em Budapeste.
27 de maio/1º de junho		O governo alemão impõe a chamada taxa de mil marcos, uma sanção econômica contra a Áustria. Os cidadãos alemães tinham que pagar uma taxa de 1.000 Reichsmark (ou o equivalente a U$ 5.000 em 2015) para entrar na Áustria.
21 de junho	Jung aceita a presidência da SMGP.	
26 de junho	Entrevista com Jung na Rádio Berlim, conduzida por Adolf Weizsäcker.	
26 de junho a 1º de julho	Jung ministra o "Seminário de Berlim", aberto por uma palestra de Heinrich Zimmer em 25 de junho.	

(continua)

Data	Eventos na carreira de Jung	Eventos mundiais
14 de julho		"Lei de prevenção de doenças hereditárias" na Alemanha, que permite a esterilização compulsória de qualquer cidadão supostamente portador de doenças hereditárias.
14 de julho		Na Alemanha, todos os partidos, com exceção do NSDAP, são banidos ou se dissolvem.
Agosto	Primeira participação de Jung no encontro do Círculo de Eranos em Ascona, onde ministra uma conferência "Sobre o conhecimento empírico do processo de individuação" (com novo título, OC 9/1).	
15 de setembro	Fundação de um novo capítulo alemão da SMGP, cujos estatutos exigem lealdade incondicional a Hitler. Matthias H. Göring, primo de Hermann Göring, é nomeado seu presidente.	
22 de setembro		Lei sobre a "câmara de cultura do Reich" na Alemanha reforçou a conformidade [*Gleichschaltung*] da cultura em geral, equivalente a uma proibição profissional de judeus e artistas que produzem arte "degenerada".
7/8 de outubro	Encontro da Academia Suíça de Ciências Médicas em Prangins. Jung apresenta uma contribuição sobre alucinação (OC 18/2).	
20 de outubro	Primeiro seminário de Jung sobre "Psicologia Moderna" no ETH.	
5 de dezembro		Revogação da Lei Seca nos Estados Unidos com a aprovação da Vigésima Primeira Emenda.

(*continua*)

Data	Eventos na carreira de Jung	Eventos mundiais
10 de dezembro		Prêmio Nobel de Física para Erwin Schrödinger e Paul A.M. Dirac "pela descoberta de novas formas produtivas da teoria atômica".
Dezembro	Jung publica um editorial no *Zentralblatt* da SMGP, no qual contrasta a psicologia "germânica" com a "judaica" (OC 10). A mesma edição contém um manifesto de princípios nazistas de Matthias Göring que, seja por descuido ou de propósito, também aparece na edição internacional, não apenas na alemã, contra a vontade de Jung, que ameaça renunciar à presidência, mas acaba permanecendo.	

Outras publicações em 1933

- "Um exame da psique do criminoso". OC 18/1

- "Sobre a psicologia". Versão revisada em OC 8

- "Bruder Klaus" OC 11/6

- Prefácio a Esther Harding. *The way of all women*. OC 18/2

- Resenha do livro de Gustav Richard Heyer, *Der Organismus der Seele*. OC 18/2

	1934	
20 de janeiro		A "Lei sobre a Ordem do Trabalho" e do "Princípio Führer" na economia da Alemanha.
12 a 16 de fevereiro		Guerra civil na Áustria, resultando na proibição de todos os partidos e organizações social-democratas, prisões em massa e execuções sumárias.
23 de fevereiro	Último seminário de Jung no ETH no semestre do inverno de 1933/1934.	

(continua)

Data	Eventos na carreira de Jung	Eventos mundiais
27 de fevereiro	Gustav Bally publica uma carta ao editor em *Neue Zürcher Zeitung* ("Psicoterapia de origem alemã?"), na qual critica fortemente Jung por suas supostas tendências nazistas e visões antissemitas.	
Primavera	Início do estudo sério e detalhado da alquimia por Jung, auxiliado por Marie-Louise von Franz.	
13 a 14 de março	Jung publica uma réplica a Bally no *NZZ* ("Atualidades", OC 11/6).	
16 de março	Publicação de B. Cohen, "Is C.G. Jung 'Conformed'?" no *Israelitisches Wochenblatt für die Schweiz*.	
21 de março	Último seminário de Jung sobre as visões de Christiana Morgan. Os participantes optam por continuar os seminários em inglês das quartas-feiras pela manhã, tendo agora por tema o *Zaratustra* de Nietzsche.	
Março/abril	C.G. Jung publica *The reality of the soul:* Applications and advances of modern psychology. Com contribuições de Hugo Rosenthal, Emma Jung e W. Müller Kranefeldt.	
Abril	Jung publica "A alma e a morte" (OC 8/2).	
Abril	Entrevista com Jung, "O mundo está à beira do renascimento espiritual?" (*Hearst's International-Cosmopolitan*, Nova York).	
Meados de abril	Jung publica "A situação atual da psicoterapia" no *Zentralblatt* (OC 10/3).	

(continua)

Data	Eventos na carreira de Jung	Eventos mundiais
20 de abril	Primeiro seminário de Jung no ETH no semestre de verão.	
2 de maio	Jung inicia o seminário em inglês sobre o *Zaratustra* de Nietzsche (até 15 de fevereiro de 1939).	
5 de maio	Aula inaugural de Jung no ETH: "Considerações gerais sobre a teoria dos complexos" (OC 8/2).	
10 a 13 de maio	Jung preside o 7º Congresso de Psicoterapia em Bad Nauheim, Alemanha, organizado pela SMGP, e repete sua palestra sobre a Teoria dos Complexos. Fundação de uma sociedade internacional guarda-chuva, a IGMSP, organizada em grupos nacionais que são livres para fazer seus próprios regulamentos. De acordo com a proposição de Jung, são aprovados estatutos que (1) estabelecem que nenhuma sociedade nacional isolada pode reunir mais de 40% dos votos, e (2) permitem que indivíduos (isto é, judeus, que são banidos da sociedade alemã) possam se juntar à Sociedade Internacional como "membros individuais". Jung é confirmado como presidente e editor do *Zentralblatt*.	
29 de maio	James Kirsch, "The jewish question in psychotherapy: A few remarks on an essay by C.G. Jung", no jornal *Jüdische Rundschau*.	

(continua)

Data	Eventos na carreira de Jung	Eventos mundiais
31 de maio		A "Declaração Teológica de Barmen", instigada principalmente por Karl Barth, repudia abertamente a ideologia nazista. Torna-se um dos documentos fundadores da Igreja Confessante, a resistência espiritual contra o nacional-socialismo.
15 de junho	Erich Neumann, carta ao *Jüdische Rundschau* sobre "The jewish question in psychotherapy" de Kirsch.	
30 de junho/1º de julho		O chamado golpe de Röhm. O líder da SA, Ernst Röhm, outros membros de alto escalão da SA e supostos oponentes políticos são executados por ordem direta de Hitler, entre eles o médico pessoal de Röhm, Karl-Günther Heimsoth, um membro de longa data do IGMSP e um conhecido pessoal de Jung.
13 de julho	Seminário final de Jung no ETH do semestre de verão.	
25 de julho		Na Áustria, tentativa de golpe fracassada pelos nazistas, na qual o chanceler austríaco Engelbert Dollfuss acabou assassinado.
29 de julho		Novo governo na Áustria sob o chanceler Kurt Schuschnigg, que tenta controlar o movimento nazista com seu próprio regime autoritário de direita.
2 de agosto		Morte do presidente do Reich, Paul Von Hindenburg. Hitler assume a chancelaria e presidência em união pessoal, bem como o comando supremo da Wehrmacht.

(continua)

Data	Eventos na carreira de Jung	Eventos mundiais
3 de agosto	Gerhard Adler, "Is Jung Antisemite?", no *Jüdische Rundschau*.	
Agosto	Conferência de Eranos em Ascona. Jung fala sobre "Os arquétipos e o inconsciente coletivo" (OC 9/1).	
1 a 7 de outubro	Jung ministra um seminário na Société de Psychologie em Basileia.	
26 de outubro	Primeiro seminário no ETH do semestre do inverno 1934/1935.	

Outras publicações em 1934:

Com M.H. Göring, "Geheimrat Sommer on his 70th birthday", *Zentralblatt* VII

Carta circular, *Zentralblatt*. OC 11/6

"Um aditamento" a "Atualidades" [réplica a Bally]. OC 11/6

Prefácio para *Die Wunder der Seele*, de Carl Ludwig Schleich. OC 18/2

Prefácio para *Entdeckung der Seele*, de Gerhard Adler. OC 18/2

Resenha de *La Révolution Mondiale*, de Hermann Keyserling. OC 10/2

1935		
	Jung torna-se professor titular do ETH.	
	Jung conclui sua torre em Bollingen, acrescentando um pátio e uma *loggia*.	
19 de janeiro	Jung aceita um convite para uma palestra na Holanda.	
22 de janeiro	Fundação do capítulo suíço do IGMSP.	
24 de fevereiro		A Suíça estende o período de treinamento militar.
1º de março		Reunião do Sarre com a Alemanha, marcando o início da expansão alemã sob os nacional-socialistas.
8 de março	Seminário final no ETH do semestre do inverno de 1934/1935.	

(*continua*)

Data	Eventos na carreira de Jung	Eventos mundiais
16 de março		O governo alemão desrespeita seu compromisso de futura adesão às cláusulas de desarmamento do Tratado de Versalhes.
26 de março		A Suíça proíbe críticas caluniosas às instituições estatais na imprensa.
27 a 30 de março	VIII Congresso da IGMSP em Bad Nauheim (OC 11/6).	
2 de maio		Aliança Franco-Russa.
3 de maio	Primeiro seminário no ETH do semestre do verão de 1935.	
Maio	Jung participa e palestra em um simpósio da IGMSP sobre a psicoterapia na Suíça.	
5 de junho		O governo suíço apresenta um extenso programa de expansão armamentista.
11 de junho		A conferência de desarmamento em Genebra termina em fracasso.
28 de junho	Publicação da contribuição de Jung no simpósio da IGMSP de maio, "O que é psicoterapia?", na *Schweizerische Ärztezeitung für Standesfragen* (OC 16/1).	
12 de julho	Último seminário de Jung no ETH do semestre de verão.	
Agosto	Conferência de Eranos "Símbolos oníricos do processo de individuação" (OC 12).	
15 de setembro		Promulgação das chamadas Leis de Nuremberg na Alemanha. Essas leis impõem restrições aos judeus (definidos como todos aqueles um quarto judeu ou mais) e outros não "arianos" de cidadania alemã e proíbem relações sexuais e casamentos entre alemães e judeus.

(continua)

Data	Eventos na carreira de Jung	Eventos mundiais
30 de setembro a 4 de outubro	Jung ministra cinco palestras no Instituto de Psicologia Médica em Londres, para uma audiência de cerca de cem pessoas (OC 18/1).	
Outubro		Conclusão da "Grande Marcha" na China.
2 de outubro	Publicação de "A psicologia da morte" de Jung (uma versão abreviada de "A alma e a morte") no *Münchner Neueste Nachrichten* (OC 8/2).	
2 a 3 de outubro		Invasão italiana da Etiópia.
6 de outubro	Entrevista com Jung, "A mente imortal do homem", *The Observer.*	
15 de outubro	O grupo nacional holandês da IGMSP retira seu convite para sediar seu próximo congresso internacional, por causa dos acontecimentos na Alemanha nazista. Em sua resposta, Jung afirma que isso "compromete o propósito final de nossa associação internacional" e declara que renunciará ao cargo de presidente, o que ele não cumpre, no entanto.	
25 de outubro	Primeiro seminário no ETH do semestre do inverno de 1935/1936.	
8 de novembro		A Suíça endurece as leis de sigilo bancário (levando às contas bancárias numeradas).
Dezembro		Prêmio Nobel da Paz para o jornalista e editor alemão de esquerda Carl von Ossietzky. Hitler proíbe os alemães de aceitarem o Prêmio Nobel.

(continua)

Data	Eventos na carreira de Jung	Eventos mundiais

Outras publicações em 1935:

- *O eu e o inconsciente*, 7ª edição. OC 7/2
- Introdução e comentário psicológico sobre *O livro tibetano dos mortos*. OC 11/5
- "Votum C.G. Jung". OC 11/6
- "Editorial" (*Zentralblatt* VIII). OC 11/6
- "Nota do editor" (*Zentralblatt* VIII). OC 11/6
- "Princípios básicos da prática da psicoterapia". OC 16/1
- Prefácio para *Wandlungen des Traumproblems von der Romantik bis zur Gegenwart*, de Olga von Koenig-Fachsenfeld. OC 18/2
- Prefácio para *J.H. Fichtes Seelenlehre und ihre Beziehung zur Gegenwart*, de Rose Mehlich. OC 18/2

	1936	
Fevereiro	"A ioga e o Ocidente" (OC 11/5).	
Fevereiro	"Tipologia psicológica" (anexo em OC 6).	
27 de fevereiro		Morte de Ivan Pavlov.
Primavera	Formação do Clube Psicológico em Nova York.	
Março	Jung publica "Wotan" na *Neue Schweizer Rundschau* (OC 10/2).	
6 de março	Seminário final no ETH do semestre de inverno de 1935/1936.	
7 de março		As forças militares alemás entram na Renânia violando os termos do Tratado de Versalhes e os Tratados de Locarno. Esta remilitarização muda o equilíbrio de poder na Europa, da França para a Alemanha.
28 de março		A propriedade da Editora Internationaler Psychoanalytischer, bem como todo o seu estoque de livros e periódicos, são confiscados.

(continua)

Data	Eventos na carreira de Jung	Eventos mundiais
Maio		Fundação do Deutsches Institut für psychologische Forschung und Psychothe-rapie em Berlim, dirigido por M.H. Göring ("Instituto Göring"), com grupos de tra-balho de orientação junguia-na, adleriana e freudiana. A psicanálise foi tolerada, mas com a condição de que sua terminologia fosse alterada.
Maio	"O arquétipo com referência especial ao conceito de anima", no *Zentralblatt* (OC 9/1).	
1º de maio	Primeiro seminário no ETH do semestre de verão de 1936.	
Julho		Início da guerra civil espanhola.
10 de julho	Seminário final no ETH do se-mestre de verão de 1936.	
19 de julho	Jung e Göring participam de uma reunião de psicoterapeutas em Basileia, com representantes de diferentes escolas de psicologia profunda (entre outros, Ernest Jones, pela International Psycho--Analytical Association – IPA).	
Agosto	Conferência de Eranos; Jung fala sobre "As ideias de salvação na alquimia" (OC 12).	
1 a 16 de agosto		Jogos Olímpicos de Verão em Berlim. Alemães que são judeus ou ciganos são praticamente impedidos de participar.
21 a 30 de agosto	Jung viaja a bordo do Georgia de Le Havre para Nova York. Ao che-gar a Nova York, divulga um "Co-municado à imprensa sobre visita aos Estados Unidos", expondo sua posição política – ou não política, como fez questão de enfatizar.	

(continua)

Data	Eventos na carreira de Jung	Eventos mundiais
Setembro	Jung ministra seminários sobre "Determinantes psicológicas do comportamento humano" (OC 8/2) nas Conferências sobre Artes e Ciências do Tricentenário de Harvard e recebe um diploma honorário. Seu convite causou controvérsia.	
12 a 15 de setembro	Jung é convidado do bispo anglicano James de Wolf Perry em Providence, Rhode Island, onde discursa para a organização "The American Way", e depois parte para Milton, Massachusetts, onde é convidado de G. Stanley Cobb.	
Por volta de 19 de setembro	Jung inicia um seminário na Ilha Bailey, baseado nos sonhos de Wolfgang Pauli.	
2 de outubro	Jung ministra uma conferência no Plaza Hotel em Nova York. A palestra é publicada privadamente pelo Clube de Psicologia Analítica de Nova York sob o título "O conceito de inconsciente coletivo" (OC 9/1).	
3 de outubro	Jung deixa a cidade de Nova York.	
4 de outubro	Entrevista com Jung, "'Roosevelt é notável', é a análise de Jung", *New York Times* (mais tarde, publicado sob o título, "O homem de 2 milhões de anos").	
14 de outubro	Jung ministra palestras no Instituto de Psicologia Médica, em Londres, sobre "Psicologia e problemas nacionais" (OC 18/2).	

(continua)

Data	Eventos na carreira de Jung	Eventos mundiais
15 de outubro	Entrevista com Jung, "Por que o mundo está uma bagunça. O Dr. Jung nos conta como a natureza está mudando a mulher moderna", *Daily Sketch*.	
18 de outubro	Entrevista com Jung, "A psicologia da ditadura", *The Observer*.	
19 de outubro	Jung faz uma palestra perante a Sociedade Abernethiana, no Hospital São Bartolomeu, em Londres, sobre o conceito de inconsciente coletivo (OC 9/1).	
25 de outubro		Tratado de paz secreto entre a Alemanha e a Itália.
27 de outubro	Jung inicia seus seminários no ETH sobre sonhos de crianças com livros antigos sobre interpretação de sonhos.	
3 de novembro		Franklin D. Roosevelt é reeleito para seu segundo mandato.
25 de novembro		Pacto Anticomintern entre a Alemanha e o Império do Japão, dirigido contra a Terceira Internacional (Comunista).
10 de dezembro		Abdicação de Eduardo VIII na Inglaterra.

Outras publicações em 1936:

• Crítica à *Praktische Seelenheilkunde*, de Gustav Richard Heyer. OC 18/2

1937		
3 a 5 de janeiro	Jung participa do *workshop* do Köngener Kreis (1º a 6 de janeiro) em Königsfeld (Floresta Negra, Alemanha), sobre "Grundfragen der Seelenkunde und Seelenführung" [Questões fundamentais do estudo e orientação da alma].	

(continua)

Data	Eventos na carreira de Jung	Eventos mundiais
30 de janeiro		Hitler retira formalmente a Alemanha do Tratado de Versalhes. Isso inclui a Alemanha não fazer mais pagamentos de reparação. Ele exige a devolução das colônias da Alemanha.
23 de abril	Após uma pausa no semestre de inverno, os seminários de Jung no ETH têm início.	
26 de abril		A Alemanha e a Itália são aliadas de Franco e dos fascistas na Espanha. Aviões alemães e italianos bombardeiam a cidade de Guernica, matando mais de 1.600 pessoas.
23 de maio		Morte de John D. Rockefeller.
28 de maio		Morte de Alfred Adler em Aberdeen, Escócia.
9 de julho	Seminário final no ETH do semestre do verão de 1937.	
19 de julho		A exposição nacional-socialista organizada pelo Partido Nazista sobre "Arte degenerada" é inaugurada no Instituto de Arqueologia de Munique.
Agosto	Conferência de Eranos sobre "As visões de Zósimo" (OC 13).	
2 a 4 de outubro	9º Congresso Médico Internacional de Psicoterapia em Copenhague, sob a presidência de Jung (OC 11/6).	
Outubro	Jung é convidado pela Universidade de Yale para ministrar a 15ª série de "Palestras sobre religião à luz da ciência e da filosofia" sob os auspícios da Fundação Dwight Harrington Terry (publicada como "Psicologia e religião", OC 11/1). Seminários sobre sonhos (continuação dos seminários de Bailey Island), Clube de Psicologia Analítica, Nova York.	

(*continua*)

Data	Eventos na carreira de Jung	Eventos mundiais
Dezembro	Jung é convidado pelo governo britânico a participar das comemorações do 25º aniversário de fundação da Indian Science Congress Association na Universidade de Calcutá. Ele é acompanhado por Harold Fowler McCormick Jr. (1898-1973) e viaja pela Índia por três meses.	
13 de dezembro		Nanquim é tomada de assalto pelos japoneses. Nas seis semanas seguintes, as tropas japonesas cometem crimes de guerra contra a população civil, o que fica conhecido como o Massacre de Nanquim.
17 de dezembro	Chega a Mumbai (Bombaim) pelo P&O Cathay.	
19 de dezembro	Jung chega a Hyderabad, onde recebe o título de Doutor *Honoris Causa* pela Universidade de Osmania em Hyderabad; trem noturno para Aurangabad.	
20 de dezembro	Aurangabad: visita ao Templo Kailash em Ellora, e Daulatabad.	
21 de dezembro	Visita às grutas de Ajanta.	
22 de dezembro	Sanchi, Bopal, visita a Grande Estupa.	
23 de dezembro	Taj Mahal, Agra.	
27 de dezembro	Benares; Jung visita Sarnath.	
28 de dezembro	Jung é premiado com o D. Litt. (Doutor em Letras) *Honoris Causa* pela Universidade Hindu de Benares; apresentação no Departamento de Filosofia: "Concepções fundamentais da psicologia analítica"; convidado da intérprete suíça de arte indiana Alice Boner; visita o Templo Vishvanatha Śiva.	

(continua)

Data	Eventos na carreira de Jung	Eventos mundiais
29 de dezembro	Calcutá.	
31 de dezembro	Jung viaja para Darjeeling.	

Outras publicações em 1937:

"Sobre o diagnóstico psicológico da ocorrência: O experimento da ocorrência no processo do caso Näf no tribunal do júri". OC 2

1938		
1º de janeiro	Conversa de três horas com Rimpotche Lingdam Gomchen no Mosteiro Bhutia Busty.	
3 de janeiro	Abertura do 25º aniversário da fundação da Indian Science Congress Association na Universidade de Calcutá. Jung é tratado no hospital em Calcutá.	
7 de janeiro	Jung recebe (*in absentia*) o título de Doutor em Direito (*Honoris Causa*) pela Universidade de Calcutá.	
10 de janeiro	Palestra na Faculdade de Ciências da Universidade de Calcutá: "Arquétipos do inconsciente coletivo".	
11 de janeiro	Palestra na Ashutosh College, Universidade de Calcutá: "As concepções da psicologia analítica".	
13 de janeiro	Visita ao templo de Konark ("Pagode Negro").	
21 de janeiro	Visita ao Templo Chennakesava (também chamado de templo Kesava) e ao templo de Somanathapur (Mysore).	
26 de janeiro	Jung em Trivandrum; palestra na Universidade de Travancore: "O inconsciente coletivo".	

(*continua*)

Data	Eventos na carreira de Jung	Eventos mundiais
27 de janeiro	Universidade de Travancore: "Desenvolvimentos históricos da ideia do inconsciente".	
28 de janeiro	Ferry para o Ceilão.	
29 de janeiro	Colombo.	
30 de janeiro	Trem para Kandy.	
1º de fevereiro	Regresso a Colombo.	
2 de fevereiro	Embarca no S.S. Korfu para retornar à Europa.	
12 de março		Anexação da Áustria pela Alemanha nazista.
27 de abril		Edmund Husserl, o filósofo fundador da fenomenologia, morre em Freiburg, Alemanha.
29 de abril	Após seu retorno da Índia, a série de seminários de Jung no ETH recomeça.	
Maio		A Liga das Nações reconhece a postura de neutralidade da Suíça.
4 de junho		Sigmund Freud deixa Viena; após uma escala em Paris, chega a Londres dois dias depois.
8 de julho	Seminário final no ETH do semestre de verão de 1938.	
29 de julho a 2 de agosto	10º Congresso Médico Internacional de Psicoterapia no Balliol College, Oxford, sob a presidência de Jung; doutorado honorário da Universidade de Oxford; "Discurso presidencial" (OC 11/6).	
Agosto	Conferência de Eranos "Aspectos psicológicos do arquétipo materno" (OC 9/1).	

(continua)

Data	Eventos na carreira de Jung	Eventos mundiais
29 de setembro		O Pacto de Munique permite à Alemanha nazista a ocupação imediata da terra dos Sudetos. Acordo entre a Suíça e a Alemanha sobre o carimbo de passaportes judeus alemães com "J."
28 de outubro	Primeiro seminário no ETH do semestre de inverno de 1938/1939.	
Outubro	A série de seminários de Jung no ETH sobre a interpretação psicológica dos sonhos de crianças começa no inverno de 1938/1939.	
9 de novembro		Um estudante de teologia suíço, Maurice Bavaud, fracassa na tentativa de assassinar Hitler em uma parada nazista em Munique e é guilhotinado.
9/10 de novembro		Pogrom contra judeus na Alemanha nazista ("Noite dos Cristais").
23 de novembro	Jung faz sua declaração, como testemunha, no novo julgamento do caso de assassinato de Hans Näf.	

Outras publicações em 1938:

Com Richard Wilhelm, *O segredo da flor de ouro*, 2. ed. OC 13

"Sobre o *Rosarium Philosophorum*". OC 18/2

Prefácio para *Der dunkle Bruder*, de Gertrud Gilli. OC 18/2

1939		
Janeiro	"Diagnosticando os ditadores", entrevista para H.R. Knickerbocker, Hearst's International-Cosmopolitan.	
15 de fevereiro	O último dos seminários de Jung sobre o *Zaratustra* de Nietzsche e, portanto, dos seminários regulares de língua inglesa.	

(continua)

Data	Eventos na carreira de Jung	Eventos mundiais
3 de março	Seminário final no ETH do semestre de inverno de 1938/1939.	
28 de março		Madri rende-se aos nacionalistas; Franco declara vitória em 1º de abril.
Abril	Visita o sudoeste da Inglaterra em conexão com a pesquisa de Emma Jung sobre o Graal.	
4 de abril	Conferência na Royal Society of Medicine em Londres, "A psicogênese da esquizofrenia" (OC 3).	
5 de abril	Conferência no Guild of Pastoral Psychology, Londres, sobre "A vida simbólica".	
28 de abril	Primeiro seminário no ETH do semestre do verão de 1939.	
Maio	Surendranath Dasgupta ministra palestras sobre os *Yoga sûtras* de Patañjali no Clube de Psicologia, Zurique. Entrevista para Howard Philp, "Jung diagnostica os ditadores", *Psychologist*.	
Julho	Em uma reunião de representantes da Sociedade Médica Geral Internacional para Psicoterapia Jung apresenta sua demissão.	
7 de julho	Seminário final do semestre de verão de 1939.	
Agosto	Conferência de Eranos "Sobre o renascimento" (OC 9/1).	
1º de setembro		As tropas alemãs nazistas invadem a Polônia; a Grã-Bretanha e a França declaram guerra à Alemanha dois dias depois, dando início à Segunda Guerra Mundial. A Suíça declara a neutralidade.

(continua)

Data	Eventos na carreira de Jung	Eventos mundiais
23 de setembro		Sigmund Freud morre em Londres aos 83 anos.
	Muda sua família por segurança para Saanen, no Oberland Bernês.	
1º de outubro	O obituário de Jung de Freud é publicado no *Sonntagsblatt der Basler Nachrichten* (OC 15).	
3 de outubro	Primeiro seminário no ETH do semestre de inverno de 1939/1940.	
Outubro	A série de seminários de Jung no ETH sobre a interpretação psicológica dos sonhos de crianças começa no período de inverno de 1939/1940.	

Outras publicações em 1939:

"Consciência, inconsciente e individuação". OC 9/1

"A Índia – Um mundo de sonhos" e "O que a Índia nos pode ensinar". OC 10/3

Prefácio a *Introdução ao zen-budismo*, de Daisetz Teitaro Suzuki. OC 11/5

1940		
8 de março	Seminário final no ETH do semestre de inverno de 1939/1940.	
9 de abril		As tropas alemãs invadem a Noruega e a Dinamarca.
10 de maio		Invasão alemã da Bélgica, Holanda e Luxemburgo.
12 de maio		A França é invadida pela Alemanha.
14 de junho		As tropas alemãs ocupam Paris.
20 de junho	Em carta a Matthias Göring, Jung apresenta sua demissão da presidência da Sociedade Médica Geral Internacional para Psicoterapia.	

(continua)

Data	Eventos na carreira de Jung	Eventos mundiais
12 de julho	Jung envia sua carta final de demissão a M. Göring.	
19 de julho		Hermann Göring é nomeado Reichsmarschall.
Agosto	Conferência de Eranos "Interpretação psicológica do Dogma da Trindade" (OC 11/2).	
7 de setembro (a 21 de maio de 1941)		Ataques aéreos alemães contra Londres ("a Blitz").
29 de outubro	A série de seminários de Jung no ETH sobre os sonhos de crianças tem início no semestre de inverno de 1940/1941.	
8 de novembro	Primeiro seminário no ETH do semestre de inverno de 1940/1941.	

Outras publicações em 1940:

Prefácio para *Die Psychologie von C.G. Jung*, de Jolande Jacobi, OC 18/2

	1941	
13 de janeiro		Morte de James Joyce em Zurique.
28 de fevereiro	Seminário final do semestre de inverno de 1940/1941.	
2 de maio	Primeiro seminário no ETH do semestre de verão de 1941.	
11 de julho	Último seminário de Jung no ETH.	
Agosto	Conferência de Eranos "O símbolo da transformação na missa" (OC 11/3).	
7 de setembro	Apresenta uma palestra sobre "Paracelso, o médico" para a Sociedade Suíça de História da Medicina em Basileia (OC 15).	

(*continua*)

Data	Eventos na carreira de Jung	Eventos mundiais
5 de outubro	Apresenta uma seminário sobre "Paracelso, um fenômeno espiritual" em Einsiedeln, no 400º aniversário da morte de Paracelso (OC 13).	

Outras publicações em 1941:

Ensaios sobre uma ciência da mitologia. O mito da criança divina e os Mistérios de Elêusis, junto com Karl Kerényi. OC 9/1

"Retorno à vida simples". OC 18/2

Introdução ao volume 6

Os seminários universitários de Carl Gustav Jung, realizados no semestre do inverno de 1938/1939 (28 de outubro a 3 de março) e na primeira metade do semestre do verão de 1939 (28 de abril a 9 de junho), e anunciados como "Introdução à psicologia do inconsciente", foram dedicados ao tema da espiritualidade oriental. Começando com a técnica psicológica da imaginação ativa, ele procurou encontrar paralelos nas práticas meditativas orientais. Seu foco estava na meditação ensinada por diferentes tradições iogues e na prática budista. Os quatro últimos seminários do semestre de verão de 1939 (16 de junho a 7 de julho) trataram daquelas práticas meditativas no cristianismo que Jung via como equivalentes aos exemplos do Oriente mencionados anteriormente. Aqui, Jung estava particularmente interessado nos *Exercícios espirituais* de Inácio de Loyola, que constituíram o tema principal do semestre do inverno seguinte, de 1939/1940. Esses quatro seminários serão publicados juntamente com os seminários de 1939/1940 como volume 7 desta série. Após uma pausa no verão de 1940, Jung recomeçou seus seminários com um resumo dos semestres anteriores. Como Jung retornou brevemente ao tópico da meditação oriental como parte do resumo, o primeiro e o segundo seminários do semestre do inverno de 1940/1941 foram publicados no fim deste volume.

O envolvimento de Jung com a espiritualidade oriental e com a ioga pode ser rastreado, pelo menos, até a época de *Transformações e símbolos da libido* (1912), que incluía uma leitura psicológica dos Upanishads e do Rigveda[3]. Sua familiaridade com *The serpent power* [O poder da serpente], de John Woodroffe (também conhecido como Arthur Avalon)[4] – Jung possuía uma cópia da primeira edição de 1919 –, que era basicamente um comentário sobre o *Ṣaṭ Cakra Nirūpaṇa*[5], deu a Jung seu conhecimento inicial da ioga kundalini. Esse interesse pela kundalini e pela ioga tântrica culminou na série de seminários do estudioso de sânscrito de Tubinga Jakob Wilhelm Hauer (cf. nota 50) no Clube de Psicologia de Zurique, em 1932. Os seminários de Hauer foram acompanhados por um comentário psicológico de Jung (1996). Ao mesmo tempo, Olga Fröbe-Kapteyn[6] estava organizando a primeira conferência

---

3. Para uma análise detalhada da recepção de Jung da ioga e do pensamento oriental, cf. a introdução de Shamdasani ao seminário de Jung sobre a ioga kundalini (Shamdasani, 1996).

4. Sir John George Woodroffe (também conhecido como Arthur Avalon) (1865-1936), estudioso britânico de sânscrito, especialista em tantra hindu, que serviu ao sistema legal da Índia britânica em diferentes funções por 18 anos – a partir de 1915, inclusive como chefe de justiça – antes de retornar à Inglaterra em 1923, onde se tornou Orador de Direito da Índia Britânica na Universidade de Oxford. Sob o pseudônimo de Arthur Avalon, traduziu e editou muitos textos tântricos e os divulgou a um público mais amplo (Série de textos tântricos), aumentando assim o interesse pelas práticas tântricas e iogues no Ocidente. Sobre Woodroffe, cf. Taylor (2001).

5. *Ṣaṭ Cakra Nirūpaṇa*, sânscrito para "Descrição dos seis centros", texto tântrico de Pûrnânanda Svâmî, que formou a sexta parte de seu trabalho inédito sobre Ritual Tântrico intitulado *Śri Tattva Cintâmani* (1577). O texto foi publicado juntamente com o *Pâdukâ-Pañcaka* por Arthur Avalon (também conhecido como John Woodroffe) como volume 2 de sua série de textos tântricos (Avalon, 1913). A tradução inglesa de Avalon de ambos os textos foi publicada com uma introdução e comentários sob o título *The serpent power* (Avalon, 1919b).

6. Olga Fröbe-Kapteyn (1881-1962), holandesa-inglesa fundadora e organizadora das conferências de Eranos. Ela se mudou para Ascona em 1920, onde desenvolveu seu interesse pela filosofia e teosofia indianas. Em 1928, tinha um centro de conferências, a Casa Eranos, construída ao lado de sua residência (Casa Gabriella), onde, a partir de 1933, acontecia a Conferência Anual de Eranos. Sua coleção de imagens arquetípicas formou a base do Arquivo para Pesquisa em Simbolismo Arquetípico em Nova York.

do Círculo de Eranos que aconteceu em sua casa, perto de Ascona, no verão de 1933. A ideia de dedicar essa conferência anual ao tema da relação entre filosofia e religião orientais e ocidentais veio do próprio Jung. Consequentemente, a primeira conferência foi sobre "Ioga e meditação" no Oriente e no Ocidente (Anuário de Eranos, 1934). Em Ascona, na década de 1930, Jung teve a oportunidade de discutir o pensamento e a espiritualidade indianos com estudiosos, colegas e amigos, como o indologista Heinrich Zimmer[7], o francês orientalista Paul Masson-Oursel[8], e os estudiosos do budismo Caroline Rhys Davids[9] e Jean Przyluski[10] – para citar apenas alguns. E, por fim, Jung experimentou a Índia em primeira mão quando foi convidado pelo governo britânico para participar das comemorações do 25º aniversário da fundação da Associação Indiana de Congressos Científicos na Universidade de Calcutá. Ele deixou Zurique no início de dezembro de 1937 junto

---

7. Sobre Heinrich Robert Zimmer (1890-1943), cf. Introdução (p. 78-81).

8. Paul Masson-Oursel (1882-1956), filósofo francês e estudioso do Leste Asiático, que participou das conferências de Eranos em 1936 e 1937 falando sobre o tema do entendimento indiano de conceitos como salvação e redenção. Cf. Masson-Oursel (1937; 1938).

9. Caroline Augusta Foley Rhys Davids (1857-1942), estudiosa inglesa do budismo e especialista em páli, presidente da Pali Text Society, fundada por seu marido Thomas William Rhys Davids (cf. nota 96). Ela fez apresentações sobre conceitos e símbolos budistas nas conferências de Eranos de 1933 a 1936. Cf. Rhys Davids (1934, 1935, 1936a, 1937). Em sua biblioteca, Jung mantinha uma cópia de seu *The birth of Indian psychology and its development in Buddhism* (Rhys Davids, 1936b).

10. Jean Przyluski (1885-1944), linguista francês de ascendência polonesa, historiador da religião, especialmente do budismo. Suas importantes contribuições para o campo incluem *Le Parinirvana et lês funérailles du Buddha* (1920) e *La légende de l'empereur Açoka (Açoka-Avadana) dans les textes indiens et chinois* [A lenda do Imperador Aśoka em textos indianos e chineses] (1923). Ele participou das conferências de Eranos de 1937 e 1938 (Przyluski, 1938, 1939). Sobre Przyluski, cf. MacDonald e Lalou (1970).

com Harold Fowler McCormick[11] e viajou pela Índia por três meses[12]. Depois escreveu dois artigos intitulados "A Índia – Um mundo de sonhos" e "O que a Índia pode nos ensinar" (OC 10/3) – sendo este último uma clara referência ao artigo de 1883 de Max Müller de mesmo título. Outro texto de Jung, publicado em Calcutá em 1936, foi dedicado especificamente ao tema "A ioga e o Ocidente" (OC 11/5).

Em seus seminários de 1938/1939, Jung escolheu três textos para introduzir o público à prática da meditação oriental: o *Yoga sūtras* de Patañjali, o *Amitāyur-dhyāna-sūtra* da tradição budista chinesa da Terra Pura e o *Shrī-chakra-sambhāra tantra*, uma escritura relacionada à ioga tântrica.

---

11. Harold Fowler McCormick Jr. (1889-1973), filho do empresário americano Harold Fowler McCormick, herdeiro da International Harvester Company, e de Edith Rockefeller (1872-1932), filha do magnata do petróleo John D. Rockefeller. Após a adoção da psicologia junguiana por sua mãe – ela passou a fazer análise com Jung a partir de 1913 e apoiou a fundação do Clube de Psicologia de Zurique em 1916 –, ele fez análise com Jung e Toni Wolff. Tornou-se amigo de Jung e se juntou a ele em sua jornada pela Índia. Cf. entrevista com Fowler McCormick [JOHA].

12. Nessa ocasião, ele recebeu quatro títulos de doutorado honorário (e não três como consta em *MSR*): da Universidade de Osmania em Hyderabad (19 de dezembro de 1937), da Universidade Hindu Benares de Varanasi (28 de dezembro de 1937), da Faculdade de Ciências da Universidade de Allahabad (7 de janeiro de 1938; *in absentia*) e da Universidade de Calcutá, onde Jung recebeu um diploma de direito (LLD) pelo vice-rei (informações de Thomas Fischer, SWCGJ). Cf. também as cartas dos registradores das universidades em 1967 para Henry F. Ellenberger (Arquivos Ellenberger, Hôpital Sainte-Anne, Paris); também Shamdasani (1996, p. xxvii-xxviii) e Sengupta (2013). Um itinerário da viagem de Jung pela Índia pode ser encontrado em Sengupta (2013); sobre Jung e Índia, cf. também Collins e Molchanov (2013).

A LEITURA DE JUNG DO *YOGA SŪTRAS* DE PATAÑJALI

No seminário introdutório de 28 de outubro de 1938, Jung explicou a técnica da imaginação ativa, apontando as dificuldades que a mente ocidental tem em permitir que imagens de fundo ocorram enquanto se concentra em um objeto específico. O hábito ocidental de discriminação não tem equivalente no Oriente, onde as práticas meditativas permitem o aparecimento de imagens internas em vez de focar um único objeto externo.

A semelhança entre esta técnica que usamos de forma psicológica e a ioga oriental não deve ser menosprezada. A técnica ocidental é uma coisa lamentável em comparação com o que o Oriente tem a dizer a este respeito. Em todo caso, existe uma certa diferença principal não apenas porque o Oriente se supera com uma rica literatura e uma excepcional diferenciação de métodos. A ioga, como é praticada agora e tem sido praticada por muitas centenas de anos, é um sistema. A técnica ocidental não é um sistema, mas um processo simples. No Oriente, é um sistema técnico. Via de regra, ali é prescrito o objeto de reavaliação ou meditação, que não está na imaginação ativa, onde surge muito naturalmente de um sonho, de insinuações que se manifestam na consciência de maneira natural (Jung, Seminário no ETH, 28 de outubro de 1938, p. 105-107).

Esse é o ponto de partida para a introdução de Jung a essa forma de meditação, que aparentemente não era familiar para seu público. Seu primeiro texto escolhido foi o *Yoga sūtras* de Patañjali, segundo Jung o principal exemplo de meditação oriental. No segundo seminário do semestre de inverno de 1938/1939, ele forneceu um relato introdutório do *aṣṭāṅga*, os oito membros da ioga, e seu objetivo, ou seja, alcançar o estado de *samādhi* [samádi], ou iluminação espiritual, bem como uma explicação do conceito dos *kleśas* [kleshas] (cf. nota 51), mas ele terminou sua análise do texto de forma um tanto abrupta depois de apenas um seminário.

Ele voltou ao *Yoga sūtras* apenas no semestre do verão de 1939, quando se desculpou pela superficialidade de sua leitura anterior. A data desse seminário era 19 de maio de 1939. A decisão de retornar ao texto pode ter sido desencadeada pela visita de Surendranath Dasgupta[13] a Zurique no início de maio de 1939. O estudioso indiano e autor de *The study of Patañjali* [Um estudo sobre Patañjali] (1920) e *Yoga as philosophy and religion* (1924), durante um *tour* de seminários pela Europa, contatou Jung, que conhecera em Calcutá no início de 1938[14]. Jung organizou uma apresentação no Clube de Psicologia de Zurique; além disso, convidou Dasgupta para falar no ETH como parte de seus seminários de sexta-feira: "Eu também tentarei providenciar um seminário no Instituto Federal de Tecnologia, onde sou professor. [...] O seminário no Clube de Psicologia acontecerá no sábado, 6 de maio, às 20h. O seminário no Instituto Federal de Tecnologia será na sexta-feira, 5 de maio, às 18h. Ficaríamos muito gratos se você nos desse um seminário sobre a relação mente-corpo de acordo com a ioga em seu seminário de sábado no Clube de Psicologia. Como tema para o seminário no Instituto Federal de Tecnologia, eu proporia psicologia ou filosofia da ioga (em especial, o *Yoga sūtras* de Patañjali)[15]. Dasgupta realmente fez uma apresentação no Clube

---

13. Surendranath Dasgupta (1887-1952), filósofo indiano de Bengala e estudioso do sânscrito. Após exercer vários cargos em universidades indianas, foi professor assistente de bengali em Cambridge, e depois professor titular em Calcutá; Mircea Eliade também foi um de seus alunos. É mais conhecido pelos cinco volumes de *A history of Indian philosophy* (1922-1955).

14. Jung para Dasgupta, 2 de fevereiro de 1938 [JA]. Cf. Shamdasani (1996, p. 29-31).

15. Jung para Dasgupta, 17 de abril de 1939 [JA]. Cf. Shamdasani (1996, p. xxi-xxii).

de Psicologia de Zurique em 3 de maio de 1939. O título foi "A relação mente-corpo segundo a ioga", mas o seminário previsto sobre o *Yoga sūtras* no ETH não aconteceu. Na verdade, foi o próprio Jung quem deu um seminário na sexta-feira, 5 de maio, e voltou ao texto de Patañjali duas semanas depois.

Durante sua série de seminários, Jung usou diferentes traduções alemãs do texto. As duas traduções a que Jung se referiu como autorizadas foram as de Jakob Wilhelm Hauer e Paul Deussen. A tradução de Hauer do *Yoga sūtras* foi publicada pela primeira vez no periódico *Yoga*, em 1931. O texto foi reimpresso em *Der Yoga als Heilweg* (1932). Jung tinha cópias de ambos em sua biblioteca. A tradução de Deussen foi publicada na parte três do primeiro volume de *Die allgemeine Geschichte der Philosophie* (1984-1917)[16]. Embora em seu seminário de 19 de maio de 1939 Jung tenha considerado a tradução de Hauer mais moderna e psicologicamente diferenciada (seminário de 19 de maio de 1939, p. 386) do que a de Deussen, em seus seminários ele preferiu a tradução de Deussen por sua clareza. Além disso, Jung possuía uma cópia alemã do livro de Vivekananda sobre *Rāja-yoga*, que incluía outra tradução do *Yoga sūtras* realizada por Emma von Pelet[17], colaboradora de Jung, que pertencia ao Círculo de Eranos em Ascona, onde ela dividia a residência ao lado da Casa Gabriela com Alwine von Keller[18].

---

16. Deussen (1906-1915). O *Yoga sūtras* é publicado no volume I/3 *Die nachvedische Philosophie der Inder* (Deussen, 1908, p. 507-548).

17. Emma Hélène von Pelet-Narbonne (1892-1967), escritora e tradutora, deixou a Alemanha depois que Hitler chegou ao poder. Em 1937, Pelet comprou a Casa Shanti, o terceiro dos edifícios de Eranos, de Olga Fröbe-Kapteyn, onde viveu com Alwine von Keller. Elas compartilhavam um fascínio pela psicologia junguiana – ambas passaram por análise com Jung – e pela Índia. Traduziu obras de Vivekananda (1896/1937; 1943), Ramakrishna (Pelet, 1930) e Daisetsu Teitaro Suzuki (1957). Sobre Pelet, cf. Bernardini, Quaglino e Romano (2011).

18. Alwine (Alwina) von Keller (1878-1965), psicoterapeuta e pedagoga alemã nascida em Nova York. Na década de 1930, deixou a Alemanha e foi para a In-

Essas traduções foram frequentemente comparadas entre si ao longo dos seminários de Jung sobre o *Yoga sūtras* e, quando necessário, contrastadas com traduções adicionais. Por exemplo, quando Jung discutiu o conceito de *guṇas*[19] [gunas] como apresentado por Patañjali no *YS* 3.35, ele também forneceu ao público a tradução da passagem de M.A. Oppermann (1908, p. 67) e apresentou sua própria sugestão para uma tradução adequada (seminários de 19 de maio de 1939, p. 386-389, e 26 de maio de 1939, p. 391-393).

Quando o *Yoga sūtras* foi escrito, seu autor podia recorrer a uma variedade de antigas tradições indianas de ioga, budismo e filosofia *sāṃkhya* [sânquia]. O folclore indiano diz que Patañjali, autor do *Yoga sūtras*, e seu homônimo que escreveu o Mahābhāṣya, um comentário sobre a gramática *Ashṭādhyāyī* de Pāṇini, eram a mesma pessoa. Se isso fosse verdade, o *Yoga sūtras* teria sido escrito no século II a.C. Jung seguiu esse argumento em seu seminário e datou o *Yoga sūtras* mais ou menos na mesma época (seminário de 10 de outubro de 1938, p. 106). No entanto, essa teoria é rejeitada pela maioria dos comentaristas e estudiosos hoje. Pesquisas histórico-críticas recentes datam a escrita do *Yoga sūtras* no início do século V d.C. (Maas, 2006, p. xix).

Os 196 aforismos do texto têm certas características em comum com a filosofia *sāṃkhya*[20]. Em sua discussão do texto, Jung

---

glaterra e Suíça, onde viveu com Emma von Pelet (cf. nota 6) na Casa Shanti ao lado da Casa Gabriela, onde aconteciam as reuniões de Eranos. Fascinada pela Índia e sua cultura – ela visitou o país em 1929 –, traduziu textos iogues de Sri Aurobindo (1943 e 1945) e Swami Vivekananda (Keller, 1944). Sobre Keller, cf. também Bernardini, Quaglino e Romano (2011).

19. Sobre os *guṇas*, cf. nota 168.

20. *Sāṃkhya*, ou *sāṅkhya*, que significa "número", é uma das seis escolas (originais) da filosofia hindu. Diz-se que foi fundada pelo sábio Kapila.

se referiu a Richard Garbe[21], que em seus livros *Die Sâmkhya-Philosophie* (1894), do qual Jung tinha a segunda edição de 1917 em sua biblioteca, e *Sâmkhya und Yoga* (1896) apresentava o *Yoga sūtras* de Patañjali como o principal texto da filosofia *sāṃkhya*. Embora a ioga, de acordo com Patañjali, compartilhe com o *sāṃkhya* aspectos filosóficos como a divisão entre o Si-mesmo transcendental (*puruṣa*) e a natureza material (*prakṛti*) – sendo esta última composta por três qualidades distintas (*guṇas*): *sattvaṃ* (ou seja, o princípio puro), *rajas* (ou seja, o princípio dinâmico) e *tamas* (ou seja, o princípio da inércia). A ioga não adere à natureza ateísta do *sāṃkhya*. As opiniões sobre a relação entre *sāṃkhya* e ioga estão divididas. O que está no centro desse debate é a questão de saber se a ioga tem um sistema filosófico próprio ou se a filosofia *sāṃkhya* e a ioga são a mesma coisa. O colaborador de Jung em questões de ioga na década de 1930, Jakob Wilhelm Hauer (e comentaristas mais recentes como Georg Feuerstein), rejeitou esta última teoria, vendo essa conexão como um desenvolvimento posterior forçado sobre a ioga. É difícil dizer onde Jung se colocou nesse debate; no entanto, especialmente sua discussão de maio e junho de 1939 indicou que ele estava principalmente interessado naqueles aspectos do *Yoga sūtras* que eram idênticos ao *sāṃkhya*. Isso lhe deu a oportunidade de compará-lo com os escritos místicos de Mestre Eckhart.

O que *sāṃkhya* e ioga têm em comum é "uma longa história cujos primórdios não podem ser determinados com precisão" (Feuerstein, 1997, p. 254-255). A prática espiritual da ioga é muito anterior ao *Yoga sūtras* de Patañjali: os comentaristas até ligam as descobertas arqueológicas da cultura do Rio Indo do

---

21. Richard Garbe (1857-1927) discutiu a tradução de três "*guṇas*" em seu livro *Die Sâmkhya-Philosophie. Eine Darstellung des indischen Rationalismus nach den Quellen* (1894, p. 272-274). Cf. nota 168.

terceiro milênio a.C. a alguma forma de ioga (Stoler Miller, 1996, p. 7-8). As práticas ascéticas de dominar a limitação do corpo físico já podem ser encontradas no Rigveda (1000 a.C.). De especial importância para a composição do texto de Patañjali é o primeiro discurso de Buda como o conhecemos do cânone páli do século VI a.C. "O *Yoga sūtras* certamente foi composto muito mais tarde, mas os elementos que ele compartilha com o budismo podem vir de um repertório comum de prática contemplativa que foi incorporado ao budismo e desenvolvido lá. O importante papel da terminologia técnica e dos conceitos budistas no *Yoga sūtras* sugere que Patañjali estava ciente das ideias budistas e as teceu em seu sistema (Stoler Miller, 1996, p. 9).

Talvez seja essa ligação entre ioga e budismo que levou Jung a uma escolha bastante incomum para o segundo texto da série de seminários.

A LEITURA DE JUNG DO
AMITĀYUR-DHYĀNA-SŪTRA

Na primavera de 1943, Jung falou perante a Sociedade Suíça de Amigos da Cultura do Leste Asiático (Schweizerischen Gesellschaft der Freunde Ostasiatischer Kultur) sobre a psicologia da meditação oriental (OC 11/5)[22]. Em seu seminário, Jung se propôs a especificar as características que diferenciam a visão de mundo oriental da ocidental. De acordo com Jung, essas diferenças se tornam mais evidentes nas práticas religiosas: enquanto as religiões ocidentais, especialmente o cristianismo, tendem a se direcionar para fora (amar o próximo, Deus no céu etc.), as orientais se voltam para dentro, e seus devotos renunciam ao mundo exterior como mera aparência. A ioga

---

22. Ele realizou a mesma apresentação no dia 8 de maio no Clube de Psicologia de Zurique.

indiana, na qual o praticante aspira alcançar o estado de *samādhi* (consciência superior) por meio da *dhyāna* [diana] (meditação), serve como o principal exemplo de Jung para esse tipo de prática religiosa.

Dada a *expertise* que Jung havia reunido sobre o tema da ioga indiana, foi bastante surpreendente que, em seu seminário de 1943, o texto que ele escolheu apresentar como principal exemplo para a prática da ioga não fosse indiano, mas chinês, e não hindu, mas budista. Foi o *Amitāyur-dhyāna-sūtra* (*The Amitāyur-dhyāna-sūtra*, 1894, p. 159-202), que pode ser traduzido como o *sūtra* [sutra] da meditação de Amitābha. Em seu seminário, Jung deu algumas informações breves sobre o texto, em grande parte seguindo a introdução de Max Müller à primeira tradução inglesa de 1894, publicada no volume 49 de *The sacred books of the East*[23]. Então, ele delineou o quadro narrativo do *sūtra*, onde Śākyamuni, ou Buda Gautama, apareceu à rainha consorte Vaidehī na prisão, ensinando-lhe 16 meditações sobre como chegar à Terra Ocidental de Amitābha. Jung deu alguns exemplos do texto para enfatizar o foco meditativo no sol e na água azul. Ele chamou essas meditações de exercício de ioga [*Yogaübung*], cujo objetivo era alcançar o *samādhi*.

> Embora pareça extremamente obscuro para o europeu, este texto de ioga não é uma mera peça literária de museu. Ela vive na psique de cada indiano, nesta forma e em muitas outras, de modo que sua vida e seu pensamento são permeados por ela nos mínimos detalhes. Não foi o budismo que alimentou e educou

---

23. *The sacred books of the East*, a seguir abreviado como *SBE*, foi uma série de livros de 50 volumes publicados pela Oxford Clarendon Press entre 1879 e 1910. A série foi editada por Max Müller (1823-1900), o fundador das disciplinas acadêmicas de indologia e religião comparada. A série *SBE* compreendia os principais textos do hinduísmo, budismo, taoismo, confucionismo, zoroastrismo, jainismo e islamismo em tradução para o inglês. O catálogo da biblioteca de Jung mostra que ele tinha toda a série de 50 volumes à sua disposição (dos quais 4 volumes desapareceram). Cf. nota 85

essa psique, mas a ioga. O próprio budismo nasceu do espírito da ioga, que é mais antigo e mais universal do que a reforma histórica operada pelo Buda. Qualquer pessoa que procure entender a arte, filosofia e ética indianas por dentro deve necessariamente ser afeita a esse espírito (OC 11/5, § 933).

> [*Unser Text ist insofern kein bloßes literarisches Museumsstück, als er in dieser und in vielen anderen Formen in der Seele des Inders lebt und dessen Leben und Denken durchdringt bis in die kleinsten Einzelheiten, die dem Europäer so überaus fremdartig vorkommen. Es ist nicht etwa der Buddhismus, der diese Seele formt und erzieht, sondern der Yoga. Der Buddhismus selber ist eine Geburt aus dem Geiste des Yoga, der älter und universaler ist als die historische Reformation Buddhas. Mit diesem Geist muß sich derjenige wohl oder übel befreunden, welcher danach strebt, indische Kunst, Philosophie und Ethik von innen her zu verstehen.*]

Em uma reviravolta final, Jung comparou o simbolismo oriental do sol e da água com o cristianismo, em que símbolos semelhantes podem ser encontrados. Embora as semelhanças fossem impressionantes, elas apontariam para direções diferentes: enquanto a fé ocidental visava a uma elevação exterior, a espiritualidade oriental buscava revelação interior por meio da meditação. O único equivalente ocidental à meditação iogue pode ser encontrado nos *Exercícios espirituais* de Inácio de Loyola, mas isso seria de relevância limitada para a sociedade ocidental de hoje. Segundo Jung, foi a ciência moderna que forneceu o análogo ao encontrar outra maneira de lidar com os *kleśas* [obstáculos], na forma da psicologia do inconsciente, conforme mostrado nas descobertas de Freud.

Foi aqui que o seminário de Jung terminou em 1943. Mesmo que se suponha que o público da Sociedade Suíça de Amigos da Cultura do Leste Asiático pudesse estar ligeiramente familiarizado com alguns dos tópicos, a densidade do seminário de Jung deve ter sido arrebatadora, para dizer o mínimo: ioga, budismo, um *sūtra* chinês maaiana, simbolismo arquetípico, psicologia do inconsciente, prática contemplativa jesuíta... e assim por diante. Mas o que o público perplexo – e o leitor de hoje com eles – não sabia era que essa apresentação era mais ou menos um breve resumo dos seminários de Jung no ETH, ministrados quatro anos antes. Para entender a leitura de 1943 de Jung do *Amitāyur-dhyāna-sūtra* é importante colocá-la no contexto mais amplo da série de seminários, o que esta edição fará.

Em ambos os casos, Jung não forneceu ao seu público detalhes históricos e acadêmicos sobre o *sūtra*, que sem dúvida era completamente novo para a maioria dos participantes. O *Amitāyur-dhyāna-sūtra* (cf. Tanaka, 1990) é um dos três principais *sūtras* do Budismo da Terra Pura, uma vertente do budismo maaiana que é particularmente forte no leste da Ásia, em especial no Japão, onde é conhecido como Jōdo-shū (cf. Blum, 2002; Williams, 1989; Zürcher, 1959, p. 215-231). O Budismo da Terra Pura se desenvolveu na China nos séculos IV e V a.C. Normalmente, 11 de setembro de 402 a.C. é tida como a data de fundação da seita Terra Pura, o dia em que Huiyuan reuniu monges e leigos no Monte Lu para fazerem um voto em frente a uma imagem do Buda Amitābha. Eles se comprometeram a renascer em *sukhāvatī* (Terra da Suprema Felicidade), a parte ocidental do universo onde residia o Buda Amitābha. Eles também retornariam para mostrar aos outros o caminho para a Terra Pura. Esse tipo de budismo está, portanto, intimamente relacionado à adoração do Buda Amitābha, o Buda da Luz Infinita. A mera evocação do nome do Buda levaria o devoto ao paraíso ocidental, onde permaneceria até a iluminação final.

O próprio Buda Amitābha é a reencarnação de Buda do monge Dharmakāra. Sua história é contada no primeiro dos três principais *sútras* do Budismo da Terra Pura, que é o *Sūtra da vida imensurável* ou o *Sukhāvatīvyūha*[24] maior. De acordo com o texto, Dharmakāra prometeu criar uma terra de Buda para todos aqueles que invocassem seu nome, praticassem boas ações e se concentrassem na iluminação. O segundo *sūtra*, o Amida Sūtra ou o *Sukhāvatīvyūha* menor, afirma que basta invocar o Buda Amitābha no momento da morte. O Buda Amitābha é acompanhado pelos bodhisattvas Avalokiteśvara, representando infinita compaixão e piedade, e Mahāsthāmaprāpta, o poder da sabedoria.

De acordo com Max Müller, o *Sukhāvatīvyūha* maior foi traduzido do sânscrito para o chinês por Sanghavarman em 252 a.C., e o *Amida Sūtra* ou o *Sukhāvatīvyūha* menor foi traduzido por Kumārajīva em 400 a.C. (Müller, 1894, p. vi-vii). O *Amitāyur-dhyāna-sūtra* ou *Sūtra da visualização* [também conhecido como *Sūtra da contemplação*] é o mais novo. Foi traduzido por Kālayasas em 424 d.C. Como o original em sânscrito não pôde ser encontrado, Müller decidiu que o texto fosse traduzido do chinês para o inglês pelo estudioso japonês de sânscrito J. Takakusu:

> Felizmente, no último momento, um jovem estudioso japonês que está lendo sânscrito comigo em Oxford, o Sr. J. Takakusu, informou-me que possuía a tradução chinesa deste *Sūtra* e que se sentia bastante competente para traduzi-lo. Acontece que o estilo deste *Sūtra* é muito simples, de modo que há menos receio de o tradutor chinês, Kālayasas, ter entendido mal o original em sânscrito. Mas, embora eu não tenha dúvidas de que esta tradução do chinês nos dá no geral uma ideia exata do original em sânscrito, fiquei tão desapontado com o conteúdo do Sūtra que hesitei

---

24. *Sukhāvatī*, sânscrito para Terra da Suprema Felicidade; *vyūha*, sânscrito para "exibição magnífica".

por algum tempo se deveria publicá-lo neste volume (Müller, 1894, p. xx-xxi).

Jung obviamente não compartilhava das reservas de Müller, pois ele escolheu precisamente este *sūtra* para seu seminário em 1938. Claro, Jung estava interessado principalmente na questão da *dhyāna* ou meditação, e o *Amitāyur-dhyāna-sūtra* era conhecido no mundo de língua inglesa como o *Sūtra da meditação*. Essa visão se originou de uma tradução não totalmente correta do termo chinês *"kuan"*, que é melhor traduzido como "recordação por meio da visualização". Assim, o título correto seria traduzido como "O Sūtra da Visualização do Buda da Vida e Luz Infinitas". No entanto, para Jung esse *sūtra* oferecia um excelente exemplo de meditação iogue, como sua introdução ao texto em 4 de novembro de 1938 tornou óbvio:

> Agora eu gostaria de lhes dar uma visão sobre a essência da ioga desenvolvida, ou seja, como ela se desenvolveu dentro do budismo e como tem suas raízes na ioga hinduísta puramente filosófica. Aqui entram em consideração alguns textos que talvez sejam difíceis de localizar, pois os livros clássicos sobre ioga não mencionam isso. O último deles talvez seja o *Yoga sūtras*, mas é difícil de entender e pouco comentado. Você ouvirá muito pouco sobre os textos posteriores porque eles abrigam um tipo de simbolismo que só o especialista trata em um ou outro periódico profissional, mas que não vê a luz do dia para o mortal comum.
>
> Para esse propósito, selecionei um texto que não sobreviveu nem mesmo em sânscrito. Foi traduzido do sânscrito para o chinês em 424 d.C., pois naquela época o budismo maaiana migrou para a China. Ele pode ser encontrado em uma tradução para o inglês em *The sacred books of the East* no 49º volume. O título desse *sūtra*

é *Amitāyur-dhyāna-sūtra*. O Buda Amitāyu[25] é um Bodhisattva (cf. nota 92). É o Buda da Vida Imensurável
que tem seu reino na parte ocidental do mundo, daí
"*O livro da meditação em Amitābha*" (Jung, seminário
no ETH, 4 de novembro de 1938).

[*Ich möchte Ihnen nun einen Einblick geben in das Wesen des entwickelten Yoga, d.h. wie er sich innerhalb des
Buddhismus entwickelt hat und wie er so zurückwirk-
te auf den rein philosophischen hinduistischen Yoga. Da
kommen nur Texte in Betracht, die man nicht leicht
zu Gesicht bekommt, denn die klassischen Bücher über
Yoga erwähnen das nicht. Das letzte ist vielleicht noch
das Yoga-Sûtra, aber es ist schwer verständlich und kaum
kommentiert. Von den späteren werden Sie sehr wenig zu
hören bekommen, weil dot eine Summe von Symbolismen
hineinkommt, die dann nur der Spezialist irgendwo in
einer Zeitschrift kommentiert hat, die aber der gewöhnli-
che Sterbliche überhaupt nicht zu Gesicht bekommt.
Ich habe zu diesem Zweck einen Text ausgewählt, der
nicht einmal mehr im Sanskrit existiert. Er ist 424 n.
Chr. aus dem Sanskrit ins Chinesische übersetzt worden,
denn um jene Zeit ist der Mahâyâna Buddhismus ins Chinesische eingewandert. Er ist in englischer Übersetzung
zu finden in The sacred books of the East im 49. Band.
Der Titel dieses Sutrams lautet Amitāyur-dhyāna-sūtra.
Buddha Amitâyus ist ein Bodhisattwa. Er ist der Buddha
vom unermesslichen Leben, der im westlichen Weltgebiet
sein Reich hat.*]

Jung havia abandonado outras explanações mais aprofunda-
das do *Yoga sūtras* de Patañjali para apresentar (para esse público)
o quase desconhecido *Amitāyur-dhyāna-sūtra*, que ele anun-
ciou como um texto budista que poderia mostrar como a ioga

---

25. Buda Amitāyu ("vida infinita") é outro nome para o Buda Amitābha ("luz
infinita").

perdurou e se desenvolveu no budismo – e como, inversamente, o desenvolvimento budista influenciou a ioga "puramente filosófica" do hinduísmo. Essa mistura de ioga, hinduísmo e budismo maaiana leva a uma série de questões sobre a abordagem, compreensão e diferenciação de Jung entre as religiões orientais. A fim de esclarecer o sincretismo de Jung como apresentado nesses seminários, é necessário, antes de tudo, examinar com mais atenção o conteúdo do *sūtra*.

A história se passa na cidade de Rajagarra, atual Rajgir, estado de Biar, durante a estada de Buda no Pico do Abutre, junto com 1.250 monges e 32 mil bodhisattvas. O príncipe herdeiro Ajatashatru mandara prender seu pai Bimbisāra e trancafiá-lo em uma cela atrás de sete paredes. Ele pretendia matar seu pai de fome, mas a principal consorte do rei, a Rainha Vaidehī, permaneceu leal ao marido e contrabandeava comida e bebida para sua cela, mantendo-o vivo. Quando seu filho, o príncipe herdeiro, soube de sua traição, demonstrou intenção de matar a mãe e se absteve de sua ação apenas quando seus ministros ameaçaram abandonar a corte. Em vez de matar a mãe, o príncipe a prendeu também.

Este é o momento de mencionar que esse *sūtra*, tão importante para o budismo japonês, não escapou ao olhar atento dos primeiros psicanalistas. O psicanalista japonês Heisaku Kosawa (1896-1968) usou a figura do Príncipe Ajatashatru e seu desejo de matar sua mãe para desenvolver o conceito de um complexo japonês específico, o complexo de Ajatashatru [complexo de Ajase], que poderia ser visto como um equivalente oriental ao complexo de Édipo. Ele escreveu seu texto sobre o complexo de Ajase em Viena, em 1932. Ele o discutiu com Freud, sugerindo que o cenário descrito em vários *sūtras* budistas estaria mais em sintonia com a sociedade japonesa do que a tragédia de Sófocles. Como o pai japonês estaria em grande parte ausente durante os anos de desenvolvimento da criança, o complexo principal seria representado apenas entre a mãe e a criança. O complexo de Ajase encontraria sua expressão no sentimento de culpa do filho por seu desejo matricida (Kosawa, 1935; cf. tb. Heise, 1990; Kitayama, 1991; Muramoto, 2011).

A história continua com a rainha isolada orando ao Buda Śākyamuni que reside perto da cidade:

> Quando Vaidehī ergueu a cabeça de sua reverência, ela viu o Buda Śākyamuni, o Honrado pelo Mundo, dourado tingido de púrpura, sentado em uma flor de lótus feita de cem tesouros. Ele era assistido por Mahāmaudgalyāyana à sua esquerda e Ānanda à sua direita. No céu estavam os reis de Brahma, o rei-deus Śakra, os quatro reis-deuses que protegem o mundo e outros deuses, e eles derramavam flores celestiais em todos os lugares como uma oferenda ao Buda.

Ouvindo o desejo da rainha de nascer na Terra Pura do Buda Amitābha, Śākyamuni revelou a ela o caminho para entrar na Terra de Sukhāvatī, por meio da realização de três trabalhos meritórios: (1) honrar os pais, servir aos professores e anciãos, cultivar a bondade amorosa não matando seres sencientes e fazer dez bons *karmas*; (2) tomar e manter os Três Refúgios (Buda, *dharma* [darma] ou os ensinamentos, e *saṃgha* ou a comunidade); e (3) ativar a mente *bodhi*, acreditar profundamente na causalidade e ler e recitar os *sūtras* maaianas. Então, o Buda ensinou à rainha como um ser senciente é capaz de ver a Terra Pura de Amitābha, o que pode ser feito por meio de 16 visualizações:

1. Contemplação do sol poente
2. Contemplação da água
3. Contemplação do solo na Terra Pura
4. Contemplação de árvores preciosas na Terra Pura
5. Contemplação das águas dos lagos na Terra Pura

6. Contemplação das torres e arredores na Terra Pura
7. Contemplação do trono de flor de lótus do Buda
8. Contemplação da imagem do Buda Amitābha e dos dois bodhisattvas
9. Contemplação da forma corporal do Buda Amitābha
10. Contemplação do corpo sublime do Bodhisattva Avalokiteśvara
11. Contemplação do corpo sublime do Bodhisattva Mahasthāmaprāpta
12. Contemplação do renascimento em uma flor de lótus na Terra Pura
13. Contemplação da imagem de Amitābha e dos dois bodhisattvas
14. Contemplação do renascimento na classe superior
15. Contemplação do renascimento na classe média
16. Contemplação do renascimento na classe baixa

Tendo ouvido as palavras do Buda, Vaidehī "imediatamente viu as amplas características da Terra da Suprema Felicidade e viu aquele Buda e os dois bodhisattvas. Com tamanha alegria, nunca experimentada antes, ela chegou a uma grande tomada de consciência, alcançando a Perseverança na Percepção do Não Nascimento dos Dharmas".

Foi nos três seminários de 11 e 25 de novembro e 2 de dezembro de 1938 que Jung falou em detalhes sobre o *Amitāyur-dhyāna-sūtra*. Diferentemente de sua apresentação de 1943, ele se concentrou não apenas nas duas primeiras meditações sobre o sol e a água, mas também deu uma breve visão geral da maioria das contemplações. Para Jung, o *sūtra* era um exemplo da habilidade oriental de mudar o foco da atenção para dentro por meio da meditação: a Rainha Vaidehī foi ensinada pelo Buda a escapar de nossa prisão terrena e fugir para a Terra do Buda Amitābha por meio de técnicas de concentração interior.

De acordo com alguns especialistas, o Budismo da Terra Pura guarda semelhança com o anseio pela imortalidade tipicamente chinês, que tem suas origens na tradição taoista. Shoji Muramoto escreve sobre o primeiro patriarca do Budismo da Terra Pura, Tan-Luan (476-542), que "sua busca pela longevidade, uma preocupação tipicamente chinesa, não deve ser negligenciada. Assim, o paraíso taoista onde vivem os Xian e a Terra Pura Budista provavelmente estão conectados, pelo menos psicologicamente" (Muramoto, 2011, p. 142)[26].

Essa ligação sugerida com o taoismo foi útil para Jung, cujo interesse por essa doutrina foi despertado pela primeira vez durante seu trabalho sobre os tipos psicológicos entre 1915 e 1920. Ali, Jung escreve sobre o símbolo unificador na filosofia chinesa, citando extensivamente o *Tao te ching* (OC 6, § 358-369). Ele liga o Tao, como o caminho do meio entre os opostos, ao seu conceito de totalidade psicológica[27].

---

26. Sobre a fusão entre o taoismo e o budismo chinês primitivo e a chamada teoria Huahu, cf. Zürcher (1959, p. 288-320).

27. Na década de 1920, o contato e a amizade com Richard Wilhelm (1873-1930), que havia traduzido o *Tao te ching* (1911), aumentou ainda mais seu interesse pelo taoismo. O *I Ching*, traduzido por Wilhelm em 1924, inspirou o conceito de sincronicidade de Jung (cf. o elogio de Jung a Wilhelm [OC 15]). Ele pediu a Cary F. Baynes que trabalhasse numa tradução para o inglês, que foi finalmente publicada em 1950, e para a qual Jung escreveu um prefácio (Jung, 1950). Wilhelm também deu um seminário sobre ioga chinesa no Clube de Psicologia de Zurique em 1926. O destaque da colaboração de Jung com Wilhelm foi seu comentário psicológico sobre um livro sobre ioga taoista intitulado *O segredo da flor de ouro* – também traduzido por Wilhelm (*The secret of the golden flower*, 1929; OC 13). Como comentaristas recentes apontaram, o pensamento taoista foi fundamental para o desenvolvimento de conceitos junguianos como "*Self*" e "sincronicidade" (Coward, 1996). A biblioteca de Jung continha várias edições do *Tao te ching*: (1.) *Lao-Tse: Le Tao te king. Le livre de la voie et de la vertu* (1842), (2.) *Lao Tze's Tao-teh-king*, chinês-inglês (1898), (3.) *Lao-Tzu: Tao teh king* (1922) e (4.) *Tao te ching: a new translation by Ch'u Ta-Kao* (1937). Jung

A compreensão do Tao como o caminho do meio penetrou em sua interpretação do *Amitāyur-dhyāna-sūtra* quando ele citou outro texto budista, o *Dhammacakkappavattana-sutta* (Fundamento do reino da retidão), no qual Buda ensina o caminho do meio como evitação dos dois extremos:

> 3. Há um caminho do meio, ó bico, evitando esses dois extremos, descoberto pelo Tathāgata [1] – um caminho que abre os olhos e concede entendimento, que leva à paz de espírito, à sabedoria superior, à plena iluminação, ao Nirvana!
>
> 4. Qual é o caminho do meio, ó bico, evitando esses dois extremos, descoberto pelo Tathāgata – aquele caminho que abre os olhos e concede entendimento, que conduz à paz de espírito, à sabedoria superior, à plena iluminação, ao Nirvana? Verdadeiramente é este nobre caminho óctuplo[,] ou seja
>
> A perfeita compreensão;
> A perfeita aspiração;
> A perfeita fala;
> A perfeita conduta;
> O perfeito meio de subsistência;
> O perfeito esforço;
> A perfeita atenção; e
> A perfeita contemplação.
>
> Este, ó bico, é aquele caminho do meio, evitando esses dois extremos, descoberto pelo Tathāgata – aquele caminho que abre os olhos e concede entendimento, [...].

Na China as estreitas semelhanças dos conceitos taoista e budista causaram controvérsias sobre a originalidade do budismo (Zürcher, 1959, p. 288-320) desde sua primeira introdução, por exemplo, a teoria Huahu, que afirma que o budismo

---

também possuía uma cópia do *Lao-Tse und der Taoismus* de Wilhelm (1925). Para ler mais sobre Jung e o taoismo, cf. Khong e Thompson (1997).

é uma doutrina ensinada por Lao-Tsé aos bárbaros após seu avanço para as regiões do Ocidente (Zürcher, 1959, p. 290). No entanto, Jung não estava preocupado com esses debates, mas ficou impressionado com as semelhanças. Além disso, os ensinamentos chineses da Terra Pura podem até servir de exemplo para o tipo de meditação conhecido como ioga tântrica. Em seus seminários, Jung não teve o menor problema em colocar o *Amitāyur-dhyāna-sūtra* entre o *Yoga sūtras* de Patañjali e o *Shrī-chakra-sambhāra tantra*, um texto da tradição da ioga kundalini, que Jung conheceu por meio da edição de textos tântricos de Avalon e *Artistic form and yoga in the sacred images of India* (1926), de Heinrich Zimmer.

E é nesse último livro de Zimmer que Jung se baseou fortemente em sua interpretação do *sūtra*. No seminário de 1943, Jung até abriu sua apresentação com uma referência a seu amigo Heinrich Zimmer, que havia morrido recentemente de pneumonia em 20 de março de 1943, em New Rochelle, forçado pelos nazistas a deixar a Alemanha devido às suas críticas ao regime e pelo fato de que ele tinha uma esposa judia, filha do escritor austríaco Hugo von Hofmannsthal[28]. Embora Jung não tenha se referido a Zimmer no curso de sua interpretação do *sūtra* no ETH, suas notas preparatórias indicam que ele havia usado o *Artistic form and yoga in the sacred images of India* de Zimmer para embasar sua discussão. Um olhar mais atento ao texto de Zimmer torna óbvio o quanto as afirmações de Jung se devem a Zimmer.

Primeiro, há o tratamento constante de Jung do budista *Amitāyur-dhyāna-sūtra* como um texto iogue. Embora não seja errado enfatizar a contribuição do budismo para a ioga – pode-se

---

28. Sobre Jung e Zimmer, cf. a vindoura publicação da Philemon *Jung and the indologists*, que contém a correspondência de Jung com Wilhelm Hauer, Heinrich Zimmer e Mircea Eliade.

considerar as formas específicas de ioga que se desenvolveram no budismo, por exemplo, na escola iogacara budista maaiana ou nas tradições tântricas do budismo tibetano – e vice-versa –, resta uma diferença significativa em relação aos seus objetivos espirituais: o caminho óctuplo do Buda visa à iluminação e ao Nirvana, enquanto a ioga busca um estado mais elevado de consciência. Feuerstein resume a relação do budismo com a ioga da seguinte forma: "O ensinamento do Buda pode ser denominado um tipo pragmático de ioga que, em questões metafísicas, favorece o agnosticismo em vez do ateísmo, como muitas vezes sustentado" (Feuerstein, 1997, p. 66).

De acordo com o entendimento de Zimmer, que Jung seguiu nos anos de 1930, as diferenças foram fundidas no terreno comum da prática tântrica:

> O mundo tântrico do pensamento e das formas artísticas domina toda uma era do espírito da Índia e, como expressão da *Weltanschauung* dos brâmanes ortodoxos, influenciou e moldou a fé e os modos de vida das seitas budistas e jainistas heterodoxas que floresceram e minguaram no meio do hinduísmo ortodoxo. Coexistindo por séculos, ambas as doutrinas tomaram o lugar das ideias de Deus, formas sagradas e símbolos do tantrismo tardio, e durante esse processo prolongado de amálgama, o budismo no subcontinente indiano perdeu essencialmente sua própria marca peculiar até que, no fim, foi completamente obliterado. Por todas essas razões, o que os textos tântricos brâmanes ortodoxos têm a dizer sobre o significado e a função da imagem sagrada encontra paralelos na literatura budista e pode servir adequadamente como guia para a compreensão do aspecto formal geral das imagens sagradas budistas. Parece legítimo supor que, historicamente, a imagem sagrada e sua adoração tenham entrado no mundo budista depois que ele se apropriou dos conceitos tântricos em sua doutrina ascética de libertação e depois de ter transformado seus

próprios elementos dignos e santos em seres divinos nos moldes das grandes divindades hindus (Zimmer, 1926, p. 23).

O argumento de Zimmer é inteiramente baseado na ioga tântrica, como ele a conhecia da publicação dos tantras de Avalon. Embora seja possível argumentar que a fusão do budismo e do hinduísmo ortodoxo através de textos tântricos de brâmanes ortodoxos ocorreu dentro de certos ramos do budismo – por exemplo, o budismo tibetano com suas práticas de ioga tântrica e a ênfase nos *yantras* –, a ligação da ioga tântrica aos *sūtras* maaianas da tradição da Terra Pura podem levar a discussão longe demais. Pode-se também acrescentar que a teoria da fusão de Zimmer, embora possa ser verdadeira para a Índia, pode não valer para o desenvolvimento do budismo na China, que não foi ameaçada de infiltração pelo bramanismo ortodoxo. Curiosamente, Zimmer citou o *Sukhāvatīvyūha* maior como um exemplo da visão interna da prática meditativa oriental, embora ele não o visse como um texto iogue como Jung fez com o *Sūtra da contemplação*.

O outro ponto na discussão de Zimmer na qual Jung se baseou é sua descrição da visão externa ocidental *versus* a visão interna oriental. Zimmer escreveu um capítulo em seu livro sobre esse tópico, opondo o olhar externo ocidental que discrimina objetos e precisa de um foco para a prática meditativa oriental de visualização interna:

> O tipo peculiar de visualização que preenche todo o campo de visão e que é em cada detalhe igualmente claro e autocontido é como um todo mais do que uma mera coleção de partes individuais: é um produto específico da visão interior. Nosso olho físico, constantemente em movimento, nunca pode ver nada remotamente semelhante. Esse tipo de visualização bastante particular, que combina dois opostos – a ampla superfície da imagem junto com um foco cla-

ro em um único ponto – e é totalmente imóvel, é o conteúdo mental ainda visível que projetei sobre a imagem sagrada durante o ato de devoção [...]. Dada a natureza dessa visualização, a qualidade peculiar da imagem sagrada figurativa nunca pode ser compreendida: a qualidade que faz com que o ocidental, repetidas vezes, se afaste dela com sentimentos de estranhamento, a menos que seus sentidos tenham se tornado embotados por uma longa familiaridade com o material e exemplos individuais dele (Zimmer, 1926, p. 61).

Em sua diferenciação entre as práticas religiosas e espirituais do Ocidente e do Oriente, Jung seguiu a dicotomia de Zimmer entre visão externa e olhar interno. O *Amitāyur-dhyāna-sūtra* forneceu-lhe um exemplo perfeito da imagem sagrada oriental e sua visualização como prática meditativa. O fato de ele vincular esse aspecto da meditação no Oriente exclusivamente às práticas da ioga tântrica deveu-se à sua leitura de Zimmer, baseando-se em uma discussão excessivamente simplificada com a qual Jung não teria que se comprometer sem reservas.

No entanto, a intenção psicológica de Jung foi além da de Zimmer, tanto que, quando ele leu o comentário de Jung sobre *O segredo da flor de ouro*, em 1929, Zimmer aparentemente ficou tão indignado que atirou o livro na parede (Jung, 1962, p. 385-386). Levou um tempo para ele perceber o mérito de uma visão psicológica desses textos antigos e as implicações úteis para a psique de hoje no Ocidente. E é por isso que a interpretação de Jung nos seminários do ETH vai além dessas primeiras interpretações ocidentais acadêmicas da ioga de Avalon, Zimmer ou Hauer. Foi nelas que Jung primeiro esclareceu seu conceito de imaginação ativa contra o pano de fundo das práticas religiosas e espirituais meditativas orientais e ocidentais e sugeriu a psicologia do inconsciente como seu equivalente do século XX.

A LEITURA DE JUNG DO *SHRĪ-CHAKRA-SAMBHĀRA TANTRA*

As anotações em *Os livros negros* de Jung de 17 e 18 de abril de 1917 descrevem como sua alma recuperou a imagem de um castelo com três torres que repousa sobre nuvens de fogo no céu azul (vol. 6, p. 285-286). Portões vermelhos, colunas brancas, os três portões do poder, esplendor e glória: "Três vezes cinco torres cercam o castelo. Três vezes seis portões estão nos muros. Três vezes sete grandes salões estão no castelo. A corrente verde flui abaixo. A nuvem escura está acima, sobre ela o fogo, o eterno que você desenhou. Há cavernas na montanha, lá está o ouro empilhado, o fogo solidificado" (vol. 6, p. 287).

Em seu seminário de 15 de novembro de 1940, Jung falou sobre um fluxo semelhante de imagens experimentadas como parte do caminho meditativo da ioga: primeiro, há uma imagem de uma montanha, que emerge durante o processo de contemplação. Uma vez que todo o mundo da atenção foi retirado do mundo externo e o foco está concentrado em um ponto, o iogue é elevado ao topo de uma montanha de percepções acumuladas. Dessa forma, seu ser interior é contrastado com o transbordamento de impressões do mundo exterior.

> Isto é representado pela cidade que é especialmente enfatizada pela muralha circundante. Esse é o local fortificado que é protegido por muros de quatro camadas para o exterior em que todas as pessoas que antes estavam dispersas estão agora reunidas. Toda a antiga dispersão que pertencia ao iogue devido à sua quebra e fragmentação no mundo está agora unificada ali dentro daquela muralha e no centro dessa maravilhosa fortaleza. Na verdade, esta não é apenas uma ideia budista, mas também hindu antiga: a cidade de Brahma, a cidade do ser do mundo. No interior dela está o grande tesouro, representado pelo *vajra*. Essa fortaleza é como um cofre de tesouro (cf. p. 471).

No topo da montanha, no centro do castelo, em uma caixa do tesouro, encontra-se o *vajra* de quatro cabeças, o "diamante" ou "raio". De acordo com Jung, esse símbolo representa a energia psíquica acumulada que antes havia sido dispersa pelo mundo externo. A semelhança com o "fogo solidificado" na visão anterior de Jung do castelo em *Os livros negros* é impressionante.

O texto do qual Jung deduziu esse *insight* sobre a prática meditativa da ioga foi o *Shrī-chakra-sambhāra tantra*, um texto tântrico tibetano publicado pela primeira vez em inglês em 1919 como o volume sete da série *Tantrik texts* de Arthur Avalon, portanto, dois anos após a anotação de Jung em *Os livros negros*. Foi traduzido e editado por Kazi Dawa Samdup (cf. nota 171). Jung tinha uma cópia de toda a série (1914-1924) em sua biblioteca, mas não se sabe exatamente quando ele leu esse texto pela primeira vez. Certamente, ele deve ter percebido as semelhanças entre sua própria visão de 1917 e as imagens do antigo texto tântrico como uma confirmação de sua teoria sobre a repetição de material mitológico coletivo em nível individual, apresentada pela primeira vez em *Transformações e símbolos da libido* (Jung, 1912, § 173s.). Tomando emprestada uma frase de Jacob Burckhardt, Jung chamou isso de "imagens primordiais", um termo que ele usou em *Tipos psicológicos* para descrever uma imagem coletiva distinguida por sua qualidade mitológica (OC 6, § 731) – o termo que foi substituído pelo agora mais familiar "arquétipo".

Em seus seminários, Jung frequentemente usava material de sua monografia de 1921, especialmente do capítulo "O significado do símbolo de união" (OC 6, § 318, 433). Os seminários de 2 e 9 de junho foram baseados em grande parte na mesma passagem dos Upanishads e Mestre Eckhart que ele havia usado em 1921, embora de forma estendida e com maior elaboração. No entanto, um texto nunca mencionado em *Tipos psicológicos* foi o *Shrī-chakra-sambhāra tantra*. Dado o significado que Jung atribuiu a esse texto em 1939, é surpreendente que ele não tenha mencionado esse exemplo primordial de imaginário simbólico nos capítulos sobre os símbolos unificadores em 1921. Pode-se supor que Jung não havia lido o texto naquela época ou não lhe conferia a mesma importância que no fim da década de 1930. O que finalmente pode ter chamado a atenção de Jung para o texto foi a publicação de *Artistic form and yoga in the sacred images of India*, de Zimmer, em 1926 (Zimmer, 1984, p. 79-114). Ali, Zimmer elogiou o *Shrī-chakra-sambhāra tantra* como uma fonte única para estudos: "As mais completas orientações para desenvolver o *yantra* linear do olho interno com decoração figurativa que está vivo com a dinâmica de envolver e desdobrar podem ser encontradas, entre as fontes atualmente conhecidas, no *Shrī-chakra-sambhāra tantra*, um texto tibetano (lamaísta)" (Zimmer, 1984, p. 81). Em resposta a uma pergunta no seminário sobre a ioga kundalini em 1932, Jung reiterou a importância única desse texto para sua compreensão psicológica da mandala: "Nossa ideia estaria mais próxima do lamaísmo, a religião tibetana, mas ele é pouco conhecido, e seus livros foram traduzidos apenas muito recentemente, quase dez anos atrás. Uma das fontes fundamentais é o *Shrī-chakra-sambhāra*, um texto tântrico traduzido por Sir John Woodroffe"[29].

Em seu estudo, Zimmer deu um relato detalhado da meditação tântrica semelhante à descrição de Jung em seus seminários 13 anos depois, por exemplo, sobre a compreensão do *vajra*:

> O diamante (*vajra*) é o símbolo do que é eternamente Imutável, que é, na impenetrabilidade de sua natureza, indestrutível e inatacável. Desde tempos imemoriais na Índia, o *vajra*, como o nome de uma arma em

---

29. Seminário de 12 de outubro de 1932 (Jung, 1996, p. 12).

forma de raio, era o símbolo do poder divino supremo. O primeiro "Pai do Céu" (*Dyaus pitar, Zeus pater, Diespiter*) legou-o a seus filhos, os herdeiros de sua supremacia sobre todos os outros deuses: Mitra na Pérsia; na Índia, Varuna. Na Índia, ele evoluiu para Indra quando, em tempos posteriores, Indra se tornou o rei dos deuses, ofuscando o antigo rei de todos os deuses, Varuna. No budismo, o diamante é o símbolo da esfera do Ser absoluto. Essa é a razão pela qual o *vajra*, o instrumento semelhante a um raio, é o favorito entre os símbolos artísticos usados para representar o reino do puro Vazio (Zimmer, 1984, p. 88 n. 89).

Outro exemplo, onde a confiança de Jung na pesquisa de Zimmer se torna clara, pode ser visto em sua explicação das sílabas místicas *yam* (ar), *ram* (fogo), *vam* (água) e *lam* (terra) no seminário de 10 de fevereiro de 1939 (cf. p. 261-264). Zimmer deu a seguinte explanação em seu livro:

> Emergem de dentro da imagem interior das sílabas, assim como, da soma das sílabas, emerge a manifestação radiante do Monte Sumeru dos deuses – o eixo do Ovo Cósmico, cujo torso de quatro facetas brilha nas cores das joias dos quatro pontos cardeais – cristal, ouro, rubi e esmeralda. Um hindu devoto perceberia em seu cume a corte palaciana de Indra, o rei dos deuses, e seus Celestiais – Amaravati, o "Reino dos Imortais". No lugar desse palácio, o adepto da mandala budista desenvolve um claustro de templo (*vihāra*) como o único ambiente adequado para o Buda: um edifício retangular feito de joias com portais em cada um dos quatro lados, cercado por um muro mágico de diamante (*vajra*). Seu telhado é uma cúpula pontiaguda semelhante às estupas terrenas que, como mausoléus, testemunham o Nirvana concluído/alcançado dos Iluminados. Em seu ponto central interno há um círculo contendo um lótus desdobrado, suas oito pétalas apontadas nas diferentes direções da bússola (os

quatro pontos cardeais e os quatro intermediários). O adorador se imagina de pé no centro da flor como a figura de Mahāsukha abraçando a figura feminina. Como a "Suprema Felicidade dos Círculos"/"Centros da Suprema Bem-aventurança" ou "Centros do Supremo Prazer" (*Mahāsukhacakra*), ele se vê como tendo quatro cabeças e oito braços, e é, em sua contemplação, consciente de sua essência. Suas quatro cabeças significam os quatro elementos – terra, água, fogo, ar – em seu estado imaterial, suprassensorial; eles designam simultaneamente os quatro sentimentos eternos (*apramāna*) que, ao se tornarem parte da substância do adepto por meio da prática constante, constituem seu amadurecimento cada vez maior em direção ao Nirvana: [...] (Zimmer, 1984, p. 95-96).

Essa passagem do livro de Zimmer também é interessante por outro motivo. Karl Kerényi citou-a na introdução de *Essays on a science of mythology*, livro que escreveu em coautoria com Jung em 1941 (Jung & Kerényi, 1941, p. 23-24). Sua intenção era demonstrar os paralelos mitológicos entre o uso externo de uma mandala, por exemplo, como parte do rito de fundação de uma cidade – Kerényi deu como exemplo o mito fundador de Roma – e o fundamento psicológico e a reorganização interior do homem. Embora Kerényi tenha sido o autor da introdução de 1941, a referência à interpretação de Zimmer do *Shrī-chakra-sambhāra tantra* parece um adendo de Jung, cujos seminários no ETH chegaram ao fim na mesma época em que o livro foi publicado.

Também nessa época, Jung reelaborou e ampliou seu seminário de Eranos de 1935 sobre "Símbolos oníricos do processo de individuação" para seu livro *Psicologia e alquimia*. Em sua introdução sobre o simbolismo das mandalas, ele relembrou seu encontro com o rinpoche Lingdam Gomchen no mosteiro tibetano Bhutia Busty, perto de Darjeeling, em 1º de janeiro de 1938 (OC 12, § 123; cf. tb. Sengupta, 2013, p. 127). Aqui, Jung deu crédito ao monge lamaísta por compartilhar sua sabedoria de que não a externa, mas a imagem interna era a verdadeira mandala. Mas certamente Jung já teria reunido tal conhecimento no livro informativo de Zimmer. Em *Psicologia e alquimia*, ele não deixou de mencionar o *Shrī-chakra-sambhāra tantra* como um texto que contém instruções sobre como construir uma imagem mental (OC 12, § 123).

De 26 de junho a 1º de julho de 1933, Jung realizou uma aclamada série de seminários em Berlim com Heinrich Zimmer[30]. Na ocasião, ele mostrou ao público uma série de fotos, entre elas a mandala *vajra* lamaísta, que havia usado como frontispício de *O segredo da flor de ouro*, em 1929. Em seu seminário de 2 de dezembro de 1938 ele apresentou a mesma mandala para seu público no ETH (cf. p. 169). Eis o que Jung disse sobre a mandala no seminário:

> As mandalas que conhecemos principalmente do tantrismo lamaísta são em sua maior parte de origem tibetana. Assim, são imagens circulares que contêm sempre um símbolo muito específico, a saber, o símbolo deste temenos, ou seja, esse recinto sagrado, um muro que separa um recinto. Dentro é um templo. Essa área contida é o temenos, portanto, uma antecâmara. Na mandala tibetana ou lamaísta, esse espaço interno é uma sala de clausura, uma sala retangular fechada com quatro portais, exatamente como o *castrum* romano, e esses quatro portais se distinguem por quatro qualidades. Este é o próprio temenos: retangular, mas ao redor do perímetro arde um círculo de fogo e esse fogo é por sua vez cercado por um círculo de sofrimento, dos tormentos do inferno e do cemitério, do campo dos mortos, onde as almas e os corpos dos mortos são despedaçados por demônios, de acordo com a ideia bu-

---

30. O seminário será publicado como parte da Série Philemon (Jung, 1933).

dista de que o fogo intensifica o sofrimento e causa a morte e todos os tormentos do inferno. Esse círculo de fogo, esse círculo mágico protetor, foi dotado de muitos símbolos de tantrismo. Tem a forma clássica do raio, o eixo do relâmpago ou a cunha de diamante. Esta é provavelmente a mesma palavra, simplesmente expressando a energia intensamente concentrada. Forma um círculo mágico e protege o iogue do fogo do desejo, que provoca todas as misturas impuras e por isso deve ser erradicado acima de tudo[31].

Nesse seminário, Jung colocou no *vajra* a mesma ênfase que empregou mais tarde no seminário no ETH de 1939. De acordo com Jung, em ambos os casos, tratava-se de uma representação simbólica da energia acumulada pelo adepto da ioga durante o processo de meditação. Mas o seminário, em contraste com o posterior, localiza simbolicamente essa energia acumulada principalmente no anel de fogo protetor ao redor do iogue, enquanto no seminário de 1939 Jung centraliza o poder do *vajra* na arca do tesouro do castelo. No entanto, como o esquema de Jung de 28 de abril de 1939 deixa claro, o *vajra* de quatro cabeças não é o tesouro em si, mas apenas um elo da cadeia no processo de individuação: do *vajra* surge o lótus, ou em termos alquímicos, no quaternário do *castrum* cresce a flor de ouro.

O paralelo com o processo alquímico desempenhou um papel importante nos seminários do ETH. Jung dedicou todo o semestre do inverno de 1940/1941 e o semestre do verão de 1941 ao tema da alquimia. Em sua série de seminários sobre meditação oriental, a alquimia serviu principalmente como um modelo comparativo do processo de individuação, paralelo ao modo iogue de alcançar a iluminação. Mas esse surgimento da alquimia como um equivalente ocidental da

---

31. Seminário de 29 de junho (Jung, 1933).

meditação oriental também fornece uma pista de por que Jung estava tão fascinado com o *Shrī-chakra-sambhāra tantra* que dedicou uma imensa parte de sua série de seminários a esse texto bastante obscuro. Em *Psicologia e alquimia*, Jung seguiu a passagem onde menciona o *Tantra* com a seguinte observação:

> Tenho observado esses processos e seus produtos por quase 30 anos com base em material muito extenso extraído de minha própria experiência. Durante 14 anos não escrevi nem dei seminários sobre eles para não prejudicar minhas observações. Mas quando, em 1929, Richard Wilhelm me apresentou o texto da Flor de Ouro, decidi publicar pelo menos uma amostra dos resultados (Jung, 1944, § 126).

O segredo da flor de ouro, tratado alquímico chinês, ajudou Jung a processar as experiências visionárias que ele havia vivenciado a partir de 1913. O texto lhe deu oportunidade de ampliar esse material pessoal e abriu a possibilidade de introduzir uma abordagem metodológica comparativa da psicologia (Shamdasani, 2012, p. 151). Além disso, quando Jung recebeu o texto de Wilhelm, estava trabalhando na imagem de um castelo para *O livro vermelho* (Jung, 2009, p. 163), como sugere o texto abaixo da pintura: "1928. Quando pintei esta imagem, que retrata o castelo dourado bem fortificado, Richard Wilhelm de Frankfurt me enviou o milenar texto chinês do castelo amarelo, o núcleo do corpo imortal. *Ecclesia catholica et protestantes et seclusi in secreto. Aeon finitis*". *O segredo da flor de ouro* (1929, p. 112; em inglês: 1984, p. 22) menciona um *Livro do castelo amarelo*[32], ao qual Jung se referiu no seminário de 5 de maio de 1939: o lugar onde ocorre a união dos opostos precisa ser protegido "como se fosse um claustro ou um edifício, uma sala do tesouro, onde a substância preciosa é encerrada

---

32. Cf. nota 373.

e escondida" (cf. p. 354). A pintura do castelo obviamente corresponde às imagens visionárias internas de Jung de 17 e 18 de abril de 1917, embora essas sequências nunca tenham entrado em *O livro vermelho*. E de acordo com o posfácio de Jung a *O livro vermelho*, foi sua familiaridade com a alquimia em 1930 e a confirmação de suas próprias experiências pelo *O segredo da flor de ouro* em 1928 que pararam o trabalho de Jung em *O livro vermelho* (Jung, 2009, p. 360). Uma vez que Jung abandonou esse trabalho, ele estava aberto a explorar o vasto material fornecido pela alquimia, mitologia e religião para encontrar paralelos com suas próprias experiências: do "fogo solidificado" no castelo à "substância preciosa" no castelo amarelo, do "*vajra* de quatro cabeças na arca do tesouro" até o "quaternário e a flor de ouro", todos se tornaram a expressão da mesma experiência arquetípica e correspondiam a etapas no processo de individuação como Jung havia experimentado por si mesmo. Assim, os seminários do ETH sobre ioga e meditação oriental apresentam um excelente exemplo da aplicação de Jung de seu método comparativo, ao mesmo tempo que contam a história pessoal e o desenvolvimento psicológico de Jung.

Nota dos tradutores

Optou-se por traduzir o termo alemão *"Inder"* para os cidadãos da Índia como "indianos", e não usar, como às vezes sugerido, hindus, que está associado a uma determinada tradição religiosa e confundiria a cuidadosa diferenciação de Jung entre as tradições religiosas no subcontinente.

As referências ocasionais de Jung a gênero, raça e especificamente à cultura negra africana na América do Norte estão às vezes desagradavelmente em desacordo com o entendimento do século XXI sobre tais assuntos. No entanto, foi tomada a decisão de torná-las o mais próximo possível do original, sem moderação, pois melhorá-las para satisfazer os leitores modernos seria uma distorção dos textos de origem em uma primeira edição de um texto primário.

As traduções existentes publicadas em inglês foram citadas e referenciadas ao longo do texto. Quaisquer traduções não reconhecidas são dos tradutores deste volume.

Semestre do inverno de 1938/1939

Seminário 1[33]

28 de outubro de 1938

Nos semestres anteriores falei muito sobre sonhos e tentei delinear como os sonhos são estruturados e como podemos chegar a seu significado. Agora, neste semestre, continuarei descrevendo o fenômeno da "imaginação ativa".

Vocês devem se lembrar do sonho do concerto onde, no fim, uma bola de Natal brilhante emergiu da árvore[34]. Em particular, eu disse o seguinte:

Essa bola de Natal não é um objeto comum, mas sim um símbolo muito antigo na história intelectual da humanidade. É um exemplo de como os conteúdos do inconsciente coletivo se impõem à consciência até se tornarem conscientes. Se fôssemos proceder antropomorficamente, poderíamos dizer que é como se esses conteúdos do inconsciente coletivo tivessem uma certa vontade própria de se manifestar. No entanto, isso é apenas uma hipótese, e peço que não interpretem isso de maneira literal. De qualquer forma, tais conteúdos aparecem primeiro nos sonhos. São fenômenos que acontecem no limite da consciência, conteúdos que afloram na consciência. Fiquei impressionado com esse fato desde o início. Encontramos esse

---

33. O texto é compilado a partir de notas de LSM e RS, bem como da tradução para o inglês de BH. ES faltou a este primeiro seminário porque perdeu o trem para Zurique.

34. Jung está se referindo ao seminário de 8 de julho de 1938. Cf. Jung (1937/1938).

fenômeno com extrema frequência em pacientes, bem como em doentes mentais. Perguntei-me se não seria possível impactar esse *background* onde se origina o inconsciente para que ele expusesse mais claramente seus conteúdos, ou se seria possível tornar mais claros esses traços do inconsciente para que se pudesse discerni-los e entendê-los melhor.

Descobri que, se alguém dirige a atenção para esses traços e se concentra neles, um curioso fenômeno de movimento ocorre, assim como quando alguém olha fixamente para um ponto escuro por um longo tempo, que então começa a se animar. Somos, então, subitamente capazes de discernir as formas do nosso próprio *background* interno. "Olhar para o copo ou tigela de água" abre o *background* para a própria alma, na medida em que a pessoa finalmente percebe as imagens – embora, é claro, não na água[35]. Essa é uma técnica usada pelos antigos sacerdotes egípcios, por exemplo, que olhavam para uma tigela de água. Não há nada presente na água, mas o olhar intenso desperta a alma para ver algo. Tem um efeito hipnótico e fascinante. Para isso, os antigos magos usavam um botão de vidro ou joia, ou um belo cristal azul, no caso dos sacerdotes egípcios, a fim de transmitir percepções inconscientes à sua clientela. Não se entendia dessa maneira naquela época, mas era empregado para fins de profecia, divinação e cura. Os antigos sabiam muito bem que para curar a alma, ou mesmo o corpo, era necessário um certo auxílio das experiências psíquicas.

Encontramos ideias semelhantes no antigo culto de Asclépio[36]. É por isso que as clínicas médicas na Antiguidade tinham

---

35. Jung faz uma conexão aqui com estudos psicológicos anteriores sobre esse assunto por Pierre Janet (1898, p. 407-422) e Frederic W.H. Myers (1892).

36. Asklêpios, Asclépio, deus grego e (como *Aesculapius*, em latim) romano da medicina e da cura, filho de Apolo e Coronis, criado pelo centauro Quíron, que

câmaras de incubação nas quais os antigos teriam um sonho que oferecia o diagnóstico correto, ou muitas vezes até indicava o remédio certo para curar[37]. Práticas semelhantes ainda são usadas hoje por indígenas e curandeiros de tribos primitivas. Se alguém é perturbado por um sonho maligno, o curandeiro o faz passar por esse processo a fim de trazê-lo de volta à harmonia com seu pano de fundo psíquico. Pois é bem sabido que alguém que não tem mais essa conexão perdeu sua alma. A perda da alma é típica para os primitivos. É absolutamente imperativo que a alma seja recuperada. Isso pode ser alcançado restaurando a conexão com o inconsciente, capturando o substrato psíquico. Com as crianças, por exemplo, às vezes até as imagens passam a ganhar vida: a locomotiva começa a se mover ou as pessoas do livro ilustrado começam a fazer alguma coisa. Pensa-se que sejam apenas vivências infantis, mas alguns primitivos têm muito mais experiência com o *background* do que nós, que vivemos orientados para o mundo externo. Devemos ter consciência disso. Vivemos através de nossos olhos. No entanto, isso não é característico de todos os povos, mas simplesmente uma peculiaridade do Ocidente.

Se alguém se concentra em tal fragmento, é necessário reter claramente a percepção inicial dele na alma. É aqui que o ocidental tende a inibir o despertar da fantasia. Ele pode isolar algo do ambiente, isto é, apegar-se a um único e mesmo ponto de vista que nada o perturba. Essa diferenciação é

---

lhe ensinou a arte de curar. Seu culto era particularmente forte no século III a.C. Na chamada Asklepia, os sacerdotes curavam os doentes de suas enfermidades usando um método chamado incubação. Asclépio era adorado em toda a Grécia, sendo o santuário mais famoso o de Epidauro. Seu símbolo, um bastão entrelaçado por uma serpente, há muito representa a profissão de médico.

37. O primeiro volume da série de publicações do Instituto C.G. Jung, em Zurique, foi a monografia de C.A. Meier, *Ancient incubation and modern psychotherapy* (1949), reeditada como *Healing dream and ritual: Ancient incubation and modern psychotherapy* (1989).

característica dos ocidentais, mas não dos orientais. É quase impossível obter informações precisas deles. Eles não meditam em uma área específica. Se eu me curvar sobre uma determinada folha de grama e perguntar qual é o significado dela, o oriental me dará o prado inteiro. Para eles, essa é uma tarefa exigente que os desgasta. Isso também me impressionou em relação a pessoas espiritualmente importantes da Índia ou da China. Elas não conseguem se concentrar exclusivamente em um pequeno detalhe.

Mas a imaginação ativa não implica essa concentração singular, que mata tudo o que acontece ao redor. Deve ser possível que, enquanto a imagem permanece firme na mente, a fantasia inconsciente também possa se juntar a ela. Se isso puder ser feito, então, algo acontece. Se observarmos com a atenção o mais relaxada possível, podemos perceber que entra algum outro material que anima a situação. Se alguém praticar isso, pode permitir que todo um sistema se desenvolva a partir de qualquer ponto de partida. Ao fazer isso, a pessoa sempre pensa que o faz sozinha, que está inventando, mas na realidade esses são pensamentos espontâneos. Com tais imagens, não se pode dizer que alguém as criou. Se uma telha cair na sua cabeça, não foi você que provocou, nem produziu a situação. Essas são "percepções que surgem livremente", como já disse Herbart[38]. Se desistirmos da expectativa tensa e apenas olharmos para a possibilidade emergente, perceberemos o que o inconsciente está

---

38. Johann Friedrich Herbart (1776-1841), filósofo, psicólogo e educador alemão, cuja pedagogia científica definiu o padrão do sistema educacional do século XIX ("Herbartianismo"). Sua psicologia "dinâmica" é baseada no conceito de uma mecânica de interação de *Vorstellungen* (ideias, representações). Herbart introduziu um modelo de um limiar de consciência a partir do qual as ideias inconscientes, uma vez que tenham atingido uma certa força, passarão para a mente consciente. As obras de Herbart incluem *Lehrbuch zur Psychologie* (1816), *Psychologie als Wissenschaft* (1824/1825) e *Psychologische Untersuchungen* (1839/1840). Para Jung sobre Herbart, cf. OC 8/2, § 350.

criando a partir de sua perspectiva. Desta forma, uma imagem é estimulada. Quando isso ocorre, um vislumbre do inconsciente pode ser obtido. Muitas vezes, as pessoas sonham de forma muito fragmentária, ou o sonho se interrompe a certa altura – então, solicito ao sonhador que o imagine mais adiante. Eu meio que peço a continuação. Em princípio, isso nada mais é do que a técnica habitual de criar o contexto do sonho. Evoco toda a textura na qual o sonho está inserido. Como parece ao sonhador. Existem algumas ideias simples: acreditamos que a água é igual para todos, mas não é assim. Se eu perguntar a 12 pessoas o que elas associam à água, pode-se ficar surpreso com o que responderão. Então, se em vez de pedir a alguém toda a trama do sonho, eu perguntasse como ele iria sonhá-lo adiante, obteria como resposta um material que se correlacionaria exatamente com o significado do sonho. Pode-se também sabotar tal busca. Alguém já me trouxe um sonho inventado, pelo qual eu deveria ser convencido. Infelizmente para ele, percebi isso.

A imaginação ativa é tornar conscientes as percepções fantasiosas que se manifestam no limiar da consciência. Devemos imaginar que nossas percepções possuem uma certa energia por meio da qual elas podem se tornar conscientes. É uma grande conquista estar consciente. Por esta razão, ficamos exaustos após um período relativamente longo de consciência. Então, devemos dormir e nos recuperar. Se forem feitas perguntas bastante simples aos primitivos, depois de um tempo eles também ficam exaustos e querem dormir. Se deixá-los por conta própria, eles não pensam em nada, ficam sentados, não dormem, mas também não pensam. Algo está acontecendo que não está na cabeça deles, que é bastante inconsciente. Alguns se sentem insultados se você perguntar o que eles estão pensando. "Só os loucos ouvem algo na cabeça", não eles. Você vê de que noite nossa consciência de fato desperta.

Existem quatro estados diferentes de conteúdo psíquico:

Consciência	0—0—0—0	Percepções conscientes.
Percepção limiar	0—0—0—0	Conteúdos no limiar da consciência, abaixo do qual reina a escuridão (percepções de *background*).
Inconsciente pessoal	0—0—0—0	Conteúdos desconhecidos ou esquecidos, mas que pertencem ao domínio pessoal.
	————	
Inconsciente coletivo	0—0—0—0	Pensamentos que já foram pensados em outras épocas. O mais interessante são esses conteúdos mais profundos que não são adquiridos individualmente, mas podem ser pensados como padrões instintivos fundamentais e, portanto, como um tipo de categoria.

Cada uma dessas camadas, mesmo a mais alta, é influenciada e modificada se o conteúdo do inconsciente coletivo surgir. Se o processo de se tornar consciente segue um curso natural, não convulsivo, então toda a vida ocorre de acordo com o padrão básico do inconsciente coletivo, naturalmente sombreado individualmente, embora os temas individuais sejam repetidos em todos. Assim, encontramos os temas do inconsciente coletivo no folclore de todos os povos e em todos os tempos, na mitologia, nas religiões etc.

Qualquer concentração de atenção nessa técnica é muito difícil. Isso é algo que só pode ser alcançado com a prática. A grande maioria das pessoas se perde imediatamente nas cadeias de associações, ou as inibe e então não acontece absolutamente nada. O homem ocidental não é educado para usar essa técnica, e sim para observar todas as percepções dos sentidos externos e os próprios pensamentos, embora não para abrigar a percepção dos processos de *background*. O Oriente está muito à nossa frente nesse aspecto. Falo da meditação, ou seja, uma fertilização do *background*, que se torna animado, fecundado pela nossa atenção. Por esse meio, objetos de circunstâncias ainda em desenvolvimento emergem claramente. A palavra latina *contemplatio* vem de *templum*[39] – uma zona de encontro vivo é definida, um campo de visão específico no qual ocorre a observação. Os áugures demarcavam um campo, um templo para observar o voo de um pássaro. Um domínio protegido de onde se pode contemplar os conteúdos internos e fertilizá-los com atenção. E a palavra *meditatio* na verdade significa considerar ou ponderar.

Na Antiguidade, pelo que sei, não havia descrições detalhadas ou instruções para essa técnica. Na verdade, ela contradizia o espírito clássico. Por outro lado, na Idade Média, certas ideias já estavam surgindo. Os antigos alquimistas – os quais não se deve de forma alguma imaginar como apenas uns velhos loucos, fabricantes de ouro, e sim filósofos naturais – definiram o termo *meditação* como um diálogo com outro que é invisível. Esse outro pode ser Deus ou a pessoa mesma em outra manifestação, ou o bom espírito, o espírito guardião da pessoa com quem se pode dialogar na meditação. São Vítor[40] teve essa conversa com sua própria alma. A Idade

---

39. *Templum*, latim para templo, santuário ou lugar sagrado; também uma área aberta, especialmente para augúrios.

40. Hugo de São Vítor (1096-1141), filósofo medieval e escritor místico, lançou as bases para a teologia escolástica, tornando-se o diretor da Escola de São Vítor em 1133. Ele combinou seus escritos filosóficos e teológicos, de caráter aristotélico, com ensinamentos místicos sobre a jornada da alma para a união com Deus. De acordo com Hugo, a alma racional contém "três olhos": o pensamento busca por Deus no mundo material, a meditação o faz dentro de nós e a contemplação conecta a alma com Deus intuitivamente. Sua obra principal intitula-se *De sacramentis christianae fidei* [Os sacramentos da fé cristã] (*ca.* 1134); seus escritos místicos incluem *De arca Noe morali* [Arca moral de Noé] e *De arca Noe mystica* [Arca mística de Noé] (1125-1130), *De vanitate mundi* [Sobre a vaidade do mundo]

Média, portanto, já tinha a contraparte interna em contraste com a contraparte externa; e essa contraparte interna tem um significado próprio, de modo que se pode, de certo modo, ter uma conversa com esse outro. Então, resumindo: esse outro interno responde. Esse procedimento é chamado de *imaginação*. Não só me entrego à fantasia como também concentro a minha atenção no que vai ser contemplado e observo o que acontece no processo.

Na Idade Média os filósofos usaram esse termo para descrever a possível transformação dos elementos. Eles podem ser transformados por meio da meditação. Ao nos concentrarmos na matéria química, a imagem que está dentro de nós é impressa na matéria. Essa imagem dentro de nós é a alma e é redonda. A redondeza é a perfeição, portanto, o ouro tem uma forma redonda porque é um corpo perfeito. Pode-se imprimir um modelo na imagem de sua própria alma, e então ela deve ser transformada em ouro. Pensa-se que é o *ouro* que se pretende. Na verdade, porém, ensina-se que não é o ouro normal, mas o ouro da alma. É difícil entender essas linhas de pensamento, porque as coisas não eram compreendidas em nosso sentido do termo, mas aconteciam na matéria, portanto, na matéria que se maneja. É como se o inconsciente estivesse localizado na matéria química, nos minerais.

Mas não devemos esquecer que a constituição química dos corpos era um grande enigma na Idade Média, um grande enigma obscuro. Não havia conhecimento sobre essas coisas, portanto, seu mundo interior era compreensivelmente projetado nelas. O mesmo é verdade para nós. Se não compreendemos

---

e *Soliloquium de arrha animae* [Solilóquio sobre o penhor da alma]. As obras de Hugo são publicadas nos volumes 175-177 da *Patrologia latina* (1854). Sobre sua psicologia, cf. Ostler (1906). Barbara Hannah escreveu um artigo sobre a conversa de Hugo com sua alma em *Soliloquium de arrha animae* (Hannah, 1981).

alguém, imputamos-lhe todo tipo de características e presumimos muito sobre ele, quando na verdade é precisamente o que está dentro de nós que projetamos no outro. Não podemos dizer nada sobre ele, exceto o que vemos por nossas próprias lentes, e nós, seres humanos, fazemos isso totalmente sem pudor. Tentamos nos aproximar de conceitos, mas mistificamos nosso próprio mistério na matéria. O mesmo aconteceu com a Idade Média. Gradualmente, as pessoas se tornaram um pouco mais conscientes, mas não o suficiente. Então, veio a era científica e interrompeu todo esse desenvolvimento. Não é assim no Oriente. Ali foi possível que essas ideias e esforços, presentes desde tempos imemoriais, se desenvolvessem de forma análoga: não foram interrompidos pela concentração exclusiva em coisas externas. Já nos primórdios encontramos nos textos indianos o conceito de *tapas*, ou seja, calor, brilho[41]. É usado como uma expressão para representar a influência frutífera da atenção, daí ser traduzido como "calor criativo". O Rigveda diz: *tapas* é visto entre as coisas que carregam a terra[42]. A terra é sustentada pela verdade, tamanho, força, através de *ṛta* ("rita"), ou seja, a lei da ação perfeita, *tapas*, *brahman* e sacrifício. Essa ideia é quase imutável em sua forma.

---

41. *Tapas*, sânscrito para "calor", "ardor", "brilho": uma prática ascética do hinduísmo que é usada para alcançar força espiritual ou purificação. Enquanto nos Vedas *tapas* é introduzido principalmente como parte do mito da criação, segundo o qual Prajāpati criou o mundo por meio do ascetismo, no hinduísmo posterior torna-se uma parte essencial da prática iogue. O *Yoga sūtras* o considera um dos cinco *niyamas*, atos de autodisciplina iogue. De acordo com o *sūtra* 3.43, *tapas* leva à perfeição do corpo e dos sentidos. Conforme observado pelos especialistas, a avaliação positiva de Patañjali de *tapas* contradiz outras escrituras iogues (Feuerstein, 1997, p. 304-305).

42. A compreensão de Jung sobre o conceito de *tapas* segue amplamente as discussões de Jakob Wilhelm Hauer em seu estudo *Die Anfänge der Yogapraxis im alten Indien* (1921). Sobre Hauer, cf. nota 50. Para uma discussão mais aprofundada sobre *tapas* nos Vedas, cf. Blair (1961) e Kaelber (1976).

Um hino do Rigveda (Livro 10, CXXIX: 3-4) diz[43]:

> O que estava escondido na casca,
> Nasceu pela força de tormentos ardentes.
> Disso, primeiro surgiu o amor,
> Como o Germe do conhecimento,
> Os sábios encontraram as raízes da existência na inexistência,
> Investigando os impulsos do coração.

Goethe disse o mesmo:

> Você segue uma trilha falsa;
> Não pense que não somos sérios;
> Não está o cerne da natureza
> No coração dos homens? (Goethe, 1960, vol. 1,
> p. 556-557)[44].

Esses versos do Rigveda propõem que a existência do mundo é de fato uma função psíquica. Querem que entendamos que essas qualidades humanas geram constantemente calor e que esse brilho gera o mundo. O mundo no nosso modo de pensar não é gerado dessa maneira, mas para o indiano é isso que o mundo é: ou seja, a consciência. É por isso que ele também pode dizer: as figuras criadas internamente são o mundo, uma ilusão – e nesse sentido o conceito de *māyā* [maia] convida a uma compreensão semelhante. Outra passagem em que o conceito de *tapas* desempenha um papel ocorre no mito do criador do mundo, Prajāpati. No começo, ele estava sozinho.

---

43. Jung possuía uma cópia da tradução alemã de Paul Deussen (1894). Jung também citou a mesma passagem (na tradução de Deussen) em *Transformações e símbolos da libido* (OC 5, § 243-245). Ali, Jung relaciona a produção de fogo por meio da fricção de gravetos ao coito sexual. Essa interpretação foi criticada por Gopi Krishna como uma leitura errada da produção da energia Kundalini (Krishna, 1988, p. 67). Cf. Shamdasani (1996, p. xix).

44. Em *Transformações e símbolos da libido* (OC 5, § 599), Jung já havia relacionado a passagem do Rigveda com o poema de Goethe.

Além dele não havia nada:

> Prajāpati tinha o desejo de criar seres e se multiplicar. Ele passou (consequentemente) por disciplina rigorosa. Tendo terminado, criou esses mundos, isto é, terra, ar e céu. Ele os aqueceu (com o brilho de sua mente, seguindo um curso de austeridades); três luzes foram produzidas: Agni da terra, Vāyu do ar e Āditya do céu. Ele os aqueceu novamente, gerando, desta forma, os três Vedas (*Aitareya Brāhmaṇa*, 1863, 5.32, p. 253; Deussen, 1894, p. 183; cf. 181, 187-188, 189, 200, 205)[45].

Isso significa "ele se aqueceu com seu próprio calor" (Deussen, 1894, p. 182)[46], em *commutatio*[47]. "Ele chocou, ele incubou" (Deussen, 1894)[48]. Ele incuba a si mesmo. Essa é a palavra usada para os exercícios técnicos de concentração a partir dos quais a ioga se desenvolveu.

A semelhança entre essa técnica que usamos de forma psicológica e a ioga oriental não deve ser menosprezada. A técnica ocidental é uma coisa lamentável em comparação com o que o Oriente tem a dizer a este respeito. Em todo caso, existe uma certa diferença principal não apenas porque o Oriente se supera com uma rica literatura e uma excepcional diferenciação de métodos. A ioga, como é praticada

---

45. Jung cita essa passagem com base em Deussen (1894, p. 181), em *Transformações e símbolos da libido* (OC 5, § 596).

46. Jung se refere à tradução de Deussen em *Transformações e símbolos da libido* (1912): "A estranha concepção de *tapas* deve ser traduzida, de acordo com Deussen, como 'ele se aqueceu com seu próprio calor, com a sensação de que ele chocou, ele incubou'. Aqui o chocador e o chocado não são dois, mas um e o mesmo ser idêntico" [*Der sonderbare Begriff des Tapas ist nach Deussen zu übersetzen als: 'er erhitzte sich in Erhitzung' mit dem Sinne: 'er brütete Bebrütung', wobei Brütendes und Bebrütung nicht zwei, sondern ein und dasselbe Wesen sind*] (OC 5, § 597).

47. Latim para mudança ou mutação.

48. Cf. nota 43.

agora e tem sido praticada por muitas centenas de anos, é um sistema. A técnica ocidental não é um sistema, mas um processo simples. No Oriente, é um sistema técnico. Via de regra, ali é prescrito o objeto de reavaliação ou meditação, o que não ocorre na imaginação ativa, em que o objeto surge muito naturalmente de um sonho, de insinuações que se manifestam na consciência de maneira natural. No Oriente, o guru, ou seja, o líder, dá ao *tschela*, ou seja, o aluno, uma instrução específica em relação ao objeto sobre o qual ele deve meditar. Guru e aluno não são peculiaridades estranhas. Toda pessoa moderadamente educada no Oriente tem seu guru que a instrui nessa técnica. Tem sido assim desde os tempos antigos, uma forma de educação praticada por alguém cujas qualificações como líder não são endossadas por nenhuma universidade.

Esse é o ensino de ioga em linhas gerais. O texto clássico que oferece uma visão global do ensino de ioga é uma obra do século II a.C.: o *Yoga sūtras* do gramático Patañjali[49]. É um livro excepcionalmente denso, contendo uma plenitude de ideias profundas, incrivelmente difícil de traduzir porque apresenta os segredos da ioga em uma linguagem extraordinariamente concisa: quatro textos para um total de 195 princípios.

O objetivo da prática é a promoção do *samādhi*, ou seja, arrebatamento, êxtase, contemplação e também suspensão. Hauer também traduz o termo como voltar-se para dentro em

---

49. Patañjali, que escreveu o *Yoga sūtras*, é algumas vezes referido como o autor do *Mahābhāṣya* (sânscrito para "grande comentário"), um tratado sobre a gramática *Ashṭādhyāyī* de Pāṇini. Como foi escrito no século II a.C., Jung data o *Yoga sūtras* mais ou menos na mesma época. No entanto, contesta-se que Patañjali também tenha sido o autor do *Mahābhāṣya*. Pesquisas recentes datam o *Yoga sūtras* entre 325 e 425 d.C. Cf. Maas (2006, p. xix); cf. tb. a Introdução, p. 1.

oposição a voltar-se para fora[50]. Pode-se também traduzi-lo como foco no interior. Além disso, a prática da ioga visa a uma diminuição dos *kleśas*[51], que podem ser entendidos como elementos instintivos no inconsciente, e na verdade deveriam ser reprimidos ou pelo menos diminuídos. O objetivo da ioga (*yoga*, em sânscrito) é refrear esses impulsos inconscientes, daí *yoga*, que deriva da palavra *yuji*, que significa jugo; o jugo de forças incontroláveis da alma humana e de maneira diferente de como o fazemos. Nós simplesmente suprimimos ou reprimimos certas emoções. A diferença é esta: quando eles reprimem, sabem que estão fazendo isso. Se reprimirmos, o conteúdo desaparece, mas então os sintomas neuróticos se desenvolvem a partir dessa repressão. O indivíduo desvia a atenção de algo

---

50. Jakob Wilhelm Hauer (1881-1962), indólogo alemão e especialista em sânscrito, professor da Universidade de Tubingen, fundador do Movimento da Fé Alemã [Deutsche Glaubensbewegung], cujo objetivo era estabelecer uma fé germânica específica firmemente enraizada nas tradições germânicas e nórdicas, um renascimento religioso da base herdada da raça germânica. Em 1932, Hauer foi convidado a realizar um seminário sobre a ioga kundalini no Clube de Psicologia de Zurique (3 a 8 de outubro). Jung comentou os seminários de Hauer nas quatro semanas seguintes do mesmo ano (Jung, 1996). Apesar do forte apoio de Hauer aos nazistas, a relação de Jung e Hauer permaneceu em termos de cordialidade profissional, embora outros projetos de colaboração tenham sido abandonados por Jung (cf. a vindoura publicação da correspondência entre Jung e Hauer, editada por Giovanni Sorge como parte da Série Philemon). A tradução de Hauer do *Yoga sūtras* de Patañjali a que Jung se refere neste seminário foi publicada na revista *Yoga* em 1931 (Hauer, 1931). O texto foi reimpresso em *Der Yoga als Heilweg* (1932). Jung tinha cópias de ambos em sua biblioteca. Os livros de Hauer incluem *Anfänge der Yoga Praxis im alten Indien* (1921), *Eine indo-arische Metaphysik des Kampfes und der Tat* (1934b) e, sobre o Movimento da Fé Alemã, *Deutsche Gottschau. Grundzüge eines deutschen Glaubens* (1934a). Sobre Hauer, cf. Poewe (2006).

51. *Kleśa*, sânscrito, significa "problema" ou "aflição". "Esses fatores, que podem ser comparados aos impulsos de uma geração anterior de psicólogos, fornecem a estrutura cognitiva e motivacional para o indivíduo comum enredado na existência condicional (*saṃsāra*) e ignorante do si-mesmo transcendental" (Feuerstein, 1997, p. 156). Segundo Patañjali, a Kriyā Yoga visa à atenuação dos *kleśas*.

desagradável. Esse é um mecanismo histérico que ocorre não apenas na vida do indivíduo, mas em todos os lugares, até na política. O *Yoga sūtras* diz: egoísmo, ignorância, apego, aversão e medo da morte enfraquecem você[52]. A ignorância (*avidyā*) é a base para todos os outros vícios ou *kleśas*.

---

52. No *Yoga sūtras* 2.3, Patañjali lista os cinco *kleśas*: ignorância (*avidyā*), egoísmo (*asmitā*), apego (*rāga*), aversão (*dveṣa*) e medo da morte (*abhiniveśa*).

Seminário 2[53]

4 de novembro de 1938

Da última vez, consideramos o *Yoga sūtras* de Patañjali. Ofereci-lhes algumas ideias introdutórias. O livro de Patañjali sobre ioga é o texto clássico.

Vocês podem não saber, mas a ioga é principalmente uma filosofia[54]. Quando falamos dela na Europa, sempre imaginamos algo meio acrobático: um homem seminu sentado de pernas cruzadas sobre um pedestal; pessoas que são capazes de notáveis contorções físicas. Vê-se isso em toda a Índia, em feiras ou locais sagrados. Pessoas que são excepcionais de uma forma incrivelmente aberrante. Cabelos longos, inconcebivelmente sujos, piolhentos, seminus, manchados de cinzas e sangue se forem devotos de Kali[55], apenas sentados

---

53. Anotações de LSM, RS, ES e tradução para o inglês de BH.

54. Esse também é o argumento apresentado por Surendranath Dasgupta em seu livro *Yoga as philosophy and religion* (1924). Jung conheceu Dasgupta em Calcutá no início de 1938 e o convidou para dar um seminário para seus alunos no ETH. Cf. Introdução (p. 62-64).

55. Kali, também Kālikā, deusa hindu do tempo, mudança e destruição. Kali é o aspecto violento e feroz de Parvati, a manifestação gentil de Shakti, a consorte de Shiva. Dizem que ela destruiu o demônio Raktabija sugando o sangue de seu corpo. Bêbada de seu sangue, dançou sobre os corpos dos mortos, pisando assim no corpo de Shiva. Quando reconheceu seu consorte, sua raiva e sede de sangue a abandonaram imediatamente. O momento em que Kali, embriagada de sangue, posiciona-se sobre o corpo de Shiva é uma representação iconográfica bem conhecida da deusa. Para seus adoradores, Kali é a realidade mais elevada de

ali, imóveis. Um estende rigidamente o braço, outro mais elástico enrijece outra coisa. Essa é uma forma bastante rasteira de atrair atenção popular e nunca é levada a sério pelos indianos instruídos.

A ioga em si é a filosofia prática mais antiga da Índia; é a mãe de toda filosofia, psicologia, teologia etc. Não se pode ser um filósofo ali sem praticar ioga. A ioga é a base de todo desenvolvimento espiritual. É um método psicológico, e é por isso que planejei falar sobre isso com vocês, pois não se deve subestimar algo com um *pedigree* tão honroso. Além disso, é a prática sagrada de uma nação de 380 milhões de pessoas. É a base de todas as culturas orientais, não só na Índia, mas também na China e no Japão.

Com relação ao *Yoga sūtras*, eu disse a vocês da última vez que a prática consiste em superar e subjugar os *kleśas*. *Kleśa* pode ser traduzido como impulsos compulsivos – um tipo instintivo de impulso, ou um mecanismo inescapável, coisas a que o ser humano está sujeito, especificamente entendido como ignorância sobre o ser do homem e do mundo. É (1) ignorância (*avidyā*). Não se confunde com o inconsciente – não tem nada

---

Brahma. Como Kali está associada à morte e à cremação, seus devotos cobrem os próprios corpos com as cinzas brancas das piras. Quando Jung esteve na Índia em 1937/1938, os templos de Kali tiveram um enorme impacto emocional sobre ele. Seu companheiro de viagem Fowler McCormick (cf. nota 11) observou: "Ao passarmos pelos templos de Kali, que eram numerosos em quase todas as cidades hindus, vimos as evidências do sacrifício de animais: os lugares estavam imundos – sangue seco no chão e muitos restos de noz-de-areca ao redor, de modo que a cor vermelha estava associada à destrutividade. Simultaneamente, em Calcutá, Jung começou a ter uma série de sonhos nos quais a cor vermelha era enfatizada. Não demorou muito para que a disenteria se apoderasse do Dr. Jung e eu tive que levá-lo para o hospital inglês em Calcutá [...]. Um efeito mais duradouro dessa impressão da destrutividade de Kali foi o fundamento emocional que isso lhe deu para a convicção de que o mal não era uma coisa negativa, mas uma coisa positiva [...]. A influência dessa experiência na Índia, a meu ver, foi muito grande em Jung em seus últimos anos".

a ver com isso, mas é um não saber sobre as causas e sua identificação.

Os outros *kleśas* são:

(2) egoísmo (*asmitā*): egocentrismo, certo subjetivismo, apego ao eu;

(3) apego a objetos sensoriais (*rāga*)[56];

(4) aversão (*dveṣa*);

(5) compulsão por viver (*abhiniveśa*) no sentido de agarrar-se à vida, não ser capaz de se separar, essa ansiedade da vida, algo que todos nós conhecemos muito bem. Se uma nuvem escura aparece em algum lugar, metade do mundo civilizado treme[57].

A ignorância é a base dos outros *kleśas*. Sem este, os outros não surtiriam efeito. A ignorância é o principal inimigo. Por esse motivo, a ioga busca a consciência, o *insight* e a compreensão.

Ignorância é perceber erroneamente permanência na transitoriedade, pureza na impureza, prazer no sofrimento, um eu essencial onde não há eu (*YS* 2.5, p. 45)[58].

De acordo com essa concepção, a ignorância consiste no fato de que alguém toma algo não eterno como eterno, o sofrimento como prazer e o não eu como o si-mesmo. O que é isso,

---

56. Normalmente, *rāga* significa apego, mas pode ser interpretado como sensualidade.

57. Comentário de ES: "Aqui, C.G. se refere aos últimos dias de setembro, quando a Guerra Mundial estava se aproximando". Em 24 de setembro de 1938, Hitler emitiu o chamado Memorando de Godesberg, no qual exigia que o governo tcheco entregasse a região dos Sudetos até 28 de setembro, às 14h, caso contrário as tropas alemãs a tomariam à força. A guerra foi evitada no último momento por meio do acordo de Munique de 30 de setembro de 1938 (datado de 29 de setembro), que concedeu à Alemanha nazista a permissão para anexar os assentamentos alemães da referida região.

58. Jung cita a tradução alemã de Patañjali por Paul Deussen (1908), a seguir abreviada como *YSD*. Sobre Jung e as traduções alemãs do *Yoga sūtras*, cf. Introdução (p. 62-64). A tradução para o inglês é de Barbara Stoler Miller (1996). As citações do *Yoga sūtras* são subsequentemente referenciadas como *YS* seguido do número do livro, aforismo e o número da página da tradução de Miller.

então? Isso é simplesmente o enredamento do homem no mundo dos sentidos, ou em nossa realidade – que consideramos ser a realidade absoluta, mas que no Oriente é ilusória. Para nós, isso não é apenas um mundo, mas uma realidade. Para as pessoas do Oriente, este mundo não é tão real quanto é para nós. Não são tão apegadas à vida como nós, não têm ansiedade como nós, é muito mais natural para elas. Por isso, podem vivenciar uma infinidade de coisas que não conseguimos. É também por isso que tudo permanece tão conservador. Por que tanto deveria ser melhorado ou mudado quando, afinal, tudo é apenas ilusório? Nós criticamos essa postura, mas, se fôssemos refletir um pouco sobre isso, nós nos perguntaríamos se todas as muitas mudanças realmente valem o esforço. Sabemos como construir navios maiores. Eles não afundam com tanta frequência quanto costumavam. Mas, agora, se isso acontecer, significa a morte imediata de milhares de pessoas com um único golpe, enquanto anteriormente apenas cerca de 150 pessoas teriam perdido a vida em um naufrágio. Temos canhões maravilhosos e guerras realmente pouco frequentes, mas quando temos uma guerra, então é a guerra para acabar com todas as guerras.

Substâncias químicas são usadas para as invenções mais inacreditáveis. Mas se o propósito delas é simplesmente matar pessoas, então, qual é a utilidade dessas inovações? Uma bomba altamente diferenciada é um equipamento esplêndido, mas se caísse em nossa cabeça, sem dúvida você preferiria viver em uma cabana de bambu onde o pior que poderia acontecer seria um macaco lhe atirar do alto um coco. Afinal, isso é menos desagradável do que outro tipo de projétil, como uma bomba aérea. É questionável se esse progresso miserável leva mesmo a algo de bom, que dirá a algo melhor. Essa ignorância é, portanto, uma falha em pensar sobre as coisas e, portanto, uma falha na consciência, de modo que alguém toma algo não eterno por eterno, impuro por puro. Algo que achamos prazeroso se torna a longo prazo cheio de sofrimento porque leva a um fim amargo e à decepção. Na Índia, o si-mesmo é o significado último, o bem maior. Aqui consideramos as coisas que nos afastam do nosso si-mesmo como o bem maior, mas não as coisas que nos levam ao nosso si-mesmo.

Esses *kleśas* – e a ignorância, acima de tudo – devem ser eliminados pela prática da ioga, ou seja, mediante o que é chamado de meditação, e de tal forma que, por meio da meditação, causas e efeitos possam ser claramente reconhecidos pelo que são e, portanto, o significado do apego ao mundo e o que os fatos são. A partir dessa consciência, o apego compulsivo ao mundo e à vida é reprimido. A superação das compulsões também é descrita como uma total contenção[59].

Os *kleśas* são *karma*[60] [carma], um conceito verdadeiramente notável. Descreve a disposição que levamos para a vida, que nos leva a viver segundo um certo sentido, de uma certa maneira. O destino de toda a nossa vida depende desse *karma*. É a soma das consequências das existências anteriores, em particular da última existência anterior a esta. O que vivi ali, levo comigo para minha nova existência. O que chamamos de "eu" é uma ilusão e termina com a morte. Mas o *karma* permanece, um complexo de consequências da vida, que se levanta de novo, sendo transferido para uma nova existência. É assim que o budismo explica isso. É sua intenção acabar com o *karma*, isto é, reconhecendo que ajo desta ou daquela forma por

---

59. "*Gesamtzügelung*" é um termo usado por Hauer. Cf. nota 61.

60. *Karman* [também *karma*], sânscrito para "ação", o mecanismo pelo qual a existência condicional se mantém por meio do círculo de renascimento. "Mediante boas e más ações o receptáculo dos seres vivos é produzido; do corpo, surge o *karma*. Desta forma, [o ciclo] se repete girando como uma roda d'água. Assim como a roda d'água sobe e desce movida pelos bois, da mesma forma a psique passa pela vida e pela morte movida pelo *karma*" (*Gheraṇḍa saṃhitā*, 1.6-1.7). Sobre *karma*, cf. Feuerstein (1997, p. 149-150).

determinadas razões e que por isso posso deixar de fazê-lo para me libertar desse *karma* que me obriga a começar uma nova existência repetidas vezes. Por meio dos *kleśas*, um *karma* pesado é criado. Mas se for possível para mim reprimir esses *kleśas* por meio da ioga, a fim de que eles não tenham mais efeito, então, não crio *karma* para mim mesmo que me force a viver.

> Por meio da perfeita disciplina do coração tem-se plena consciência do pensamento (*YS* 3.4, p. 67)[61].

Por concentração (*dhāraṇā*)[62], Patañjali entende a cativação de *cittaṃ*[63] (isto é, a consciência comum) em um local específico ou, em outras palavras, concentração por meio da meditação (*dhyāna*), ou seja, mediante a contemplação do que observo no estado de cativação e depois mediante a consciência meditativa (*samādhi*), isto é, introversão, que é o foco de todos os meus interesses nesse ponto. Por meio disso, advém uma total contenção, isto é, desta forma eu posso me apossar dos *kleśas* concentrando-me de maneira que os *kleśas* não funcionem mais automaticamente e não possam mais fazer com que eu me perca em algum tipo de interesse mundano.

---

61. ES anotou aqui: "Por meio da cativação, meditação e contemplação, a contenção total ocorre". A contenção total ("*Gesamtzügelung*") em vez da disciplina total ("*Allzucht*") é uma indicação de que Jung evocou a tradução de Hauer como uma comparação: "A triplicidade (dos membros mencionados da ioga) junta forma a contenção total" (*YSH*, 3.4, p. 105). Miller traduz *saṃyama* como "perfeita disciplina" e a define como "a disciplina integrada de *dhāraṇā*, *dhyāna* e *samādhi*; *saṃyama* é a disciplina de obter controle completo sobre o objeto de contemplação" (*YS*, p. 97).

62. *Dhāraṇā*, sânscrito para "concentração", de *dhṛ* ("manter", "reter"), também conhecido como *samādhāna* ("foco").

63. *Citta*, sânscrito para "mente" ou "consciência", de *cit* ("estar consciente"). De acordo com Patañjali, a ioga visa "à aquietação da mente" (*YS* 1.2, p. 32) a fim de se alcançar um estado mais elevado de consciência.

Em resumo, esse é o propósito do método da ioga. Até recentemente todo indiano instruído experimentava isso. Todo indiano cultivado tem seu guru que o instrui nesse método. Ninguém pode ser sacerdote, filósofo ou psicólogo se não tiver praticado esse método. Ninguém jamais se acomodaria em um canto sossegado e leria alguns volumes de periódicos. Isso diz respeito ao próprio corpo. Tem diferentes níveis e práticas, por exemplo, Raja Yoga ou Hatha Yoga[64]. Não quero comentar isso – esse é um assunto para os indianos. Nunca conheci um europeu que realmente se beneficiasse desse método. Leia o livro de Brunton[65] ou o autor do *Bengal lancer*[66]. Este último descreveu com revigorante franqueza as experiências de um homem branco com exercícios de ioga.

O conhecimento do passado e do futuro vem da disciplina perfeita das três transformações do pensamento (*YS* 3.16, p. 64).

---

64. Raja Yoga, que significa "ioga real", também conhecida como "ioga clássica", é baseada no *Yoga sūtras* de Patañjali. As tentativas de contrastar a prática meditativa e espiritual superior da Raja Yoga com a prática tântrica da Hatha Yoga, orientada mais para o físico, podem ser rastreadas até o século XI. No século XX, as interpretações teosóficas ocidentais muitas vezes usaram essa oposição para descartar a Hatha Yoga como uma forma inferior que não é adequada para os praticantes ocidentais. Sobre Raja Yoga, cf. Vivekananda (1896).

65. Paul Brunton (1898-1981), nascido Raphael Hurst, filósofo e místico britânico, que foi para a Índia no início da década de 1930. Ele estudou ioga com Meher Baba, Sri Shankaracharya de Kancheepuram e Sri Ramana Maharshi (1879-1950), que apresentou ao Ocidente. Também era amigo e convidado do marajá de Mysore, Sri Krishna Raja Wadiyar IV, que desempenhou um papel fundamental no desenvolvimento da ioga moderna ao apoiar Tirumalai Krishnamacharya. Na época do seminário no ETH de Jung sobre ioga, os trabalhos publicados de Brunton incluíam *A search in secret India* (1934), *The secret path* (1935), *A hermit in the Himalayas* (1936), *The quest of the overself* (1937) e *Indian philosophy and modern culture* (1939). Livros posteriores incluíram *Hidden teaching beyond yoga* (1941) e *Spiritual crisis of man* (1952). Sobre Brunton e a Índia, cf. Cahn Fung (2004).

66. Francis Yeats-Brown, autor de *The lives of a Bengal lancer* (1930), escreveu *Yoga explained* (1937).

Então, já estamos bem no meio das consequências e efeitos da ioga indiana. Como diabos um homem conhece e reconhece tudo no passado, realizando certos exercícios, soa-nos como algo completamente supersticioso. É por isso que muitos europeus são compelidos a experimentar a ioga na esperança de que também adquiram essa maravilhosa consciência. E, então, quando alguém vê o que se tornou consciente, não deseja ter essa consciência afinal de contas. Também é completamente desinteressante.

A ioga promete ainda mais:

> [...] o conhecimento dos sons de todas as criaturas vem mediante a perfeita disciplina das distinções entre eles (*YS* 3.17, p. 64).

Para nós isso é, obviamente, um absurdo total. Duvidamos que os animais tenham alguma coisa nova para nos dizer. Estamos muito mais – ou apenas – interessados no que os sábios relatam. E quanto a Rolf, o grande cachorro?[67] O que ele tem a dizer? E sim, o que isso significa? Da mitologia antiga, sabe-se que os animais contam todo tipo de coisas aos heróis, e as vozes dos pássaros se tornam inteligíveis para eles, por exemplo (cf. Siegfried[68]). Parecem maravilhas dos contos de fadas do passado, e não podemos entender como os indianos instruídos possam crer nisso.

Além disso:

> [...] tem-se conhecimento de nascimentos anteriores (*YS* 3.18, p. 64).

---

67. *Mein Hund Rolf* [Meu cachorro Rolf] é um livro publicado em 1919 que descreve a extraordinária habilidade do airedale terrier Rolf, que sabia contar e soletrar (Moekel, 1919).

68. No segundo ato da ópera *Siegfried*, de Richard Wagner, o herói mata Fafner, o gigante transformado em dragão. O sangue do dragão em sua língua permite que Siegfried entenda o canto dos pássaros. Os pássaros o aconselham a pegar o anel dos Nibelungos e o Tarnhelm dos tesouros e mostram-lhe o caminho para Brünhilde.

No cânone páli é possível encontrar pontos em que Buda diz que pode recordar seus cem mil nascimentos e que se lembrava de quando fez isso ou aquilo. Ele também afirmou saber o mesmo sobre seus alunos. Essas são maravilhas incrivelmente atraentes para o europeu supersticioso. Coisas tão notáveis lhe acontecem que ele as toma como prodígios. Isso é emocionante, com certeza, mas não convincente.

Também:

> Por meio da percepção direta do processo cognitivo, a pessoa tem conhecimento dos pensamentos dos outros (*YS* 3.19, p. 64).

Ou seja, pode-se penetrar nos outros de forma tão eficaz que é possível ler seus pensamentos mais íntimos. Buda conhece os pensamentos dos homens. Então, vem fulano de tal e sabe o que outra pessoa está pensando. Isso seria muito útil para nós.

E mais:

> Por meio da disciplina perfeita da forma do corpo, pode-se tornar invisível paralisando o poder de perceber o próprio corpo e bloqueando o contato da luz com os olhos (*YS* 3.21, p. 66).

Aqui estamos imersos na fantasia infantil de ter um corpo invisível. Como seria bom ter um. Uma das fantasias pueris favoritas. Seria incrível se assim fosse. H.G. Wells relata o que aconteceu com alguém que podia se tornar invisível e como isso acabou mal[69].

---

69. Em seu romance *O homem invisível* (1897), o escritor inglês Herbert George Wells (1866-1946) descreve o destino de um cientista que consegue se tornar invisível, mas acaba falhando em reverter o processo. Embora Jung tivesse um grande número de livros de ficção e não ficção de Wells em sua biblioteca, não há nenhuma cópia de *O homem invisível*. Quando Wells conheceu Jung no verão de 1924, eles aproveitaram a oportunidade para discutir suas diferentes teorias

Além do mais:

Por meio da disciplina perfeita da força de um animal como um elefante, ganha-se essa força (*YS* 3.24, p. 66).

Há toda uma outra série de maravilhas igualmente surpreendentes. Existem muitos desses textos que circulam hoje pela Ordem Ramakrishna. Sri Ramakrishna[70] – Sri significa

---

sobre uma mente coletiva ou inconsciente (Draper, 1987, p. 437). Em uma entrevista com o biógrafo de Jung, Vincent Brome, em 1942, Wells disse sobre a reunião: "Não manjei muito [...]. Mas ele parecia falar do seu Pai como se ele fosse uma espécie de Ser Humano Coletivo com o qual todos nós estávamos em contato de uma forma ou de outra. Soou suspeitosamente como Deus para mim. Nunca entendi por que ele evitava tanto a palavra. E olhe só aquelas coisas sobre *anima*. Eu sempre soube que tinha uma linda jovem tentando sair de dentro de mim!" (Brome, 1978, p. 201). Quando Brome conheceu Jung no congresso de Oxford da Sociedade Médica Internacional para a Psicoterapia em 1938, Jung falou sobre a alienação que sentia em relação ao cientificismo racional de Wells (Brome, 1978, p. 14). Wells enviou uma cópia de *The anatomy of frustration* a Jung, que agradeceu a Wells em uma carta de 25 de setembro de 1937 (publicada em Wells, 1998, vol. 4, p. 170).

70. Ramakrishna (1836-1886), também Ramakrishna Paramahamsa, místico indiano, nasceu Ramkṛiṣṇo Pōromōhongśo em uma pobre família bengali brâmane ortodoxa, tornou-se devoto e sacerdote de Kali no templo consagrado à deusa em Dakshineswar. Ramakrishna teve experiências místicas desde a infância e atraiu muitos seguidores ao longo de sua vida, entre eles sua esposa Sarada Devi e Swami Vivekananda. Sua busca por Deus não se limitou ao hinduísmo, e o levou a contemplar outras religiões como o cristianismo e o islamismo. Ele concluiu que o conhecimento de Deus era o objetivo final de qualquer caminho espiritual. Seu legado sobreviveu através da irmandade conhecida como Ramakrishna Math. Embora ele próprio não tenha escrito suas experiências e ensinamentos, seu discípulo Mahendranâth Gupta anotou as conversas de Ramakrishna e as publicou sob o pseudônimo M. *The Sri Rāmakrishna kathāmrita* [A doutrina de Ramakrishna] consiste em cinco volumes transcritos entre 1897 e 1932. A primeira tradução completa para o inglês por Swami Nikhilānanda foi publicada em 1942 (Gupta, 1942). Em sua introdução, o tradutor expressou sua gratidão a Joseph Campbell e Margaret Woodrow Wilson, filha do presidente dos Estados Unidos, por sua ajuda. A biblioteca de Jung em Küsnacht continha os seguintes livros relacionados a Ramakrishna: *Life of Sri Ramakrishna. Compiled from various authentic sources* (1925), de Swami Madhavananda; *Teachings from Sri Ramakrishna* (1934); *Worte des Ramakrishna* (Pelet, 1930) e *La vie de Ramakrishna* (1929), de Romain Rolland.

"sua eminência", "o grande", até mesmo "o santo" –, vocês podem conhecê-lo por Romain Rolland[71] e Annie Besant[72]. Em Bengala há um grande mosteiro onde a ordem tem sua sede[73]. A ordem é bem provida com dinheiro americano e distribui todo tipo de texto sobre ioga na Europa. Aqui na Europa existem inúmeros missionários, alguns dos quais têm seguidores bastante substanciais. Na América, esses seguidores têm três templos. Sincretismo hinduísta com serviços religiosos hindu-budistas. Você pode ler essas coisas lá também. Um desses

---

71. O escritor francês e Prêmio Nobel Romain Rolland (1866-1944) escreveu *La vie de Ramakrishna* [A vida de Ramakrishna] (1929) e *La vie de Vivekananda* [A vida de Vivekananda] (1930). Jung tinha cópias de ambas as obras em sua biblioteca. Rolland era amigo de Sigmund Freud. A correspondência entre eles durou de 1923 até 1936 (Vermorel & Vermorel, 1993). Após a publicação de *O futuro de uma ilusão* de Freud (1927), Rolland escreveu uma carta a Freud introduzindo o conceito de um "sentimento oceânico" no coração de qualquer experiência religiosa. Freud abriu seu famoso livro *O mal-estar na civilização* (1930) com uma discussão e crítica desse conceito apresentado por um amigo anônimo. Em uma edição posterior, Freud revelou a identidade de seu amigo e se referiu aos livros de Rolland sobre Ramakrishna e Vivekananda. Neles, Rolland distinguiu entre a experiência de unidade e eternidade de Ramakrishna no estado místico e sua interpretação hindu posterior.

72. Annie Besant (1847-1933), nascida Annie Woods em Londres, ativista dos direitos das mulheres, reformista socialista, nos últimos anos membro importante do movimento teosófico. Ela se estabeleceu na Índia, onde fez campanha pela independência indiana. Adotou e criou Jiddu Krishnamurti, que ela acreditava ser um dos grandes mestres do mundo. Traduziu o *Bhagavadgītā* (1896) e escreveu, entre outros, livros sobre ioga como *The three paths to the union with God* (1987) e *An introduction to yoga* (1908).

73. Belur Math ou Belur Mutt foi fundado por Swami Vivekananda, um dos principais discípulos de Ramakrishna Paramahamsa. Está localizado na margem oeste do Rio Hugli, Belur, Bengala Ocidental. O templo foi consagrado em 14 de janeiro de 1938. Jung estava presente e descreveu a cerimônia no sétimo volume dos cadernos "Excerpta" (p. 14): "Nos dias 14 e 15 de janeiro, a consagração do templo de Sri Ramakrishna ocorreu em Belur Mutt (Math), perto de Calcutá. Para o propósito da consagração, na face leste do novo templo, uma cabine de consagração foi erguida de acordo com o ritual védico" (fac-símile em Shamdasani, 2012, p. 178).

profetas, Vivekananda[74], diz, entre outras coisas, que o praticante ficaria bonito, encontraria as palavras certas etc. Há sempre essa propaganda desavergonhada do esplêndido poder da ioga. Eu não quero dizer o mesmo sobre esse texto antigo. Pois todas essas coisas que são ditas ingenuamente sobre o efeito da ioga são simplesmente declarações simbólicas, e quem está realmente familiarizado com a ioga está completamente ciente disso. Mas diz a si mesmo: vamos fazer concessões a essas formas de expressar as coisas. É bom para as pessoas. Por meio disso, elas serão atraídas e, assim, viverão seu *karma*.

O indiano não compartilha da nossa moralidade. Ele costumava ter seus templos decorados com as mais horríveis obscenidades. Basta pensar no Pagode Negro[75]. Perversões sexuais

---

74. Swami Vivekananda (1863-1902), nascido Narendranath Datta, foi o discípulo mais proeminente de Ramakrishna (cf. nota 70) e fundou a irmandade conhecida como Ramakrishna Math, mais tarde Ramakrishna Mission, com sede em Belur Math (cf. nota 73). Vivekananda desempenhou um papel fundamental para o renascimento do hinduísmo na Índia e para a introdução da filosofia Vedanta e da ioga no Ocidente. Em 1893, ele representou o hinduísmo no Parlamento das Religiões do Mundo em Chicago. Suas duas turnês de seminários pelos Estados Unidos e Europa nos anos de 1893-1897 e 1899-1902 o colocaram em contato com estudiosos e artistas ocidentais e lhe renderam o respeito de intelectuais ilustres como William James, Lev Tolstói, Aldous Huxley e Romain Rolland (cf. nota 71). A compreensão de ioga de Vivekananda seguia a filosofia não dualista da Vedanta. Ao lado do relato biográfico de Rolland sobre Vivekananda (1930), Jung mantinha cópias dos seguintes livros de Vivekananda ou relacionados a ele em sua biblioteca: *Essentials of Hinduism* (1937), *Gespräche auf den tausend Inselns* (1944), *Inspired talks: my master and other writings* (1934), *Jnâna-yoga* (1899; cópia de Jung: 1937), *Raja-yoga* (1896; cópia de Jung: 1937), *Ramakrishna, mein Meister* (1943).

75. O Templo do Sol de Konarak, em Orissa (junto ao Golfo de Bengala), também é conhecido como Pagode Negro. Foi construído no século XIII na forma de uma carruagem gigante. O templo exibe uma abundância de cenas sexuais e dizem que chocou os visitantes europeus. Lowell Thomas se referiu a ele como "ao mesmo tempo o mais belo e o mais obsceno dos templos hindus" (Thomas, 1930, p. 330). Jung visitou o templo em 13 de janeiro de 1938. Em seus cadernos "Excerpta" (vol. 7, p. 20), ele faz uma descrição do templo (reproduzida em Shamdasani, 2012, p. 82).

escabrosas. Por que as terríveis representações? Ainda falam do espírito? A resposta retumba: sim, claro, você vê como as pessoas ficam fascinadas com isso. Simplesmente enchem a cabeça de fantasias eróticas que já têm de qualquer maneira. Certos eles estão, então, os adeptos, as pessoas estão simplesmente vivendo seu *karma* e em uma existência posterior se desenvolverão para serem espiritualizadas. Sim, neste ponto eles estão vivendo segundo a carne, daí, na próxima existência, podem viver uma vida espiritualmente mais elevada, caso contrário, morrem sem ter experimentado isso nem uma vez, devorados pelo deus da morte Rama. Essa é a justificativa para a representação grosseira.

Isso também se aplica a esses textos. Portanto, grandes benefícios são prometidos – tesouros escondidos, voar pelo ar, elevação aos deuses. Publicidade obviamente sem-vergonha, sedução para os tolos. Parece ser especialmente elaborado para os fracos de espírito. Tal é o *karma* deles. Desta forma, eles alcançam a perfeição. Convido vocês a meditarem sobre esse ponto algum dia.

Sobre a prática da ioga:

Acima de tudo é (1.) *Yama*[76]. Isso é autocontrole moral, conduta ética. Não no sentido de uma certa moralidade, mas de um *ethos*. Nós sempre confundimos isso.

Então, vem (2.) *niyama*[77]. Isso se aplica especialmente ao indivíduo que está sujeito ao egoísmo.

---

76. *Yama* ("autocontrole"), de acordo com Patañjali, o primeiro dos oito membros da ioga (*aṣṭāṅga*). O *Yoga sūtras* (2.30) lista cinco *yamas*: não prejudicar (*ahiṃsā*), verdade (*satya*), não roubar (*asteya*), castidade (*brahmacarya*) e ausência de ganância (*aparigraha*).

77. *Niyama* ("observâncias"), a segunda parte do *aṣṭāṅga* ("caminho óctuplo"). Patañjali no *Yoga sutras* 2.32 diferencia entre cinco práticas: pureza (*śauca*), contentamento (*saṃtoṣa*), ascetismo (*tapas*), estudo (*svādhyāya*) e devoção ao Senhor (*īśvara-praṇidhāna*).

A ioga também é praticada externamente nas (3.) *Āsanas*[78] (posturas). Por exemplo, entre elas está a posição tradicional do monge budista no assento de lótus sobre a pele de gazela. A posição do corpo desempenha um grande papel no budismo. Então, por exemplo, existe a linguagem de sinais chamada *mudrā* [mudra]. Pode-se ver esses *mudrās* em estátuas de Buda; e também no Kathakali do sul da Índia, onde as peças clássicas indianas são representadas por dois atores apenas por meio da posição das mãos. O significado do texto é interpretado pelos atores dessa maneira. Um gesto com a mão para cima significa aproximadamente que um pensamento está surgindo.

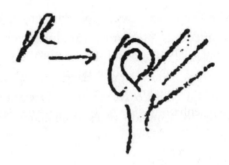

Às vezes, a manifestação de um pensamento é anunciada pelo tamborilar dos dedos. Esses gestos de mão foram estereotipados nos *mudrās*. A posição sentada correta é essencial para o indiano, pois ele deve manter seu corpo em perfeitas condições.

(4.) *Prāṇayama* também se classifica entre esse controle do corpo. É a arte de respirar. Envolve o ritmo da respiração do qual estamos principalmente inconscientes. Há muitos entre nós que realmente não conseguem respirar. Existe até um livro: *Das*

---

78. De acordo com o caminho óctuplo de Patañjali, o *prāṇayama* vem antes das *āsanas*.

Hohelied vom Atem [A canção da respiração] (Schmitt, 1927)[79]. Este foi escrito por um alemão[80]. Se as pessoas conseguissem respirar melhor no geral, não se veria tanta gente com dificuldades respiratórias. Isso acontece simplesmente pelo fato de que as pessoas respiram muito superficialmente, então, ocorre uma falta de oxigênio e a pessoa suspira. Aí o indivíduo tem um espasmo, que provoca até tuberculose, porque o ápice dos pulmões não é ventilado o suficiente. Isso pode levar a graves consequências na saúde. É claro que é assim também na Índia, e esta é a razão para este exercício de tornar consciente o ritmo da respiração, acelerando-o muito, diminuindo-o muito ou interrompendo-o. Esse treinamento naturalmente leva anos.

Uma condição adicional: (5) *Pratyāhara*[81] ou a retirada dos sentidos, o que significa que, por meio da concentração, a pessoa deixa de lado todo interesse, todo apego aos objetos, curiosidade, a compulsão de olhar. Sabemos por experiência própria: quando você está a caminho de algum lugar, alguém faz uma piada boba e, embora nem a tenha ouvido, você ri loucamente. É algo que não se pode evitar. Ou se alguém olha para o céu, todos os outros também o fazem. Correr atrás de cada estímulo visual e auditivo – a prática interrompe isso. Pois esses são os *kleśas*.

---

79. Jung tinha uma cópia em sua biblioteca em Küsnacht.

80. Johannes Ludwig Schmitt (1896-1963), médico alemão, ativista político de direita, fundador da Clínica Schmitt em Munique e inventor da massagem respiratória. Embora amigo pessoal e médico de Rudolf Hess, Schmitt, como membro da Frente Negra, o movimento anticapitalista radical de Otto Strasser em oposição a Hitler dentro do Partido Nazista, foi perseguido e condenado à morte em 1933. Mais tarde perdoado, foi detido novamente após a prisão de Hess e enviado para o campo de concentração em Sachsenhausen. Lá escreveu seu livro *Atemheilkunst* (1956) que, juntamente com seus trabalhos anteriores *Atem und Charakter* (1926), *Das Hohelied vom Atem* (1927) e *Atem, Haltung, Bewegung* (1927), formou a base de seu método terapêutico de massagem respiratória.

81. *Pratyāhara*, "retirada dos sentidos", quinto membro do *aṣṭāṅga* ("caminho óctuplo"): "Quando cada órgão dos sentidos corta o contato com seus objetos, a retirada dos sentidos corresponde à forma intrínseca do pensamento. Daí vem o controle completo dos sentidos" (*YS* 2.54-55, p. 59).

E, por fim, (6) *dhāraṇā*[82], ou concentração, (7) *dhyāna*, ou meditação, e (8) *samādhi*, ou iluminação.

Esses são os oito membros da ioga[83]. É claro que não estão desconectados do caminho óctuplo do Buda[84], embora não sejam exatamente os mesmos. Em poucas palavras, esses são os exercícios que todo indiano instruído já experimentou ele próprio. Formam a base de todo desenvolvimento espiritual. Vejam bem, a pessoa inteira está envolvida em tal exercício, não apenas o intelecto de uma forma unilateral como ocorre conosco. Então, somos especialistas em determinado aspecto, mas todo o restante de nós é inculto. Por outro prisma, o homem não pode nem ser bárbaro, apenas primitivo. É por isso que o indiano instruído causa uma impressão infinitamente mais culta do que o europeu. Ele se desenvolveu por todos os lados, seu modo de se comportar não tem arestas. Ao contrário do europeu: de um lado, imenso intelectualismo, de outro, imensa inibição. Por exemplo, o gentil inglês, externamente autoconsciente ao extremo, um médico especialista, ou engenheiro, ou Deus sabe o quê, mas em todos os outros aspectos uma nulidade. Talvez um especialista em bombas. Com os europeus continentais, é ainda pior. O inglês pelo menos não demonstra, ainda tem muita polidez.

Agora eu gostaria de lhes dar uma visão sobre a essência da ioga desenvolvida, ou seja, como ela se desenvolveu dentro do

---

82. Cf. nota 62.

83. É por isso que a ioga de Patañjali é chamada *Aṣṭāṅga-yoga*, a ioga dos oito membros. Isso não deve ser confundido com a prática moderna da ioga *aṣṭāṅga* associada aos ensinamentos de Pattabhi Jois.

84. O Nobre Caminho Óctuplo (*āryāṣṭāṅgamārga*) é a quarta das Quatro Nobres Verdades do Buda e conduz à cessação do sofrimento. Consiste em (1) perfeita compreensão, (2) perfeita aspiração, (3) perfeita fala, (4) perfeita conduta, (5) perfeito meio de subsistência, (6) perfeito esforço, (7) perfeita atenção, (8) perfeita contemplação.

budismo e como tem suas raízes na ioga hinduísta puramente filosófica. Aqui entram em consideração alguns textos que talvez sejam difíceis de localizar, pois os livros clássicos sobre ioga não mencionam isso. O último deles talvez seja o *Yoga sūtras*, mas é difícil de entender e pouco comentado. Você ouvirá muito pouco sobre os textos posteriores porque eles abrigam um tipo de simbolismo que só o especialista trata em um ou outro periódico profissional, mas que não vê a luz do dia para o mortal comum.

Para esse propósito, selecionei um texto que não sobreviveu nem mesmo em sânscrito. Foi traduzido do sânscrito para o chinês em 424 d.C., pois naquela época o budismo maaiana migrou para a China. Ele pode ser encontrado em uma tradução para o inglês em *The sacred books of the East* no 49º volume[85]. O título desse *sūtra* é *Amitāyur-dhyāna-sūtra*[86]. O Buda Amitāyu[87] é um Bodhisattva[88]. É o Buda da Vida Imensurável que tem seu reino na parte ocidental do mundo, daí *O livro da meditação em Amitābha*.

O texto começa com a história de um príncipe herdeiro que fez seu pai, o rei, prisioneiro. Ele deseja bani-lo do trono e deixá-lo morrer de fome, mas sua mãe, a rainha, unta o próprio corpo com mel, farinha e *ghee* (manteiga clarificada) para

---

85. O volume 49 (1894) de *The sacred books of the East* (cf. nota 25) contém os principais textos do budismo maaiana: (1) *The Buddha-karita de Asvaghosha*, traduzido, por E.B. Cowlell; (2) *The larger Sukhâvatī-vyûha*; *The smaller Sukhâvatī-vyûha*; *The Vagrakkhedikâ*; *The larger Pragñâ-pâramitâ-hridaya-sûtra*; *The smaller Pragñâ-pâramitâ-hridaya-sûtra*, todos traduzidos por Max Müller; e (3) *The Amitāyur-dhyāna-sūtra*, traduzido por J. Takakusu.

86. *The Amitāyur-dhyāna-sūtra*, traduzido por J. Takakusu, em *Buddhist mahâyâna texts*, traduzido por E.B. Cowell, Max Müller e J. Takakusu (*SBE*, 1894, vol. XLIX, p. 159-202).

87. Buda Amitāyu ("vida infinita") é outro nome para o Buda Amitābha ("luz infinita").

88. Cf. nota 92.

fornecer comida ao rei quando o visita. Ela esconde o suco de uva nas guirlandas de seu traje. Assim, o texto transmite uma moral comum: "Quando você for recebido, será coroado com guirlandas, coroas de flores densamente trançadas"[89].

---

89. Anotação de ES: *Buda Amitābha s. O livro tibetano dos mortos* (p. 71 e 73).

Seminário 3[90]

11 de novembro de 1938

Não nos encontraremos na próxima sexta-feira. Sendo suíço, faço parte de uma comissão nacional e devo comparecer à sua reunião e, infelizmente, não poderei estar aqui na próxima data[91].

Da última vez, começamos a falar sobre o *Amitāyur-dhyāna-sūtra*. Já comentei como, no Oriente, a meditação dentro da

---

90. Anotações de LSM, RS, ES e tradução para o inglês de BH. Para seus seminários sobre o *Amitāyur-dhyāna-sūtra*, Jung usou uma tradução datilografada, provavelmente sua, do *sūtra* publicado em inglês no *SBE* como base de seus seminários. Esse documento foi localizado nos JA. A seguir, as citações em alemão do *Amitāyur-dhyāna-sūtra* derivam dessa tradução e são indicadas como JLN [= *Jung lecture notes*, anotações do seminário de Jung].

91. Jung esteve em Lausanne, onde a Comissão de Psicoterapia da Sociedade Suíça de Psiquiatria [Kommission für Psychotherapie der Schweizerischen Gesellschaft für Psychiatrie] realizou sua terceira reunião de psicoterapia no dia 18 de novembro, às 16h, no auditório do Hôpital Nestlé. O tema era "Psicoterapia para dependentes químicos" [*"Psychotherapie der Süchtigen"*]. Os palestrantes foram Ernst Gabriel (Viena) e o presidente da comissão Oscar Louis Forel (Prangins). O objetivo da comissão era encontrar maneiras pelas quais o método psicoterapêutico pudesse ganhar mais significado na psiquiatria suíça. Seus membros consistiam em representantes de diferentes escolas psicoterapêuticas, entre outros Gustav Bally (1893-1966), Hans Biäsch (1901-1975), Ludwig Binswanger (1881-1966), Oscar Louis Forel (1891-1982) e Fritz Morgenthaler (1919-1984). Veja o convite nos documentos de Carl Alfred Meier (arquivo do ETH, Zurique). (Essa informação foi recuperada com a ajuda de Andreas Jung, Arquivo da Família Jung em Küsnacht, e Thomas Fischer, Fundação das Obras de C.G. Jung.)

ioga tem uma orientação particular. Gostaria muito de falar bastante sobre tais questões, pois quando se tem uma visão do que o Oriente faz a esse respeito talvez seja mais fácil entender o que acontece no Ocidente de forma paralela. No Oriente, muitas coisas conscientes lá são completamente inconscientes para nós. O Oriente dá a essas coisas um valor que nem em sonhos conseguiríamos imaginar, ou talvez só em sonhos mesmo. Quando encontramos esse tipo de coisa, isso causa uma impressão peculiar em nós, e se falamos sobre isso, muitas vezes pensam que os exemplos que menciono devem provir de indivíduos bastante anormais. Acontece, porém, que vêm sobretudo de pessoas bem sãs, mas como isso é muito estranho para nós, há preconceito.

Esses textos orientais dão uma ideia de como um processo espontâneo, ao longo de milhares de anos, gradualmente se tornou uma técnica, um processo que nós, aqui, há muito esquecemos ou nunca conhecemos. Pois antes de atingirmos a capacidade de pensar de forma semelhante ao Oriente, iniciou-se aqui entre nós um desenvolvimento intelectual que inviabilizou completamente essa trajetória.

Nesses textos encontraremos certos símbolos que também encontramos no material ocidental, mas no Oriente tudo foi elaborado nos mínimos detalhes. O que encontramos aqui nos símbolos também podemos observar no material ocidental, mas ainda muito longe do grau oriental de perfeição. O que o Ocidente produz é nitidamente insuficiente em comparação com a rica elaboração que essas coisas desfrutaram no Oriente.

O texto em questão é um tratado ou manual de ensino do budismo maaiana[92], um antigo texto indiano que não existe

---

92. *Mahāyāna*, sânscrito para "Grande Veículo", ao lado de Theravāda e Vajrayāna, um dos principais ramos do budismo. O termo *mahāyāna* se refere à possibilidade de uma libertação universal do sofrimento para todos os seres sencientes. A crença e adoração de bodhisattvas é uma parte essencial do budismo maaiana. O Bodhisattva representa a ideia de excelência absoluta e altruísmo porque, para ele, conduzir outros seres sencientes à iluminação e ao Nirvana é mais importante do que sua própria libertação final.

mais em sânscrito e é conhecido por nós apenas na tradução chinesa de 424 d.C.[93]

Começa com a história de um príncipe herdeiro que se rebela contra seu pai e quer matá-lo de fome[94]. Mas a esposa do rei e mãe do príncipe herdeiro alimenta o velho rei de maneira astuta, untando seu corpo com farinha, mel e manteiga, e carregando suco de uva com ela em guirlandas de flores. Parece que o rei está sendo milagrosamente alimentado. Mas os guardas do palácio finalmente percebem o expediente e informam o príncipe herdeiro, que quer matar o pai. Aflito, o rei capturado clama por Mahāmaudgalyāyana. O nome é uma transcrição incorreta de Moggallāna, um dos primeiros discípulos de Buda[95]. Todos esses seguidores tornaram-se santos, como aconteceu no cristianismo. Eles têm os poderes do Buda porque alcançaram a perfeição. Alcançaram a força do elefante, os vários dons incríveis dos quais falei da última vez, e de alguma forma existem do outro lado, no Nirvana.

Esse Moggallāna imediatamente se transporta em espírito até o rei, voando como um falcão ou uma águia, e compartilha com ele os oito preceitos, os preceitos do nobre caminho óctuplo. Ele vem ao rei dessa maneira todos os dias. Esses oito preceitos são um dos fundamentos do budismo. Quanto às suas origens: devo entrar em detalhes para tornar compreensível o

---

93. Cf. Introdução (p. 70-71).

94. Sobre uma leitura edipiana psicanalítica do texto, ver o conceito de complexo de Ajase, de Heisaku Kosawa, que ele desenvolveu enquanto trabalhava com Freud em Viena (cf. Kosawa, 1935). Sobre Kosawa e o complexo de Ajase, cf. Heise (1990), Kitayama (1991) e Muramoto (2011); também Introdução (p. 73s.).

95. A diferença não se deve a uma transcrição defeituosa, como Jung supôs erroneamente. Em vez disso, Moggallāna é o nome páli para o sânscrito Mahāmaudgalyāyana. Ao lado de Śāriputra, Mahāmaudgalyāyana foi um dos dois principais discípulos de Buda.

significado do texto. Então, da tradução inglesa do famoso especialista em páli, Rhys Davids[96], no décimo primeiro volume, página 146, de *The sacred books of the East*, aqui está um discurso autêntico do Buda embelezado no estilo da época (*Dhamma-ka-kka-ppavattana sutta* [Fundamento do reino da retidão], *SBE*, vol. XI, p. 146-159)[97]:

> Reverência ao Abençoado, o Santo, o Totalmente Iluminado.
> 1. Assim ouvi. Certa vez, o Abençoado estava em Benares, no eremitério chamado Migadāya. E lá o Abençoado se dirigiu à companhia dos cinco bicos[98], [...].

Bicos são mendigos que levam uma existência miserável, andando silenciosamente pelas ruas com suas tigelas de esmola, olhos fundos. Sem nada dizer, param diante de uma casa, esperando por esmolas. Se algo for doado, tudo bem; se não, eles prosseguem em silêncio. Normalmente, as pessoas enchem suas tigelas com arroz. O bico não tem permissão para agradecer.

> [...] e disse:
> 2. "Há dois extremos, ó bicos, que o homem que abandonou o mundo[99] não deve seguir – por um lado, a prática habitual daquelas coisas cuja atração depende das paixões, e especialmente da sensualidade – um meio

---

96. Thomas William Rhys Davids (1843-1922), estudioso britânico do páli. Depois de uma carreira no serviço público no Ceilão britânico (hoje: Sri Lanka), Rhys Davids tornou-se um linguista especialista em páli. Lecionou na Universidade de Londres antes de ocupar a cátedra de Religião Comparada na Universidade de Manchester.

97. Cf. o seminário de Jung de 23 de fevereiro de 1940 (*JMP*, vol. 7).

98. Nota de rodapé no *SBE*: "Esses são os cinco mendicantes que serviram Bodisat durante suas austeridades, conforme descrito nos 'Contos Jataka'" (p. 88, 89).

99. Nota de rodapé no *SBE*: "Pabbagito, aquele que saiu, que renunciou às coisas mundanas, um 'religioso'".

baixo e pagão[100] (de buscar satisfação), desonroso, inútil e adequado apenas para a mente mundana – e, por outro lado, a prática habitual do ascetismo (ou automortificação), que é dolorosa, indigna e infrutífera."

3. "Há um caminho intermediário, ó bicos, evitando esses dois extremos, descoberto pelo Tathāgata [...]"[101].

Esse é o título habitual do Buda, ainda hoje. Tathāgata, de *Tathā*, "assim", e *gata*, "vai", significando "conduzir-se dessa maneira". Ele é um modelo. É sempre traduzido como o perfeito, mas não é isso que significa.

> "[...] – um caminho que abre os olhos e confere entendimento, que conduz à paz de espírito, à sabedoria elevada, à plena iluminação, ao Nirvana!"
>
> 4. "Qual é o caminho do meio, ó bicos, evitando esses dois extremos, descoberto pelo Tathāgata – aquele caminho que abre os olhos e confere entendimento, que 'conduz à paz de espírito, à sabedoria elevada, à plena iluminação, ao Nirvana?' Verdadeiramente!, é este nobre caminho óctuplo, que quer dizer
>
> A perfeita compreensão;
> A perfeita aspiração;
> A perfeita fala;
> A perfeita conduta;
> O perfeito meio de subsistência;
> O perfeito esforço;
> A perfeita atenção; e
> A perfeita contemplação."

---

100. Nota de rodapé no *SBE*: "Gamma, uma palavra de mesma derivação e significado correspondente a nossa palavra 'pagão'".

101. Nota de rodapé no *SBE*: "O Tathāgata é um epíteto de um Buda. É interpretado por Budagosa, no *Samangala vilāsinī*, como significando que ele veio à Terra com os mesmos propósitos, depois de ter passado pelo mesmo treinamento em nascimentos prévios que todos os supostos budas anteriores; e que, quando veio, todas as suas ações corresponderam às deles. 'Evitar esses dois extremos' talvez deva ser referido ao Tathāgata, mas eu prefiro a interpretação acima".

"Este, ó bicos, é o caminho do meio, evitando esses dois extremos, descoberto pelo Tathāgata – aquele caminho que abre os olhos e concede entendimento, que conduz à paz de espírito, à sabedoria elevada, à iluminação plena, ao Nirvana!" (*Dhamma-kakka-ppavattana sutta*, *SBE*, vol. XI, p. 146-148).

Esses são os preceitos clássicos que Moggallāna leva ao rei e lhe ensina. Essa é a instrução inicial nos princípios da doutrina budista. Agora, quando o príncipe herdeiro toma conhecimento dessas coisas, ele quer matar a mãe, mas seus ministros não concordam com isso, especialmente seu sábio médico chamado Jivā – o vivo. Ele repreende o príncipe, e isso o impressiona muito. Ainda assim, aprisiona a mãe em um palácio escondido em vez de matá-la. Ela chama o Buda, que também lhe envia Moggallāna e Ānanda. Esses dois aparecem diante de seus olhos, junto com o próprio Buda. Ele mostra a ela os dez mundos para deixá-la escolher aquele para seu renascimento. Esses são os oito mundos no horizonte, com o nono e o décimo mundos no zênite e nadir[102]. Ela escolhe a Terra Ocidental de Amitābha, a terra do Buda da vida eterna. Ele agora lhe ensina meditação e ioga para que ela possa se transpor para a Terra de Amitābha[103]. Depois de todas as introduções edificantes[104]:

Tu e todos os outros seres devem ter como único objetivo, com pensamento concentrado, obter uma percepção do quadrante oeste (p. 169).

---

102. Nadir, do árabe "*nazir*", que significa "oposto", é o sentido que aponta diretamente para baixo de um determinado lugar, oposto ao zênite.

103. Cf. Introdução para a compreensão de Jung sobre a relação entre a ioga e o budismo.

104. Aqui começa a segunda parte do *sūtra*.

Assim, deve ser formada uma imagem mental que represente a Terra de Amitābha.

Tu perguntarás como essa percepção deve ser formada. Vou explicar agora. Todos os seres, se não cegos de nascença, são uniformemente dotados de visão, e todos eles veem o sol poente. Deves sentar-te adequadamente, olhando na direção oeste, e preparar teu pensamento para uma meditação atenta sobre o sol; faze com que tua mente esteja firmemente fixada (nele) de modo a ter uma percepção inabalável pela aplicação exclusiva (de teu pensamento), e contempla-o (mais particularmente) quando estiver prestes a se pôr e se parecer com um tambor suspenso.

[...]

Depois de teres visto o sol, deixa (aquela imagem) permanecer clara e fixa, quer teus olhos estejam fechados ou abertos; tal é a percepção do sol, que é a primeira meditação (p. 169-170).

Vejam, o escritor pressupõe que o leitor sabe o que é uma meditação. O europeu ocidental não tem esse treinamento, não fomos criados com meditação, e o que fazemos aqui como se fosse isso em geral é uma imitação tão cômica que chega a ser inacreditável.

A seguir, tu deves formar a percepção da água; olha para a água límpida e pura, e deixa (essa imagem) também permanecer clara e fixa (depois); nunca permitas que teu pensamento seja disperso e perdido.

Quando tu tiveres assim visto a água, deves formar a percepção do gelo. Como tu vês o gelo brilhante e transparente, deves imaginar a aparência de lápis-lazúli. Depois que isso tiver sido feito, tu verás o chão consistindo em lápis-lazúli, transparente e brilhante por dentro e por fora. Abaixo dessa base de lápis-lazúli será visto um estandarte dourado com as sete joias, diamantes e o resto, sustentando a base[105] (p. 170).

Uma noção notável. Olhar para o sol, o campo de visão além do horizonte. Olhar para o chão, também podemos imaginar isso. Mas agora a imaginação deixa o campo da visão consciente, para o campo do inconsciente: abaixo do solo onde não se pode ver. Ali, deve-se ver o estandarte dourado, ou seja, é óbvio que não se pode vê-lo de imediato, mas sim com muito esforço, por meio da concentração, que engendra uma visão dele.

É claro que não queremos acreditar nisso – que alguém pode gerar uma visão por si mesmo –, porque nos falta o treinamento. No entanto, por meio de sua educação, as pessoas do Oriente adquirem a capacidade de visualizar, uma capacidade que nos falta. Não faríamos o esforço de imaginar tal imagem. Embora haja exceções. Os *exercitia* da Igreja Católica provavelmente podem engendrar algo semelhante[106]. Quem pode se dedicar totalmente a isso consegue fazê-lo, mas não o mortal comum.

O que se supõe ser visto sob o solo é um estandarte esticado:

> Ele se estende aos oito pontos cardeais, e assim os oito cantos (do solo) são perfeitamente preenchidos (p. 170).

---

105. Nota de rodapé do tradutor no *SBE* (p. 170): "Um estandarte sustentando ou levantando o chão é bastante estranho, mas não há outra maneira de traduzir isso".

106. Cf. os seminários de Jung sobre os *Exercícios espirituais* de Santo Inácio de Loyola na segunda metade do semestre do verão de 1939 e no semestre do inverno de 1939/1940 (*JMP*, vol. 7).

A imagem deve ficar assim:

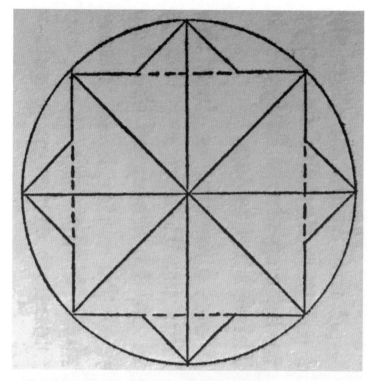

É o estandarte pendurado, espalhado sob o solo. É desenrolado em oito pontos:

> Cada lado dos oito quadrantes consiste em cem joias, cada joia tem mil raios e cada raio tem 84 mil cores que, quando refletidas no fundo de lápis-lazúli, parecem mil milhões de sóis, e é difícil vê-los todos um por um (p. 170).

O processo de pensamento aqui: primeiro, capte a imagem do sol poente como uma bola brilhante, então, imagine a água, depois, a água coberta de gelo. A superfície reflexiva se transforma em lápis-lazúli. É azul, pétrea e, até certo ponto, representa a superfície da água. Agora, essa é uma imagem do inconsciente que é comumente sonhada aqui no Ocidente.

Então, agora vem a penetração do inconsciente: ou seja, o que está escondido sob a superfície, no inconsciente, é o que deve ser visto. E isso de fato é retratado nessa rica fantasia oriental. Todos os oito cantos da bússola são decorados com joias, radiantes com luz sobrenatural.

> Sobre a superfície desse solo de lápis-lazúli estendem-se cordas douradas entrelaçadas transversalmente; as divisões são feitas por meio de (fios de) sete joias com todas as partes claras e distintas.
> Cada joia tem raios de 500 cores, que se parecem com flores ou com a lua e as estrelas. Alojados no alto do céu aberto, esses raios formam uma torre de raios, cujos andares e galerias são em número de 10 milhões e construídos com cem joias. Ambos os lados da torre têm, cada um, cem milhões de estandartes floridos decorados e enfeitados com inúmeros instrumentos musicais. Oito tipos de brisas frescas procedem dos raios brilhantes. Quando esses instrumentos musicais são tocados emitem os sons "sofrimento", "inexistência", "impermanência" e "não eu"; [...] (p. 170-171).

Estas são as quatro formas de sofrimento da existência, a saber: sofrimento, ignorância, não ser, impermanência (ou seja, a enganadora *māyā*, a ilusão do mundo, que aceitamos em vez do Si-mesmo). Essas notas desdobram mnemonicamente esses quatro princípios.

> [...]; tal é a percepção da água, que é a segunda meditação (p. 171).
> Quando essa percepção tiver sido formada, tu deves meditar em seus (constituintes) um por um e tornar (as imagens) tão claras quanto possível, de modo que elas nunca possam ser dispersas e perdidas, quer teus olhos estejam fechados ou abertos. Exceto apenas durante o tempo do teu sono, tu deves sempre manter isso em tua mente. Diz-se que aquele que alcançou esse (estágio de) percepção viu vagamente a Terra da Suprema Felicidade (Sukhāvatī).

Aquele que obteve o Samādhi (o estado de calma sobrenatural) é capaz de ver a terra (daquela terra de Buda) clara e distintamente: (esse estado) é demais para ser explicado completamente; tal é a percepção da terra, e é a terceira meditação (p. 172).

Em seguida, segue a meditação sobre as árvores preciosas da Terra de Amitābha e depois sobre a água.

Na Terra da Suprema Felicidade há água em oito lagos; a água em cada lago consiste em sete joias que são macias e maleáveis (p. 174).
Água de pedras preciosas.
Derivando sua fonte do rei das joias que realiza todos os desejos[107] (p. 174).

Esta é Cintāmaṇi, uma gema de altíssimo valor, uma joia preciosa e inestimável. É a pérola dos desejos que realiza todos os desejos (o estandarte dourado de oito pontas também é a pérola dos desejos, como veremos). É realmente a nossa imagem referindo-se, por um lado, à doutrina do Buda e, por outro, à doutrina aperfeiçoada.

No meio de cada lago existem 60 milhões de flores de lótus, feitas de sete joias; todas as flores são perfeitamente redondas e exatamente iguais (em circunferência), sendo 12 *yojanas*. A água das joias flui entre as flores e sobe e desce pelos caules (do lótus); o som da água corrente é melodioso e agradável, e apresenta todas as virtudes perfeitas (*Parāmitās*), "sofrimento", "inexistência", "impermanência" e "não eu" [...] (p. 174).
Ou seja, a consideração perfeita das coisas a serem meditadas. Quem medita sobre elas corretamente também é virtuoso.

---

107. Nota de rodapé no *SBE*: "*Cintāmaṇi*, em sânscrito, ou seja, 'gema dos desejos'".

[…] proclama também o louvor dos sinais de perfeição e marcas menores de excelência[108] de todos os budas (p. 174).

É representado fisicamente, por exemplo, pelas longas orelhas que caracterizam o Buda.

> Do rei das joias que realiza todos os desejos fluem os raios de cor dourada excessivamente belos, cujo esplendor se transforma em pássaros que possuem as cores de uma centena de joias, que entoam notas harmoniosas, doces e deliciosas, sempre louvando a lembrança de Buda, a lembrança do Dharma e a lembrança da *saṃgha*; – tal é a percepção da água de oito boas qualidades, e é a quinta meditação (p. 174-175).

A sexta meditação consiste em criar a divisão imaginada da Terra de Amitābha.

> Cada divisão daquela terra (de Buda), que consiste em várias joias, também tem andares e galerias de joias em número de 500 milhões; dentro de cada andar e galeria existem inúmeros Devas empenhados em tocar música celestial. Se alguém experimentou isso, expiou os maiores atos pecaminosos que (de outra forma levariam) à transmigração por incontáveis milhões de *kalpas*[109]; […] (p. 175).

Um *kalpa* é uma série infinitamente longa de eras do mundo, cada uma sendo 2 mil *mahāyugas*[110]. Um *mahāyuga*

---

108. Nota de rodapé no *SBE*: "Para 32 sinais e 80 marcas menores ver *Dharmasaṃgraha* por Kasawara, p. 53ss. (vol. I, Pt. V, *Anecdota Oxoniensia*, Aryan Series, 1885)".

109. Adendo manuscrito nas anotações do seminário de Jung: "consiste em *yugas* para 4.800, 3.600, 2.400, 1.200 anos divinos × 360 = *mahāyuga* = 4.320 milhões de anos / 2 mil × *mahāyuga* = *kalpa*: 8 bilhões e 640 milhões de anos / *kalpa* = 2 mil *mahāyuga* / 1 *mahāyuga* = 360 *yugas* / 1 *yuga* = 4 Teile = 12 mil Jahre" (JLN, p. 4).

110. Na verdade, um *kalpa* é igual a mil *mahāyugas*, mas dois constituem um dia e uma noite de Brahma. Mil *mahāyugas* = 1 *kalpa* = 1 dia (somente dia) de

equivale a 360 *yugas* normais. A cada poucas centenas de anos no início, e algumas centenas de anos no fim de tal período, ocorre o que chamaríamos de crepúsculo dos deuses. Atualmente, estamos na *yuga* de Kali. Temos um mau prognóstico. Agora que a maioria das pessoas mente, restam apenas algumas que podem suportar a verdade. No primeiro *yuga* todos falavam a verdade, no segundo e no terceiro cada vez menos.

Um *yuga* consiste em 4.800, 3.600, 2.400 e 1.200 anos[111]. Esses 12 mil anos[112] × 360 são 1 *mahāyuga* e isso já é 4,3 milhões de anos[113]. No entanto, um *kalpa* é 2 mil × 4,32 milhões[114]. Ou seja, 8,64 milhões de anos. E agora a pessoa deve eliminar seus atos pecaminosos ao longo de muitos milhões de *kalpas*.

> [...] após sua morte, ele certamente nascerá naquela terra (p. 175).

É, portanto, o propósito da prática da ioga criar esta terra com este aspecto; e ao pensá-la, ela é criada na realidade. A Índia imagina o psíquico muito menos nebuloso do que nós; na verdade, de alguma forma tem substância. Quando os indianos pensam em algo, eles criam um ser. Se eles têm uma ideia, então um ser entrou neles. Quando imaginam algo na fantasia e o concretizam, dessa forma de fato criaram exatamente esse ser de pensamento. E quanto mais for possível para eles forçar todo o seu poder psíquico nisso, mais essa forma também é realidade e, no fim, idêntica à Terra de Amitābha. Eles a criaram para si mesmos e a habitam. Agora o texto continua:

Brahma (2 *kalpas* constituem um dia e uma noite de Brahma, 8,64 bilhões de anos humanos).

111. Seção de medição de tempo do *Vishnu Purana* (1840, Livro I, cap. III).

112. Esses 12 mil anos referem-se à contagem dos tempos entre os devas.

113. Isso se refere aos anos humanos.

114. Um *kalpa* é o cálculo do tempo para Brahma. Um *kalpa* consiste em mil *mahāyugas*, mas dois constituem um dia e uma noite de Brahma.

Quem desejar ver aquele Buda deve primeiro dirigir seus pensamentos da seguinte maneira: formar a percepção de uma flor de lótus em um fundo de sete joias, cada folha desse lótus exibe as cores de cem joias e tem 84 mil veios, como imagens celestiais; cada veio possui 84 mil raios, dos quais cada um pode ser visto claramente (p. 176).

Esses preceitos perseguem uma finalidade técnica. Quem deseja criar essa terra deve criar todos esses detalhes. Deve ter o maior cuidado com eles. Dessa forma, toda a sua imaginação está envolvida.

Não devemos imaginar que isso seja um mero disparate. Para eles, isso é sério. Trabalham o dia todo para elaborar tal imagem. Falei com um lama que havia estudado por alguns anos nas universidades de Lhasa. Ele me deu alguns *insights*, dizendo-me que tal imagem, ou mandala[115], não poderia de forma alguma ter sido criada por alguém sem instrução. Só um iniciado pode fazer isso. Qualquer outra pessoa estaria perdendo seu tempo. É impossível. Existem mosteiros no Tibete onde esses exercícios são realizados com a maior tenacidade e resistência. Supõe-se que existam três mosteiros no Tibete onde esse texto é meditado. David-Néel relata isso em seus livros[116]. Lá, dizem que estão os

---

115. Mandala, sânscrito para "círculo" ou "orbe", um arranjo circular que serve como ferramenta de concentração; representa um espaço consagrado e deve ser o corpo de uma divindade escolhida. A mandala é de especial importância no budismo tibetano (cf. Brauen, 1998). Jung considerava a mandala como uma representação simbólica do si-mesmo que apareceria nos sonhos durante o processo de individuação. Em seu seminário de Eranos de 1933, "*Zur Empirie des Individuationsprozesses*" [Sobre o conhecimento empírico do processo de individuação], Jung falou sobre o significado de mandalas como parte do processo de individuação, usando os desenhos de uma paciente (OC 8/2). Cf. também OC 9/1.

116. Alexandra David-Néel (1868-1969), nascida Louise Eugénie Alexandrine Marie David, exploradora belga-francesa, espiritualista, budista e escritora. Visitou o Tibete em 1911, 1924 e 1937. Em 1924, ela passou dois meses em Lhasa, que geralmente ficava fechada para visitantes estrangeiros. Seus escritos abrangem relatos de suas viagens, bem como obras sobre espiritualidade e filosofia oriental. Seu livro mais famoso intitula-se *Mystiques et magiciens du Tibet* (1929)

grandes *mahatmas* que encantam o mundo e tudo penetram. Eu poderia lhes contar coisas ainda mais saborosas.

Essas formas são de natureza puramente psíquica. Simplesmente não podemos imaginar que tipo de psicologia faz você meditar sobre tais imagens com uma incrível concentração por dias, semanas ou meses a fio.

> Há uma torre construída com as joias que são como aquelas que cingem a cabeça de Śakra[117] [...]. Naquela torre, foram encontrados milagrosamente quatro postes com estandartes cravejados de joias; [...] tal é a percepção do trono florido, e é a sétima meditação (p. 176-177).
>
> Depois de imaginar isso, em seguida tu deves imaginar o próprio Buda. Perguntas: Como? Todo Buda Tathāgata[118] é aquele cujo corpo (espiritual) é o princípio da natureza (*Dharmadhātu-kāya*)[119], de forma que ele pode entrar na mente de qualquer ser (p. 177-178).

A expressão usada aqui é bastante difícil de entender. *Dharmadhātu-kāya*, ou seja, um corpo sutil correspondente ao princípio da natureza, é idêntico a ele e, por essa razão, é capaz de penetrar na consciência de todos os seres, de modo que a plena identidade do Buda com o corpo esteja presente, o que está de acordo com o princípio de todos os seres e por isso pode penetrar em todos os seres.

[*Tibete: Magia e mistério*], do qual Jung possuía uma cópia. David-Néel e Jung se conheceram em Zurique, onde ela deu um seminário no Clube de Psicologia em 19 de fevereiro de 1936. Outros livros de David-Néel na biblioteca de Jung são *Grand Tibet: Au pays des brigands-gentilshommes* (1933); *Magie d'amour et magic noire: scènes du Tibet inconnu* (1938) [Conto tibetano de amor e magia]; *Sous des nuées d'orage: Recit de voyage* (1940); e um volume em alemão intitulado *Unbekannte tibetische Texte* [Textos tibetanos desconhecidos] (1955).

117. Adendo manuscrito na tradução de Jung: "Śakra = Indra" (JLN, p. 4).

118. Jung acrescentou: "o perfeito" (JLN, p. 5).

119. Jung acrescentou: "Dharmadhātu-kāya = dhātu = elemento" (JLN, p. 5).

Seminário 4[120]

25 de novembro de 1938

Apresentei-lhes o texto do *Amitāyur-dhyāna-sūtra*. A princípio, minha intenção era simplesmente oferecer a vocês uma noção geral dele. Debati-me com a questão de saber se tal texto iria interessá-los e cheguei à conclusão de que este poderia ser o caso. Por isso, continuo com a leitura do texto, ainda que em versão abreviada.

Da última vez chegamos até a oitava meditação, onde o próprio Buda deve ser imaginado. Lê-se assim:

> Quando tiveres contemplado a figura sentada, tua visão mental ficará clara e tu serás capaz de ver nítida e distintamente os adornos daquela terra de Buda, o solo de joias etc. Ao ver essas coisas, deixa-as claras e fixas, assim como vês as palmas de suas mãos. Depois de passar por essa experiência, tu deves formar (uma percepção de) outra grande flor de lótus que está do lado esquerdo de Buda e é exatamente igual em todos os aspectos à flor de lótus de Buda mencionada

---

120. Anotações de LSM, RS, ES e tradução para o inglês de BH. Em seu seminário, Jung seguiu uma tradução datilografada do *Amitāyur-dhyāna-sūtra*, onde também acrescentou alguns comentários. Estes serão indicados como JLN (= *Jung lecture notes*, anotações do seminário de Jung).

anteriormente. Além disso, deves formar (uma percepção de) outra flor de lótus que está do lado direito de Buda. Percebe que uma imagem do Bodhisattva Avalokiteśvara[121] está sentada no trono florido à esquerda, lançando raios dourados exatamente como os de Buda. Percebe então que uma imagem do Bodhisattva Mahāsthāma[122] está sentada no trono florido à direita (p. 178-179).

Um Bodhisattva[123] é um ser quase divino que está a caminho do estado de Buda, da perfeição contida em um Buda, ou mesmo de um antigo Buda que foi Buda em um *kalpa* anterior.

> Quando essas percepções são obtidas, as imagens de Buda e dos bodhisattvas emitirão raios brilhantes, iluminando claramente todas as árvores de joias com a cor dourada [...]. Quando essa percepção for obtida, o devoto deve ouvir o excelente Dharma [...].
> Esse é o ensinamento canônico do Buda.
> [...] pregado por meio de uma corrente de água, um raio de luz brilhante, várias árvores de joias, patos, gansos e cisnes (p. 179).

Essa é uma imagem peculiar. Um círculo de gansos em torno de um lótus no centro. Uma mandala, ou seja, a descrição técnica de um círculo mágico, é usada, por exemplo, para meditação, mas também na magia inferior do Tibete ou de outras religiões populares. Nesse sentido, os magos medievais igualmente faziam uso de um círculo mágico.

---

121. Jung acrescentou em suas notas do seminário: "aquele cuja essência é a iluminação" (JLN, p. 5). Cf. também Introdução (p. 74-75).

122. Cf. Introdução (p. 74-75).

123. Cf. nota 92.

Na Índia, nos templos de Ellora[124] ou Hyderabad[125], aqui, onde temos o pórtico da igreja, vi essas mandalas com um círculo de gansos envolvendo o símbolo do "corpo da verdade perfeita" ou também o lótus[126]. Isso é especificamente budista. Por que são gansos ou mesmo patos está além do meu conhecimento. Ninguém foi capaz de me dar qualquer informação sobre isso. Presumo que essas três aves aquáticas (patos, gansos, cisnes) se refiram ao fato de que o lótus está sempre na superfície da água e que essas aves pertencem a esse cenário. Aliás, o cisne desde os tempos antigos sempre foi *haṃsa*[127], o animal do sábio, que é tido como alado porque

---

124. Em uma entrevista para o jornal *Amrita Bazar Patrika* em 4 de janeiro de 1938, Jung comparou os templos de Benares com Ellora e Sanchi: "'Benares não me impressionou muito', disse o famoso psicólogo alemão, Professor Jung, a um representante da imprensa ontem. 'Por outro lado, fiquei encantado ao ver a arquitetura indiana nas estupas de Sanchi, o templo de Kailasa de Ellora'". Jung ficou em Ellora, onde visitou o templo de Kailasa, de 21 a 22 de dezembro de 1938 (Sengupta, 2013, p. 109-110). Em seus cadernos, ele escreveu em retrospectiva: "Ellora. No templo de Kailasa existem enormes elefantes na base (equiparam-se ao relevo de elefantes de Konarak)" (Excerpta VII, p. 21).

125. Um dia após sua chegada a Bombaim, em 17 de dezembro de 1937, Jung pegou o trem noturno para Hyderabad, onde recebeu o título de doutorado honorário da Universidade de Osmania. Ele partiu em 20 de dezembro para Aurangabad (Sengupta, 2013, p. 99-102, 108-109).

126. Jung visitou as cavernas de Ajanta perto de Aurangabad em 21 de dezembro. Lá, viu a mandala dos gansos a que se refere neste seminário. Ele escreveu em seu caderno (em retrospectiva): "Ajanta. Grande mandala de teto; no círculo externo, gansos em *circumambulatio*. A parte interna da mandala é preenchida com uma flor dividida em quatro (Lótus). Em várias entradas de capelas as colunas laterais das portas são decoradas com casais" (Excerpta VII, p. 21).

127. Em sua carta a Erich Neumann de 28 de fevereiro de 1952 (Jung & Neumann, 2015, p. 288), Jung se refere a Paramahansa Yogananda como "Cisne Supremo". Paramahansa foi um título concedido a Yogananda por seu professor Sri Yukteswar e indica a mais alta realização espiritual. No seminário de Berlim em 1933, Jung também comentou sobre o símbolo do cisne: "Aqueles de vocês que estiveram presentes no seminário do Professor Zimmer puderam ouvir esta formulação expressa pelo cisne selvagem: *haṃsa*, eu sou quem eu sou, o mar, o *patuan assan*, este é você. Ora, essa ideia não é realmente uma filosofia abstrata, mas esta assim chamada filosofia abstrata é uma expressão

pode transportar-se em espírito sobre a terra e o mar. É um sinal de sabedoria suprema quando alguém pode viajar em espírito ou levitar no ar. Buda flutua para cima, sentado na posição de lótus. Nessa posição, ele pode percorrer grandes distâncias em alta velocidade.

> Esteja ele envolvido em meditação ou a tenha cessado, deve sempre ouvir o excelente Dharma. O que o devoto ouve deve ser guardado na memória e não se perder, quando cessa a meditação; e deve concordar com os *sūtras* [...].

Os *sūtras* são um documento de ensino. Fazem parte do cânone *Tripiṭaka*[128], sendo as três cestas nas quais os *sūtras* são reunidos, ou seja, os discursos do Buda e assim por diante.

> [...] pois se não concorda com os *sūtras*, é chamado de percepção ilusória, ao passo que, se concorda, é chamado de percepção grosseira da Terra da Suprema Felicidade; tal é a percepção das imagens, e é a oitava meditação (p. 179).

Esse ponto é particularmente interessante. Confessa-se que durante essa meditação ocorrem percepções que não coincidem com a doutrina canonicamente estipulada. Essas percepções, sendo da mesma intensidade, são avaliadas em relação ao cânone, e se seu conteúdo não estiver de acordo com a doutrina, são rejeitadas como inválidas. Aqui, o budismo está tomando

---

inocente, uma confissão ingênua de uma experiência peculiar, a saber, da experiência primordial da participação mística, ou seja, este ser um com o todo, que eu sou esta árvore, eu sou este rio, este animal vive em mim, eu sou toda a humanidade e toda a humanidade está dentro de mim" (Jung, 1933).

128. Tripiṭaka, sânscrito para "três cestas", é usado para descrever o cânone das escrituras budistas tradicionalmente divididas em *sūtras*, *abhidharma* (isto é, interpretações filosóficas e discussões de doutrinas budistas) e *vinaya* (isto é, regras e regulamentos para a vida monástica).

a mesma posição que a Igreja Católica: *Somnia a Deo missa*[129] e nenhuma outra. Os sonhos enviados por Deus, no entanto, contêm todo tipo de percepções que não estão de acordo com a doutrina estipulada. Então, a avaliação também é em relação à doutrina. Aqui se vê como os *sūtras* são compostos; sem dúvida são textos eclesiásticos, estritamente ortodoxos, sem nenhum espaço para a experiência individual. Qualquer coisa que não esteja em conformidade é rejeitada.

Agora avançamos para a meditação sobre os sinais corporais e sobre a luz do Buda Amitāyu. O texto descreve a luz que irradia do corpo de Buda, o tamanho de sua forma, o formato de seus olhos, a cor de seu cabelo, o halo, sua respiração e seus arredores, e observe: o Buda Amitāyu carrega nada menos do que 84 mil sinais de perfeição em seu corpo.

Vocês notarão aqui que a meditação não é de forma alguma sobre a verdade espiritual ou filosofia, mas sim sobre o corpo do Buda. Essa é uma característica totalmente oriental, ou seja, que a verdade de qualquer tipo, mesmo a verdade espiritual suprema (da qual é bem sabido que o budismo é pobre) é desenvolvida como surgindo do corpo e não do espírito. Tudo, mesmo a espiritualidade mais elevada, cresce das raízes profundas do corpo. Essa é uma daquelas diferenças entre os espíritos oriental e ocidental. É por isso que é difícil para nós entendermos adequadamente a filosofia oriental. Porque o europeu, devido a toda a sua formação medieval cristã, sente uma compreensível resistência a tal diferenciação ou desenvolvimento do espírito. Tem a sensação de que isso seria uma impossibilidade total. Pois, para ele, o corpo é vivenciado como o não espiritual *par excellence*, ainda que se admita a santificação do corpo, mas não é o ponto de origem para o desenvolvimento.

---

129. *Somnia a Deo missa*, latim para "Sonhos enviados por Deus" (cf. OC 18/1, § 437).

> Se tu passares por essa experiência, verás ao mesmo tempo todos os budas das dez direções [...]. Como eles meditaram no corpo de Buda, também verão a mente de Buda.

Aqui é dada a prova categórica de que a experiência do espírito emerge da meditação do corpo.

> É a grande compaixão que se chama mente de Buda. É por sua compaixão absoluta que ele recebe todos os seres. Aqueles que praticaram essa meditação, quando morrerem, nascerão na presença dos budas em outra vida e obterão um espírito de resignação com o qual enfrentarão todas as consequências que surgirão posteriormente. Portanto, aqueles que têm sabedoria devem dirigir seus pensamentos para a meditação cuidadosa naquele Buda Amitāyu (p. 181).

Em seguida, segue outra instrução no texto sobre como os sinais individuais do Buda Amitāyu devem ser meditados, e assim termina a nona meditação.

> Quando tiver contemplado o Buda Amitāyu distintamente, tu deves então meditar mais sobre o Bodhisattva Avalokiteśvara [...].

Daí, segue outra descrição desses bodhisattvas, e assim termina a décima meditação.

> Buda, dirigindo-se especialmente a Ānanda, disse: "Quem deseja meditar no Bodhisattva Avalokiteśvara deve fazê-lo da maneira que expliquei. Aqueles que praticarem esta meditação não sofrerão qualquer infortúnio; removerão completamente o obstáculo que é levantado pelo Karma e expiarão os pecados que os prenderiam em um ciclo de nascimentos e mortes por inúmeros *kalpas*".

Se não tiverem sido expiados a essa altura. Agora veremos como isso se desenrola.

Até mesmo ouvir o nome deste Bodhisattva capacitará a pessoa a obter uma felicidade imensurável. Quanto mais, então, a contemplação diligente dele! (p. 183).

Em seguida, temos uma instrução semelhante sobre como o Bodhisattva Mahāsthāma deve ser meditado, formando o conteúdo da décima primeira meditação.

> Aqueles que praticam esta meditação não vivem em estado embrionário, mas obtêm livre-acesso às excelentes e admiráveis terras dos budas. [...] Depois de teres tido esta percepção, deves imaginar-te nascido na Terra da Suprema Felicidade no quadrante oeste, e estar sentado ali, de pernas cruzadas, sobre uma flor de lótus. Então, imagina que a flor o trancou dentro dela e depois desabrochou; quando a flor estiver assim desabrochada, 500 raios coloridos brilharão sobre teu corpo, teus olhos se abrirão para ver os budas e bodhisattvas que preenchem todo o céu; ouvirás os sons das águas e das árvores, o canto dos pássaros e as vozes de muitos budas pregando o excelente Dharma, de acordo com as 12 divisões das escrituras. Quando tiveres cessado essa meditação, deves lembrar-te da experiência para sempre (p. 185-186).

Esse é o conteúdo da décima segunda meditação. Então, segue a preparação do homem vivo para passar para o outro estado, ou seja, situando-se para contemplar o Buda. Meditando sobre si mesmo, olhando para si mesmo, ele se transforma em um ser do outro lado. Aqui, ele é retratado como sendo encerrado no lótus como se estivesse em um ovo, e depois de algum tempo o ovo se abre em um lago de lótus na Terra de Amitābha, e ouve a água que o cerca, o canto dos pássaros – presumivelmente circundado de patos, cisnes e gansos –, o farfalhar das árvores. Em outras palavras, ele está no centro da mandala budista com o círculo de gansos, como que transformado em um ser celestial da natureza. Essa é a imagem da eterna transformação, da passagem e do renascimento.

Buda fala disso para Ānanda e a Rainha Vaidehī:

> Aqueles que desejam, por meio de seus pensamentos serenos, nascer na terra ocidental, devem primeiro meditar sobre uma imagem do Buda, que tem 16 côvados de altura, sentado sobre (uma flor de lótus na) água do lago. Como foi dito anteriormente, o corpo (real) e suas medidas são ilimitados, incompreensíveis para a mente comum. Mas pela eficácia da antiga prece daquele Tathāgata, aqueles que pensarem nele e se lembrarem dele certamente serão capazes de realizar seu objetivo (p. 186-187).

A oração aludida aqui é de fato a meditação sobre o *sūtra*. Essa é a décima terceira meditação.

Buda fala ainda para Ānanda e Vaidehī:

> Os seres que nascerão na forma mais elevada do grau mais elevado (ou seja, para o estado de Buda) são aqueles, sejam eles quem forem, que desejam nascer naquela terra e nutrem o pensamento tríplice pelo qual estão destinados a nascer imediatamente lá. Qual é o pensamento tríplice, você pode perguntar. Primeiro, o Pensamento Verdadeiro; segundo, o Pensamento de Crença Profunda; terceiro, o desejo de nascer naquela Terra Pura, trazendo a própria reserva de méritos à maturidade. Aqueles que têm esse pensamento tríplice em perfeição certamente nascerão naquela terra (p. 188).

Isso se refere à doutrina do *karma*. Por meio da meditação, os obstáculos, *karma*, são removidos do caminho de alguém. *Karma* é o movimento através de existências anteriores nas quais a pessoa acumulou alguma matéria negativa. No entanto, não existe apenas *karma* negativo, mas também positivo. Quando o *karma* negativo é diminuído em algum grau pelo mérito, a pessoa acumulou uma reserva de mérito e, finalmente, o mérito supera o *karma* negativo e ele é removido. Os méritos podem ser acumulados mediante a prática completa e frequente da meditação iogue. Por meio da ioga alcança-se a libertação dos poderes cármicos, os *kleśas*. Existem as características hereditárias, as disposições de caráter, que nos envolvem em culpa, e o budista se esforça nessas práticas de ioga para se libertar dessas forças hereditárias, para se transformar por meio da ioga.

> Aqueles que têm este pensamento tríplice em perfeição certamente nascerão naquela terra. Existem também três classes de seres que podem nascer naquela terra. Quais, você pode perguntar, são as três classes de seres? Primeiro, aqueles que possuem uma mente compassiva, que não prejudicam nenhum ser e realizam todas as ações virtuosas de acordo com os preceitos de Buda; em segundo lugar, aqueles que estudam e recitam os *Sūtras* da doutrina maaiana, por exemplo, os *Sūtras Vaipulya*[130]; terceiro, aqueles que praticam a lembrança sêxtupla[131] ["a lembrança da vida de Buda"; CGJ]. Essas três classes de seres que desejam nascer naquela terra levando (suas respectivas reservas de mérito) à maturidade, estarão destinadas a nascer lá se tiverem realizado qualquer um desses atos meritórios por um dia ou mesmo por sete dias (p. 188).

Desse modo, uma doutrina semelhante à das indulgências na Igreja Católica.

Em seguida, uma descrição da Terra de Amitābha, bem como uma descrição da décima quarta e da décima quinta meditações.

A décima sexta meditação se preocupa com o nível cada vez mais baixo de iluminação. O que acabei de descrever é o nível mais alto alcançável. Os níveis inferiores não vou descrever

---

130. Nota de rodapé no *SBE*: "Catalogação do *Tripiṭaka* de Nanjio, n. 23, 24-28 e muitos outros". Nanjio dedicou seu livro a Max Müller. Cf. Nanjio (1883).

131. Nota de rodapé no *SBE*: "Lembrança sêxtupla, isto é, das Três Joias, preceitos, caridade de Buda e bodhisattvas e o mundo dos Devas".

mais, apenas menciono a forma mais alta do nível mais baixo. A forma mais alta do nível mais baixo é descrita como a queda de um homem

> [...] que comete muitas más ações, desde que não fale mal dos *Sūtras Mahāvaipulya*, ele, embora seja um homem muito tolo, e não se envergonhe nem se arrependa de todas as más ações que cometeu, ainda assim, ao morrer, pode encontrar um professor bom e erudito que recitará e louvará os nomes e títulos das 12 divisões das escrituras maaiana. Tendo assim ouvido os nomes de todos os *Sūtras*, ele será libertado dos maiores pecados que o envolveriam em nascimentos e mortes durante mil *kalpas*. Um homem sábio também o ensinará a estender as mãos postas e dizer: "Adoração ao Buda Amitāyu" (Namomitābhāya Buddhāya, ou, Namomitāyushe Buddhāya) (p. 195).

Esse é o gesto de adoração. Simplesmente unir as mãos como fazemos para rezar é considerado lugar-comum pelos indianos. Você faz isso simplesmente quando cumprimenta alguém. Na oração, com as mãos juntas, a pessoa tem os braços esticados à frente ou acima da cabeça. Essas figuras escuras com as mãos estendidas, à noite, à luz do fogo bruxuleante, causam uma impressão avassaladora.

> Tendo pronunciado o nome do Buda, ele será libertado dos pecados que, de outra forma, o envolveriam em nascimentos e mortes por 50 milhões de *kalpas*. Em seguida, o Buda enviará um Buda criado [...] (p. 195).

Este é um Buda criado pelo próprio praticante em meditação e, no entanto, é real para seu próprio tempo. Então, ele flui para o nada, ou seja, ele ainda está lá, mas não se pode vê-lo. Os indianos acreditam que a essência do Buda está presente em todo o universo, uma onipresença, em todos os lugares, apenas não formada. Assim, quando a forma do Buda é encarnada, construída a partir desta matéria espiritual, que está presente em toda parte, ou quando ela também desaparece novamente, mesmo assim ela está presente em toda parte como uma essência nessa matéria.

> "Ó filho de uma família nobre, ao pronunciar o nome daquele Buda, todos os seus pecados foram destruídos e expiados e, portanto, agora vimos ao seu encontro." Após esse discurso, o devoto observará os raios desse Buda criado inundando seu quarto com luz e, enquanto se regozija com a visão, ele partirá desta vida (p. 195-196).

Essa é a situação no *Bardo Thödol*, onde esse momento é descrito como um momento de partida[132]. As visões que o homem morto tem assim que é separado de seu corpo. Ele conhece o *dharmakāya*[133], o corpo da verdade perfeita. Aparece uma luz branca, que o moribundo não pode suportar se tiver um *karma* desfavorável e, portanto, afunda na luz sombria e se enreda novamente no nascer.

> Sentado em uma flor de lótus ele seguirá aquele Buda criado e irá nascer no lago de joias. Após o lapso de sete semanas, a flor de lótus se abrirá, quando os grandes e compassivos bodhisattvas Avalokiteśvara e Mahāsthāma se apresentarão diante dele, irradiando raios magníficos e lhe pregarão o significado mais profundo das 12 divisões das escrituras (p. 196).

Bodhi é a iluminação completa, Buda é o iluminado, o sábio, o esperto, o inteligente. Portanto, aqui a iluminação é personificada pelo feminino. É plausível que também possa se manifestar em uma forma feminina. Existem outros textos onde figuras femininas semelhantes desempenham um papel.

---

132. Em 1935, Jung escreveu um comentário psicológico sobre a tradução alemã do *Bardo Thödol* (OC 11/5), que havia sido vertido para o inglês por Kazi Dawa-Samdup (1868-1923) e Walter Yeeling Evans-Wentz (1878-1965).

133. *Dharmakāya*, sânscrito para "corpo da verdade" ou "corpo da realidade", um dos três corpos do Buda no budismo maaiana.

Da forma mais baixa do nível mais baixo, diz:

Se houver alguém que comete más ações e até mesmo completa as dez ações perversas, os cinco pecados capitais[134] e coisa parecida; aquele homem, sendo ele mesmo estúpido e culpado de muitos crimes, merece cair em um caminho miserável de existência e sofrer dores sem fim durante muitos *kalpas*. Na véspera da morte ele encontrará um professor bom e erudito que irá, acalmando-o e encorajando-o de várias maneiras, pregar-lhe o excelente Dharma e ensinar-lhe a lembrança de Buda, mas, sendo assediado por dores, ele não terá tempo para pensar em Buda. Algum bom amigo então lhe dirá: "Mesmo que não possas exercitar a lembrança de Buda, podes, pelo menos, pronunciar o nome 'Buda Amitāyu'"[135]. Que o faça serenamente com sua voz ininterrupta; que esteja (continuamente) pensando em Buda até que tenha completado dez vezes o pensamento, repetindo (a fórmula) "Adoração ao Buda Amitāyu" (Namomitāyushe Buddhāya). Pela força de (seu mérito de) pronunciar o nome de Buda, ele irá, durante cada repetição, expiar os pecados que o envolvem em nascimentos e mortes durante 80 milhões de *kalpas*. Ele verá, ao morrer, uma flor de lótus dourada como o disco do sol aparecendo diante de seus olhos; em um momento ele nascerá na Terra da Suprema Felicidade. Depois de 12 *kalpas* maiores, a flor de lótus se abrirá; [...] (p. 197-198).

---

134. Nota de rodapé no *SBE*: "Os cinco pecados capitais, de acordo com o Mahāvyutpatti, § 118, são *mātrighāta* [matar a mãe], *pitrighāta* [matar o pai], *arhatghāta* [matar um *arhat*, ou seja, um santo], *saṃghabheda* [criar um cisma na *saṃgha*, isto é, a ordem monástica], *Tathāgatasyāntike dushtakittarudhirotpādana* [tirar sangue intencionalmente de um buda], que são imperdoáveis no *Sukhāvatī* maior; cf. nota de Nanjo e Pranidhāna 19 (§ 8), os pecados de Ānantarya. Cf. os seis crimes enumerados no dicionário de páli de Childers, p. 7b, *Abhithānam*; ver antes, p. 192, § 25".

135. Nota de rodapé no *SBE*: "O texto coreano e as duas outras edições das dinastias T'ang e Sung têm 'Namomitāyushe Buddhāya' em vez de 'Buda Amitāyu', que é a leitura do texto japonês e a edição da Dinastia Ming".

Essa é a décima sexta meditação.

Essas são as meditações previstas pela prática do *Bardo Thödol*. Trata-se de uma coleção daquelas orações lidas pelo sacerdote para os mortos e também para os moribundos, mas em geral para os mortos, pois no budismo maaiana há a visão de que, quando alguém morre, via de regra não sabe que está morto e isso deve ser explicado a ele: "Se você tem um corpo, então passe pelas paredes". Ele então reconhece que não está mais vivo, que não tem corpo e é um espírito separado. Curiosamente, existe a mesma ideia entre os espiritualistas americanos, ou seja, que a pessoa morta não sabe que está morta. É uma ideia original, profundamente ancorada no espírito humano.

> Quando Buda terminou seu discurso, Vaidehī, junto com suas 500 servas, pôde ver, guiada pelas palavras do Buda, a cena da vasta Terra da Suprema Felicidade, e também pôde ver o corpo de Buda e os corpos de dois bodhisattvas. Com a mente cheia de alegria, ela os louvou, dizendo: "Nunca vi tamanha maravilha!" Instantaneamente ela se tornou completa e totalmente iluminada e alcançou um espírito de resignação, preparada para suportar quaisquer consequências que ainda pudessem surgir (p. 199).

Então, vocês veem que aquele bem supremo da Índia, o espírito de abnegação, procede do corpo, não do espírito.

> Suas 500 servas também nutriam o pensamento de obter o conhecimento mais elevado e perfeito, e buscavam nascer naquela morada dos budas. O Honrado pelo Mundo previu que todas elas nasceriam naquela morada dos budas e seriam capazes de obter o *Samādhi* (a calma sobrenatural) da presença de muitos budas. Todos os inumeráveis Devas (deuses) também direcionaram seus pensamentos para a obtenção do *Bodhi* mais elevado (p. 198-199).

Vejam, os deuses de forma alguma ocupam a posição mais elevada, eles nem mesmo têm o nível dos bodhisattvas, e funcionam essencialmente como poderes auxiliares. Essa é uma característica do budismo. Os deuses mais elevados vêm a Buda em busca de instrução. Eles devem se tornar humanos para poderem ser redimidos. Eles são humanos que levam uma vida divina por incontáveis eras. Então, seu *karma* termina e eles devem nascer de novo como qualquer outro mortal. Dizem que o budismo é uma religião sem deuses. Na verdade, porém, não é esse o caso. O deus supremo é o deus renascido no ser humano, o próprio Buda.

> Então, Ānanda se levantou de seu assento, aproximou-se de Buda e falou assim: "Ó Honrado pelo Mundo, como devemos chamar este *sūtra*? E como devemos recebê-lo e lembrá-lo (no futuro)?" Buda disse em sua resposta a Ānanda: "Ó Ānanda, este *sūtra* deve ser chamado de 'meditação na Terra de Sukhāvatī, no Buda Amitāyu, Bodhisattva Avalokiteśvara, Bodhisattva Mahāsthāma', ou de outra forma ser chamado de '(o *sūtra* sobre) a remoção completa do obstáculo do *Karma*, (o meio de) nascer na terra dos budas'. Tu deves tomá-lo e mantê-lo, sem o esquecer nem o perder. Aqueles que praticarem o *Samādhi* (a calma sobrenatural) de acordo com este *sūtra* poderão ver, na vida presente, o Buda Amitāyu e os dois grandes bodhisattvas. [...] Sabe que aquele que se lembra que Buda é o lótus branco (*puṇḍarīka*) entre os homens, é ele quem os Bodhisattvas Avalokiteśvara e Mahāsthāma consideram um excelente amigo. Ele, sentado na *Bodhimandala*, nascerá na morada dos budas" (p. 199-200).

Esse círculo dos *bodhis* é o chamado palco redondo da iluminação. Esse círculo é o terreno sobre o qual se ergue a árvore *bodhi*, aquela árvore sob a qual Buda lutou contra o ataque de Māra, o demônio. Ao não estar presente, ele não se deixou perder na existência, mas era não existente. Por esta razão, o assento do Buda está vazio. E o demônio também tenta em vão atacar esse assento. Existem representações pictóricas dessa situação na arte indiana. Você vê Māra sob a árvore onde fica o assento de lótus vazio do Buda.

Seminário 5[136]

2 de dezembro de 1938

Da última vez, chegamos ao fim do texto sobre o *Amitāyur-dhyāna-sūtra*. Na conclusão, consideramos a questão de qual nome deve ser dado a esse *sūtra*. Acho que vou ler para vocês esta passagem novamente porque ela oferece o significado simbólico de todo o *sūtra*.

> Então, Ānanda levantou-se de seu assento, aproximou-se de Buda e falou assim: "Ó Honrado pelo Mundo, como devemos chamar este *sūtra*? E como devemos recebê-lo e lembrá-lo (no futuro)?" Buda disse em sua resposta a Ānanda: "Ó Ānanda, este *sūtra* deve ser chamado de 'meditação na Terra de Sukhāvatī, no Buda Amitāyu, Bodhisattva Avalokiteśvara, Bodhisattva Mahāsthāma', ou de outra forma ser chamado de '(o *sūtra* sobre) a remoção completa do obstáculo do *Karma*, (o meio de) nascer na terra dos budas'. Tu deves tomá-lo e mantê-lo, sem esquecê-lo nem perdê-lo. Aqueles que praticarem o *Samādhi* (a calma sobrenatural) de acordo com este *sūtra* poderão ver, na vida presente, o Buda Amitāyu e os dois grandes bodhisattvas [...]. Sabe que aquele que se lembra que Buda é o lótus branco (*puṇḍarīka*) entre os homens, é ele quem os bodhisattvas Avalokiteśvara e Mahāsthāma consideram um excelente amigo. Ele, sentado na *Bodhimandala*, nascerá na morada dos budas" (p. 199-200).

---

136. Anotações de LSM, RS, ES e tradução para o inglês de BH.

A *Bodhimandala* é a questão com que nos deparamos na última vez. É o círculo da iluminação, também chamado palco redondo da iluminação. Esse círculo é o terreno sobre o qual se ergueu a árvore *Aśvattha*, aquela árvore sob a qual Śākyamuni lutou contra o ataque do demônio Māra e onde ele finalmente alcançou o *bodhi*. Essa árvore é chamada *Bodhidrum* (*druma* significa árvore) e o solo ao seu redor é a *Bodhimandala*. Essa imagem remete a outro texto maaiana investido de grande autoridade. Não é tão antigo, mas está entre os clássicos do budismo maaiana. É chamado *Saddharma-puṇḍarīka* [O *sūtra* do lótus]. *Sad* significa bom, verdadeiro; *dharma* é a lei; *puṇḍarīka* é o lótus branco. Esse texto está incluído em *The sacred books of the East*[137]. No sétimo livro há uma descrição da mandala e sua história:

> No início, quando o Buda ainda não havia alcançado a iluminação suprema e perfeita e tinha acabado de ocupar o cume do Palco da Iluminação, ele desconcertou e derrotou toda a hoste de Māra [...] (*SP*, VII, 7).

Agora, este não é o Buda Śākyamuni, e sim o Buda primordial. Sempre existiram budas, desde tempos imemoriais. Esse Buda tem um nome de oito sílabas, do qual vou poupá-los. Ele viveu em tempos imemoriais, em outras eras. A medição do tempo é interessante porque é um pouco semelhante ao cálculo astronômico de anos-luz.

> Se, por exemplo, alguns homens, depois de reduzirem este universo a partículas de poeira, pegassem uma partícula para depositá-la mil regiões adiante; se depositassem uma segunda, uma terceira partícula, e assim procedessem até acabar com toda a massa de poeira, de modo que este mundo ficasse vazio e a massa de poeira esgotada; àquela imensa massa de poeira destes

---

137. *Saddharma-puṇḍarīka*, traduzido por H. Kern. *SBE*, vol. XXI (no texto, abreviado como *SP*). As anotações de Jung para o seminário contêm uma tradução para o alemão da p. 7.

mundos, inteiramente reduzida a partículas, comparo o número de éons passados [...]. Para prosseguir, monges, a medida do tempo de vida do Tathāgata Mahābhigñāgñanābhibhū, o Arhat etc. era 54 centenas de milhões de *koṭis* de éons (*SP*, VII, 2-5; 7).

Essas seriam as distâncias que nos separam daquele Buda primordial. Alguém que desejasse alcançá-lo teria que continuar viajando para o Oriente, na direção do sol nascente, no sistema galáctico, ou seja, percorreria distâncias astrais tremendas e, assim, eras do tempo se passariam. Um conceito muito claro da luz que se irradia no universo e que levou milhões de anos para chegar a esses sistemas. Quando aquele Buda primordial viveu, essa luz migrou e trouxe conhecimento dele para aqueles sistemas galácticos do universo.

Devo alcançar a iluminação perfeita. Mas essas leis (da iluminação perfeita) ainda não haviam se tornado claras para ele. Ele permaneceu no Palco da Iluminação ao pé da árvore da iluminação durante um *kalpa* médio. Permaneceu lá um segundo, um terceiro *kalpa* médio, mas ainda não atingiu a iluminação suprema e perfeita. Permaneceu um quarto, um quinto, um sexto, um sétimo, um oitavo, um nono, um décimo *kalpa* médio no Palco da Iluminação ao pé da árvore da iluminação, continuando sentado de pernas cruzadas sem se levantar nesse meio-tempo. Ele permaneceu ali, a mente imóvel, o corpo inabalável e imperturbável, mas essas leis ainda não haviam surgido sobre ele.

Agora, monges, enquanto o Buda estava no topo do Palco da Iluminação, os deuses do paraíso (*Trayastriṃśa*) prepararam para ele um magnífico trono real, com cem *yojanas* de altura, e ao ocupá-lo o Buda alcançou a iluminação suprema e perfeita; e assim que o Buda ocupou o assento da iluminação, os deuses Brahmakāyika espalharam uma chuva de flores ao redor do assento da iluminação a uma distância de cem *yojanas*; no céu soltaram tempestades pelas quais as flores que murchavam eram varridas. Desde o início da chuva de flores, enquanto o Buda estava sentado no assento da iluminação, ela caiu sem interrupção durante dez *kalpas* médios, cobrindo o Buda. Aquela chuva de flores que uma vez começou a cair continuou até o momento do Nirvana completo do Buda. Os seres celestiais pertencentes à divisão dos quatro guardiões dos pontos cardeais fizeram ressoar os tambores dos deuses; eles os fizeram ressoar sem interrupção em honra do Buda que alcançou o cume do Palco da Iluminação [...] (*SP*, VII, 7).

Como podemos ver no texto, o círculo não gira em torno da árvore apenas, ele também se estende virtualmente em torno do horizonte. E então aqui estão aqueles quatro pontos, os quatro portais, através dos quais o mundo externo entra ou através dos quais aquele que está sentado na posição de lótus emana para o mundo.

A *Bodhimandala* também é conhecida como *Bodhimandavara*. *Vara* significa fluxo circular, o que faz alusão ao fato de que esse círculo não é apenas algo estático, mas também está em movimento circulatório, girando no sentido horário. Isso fica muito claro nas estupas clássicas da Índia e do Ceilão. Vou lhes dar um esboço aproximado:

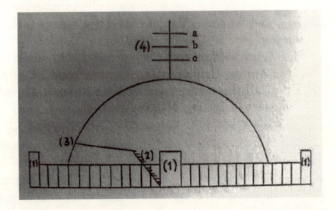

Estupas são estruturas hemisféricas centrais, monumentos sepulcrais, com três guarda-sóis um acima do outro, representando os três mundos, a saber: *dharmakāya* (ou seja, o mundo puramente espiritual, o mundo da verdade absoluta), *sambhogākāya* (ou seja, o mundo intermediário, o mundo dos corpos sutis) e o *nirvāṇa kāya* (ou seja, o mundo dos objetos, o mundo das coisas criadas). Pode-se também descrever os três como si-mesmo, *anima* e corpo.

E quando alguém entra, há um pequeno muro que o obriga a fazer a *circumambulatio*[138] no sentido horário – o *sentido anti-horário* seria muito desfavorável. Depois disso, em cada portão, a pessoa se curva em direção ao mundo. Os degraus levam a um segundo caminho circular interno, onde o processo é repetido.

Essa é a forma clássica na área do Tibete central. Podemos ver isso em Darjeeling em todas as colinas, cercadas por mastros com estandartes brancos. Se forem um arranjo mais temporário e feitas de papel, geralmente são xilogravados contendo a imagem de um cavalo[139]. Os estandartes brancos e o *chorten*[140] constituem uma visão bastante impressionante. Parecem muito bonitos nessa paisagem. E, em geral, também existem fórmulas de oração, repetidas muitas vezes. A *circumambulatio* é conduzida com uma oração. As formas clássicas são cantadas:

---

138. Em seus cadernos "Excerpta" (vol. 7, p. 18; JL), Jung descreveu sua visita ao templo de Shakti em Trichur: "O templo é dedicado a Shiva e Kali. Shiva é carregado em um andor num trajeto circular sempre no sentido horário. Kali, por sua vez, é transportada em um barco sobre o espelho d'água, num trajeto também circular, igualmente no sentido horário. Se o movimento fosse anti-horário, isso seria desfavorável" (reproduzido em Shamdasani, 2012, p. 180).

139. Jung segue as anotações de seus cadernos "Excerpta" (vol. 7, p. 26; JL): "No cume da Colina do Observatório, perto de Darjeeling, há um espaço aberto circular cercado por um campo repleto de mastros de estandartes: os estandartes são xilogravados" (texto com cavalo carregando Cintāmaṇi). Cintāmaṇi = lápis-lazúli. Phil. B.L. Atreya: Yoga-Vasistha. Adyar. p. 36 (reproduzido em Shamdasani, 2012, p. 184).

140. *Chorten*, a versão elaborada da estupa indiana encontrada no Tibete.

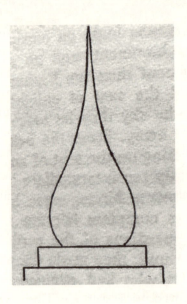

Om maṇi padme hūm, "Ó tesouro no lótus". A oração é entoada pelo som do canto. Se você ouvir um brâmane[141] lendo um texto sânscrito em voz alta, perceberá as notas cantadas. O *Om* é um som primordial, encontrado em todas as culturas que ainda estão crescendo a partir de sua fundação original. Nós mesmos fazemos o mesmo som para expressar o prazer natural, então, por exemplo, dizemos "Mm, Mm" quando comemos bem. Na Índia, este é um som muito marcante. É repetido milhões de vezes. Aqui, você encontra essas coisas antigas ainda em sua forma mais elevada. *Maṇi* significa pérola ou grande tesouro, *padme* é o lótus e *hūm*, como *Om*, não tem uma definição única. O zumbido das abelhas: *humkana*, roncar também. Ambas as palavras, *maṇi* e *padme*, são entoadas por cânticos.

As estupas são uma concretização da *Bodhimandavara*, o nobre Palco da Iluminação, a progressão circular da mandala.

---

141. Bramã, também Brâmide, na sociedade hindu um membro da casta brâmane composta por sacerdotes hindus.

Leiam o que o Professor Zimmer relata sobre a *circumambulatio* em *Artistic form and yoga*[142].

Essa mandala é uma reiteração da figura aludida logo no início do texto: a saber, aquele símbolo notável que ali chamam de estandarte. Voltaremos a isso em um momento.

> Buda falou ainda a Ānanda: "Tu deves lembrar-te cuidadosamente destas palavras. Lembrar-se dessas palavras é lembrar-se do nome do Buda Amitāyu".
>
> Quando Buda concluiu tal ensinamento, os dignos discípulos maaianas, e Ānanda, Vaidehī e os outros ficaram todos extasiados com alegria transbordante.
>
> Então, o Honrado pelo Mundo voltou, caminhando pelo céu aberto; para o Pico do Abutre. Ānanda logo depois falou diante de uma grande assembleia sobre todas as ocorrências mencionadas anteriormente. Ao ouvir isso, todos os inumeráveis Devas (deuses), Nāgas (serpentes) e Yakṣas (semideuses) foram inspirados com grande alegria; e tendo adorado o Buda eles seguiram seu caminho.
>
> Aqui termina o *sūtra* da Meditação sobre o Buda Amitāyu, proferido por Buda (Śākyamuni) (p. 201).

Então, vocês veem a posição dos deuses em relação a Buda. Eles aparecem em todos os momentos festivos de sua vida, como seu nascimento ou sua morte. Quando ele ensina, eles aparecem exatamente como humanos, como ouvintes.

Vou agora lhes dar um resumo do texto: ele é interessante na medida em que mostra um processo de ioga budista rigorosamente típico, absolutamente dirigido de acordo com estritos preceitos dogmáticos para um propósito e objetivo definidos. Não se fala em liberdade, não há possibilidade de se desviar dele, ao contrário, as imagens dogmáticas devem ser imaginadas com a maior precisão possível, como que para

---

142. Sobre Heinrich Zimmer (1890-1943) e o uso de Jung de *Artistic form and yoga in the sacred images of India* (1926), cf. Introdução (p. 78-81).

serem encarnadas, para que, no fim, seja criado um Buda e de fato como uma figura psíquica. Para o Oriente, o psíquico não é algo inexprimível como é conosco, mas algo bem-definido, algo meio físico. Por meio da imaginação, uma imagem existente do Buda é criada a partir de material psíquico.

I. Este exercício de ioga começa com a fixação do sol. Não sem razão, pois quando olhamos para o sol por um curto período de tempo surge uma imagem residual. Se fecharmos os olhos, algo da imagem radiante do orbe do sol permanece – este é o ponto de concentração. Um ponto de ancoragem como na hipnose. Essa pequena imagem redonda e fechada é o ponto de partida para a criação da mandala.

II. O próximo passo é imaginar uma superfície redonda de água: límpida, pura, translúcida.

III. A próxima coisa a ser imaginada é a superfície do gelo, tão completamente translúcida que se pode olhar para as profundezas negras.

IV. Imaginar que essa superfície consiste em lápis-lazúli, de alguma forma translúcido para os olhos da mente. Cria-se o solo, uma superfície ampla.

V. Agora, imagina-se que há um estandarte sob esse solo.

Este é um texto chinês. Foi traduzido do sânscrito para o chinês em 424 d.C. e depois traduzido novamente. A palavra sânscrita regularmente usada para estandarte é *dhvaja*. É o estandarte que sempre se vê nos templos indianos. O mastro é igualmente interessante, e os indianos também têm uma teoria especial para isso[143]. Mas não posso me alongar sobre tal

---

143. Por ocasião de sua visita ao templo de Shakti em Trichur, Jung observou: "Um assim chamado mastro de estandarte (*dhvajastambha*), um pilar dividido em segmentos, de pé sobre um altar e ligeiramente curvado no topo, enfeitado com pequenos sinos na extremidade superior. Estes representam os centros dos sentidos

questão aqui. Mas a palavra *dhvaja* também significa emblema ou símbolo. Neste caso, podemos traduzir a palavra como símbolo: sob o solo de lápis-lazúli o símbolo é criado. É um círculo dividido em oito, também tem oito pontas no horizonte unidas com cordas douradas. Então, esta forma é revelada:

Uma mandala bastante simples e clássica[144]. A forma básica de todas as mandalas budistas. Existem mandalas hindus que se baseiam em outros números básicos, mas que ocorrem apenas para usos muito particulares, por exemplo, no chamado tantrismo. *Tantra* significa livro, folha de papel ou tear. É usada em livros educacionais ou manuais empregados para essa finalidade especial. Em todo o seu estilo, o tantrismo corresponde ao escolasticismo de nossa cultura ocidental. Desempenha um papel muito importante no budismo tibetano. Eles têm

---

e os pilares segmentados da medula espinhal. Mas é um grande segredo. Tudo isso está relacionado com a fisiologia do corpo" (cadernos "Excerpta", vol. 7, p. 18). Cf. também o esboço de Jung do mastro; reproduzido em Shamdasani (2012, p. 180).
144. Cf. também o formato da mandala no Seminário 3 (p. 135).

uma ioga particular, descrita como ioga kundalini ou ioga da serpente de fogo. Mas isso é hindu, não budista. Essa forma especial é desprezada por certas pessoas, mas outras a consideram a ioga espiritual mais elevada. Na Índia de hoje, ela tem muitos devotos entre os instruídos, mas é muito misteriosa e exige muito mais do que a ioga mais conhecida que estamos discutindo aqui – e não é tão dogmática.

Trouxe comigo uma representação tibetana de uma mandala para vocês.

Vocês veem aqui três grandes professores: dois professores que pertencem à escola de chapéu amarelo, uma escola budista específica – e aqui, um professor de chapéu vermelho, mais religião popular e originalidade. Ele pertence à religião Bon, uma antiga religião tibetana cheia de magia.

O grande círculo ao redor do anel duplo é um anel de fogo: o grande fogo. O círculo da *concupiscentia*[145], o fogo da luxúria, da inveja, da raiva. É representado por quatro cores diferentes: verde, violeta, azul e vermelho. O círculo interno é preto e protege a mandala contra o anel de fogo da *concupiscentia* em sua borda externa; então, um círculo dividido em quatro partes: Norte, Sul, Leste, Oeste, cada seção tem seu portão. O quadrado é caracterizado por quatro cores diferentes: amarelo, vermelho, verde e branco.

Todos os anos, mandalas feitas de manteiga são construídas nos templos budistas de Pequim, pintadas de cores vivas, com cerca de cinco metros de diâmetro. Aqui vocês podem ver que no meio está construída uma torre, uma estupa. No interior, o círculo mágico reaparece para proteger o recinto sagrado do exterior. E no mais íntimo: um símbolo representando o poder do sol. Um diamante ou raio, sendo um símbolo de energia. A mandala está meio enfiada na terra. Ao fundo, é protegida pelo Himalaia.

---

145. *Concupiscentia*, latim para forte desejo, luxúria, na teologia cristã, usado para descrever o desejo interior do ser humano ou tendência para o mal ou pecado.

A imagem é uma cópia do original do China-Institut, em Frankfurt[146].

Lamaistisches vajramandala [mandala vajra lamaísta]. Este yantra foi usado por Jung e Wilhelm como frontispício para *O segredo da flor de ouro* (1929); também OC 12 (fig. 43); OC 9/1 (fig. 1 e § 630-638). Jung também o apresentou no seminário sobre análise de sonhos, em 19 de fevereiro de 1930 (Jung, 1984, p. 479). A imagem fazia parte de um número maior reunido por Jung, que ele apresentou em sua série de seminários em Berlim, em 1933.

---

146. A mandala foi destruída na Segunda Guerra Mundial.

Essa figura é semelhante às estupas do Nepal e está meio enfiada na terra. Corresponde inequivocamente à ideia das estupas. Quando alguém perguntou a Buda como ele gostaria de ser enterrado, ele pegou duas tigelas de arroz e colocou uma sobre a outra. Então, colocou uma tigela no chão, os restos do Buda no centro e a outra tigela no topo. Resultando, assim, numa forma esférica.

Essa mandala é uma forma fundamental, desempenhando consistentemente um papel absolutamente significativo na ioga oriental. Não é apenas um ponto fixo e uma área sagrada que são criados com a mandala, mas ao mesmo tempo existe a ideia de *circumambulatio*, uma circunvolução sagrada. Figuras sagradas circulam no sentido horário. Há exceções nos templos de Shakti onde um Shiva está presente. Há um caminho circular de paralelepípedos ao redor do templo, indo no sentido horário para Shiva, no sentido anti-horário para Shakti[147]. Quando a meditação é conduzida no sentido anti-horário, ela é feminina, se no sentido horário, masculina. Quando a imagem do deus no barco é perambulada, ela é levada no sentido anti-horário. A direção horária opera espiritualmente, a outra direção opera nas profundezas, no corpo, na terra. (A operação de uma espiral no sentido horário que vai uma vez para cima e depois para baixo.)

Essa mandala em nosso texto pretende ser uma imagem luminosa. Raios de luz irradiam dela, e cada raio tem 84 mil cores. Esse é precisamente o número de marcas da excelência, da perfeição, do Buda. Essas cores também aludem ao fato de

---

147. No sétimo volume dos cadernos "Excerpta" (p. 15), Jung descreve sua visita ao templo de Shakti de Trichur: "Templo de Shakti: ao redor do *garbhagrha* central há um caminho de paralelepípedos para circunvolução. Um semicírculo no sentido horário é feito para Shiva, depois volta ao seu início, e então o outro semicírculo é feito no sentido anti-horário para Shakti" (reproduzido em Shamdasani, 2012, p. 179).

que essa luz que irradia da mandala, na verdade a própria mandala, também já é o Buda. É o assento do Buda, mas também é ele próprio.

VI. A próxima transformação é onde a atenção é direcionada para oito lagos com flores de lótus, que devem ser perfeitamente redondos.

VII. Os lados são novamente cobertos por flores de lótus, ou seja, em forma circular mais uma vez cheia de flores de lótus.

VIII. Então, um lótus deve ser imaginado na superfície reflexiva. Refletindo sobre a superfície meditativa, imagina-se como um lótus emerge da água. O chamado trono da flor ascende acima desse lótus. Uma estrutura alta, uma torre, correspondente a uma estrutura elevada que se encontra num templo indiano. A construção principal é erguida acima do santo dos santos, e no topo dela estão quatro mastros de estandarte. Pilares simbólicos que carregam o símbolo.

IX. O próprio Buda é imaginado sentado no trono de flores.

X. Depois que o Buda foi criado, o praticante então imagina que ele próprio é o Buda, e desta forma ele também é transformado no Buda, e então ele sabe que sua consciência é a origem do ser universal de todos os budas, que, portanto, não apenas a imaginação do Buda, mas a de todos os bodhisattvas, deuses e todos os seres do mundo inteiro é uma emanação da consciência humana.

Esta é uma enorme diferença entre o Oriente e nós. A consciência para nós é simplesmente uma *conditio sine qua non* absolutamente presente. No Oriente, por outro lado, o fenômeno da consciência é o centro absoluto do mundo. É o Buda, o deus criador do mundo.

Podemos agora construir retrospectivamente uma equação decorrente dessa afirmação no texto: a consciência é o Buda, seu lótus é de fato também o Buda, assim como a luz, o símbolo do lápis-lazúli, a água e, finalmente, o sol.

Aquilo que a luz é exteriormente, a consciência é interiormente. Aí vocês têm um conceito fundamental do Oriente. Buda é o sol interior, a consciência é o sol interior. Naturalmente, vocês não devem pensar que essa filosofia significa que nossa consciência cotidiana – incluindo a dos orientais – é Buda. De modo algum: ao contrário, a consciência que é estimulada pela ioga, aquela consciência iluminada (*bodhi*), que é para eles o sol interior.

Aqui podemos fazer uma ponte para o Ocidente, onde temos um conceito semelhante no cristianismo: o conceito do Cristo interior como o sol interior, a luz interior. Essa visão não é exatamente oficial; na verdade, os teólogos preferem evitá-la. Assim, por exemplo, aquelas passagens do Novo Testamento que se referem a isso tendem a ser traduzidas de forma curiosa: "Não reconheceis que Jesus Cristo está em vós?"[148] Aqui "*in vobis*" tende a ser traduzido como "entre vocês" ou "no meio de vocês"[149]. De fato, é claro que alguém poderia traduzir isso da mesma forma aqui, mas, em Gálatas, Paulo diz: "Já não sou eu que vivo, é Cristo que vive em mim"[150]. Portanto, aí não se pode mais dizer "entre mim". Mas parece que nossos queridos

---

148. 2Cor 13,5: "Examinai a vós mesmos se estais na fé. Provai-vos a vós mesmos. Não reconheceis que Jesus Cristo está em vós? A não ser que estejais reprovados".

149. A passagem latina diz o seguinte: "*vosmet ipsos temptate si estis in fide ipsi vos probate an non cognoscitis vos ipsos quia Christus Iesus in vobis est nisi forte reprobi estis*" (Vulgata).

150. Gl 2,19-20: "Estou crucificado com Cristo. Já não sou eu que vivo, é Cristo que vive em mim. Minha vida presente na carne eu a vivo pela fé no Filho de Deus, que me amou e se entregou por mim".

tradutores não conseguem imaginar uma experiência religiosa fora da comunidade, sem a Igreja. Particularmente nos tempos atuais, deve-se destacar quando há aqueles que acreditam que tudo que existe é o Estado, o povo[151]. O indivíduo existe. O que é comunidade? É uma multidão. Somente o indivíduo lhe dá significado e valor. No fim das contas, é sem dúvida exclusivamente o Cristo em nós. Caso contrário, transformamos os ídolos em deuses e nos entregamos à idolatria[152].

---

151. A observação de Jung pode ser vista como uma declaração crítica em relação à Alemanha nazista e outros estados fascistas da época. Pelo menos, o público no auditório entendeu dessa forma. ES comentou em seu registro: "Grandes aplausos". Em 1933, Jung também enfatizou a importância do autodesenvolvimento do indivíduo a fim de cumprir sua tarefa dentro de um movimento coletivo: "O autodesenvolvimento do indivíduo é especialmente necessário em nosso tempo. Quando o indivíduo está inconsciente de si mesmo, o movimento coletivo também carece de um claro senso de propósito. Somente o autodesenvolvimento do indivíduo, que considero o objetivo supremo de todo empreendimento psicológico, pode produzir porta-vozes e líderes conscientemente responsáveis do movimento coletivo" (entrevista a Adolf Weizsäcker, 26 de junho de 1933, em McGuire & Hull, 1977, p. 64).

152. ES acrescenta ao seu registro: "Após o seminário, C.G. explica a um membro da plateia que lhe pergunta sobre o significado da suástica: 'No assento do trono de Shiva no templo de [...] as duas suásticas estão gravadas uma ao lado da outra em primeiro plano, no sentido horário, espiritual; sentido anti-horário, terreno, indo para o chão, não espiritual'".

Seminário 6[153]

9 de dezembro de 1938

O texto que li para vocês nas últimas sessões oferece uma imagem do processo da ioga dentro do budismo. Como indiquei, esse texto é um clássico. É muito simples e especifica o processo em termos gerais. Aqui você deve ter em mente que esse texto é budista. Mas existem muitos outros movimentos religiosos e filosóficos que têm ideias diferentes, por exemplo, formas de ioga que procedem muito mais fisiologicamente, digamos, onde se trata de percepções holísticas em que apenas o corpo é exercitado, embora sempre com o psíquico *sous-entendu*[154]. Quando nos envolvemos em tais exercícios, é ginástica. As pessoas têm ideias muito nebulosas sobre isso quando leem um livreto sobre ioga e tentam os movimentos. Tudo isso soa bastante popular, mas mesmo que seja definido, não é vivenciado como um indiano que cresceu imerso em tais formas e ideias e cuja cultura inteira é permeada por esse curioso espírito de ioga, algo que não podemos de maneira alguma reivindicar para nossa cultura.

---

153. Anotações de LSM, RS, ES e tradução para o inglês de BH.
154. *Sous-entendu*, francês para implícito.

Digo isso em referência a um livrinho de Yeats-Brown, *Bengal lancer*[155] – você provavelmente já o viu no cinema[156] –, ele se envolveu com ioga como amador, mais ou menos como o jornalista Brunton[157]. As imagens do livrinho de Brown transmitem o suficiente. Trata-se principalmente de posições corporais muito curiosas e, além disso, algum tipo de filosofia é lançado no fim, como se alguém temperasse uma salada com um pouco de azeite e vinagre. Essas são coisas completamente não indianas. Devo também alertá-los contra o uso para meditação de um texto como o que apresentei. Para esse propósito, seria necessário vir equipado com conhecimento prévio completo e um certo fundamento espiritual que nos falta completamente.

No fim do último seminário chamei a atenção de todos para os paralelos que existem entre o sol interior no *Amitāyur-dhyāna-sūtra* e a ideia mística do Cristo interior.

Na filosofia indiana há um paralelo substancial: a filosofia do *ātman*. A palavra "*ātman*" está relacionada com a palavra alemã *Atem* que significa respiração, também nossa *Odem*, o sopro de vida que percorre todas as coisas, correspondendo à essência do Buda. Aquele, o grande, que também é descrito como Prajāpati, ou seja, o criador do mundo. Ambas são idênticas em seu uso e têm termos de referência semelhantes: o *ātman* é a origem absoluta do ser. O particular: que ele não apenas é o ser universal como o do Buda mais elevado, a essência do próprio mundo, como também é um ser pessoal. Todos têm um si-mesmo pessoal, esse *ātman* interior, mas este é apenas um aspecto do uni-

---

155. *The lives of a Bengal lancer* (1930), de Francis Yeats-Brown. Cf. nota 66.

156. Em 1935, a Paramount Pictures lançou um filme vagamente baseado nas memórias de Francis Yeats-Brown, intitulado *Lanceiros da Índia*, com Gary Cooper e Franchot Tone nos papéis principais. O filme foi dirigido por Henry Hathaway e indicado a sete Oscars, vencendo na categoria de Melhor Assistente de Direção.

157. Sobre Paul Brunton, cf. nota 65.

versal. Quem mergulha na prática da ioga, flui de certa forma do *ātman* pessoal para o geral, e então se considera um ser universal. Existem exatamente as mesmas precondições como no budismo. O ser do próprio si-mesmo, como também mostra o texto, é ao mesmo tempo um ser universal.

Então, com isso, gostaria de concluir o que tenho a dizer sobre o *Amitāyur-dhyāna-sūtra* e passar para outra forma de ioga dentro do budismo, que é a ioga tântrica. Em seu sentido racional exato, esse é um assunto que, infelizmente, ainda não está totalmente acessível para nós. Sabemos apenas um pouco sobre ele, e graças a Sir John Woodroffe[158]. Ele escreve sob o pseudônimo de Arthur Avalon, sendo Avalon aquela cidade no sul da Inglaterra[159] conhecida pela lenda do Graal. O nome Arthur vem, é claro, também do ciclo épico do Rei Arthur. A princípio, ele escreveu sob esse pseudônimo, e pelo mesmo motivo que a ioga tântrica tem má reputação na Índia. Os indianos criticam muito a ioga tântrica porque trata exclusivamente da fisiologia do corpo e principalmente do sexo, embora esteja repleta de simbolismos excepcionalmente interessantes. Pouco se sabe sobre o tantrismo. A única coisa conhecida nos foi dada por seu livro, *The serpent power* (Avalon, 1919b)[160]. É muito difícil de ler. Trata-se da ioga kundalini, ou seja, a ioga da serpente. Essa forma específica pode ser encontrada particularmente em Bengala. Em Calcutá, encontrei uma série de defensores da modalidade, entre eles, alguns personagens muito duvidosos. Ela expulsou o budismo maaiana da escolástica indiana e é de fato muito difundida no Tibete.

---

158. Cf. Introdução, nota 4.

159. Ilha mística associada às lendas arturianas. De acordo com algumas fontes medievais, foi identificada como Glastonbury Tor, em Somerset, no sul da Inglaterra.

160. Jung tinha uma cópia da primeira edição em sua biblioteca. Cf. Introdução (p. 57-59).

O que discutirei com vocês é um texto tântrico tibetano que se caracteriza por um simbolismo particular e muito interessante, que será extraordinariamente útil para entendermos o simbolismo ocidental. É especial para o Ocidente porque suas ideias simbólicas vêm de uma esfera que surge desse notável estrato fisiológico, como é o caso desta ioga kundalini tântrica oriental.

O texto não tem mais um caráter clássico, também não é muito simples, e exige uma quantidade enorme de comentários, ou seja, é bastante difícil. Na verdade, não é da antiga era original do budismo, mas surgiu pela primeira vez nos séculos posteriores. Podemos supor que foi por volta de 300 d.C. que ocorreu a grande difusão do budismo. A partir desse momento, esses textos aparecem; são difíceis de datar. É impossível para mim dizer quando esse texto foi criado. Pode ter sido em algum momento da Idade Média.

A razão pela qual apresento tal texto é que, como já mencionei, ele contém um simbolismo que é especialmente significativo para nossas intenções psicológicas[161]. O texto é chamado *Shrī-chakra-sambhāra tantra* (Avalon, 1919a)[162]. *Shrī* significa sagrado; *chakra* é a roda, também mandala; *sambhāra* significa juntar e também significa reunir; e *tantra* significa tear, folha de papel, tecido, ou seja, texto. Desse modo, "coleção de textos da roda sagrada".

Começa com uma invocação: "Vajra-yoginī, Shrī Mahāmāyā e Tārā" (*SCST*, p. 1). *Vajra* significa raio ou diamante (*vaj*, inquebrável; *ra*, extremidade). O raio de Indra é chamado *vajra*;

---

161. Aqui, em seu registro, ES observou o seguinte: "A velha senhora inglesa sentada na minha frente no seminário tinha uma cópia datilografada do texto. No topo da página estava a observação: 'Textos tântricos. Vol. VII'".

162. O texto apareceu como o volume sete da série *Tantrik texts*, editado por Arthur Avalon. Foi traduzido por Kazi Dawa-Samdup. Jung tinha uma cópia da série em sua biblioteca (a seguir, o texto será abreviado como *SCST*).

yoginī significa consorte feminina, ser divino que aparece como consorte, a que está sob o jugo; *shrī* significa santo e *mahā*, grande; *māyā* é a Shakti, o ser feminino que emana do deus criador masculino e representa o mundo, uma espécie de mãe do mundo, um material de construção, um material – a palavra *"materia"* cabe aqui – do deus visível, mas diferente de deus na medida em que retrata sua feminilidade. Essa feminilidade chama-se mundo. Falamos da mãe terra ou mesmo da senhora mundo; *shrī mahāmāyā* é, portanto, a grande ilusão sagrada ou também a grande realidade que também é uma ilusão; Tārā[163] é uma deusa maaiana específica.

Essas são noções de deuses que não se encontram no budismo clássico, surgiram apenas mais tarde sob a influência de religiões primitivas, mais especificamente sob a influência do Bon[164]. Esta é uma religião xamânica primitiva que prevaleceu no Tibete antes do budismo e ainda hoje se mantém. Seus monges são os chapéus vermelhos, enquanto os do budismo superior são os chapéus amarelos.

O texto promete dar uma descrição de como deve ser aplicado esse ritual de mandala que ouvimos no texto anterior. Vou lhes dar uma representação aproximada disso aqui, usando a mandala do último seminário:

---

163. No budismo maaiana, Tārā é uma Bodhisattva feminina. Ela desempenha um papel importante no budismo tibetano Vajrayāna, onde é entendida como a Bodhisattva da compaixão e da ação, representando o aspecto feminino de Avalokiteśvara. É venerada como uma deusa tântrica desde o século VII. Como deusa hindu, é adorada no shaktismo. Sobre Tārā, cf. Willson (1986).

164. Bon ou Bön, que significa "verdade" ou "realidade", é uma religião folclórica tibetana animista, que pratica rituais xamânicos; hoje, está integrado no budismo tibetano. Jung assumiu erroneamente – seguindo o conhecimento acadêmico da época – que Bon era o sistema de crença animista nativo do Tibete antes da introdução do budismo. Hoje existe um consenso de que o Bon se originou como uma reação ao sucesso do budismo, combinando diferentes práticas religiosas nativas com aspectos do budismo.

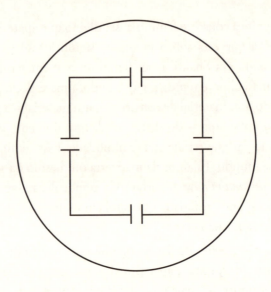

Um quadrado com quatro portas fechadas em um círculo. Esta mandala é agora representada com sua função ritual.

Após a invocação anteriormente referida, o texto diz:

Reverência ao Guru e a Shrī Heruka (*SCST*, p. 1).

Neste caso, o guru não é um guru humano, nem um líder espiritual; em vez disso, trata-se aqui do próprio ser divino desta mandala especial. Este é Shrī Heruka, um tipo de santo padroeiro, um *devatā* [devata ou deva], um dos muitos seres divinos dos quais existem milhares. Você encontra esses *devatās* já nas antigas compilações páli nas quais estão contidos os discursos do Buda. Por exemplo, conversas entre Buda e esses *devatās*. Nesses textos páli descreve-se um silêncio sagrado descendo sobre a paisagem e, então, um *devatā* aparece e pede iluminação ao Buda, e então Buda faz um discurso para ele[165].

---

165. Em 1956, Jung escreveu um pequeno texto para anunciar a republicação da tradução de Karl Eugen Neumann dos discursos de Buda do Cânon Páli (OC 5). O próprio Jung possuía uma edição de 1922.

Tendo me curvado em reverência ao Guru, à essência de todos os budas e a Shrī Heruka, exponho agora o Sādhanā de Shrī Chakra Mahāsukha (*SCST*, p. 1).

Sādhanā significa ritual, com uma conotação mágica. Uma nota de rodapé do texto fala aqui de "uma prática pela qual *Siddhi* (sucesso, neste contexto realização espiritual) pode ser obtido". A influência do Bon cria uma atmosfera mágica. Sempre tem uma agenda oculta de uma aplicação mágica. Shrī Chakra Mahāsukha, ou seja, a mandala sagrada da grande bem-aventurança.

Este santo padroeiro tibetano, Shrī Heruka, que está sendo invocado aqui, é um caso especial peculiar entre os seres gurus. O guru na Índia ainda hoje é um mentor pessoal de carne e osso, um homem experiente que tem conhecimento das coisas sagradas em quem o jovem deposita sua confiança e pede que ele o aceite como discípulo. Um guru nunca se oferece, ele deseja ser procurado. Jovens bem-educados na Índia têm um guru. Mas há exceções. Conheci um indiano mais velho muito instruído. Conversamos sobre educação e perguntei a ele sobre seu guru. Então, ele nomeou um antigo sábio. Perguntei: "Esse antigo nome védico ainda é lembrado? Esse é o famoso sábio antigo. O homem não pode ter sido seu guru, está morto há 2 mil anos, não é?" "Não tive nenhum homem vivo como guru, mas sim um espiritual", foi a resposta. Este era um homem instruído, de cerca de 70 anos, muito vivido, muito honrado. Alguém como ele estaria no *Ständerat*[166]. E ele disse friamente que seu guru não era um ser humano vivo, mas o antigo sábio. Então, perguntei ainda: "Como você pode se comunicar com ele?" "Ele se apresentou a mim em sonhos e percebi que era meu

---

166. *Ständerat*, ou seja, o Conselho dos estados, a segunda câmara da Assembleia Federal da Suíça.

guru. Sempre posso conversar com ele." Como resultado, ele nunca teve um guru normal. Essas coisas ainda acontecem hoje na Índia. Esse homem é um amigo íntimo de Mahatma Gandhi[167]. É assim que também devemos pensar neste Heruka. Com nosso conhecimento ocidental, mal podemos imaginar algo assim.

> O devoto, quando estiver prestes a dormir, deve primeiro imaginar que seu corpo é o do Buda Vajrasattva [...] (*SCST*, p. 2).

Sattva, ou seja, uma entidade, um ser. Esse termo pertence aos três chamados *guṇas*[168], mas vou poupá-los de tudo isso. Esse Buda tem como epíteto o nome *vajrasattva*, que significa ser diamante ou ser raio. Prefiro o primeiro significado. É no nível primitivo do Bon que o raio é importante como um míssil mágico, porém, mais tarde, em um nível filosófico superior, o significado do diamante desempenha um papel muito maior: como o ser duradouro e mais duro que não está sujeito a mudanças. Por exemplo, na ioga filosófica chinesa é descrito como o *corpo sutil*, o corpo espiritual, que não está mais sujeito a nenhuma mudança. Lá esse *vajra* assume por completo o significado do *lapis philosophorum*, a pedra filosofal, aquele ser eterno trazido do homem, que surge do esforço de sua vida,

---

167. Mohandas Karamchand, chamado Mahatma ("grande alma", "venerável"), Gandhi (1869-1948), líder do movimento de independência da Índia em seu protesto pacífico ("*satyagraha*") contra o domínio colonial britânico, "pai" da nação indiana. Sobre Gandhi, cf. sua autobiografia, *The story of my experiment with truth*, que cobre o período até 1921 e foi publicada na revista *Navjivan* de 1925 a 1928; também *The essential Gandhi: An anthology of his writings on his life, work, and ideas* (1962).

168. Os três *guṇas* ("corda", "fio", e também "qualidade") são *sattvaṃ* (isto é, o princípio puro), *rajas* (isto é, o princípio dinâmico) e *tamas* (isto é, o princípio da inércia) e são vistos como os constituintes primários da natureza. Cf. também Introdução (p. 65), e os seminários de Jung de 19 de maio de 1939 (p. 386-389), e 26 de maio de 1939 (p. 391-393).

do *laboratorium*[169], e então de alguma forma sobrevive a ele. O corpo do adormecido é, portanto, o corpo do Buda *vajrasattva* – do diamante sendo Buda[170]. O que quer dizer que se trata de uma transformação do corpo no ser diamante, essa coisa eterna e duradoura.

> [...] e, então, finalmente se fundem no estado tranquilo do Vazio (*SCST*, p. 2).

Há uma tradução do tibetano Kazi Dawa-Samdup[171], professor da Universidade de Calcutá[172], colega de Woodroffe[173] e Evans-Wentz[174]. Ele também traduziu o *Bardo Thödol*[175] e, de forma geral, colheu grandes frutos com a tradução desse texto. No entanto, devido ao clima extenuante de Calcutá, que como um tibetano nativo não podia suportar, ele morreu.

"Imersão no estado de paz." *Shūnyatā* – o vazio absoluto, em inglês "*the void*". Deve-se, portanto, traduzir: "E então ele deve mergulhar no vazio absoluto por muito tempo". E isso é

---

169. *Laboratorium*, do latim *laborare*, "trabalhar" ou "sofrer".

170. Cf. Introdução (p. 83s.), e Seminário 12 (p. 267s.).

171. Kazi Dawa-Samdup (1868-1923), autor, tradutor e professor; nascido em Sikkim, tornou-se professor em Darjeeling e mais tarde diretor da Bhutia Boarding School para meninos em Gangtok; em 1920, foi nomeado professor de tibetano na Universidade de Calcutá. Atuou como guia espiritual para ocidentais interessados no budismo tibetano, como Alexandra David-Néel (cf. nota 116), Walter Yeeling Evans-Wentz (cf. nota 174), com quem traduziu *O livro tibetano dos mortos* (1927) (cf. nota 132) e John Woodroffe (também conhecido como Arthur Avalon, cf. Introdução, nota 4), com quem trabalhou na tradução de textos budistas para o inglês.

172. O antigo nome de Kolkata, a capital do estado indiano de Bengala Ocidental.

173. Sobre Woodroffe (também conhecido como Avalon), cf. Introdução, nota 6.

174. Walter Yeeling Evans-Wentz (1878-1965), antropólogo e estudioso do budismo tibetano; mais conhecido como editor de *O livro tibetano dos mortos* (1927).

175. Cf. nota 132.

para tornar a mente receptiva para o que é então projetado, ou para os preceitos dessa ioga.

> Emergindo desse estado ele deve pensar que os tambores duplos estão ressoando do meio dos céus proclamando os Mantras dos 24 Heróis (*SCST*, p. 2).

Do último texto, vimos que os tambores duplos ecoam dos quatro cantos do céu quando a transformação ocorre. Os tambores são frequentemente usados no ritual do Oriente, mesmo dentro do culto muito estrito do hinaiana[176]. Em Kandy, no Ceilão, havia um ritual de tambores todas as noites às sete horas[177]. Esse hábil e grandioso ato de adoração é introduzido por um toque de tambor ritualístico. Cinco tocadores de tambor posicionados no nártex do templo, cada um nos quatro cantos com grandes tambores duplos. O mestre dentre eles se posiciona no meio com um tambor ainda maior. Em primeiro lugar, tocam os instrumentos nos quatro cantos. Eles representam as direções do horizonte, os quatro vigias do céu. Formam uma mandala com o quinto. O do meio começa apenas quando os outros param. Marcham pelo templo e o mestre só inicia o toque de seu tambor no *maṇḍapaṃ*[178]. A entrada para o santo dos santos é feita por uma escada de pedra[179]. Os portões atravessam como túneis as grossas paredes. Nas paredes dessas aberturas de portas existem pequenas alcovas talhadas na pedra, cada

---

176. *Hīnayāna*, sânscrito para "veículo menor", o nome aplicado à vertente mais ortodoxa e conservadora do budismo. Das 18 escolas originais que antecederam o budismo maaiana, o Theravada é hoje a principal forma de budismo hinaiana. Pode ser encontrado no Sri Lanka (anteriormente conhecido como Ceilão), Tailândia, Camboja e Mianmar.

177. Jung visitou Kandy em 30 de janeiro de 1938. No dia seguinte, regressou a Colombo, onde, a 2 de fevereiro, embarcou no *S.S. Corfu* para o seu regresso à Europa (Sengupta, 2013, p. 204-206).

178. O *maṇḍapaṃ* é um salão de orações com pilares que leva ao santuário principal do templo.

179. ES comenta aqui: "C.G. descreve a curiosa impressão festiva" (ES, p. 64).

uma com uma pequena cavidade lavrada que é preenchida com manteiga (e contém um pavio). Caso contrário, tudo estaria às escuras, apenas esses portões tremeluzem com essas centenas e milhares de pequenas chamas. Ao fundo, vê-se a imagem dourada do Buda nadando em flores. A silhueta escura do tocador de tambor forma um contraste com o brilho do portão. Todo o templo está impregnado com o esplêndido aroma de jasmim, das flores que são trazidas como sacrifício e que não têm mais hastes, de modo que murcham rapidamente e, portanto, soltam seu perfume. As flores são oferecidas em tigelas. Essa é a oração da noite com as meninas, mulheres, meninos e homens oferecendo essas flores em tigelas como sacrifício enquanto entoam este mantra: "Assim como essas flores murcham, nossa vida é passageira".

Junto com isso, o som dos tambores reverbera nas grandes lajes de pedra das paredes e do pátio. Apodera-se da pessoa inteira, *nolens, volens*[180], que entra em estado de "convulsão", como se fosse sacudida por dentro pela vibração. Isso produz uma receptividade particular, um tipo notável de excitação sobrenatural. Cria uma atmosfera febril[181]. A melodia que o tocador de tambor está executando agora é chamada de "sacrifício do som". O som é oferecido em memória do Buda. A música é oferecida como um sacrifício. Esse ponto no início do nosso texto se refere a tal ritual, que o sonhador ou iogue deve imaginar.

> Emergindo de seu sono neste estado de corpo divino, ele deve considerar todas as coisas ao seu redor como constituindo a Mandala de si mesmo como Vajrasattva (*SCST*, p. 2-3).

---

180. *Nolens, volens*, latim para "queira ou não", significando "algo acontece quer a pessoa goste ou não".

181. RS e LSM trazem "*fabelhaft*" ("fabuloso"), mas ES traduziu como "*fieberhaft*" ("febril").

Assim, tudo o que ele tem ao seu redor – talvez sua humilde casa, seu quarto, sua cama –, tudo isso é sua *Bodhimandala*, o lugar onde ocorre a iluminação e onde ele próprio é o ser diamante, sendo o corpo para este *sattva* o físico.

> Se for benéfico para sua devoção, ele pode realizar a ablução como fez ao receber a iniciação (*SCST*, p. 3).

Ele pode repetir isso porque está entrando em um estado transpessoal.

> Então, sentando-se calmamente de frente para o Sul, que santifique seu corpo provando a gota de Amṛtā (*SCST*, p. 3).

Esse é o vinho dos deuses, um néctar. Um vinho habitual, tendo o caráter de um vinho de comunhão, um vinho ritual. Nele, o indivíduo mergulha a ponta do dedo anelar, as gotas são depositadas na língua e assim ele é preenchido com a força divina.

> Então, ele deve começar repetindo a fórmula do Refúgio (*SCST*, p. 3).

"Busco meu refúgio no Buda, na lei e na comunidade." Assim também, ele deve proclamar a fórmula dos bons votos: "Que todos os seres vivos sejam felizes, conscientes da causa da felicidade. Que todos os seres vivos sejam libertos da dor e de suas causas. Que todos os seres vivos desfrutem de felicidade constante. Que todos os seres vivos estejam no estado da mais alta serenidade".

> Então, que medite sobre si mesmo como *Demchog* […] (*SCST*, p. 3).

Demchog é a palavra tibetana para *Mahāsukha*, a mais alta bem-aventurança.

> […] e sua Consorte (*SCST*, p. 3).

Divindades femininas foram invocadas no início. Neste ponto fica claro que não se trata apenas da questão usual de um deus que é idêntico ao iogue (*yogin*), mas também de ele ser idêntico à sua consorte, de modo que o iogue se transforma em um ser feminino, na consorte do deus, logo no início da experiência. Este deus é descrito como *yoginī*, ou seja, o feminino correspondente. Se ele imaginar seu corpo como o do *devatā*[182], essa é a suprema felicidade que pertence ao corpo. Se ele disser: *Shrī Heruka aham*, eu sou o sagrado Heruka, deve meditar em cada sílaba do mantra, identificando-se com o deus do ritual para se tornar uma díade, ou seja, uma forma ao mesmo tempo feminina e masculina.

---

182. *Devatā*, do termo hindu para divindade "*deva*", refere-se a um deus ou deusa menor.

Seminário 7[183]

16 de dezembro de 1938

Hoje é o último seminário do ano velho. O novo ciclo de seminários começa em 13 de janeiro de 1939. O título do livro do Professor Zimmer é: *Artistic form and yoga in the sacred images of India*, publicado em 1926[184]. É interessante graças ao conhecimento abrangente de Zimmer, especialmente seu retrato do caminho em *circumambulatio*.

Da última vez, paramos no início do texto tibetano do *Shrī-chakra-sambhāra tantra*. Queremos tentar mergulhar ainda mais nesse texto. Eu já disse que ele não é muito fácil de entender. Requer muitos comentários. Mas se nos dermos ao trabalho de penetrar em seus segredos, aprende-se muito com ele. Encerramos com o mantra *Shrī Heruka aham* – "Eu sou o sagrado Heruka" –, sendo o Senhor dessa mandala que o adorador deve criar.

Agora, o texto prescreve ao iogue que ele deve dissecar esse mantra em sílabas, ou pelo menos em partes individuais, a fim de tornar o significado da sentença sagrada tão claro que ele compreenda por completo o que foi dito. Então, deve desconstruir todo o texto, essas três palavras, até perceber claramente o

---

183. Anotações de LSM, RS, ES e tradução para o inglês de BH.

184. Jung respondeu a uma pergunta sobre a literatura usada no seminário anterior. Sobre Heinrich Zimmer, cf. Introdução (p. 78-81, 84-87).

que a frase deseja incutir. Portanto, ele não pode simplesmente dizer "*Shrī Heruka aham*", mas deve meditar com grande esforço no que a frase realmente afirma. Esse é um exercício oriental deveras típico.

> *Shrī* é a experiência não dual [...] (*SCST*, p. 3).

Advaita significa não dual, portanto, "não dois". Assim, por exemplo, é dito de Brahma, o princípio do mundo: fora dele não há outro. Assim, já com a expressão da sílaba prefixal *shrī*, o iogue deve perceber que sua "não dualidade" está sendo expressa, que não há nada além dele.

Então, a palavra *heruka* é dissecada em sílabas individuais.

> "*He*" é a causa e o vazio ou *Dhātu* (*SCST*, p. 3).

Dhātu significa elemento, princípio. Literalmente, portanto: "*he*" é a causa do elemento, do elemento original, do princípio – e o princípio nessa filosofia é *shūnyatā*, ou seja, o vazio. Esse vazio é naturalmente apenas da perspectiva do observador, porque ele não vê nada dentro dele. No entanto, é também uma plenitude e até a plenitude absoluta. Assim, ao pronunciar a sílaba "*he*", o iogue deve perceber que *he* não apenas é o não dois, mas também o estado original de todas as coisas.

> "*Ru*" não é composto (*SCST*, p. 3).

"*Ru*" é livre de conexões. É o absolutamente não dual, pois é a letra original.

> "*Ka*" não está em lugar algum (*SCST*, p. 3).

"*Ka*" não reside em lugar nenhum e está em toda parte. É a essência do mundo, concentrada em nenhum lugar, mas presente em todos os lugares. Um ser que permeia tudo, a chamada essência de Buda difundida por todo o mundo.

Com essas quatro sílabas ele percebe o fato de que é o ser original[185] que é absolutamente simples e onipresente.

> Pensar-se como o Eu que incorpora tudo isso [...] (*SCST*, p. 3-4).

Para nossa compreensão ocidental, isso é naturalmente uma impertinência bastante ousada. Pois, por "eu", entendemos o que descrevemos apontando o dedo para nós mesmos. Nosso eu nos parece a coisa mais definida, singular, pois só um indivíduo pode chamar a si mesmo de eu. No entanto, esse eu deveria ser o ser original[186] que não é composto, mas também disperso por todo o mundo? De fato, ele deve pensar que é o eu que incorpora tudo isso, ou seja, todas essas sílabas que o texto já elucidou anteriormente.

> [...] tudo o que um homem diz é Mantra (*SCST*, p. 4).

Aqui está outra frase que causa dificuldades categóricas ao ocidental. Pois estamos acostumados com a ideia de que tudo o que um homem diz é humano, muito humano. "Então, quem diz isso e aquilo é afinal de contas apenas um homem, e ele simplesmente diz isso e aquilo." No entanto, aqui é o homem que se concebe como o Eu, o Eu como a fonte primordial de todas as coisas, nada menos do que o próprio ser do mundo, além do qual não há outro. Certamente, pode-se dizer também que se trata de um exagero exorbitante. Mesmo uma enorme ilusão de grandeza. Faz-se uma declaração e tanto sobre si com essa afirmação tão audaciosa sobre o modesto Eu. Mas, se quisermos fazer justiça ao Oriente, devemos entender que, exatamente por esses meios, uma experiência psicológica particular está sendo realizada.

---

185. ES: "o sem origem" (*Anfangslose*) em vez de "o ser original" (*Anfangswesen*).
186. ES: "o sem origem" (*Anfangslose*) em vez de "o ser original" (*Anfangswesen*).

Na verdade, nós no Ocidente também podemos ter experiências semelhantes, a saber, a relação não mediada com a divindade experimentada no misticismo cristão. Falamos recentemente sobre esses paralelos entre o Buda e o Cristo interior do misticismo ocidental[187]. Quando uma pessoa chega a esse estado sob essas condições, de que ela é o Eu – *ātman*[188], então tudo o que ela pode proferir é uma declaração sagrada. Uma frase sagrada, uma verdade sagrada sobre algo que se deve entoar repetidamente para si mesmo. O *mantra* é uma expressão mágica. Por esta razão, é sempre usado como um encantamento. Se alguém deseja encantar algo, precisa de um mantra. Aplicado a si mesmo, funciona como sugestão dirigida à própria alma.

Após a introdução, o texto continua:

> Que imagine no centro de seu próprio coração a letra "A" desenvolvida a partir da experiência que sabe que as formas são irreais (*SCST*, p. 4).

A é a primeira letra de *aham*, ou seja, eu[189]. O que está sendo expresso é que o eu também é uma forma que é irreal. O texto aqui: "pela experiência que as formas são irreais" é uma paráfrase, pois na verdade diz literalmente: "É conhecimento não pensante, é conhecimento *jñāna*". A expressão técnica *shūnyatā jñāna*, o conhecimento de que todas as formas são *shūnyatā*, isto é, vazias, incluindo a forma eu. Na verdade, o budismo acredita que não existe uma alma individual. No Ceilão[190], há um mantra bastante popular. Se dois carroceiros na Europa batessem

---

187. Cf. p. 171-173.

188. ES traz "*brahma*" em vez de "*ātman*".

189. *Aham*, sânscrito para "eu" ou "eu sou".

190. Até 1972, o Sri Lanka era conhecido como Ceilão.

suas carroças, eles praguejariam. Mas o indiano diz: toda perturbação é temporária. Ninguém fica exaltado. O eu é uma ilusão. Dá para concluir com facilidade que tal cultura tem algo a seu favor.

O texto continua:

> Nela, que pense no claro disco lunar que simboliza a experiência do mundo, [...] (*SCST*, p. 4).

Esta é novamente uma paráfrase. Na verdade, significa: *viṣaya jñāna*. Este é o conhecimento que o mundo tem dos objetos, um conhecimento duvidoso. Por esta razão, está conectado com a lua. É bem conhecido que a lua tem uma relação particular com a mente ou *manas*[191]. Há um texto dos Upanishads: "*A lua foi gerada de seu manas*" (Rigveda 10, 90, 12-13)[192]. Mais ou menos: a lua-mente. Vocês sabem o que a lua pode fazer com uma paisagem: ela a encanta, envolve tudo com uma luz peculiar e misteriosa. Quando o iogue imagina o brilhante disco lunar, está afirmando que todo conhecimento é dúbio, enganoso, como o luar. A palavra *manas* está ligada ao nome do alto-alemão médio para a lua: "*mane*". Além disso, tanto a palavra inglesa "*mind*" quanto a alemã "*Mensch*" estão ligadas a essa raiz.

> [...] e depois disso o Mantra "hūm", [...] (*SCST*, p. 4).

A segunda sílaba de *aham*, "ham", é reinterpretada como o mantra "hūm", aquela bem conhecida sílaba mística, correspondente a "om". "Om" vem no início, "hūm" geralmente vem no fim. Este "ham" torna-se assim a sílaba mística "hūm".

---

191. *Manas*, páli ou sânscrito para mente.

192. Jung cita a tradução de Deussen (1894, p. 157): "O Brahma era sua boca, / de seus braços foi o Rājanya feito. / Suas coxas se tornaram o Vaiśya, de seus pés o Śūdra foi produzido. / A Lua foi gerada de sua mente, / e de seu olho o Sol nasceu; / Indra e Agni de sua boca brotaram, / e Vāyu de sua respiração".

[...] que simboliza a mente desprovida de conteúdo objetivo (*SCST*, p. 4).

Uma consciência que não é nada além de subjetiva, naturalmente com o rótulo de "questionável", pois são ilusões transitórias. É uma ilusão porque o eu-alma não existe; é pura e simplesmente uma forma ilusória.

> Deste "Hūm" a letra "u" representa o conhecimento que realiza todas as obras; o corpo da letra "h", aquele conhecimento que distingue; a parte superior da letra "h", o conhecimento comparador; [...] (*SCST*, p. 4-5).

Samatva jñāna, similaridade, significa conhecimento de analogia[193].

> [...] o crescente (Chandra) para o conhecimento espelhado; [...] (*SCST*, p. 5).

Onde a meia-lua entra é questionável. O todo é baseado na grafia da palavra "hūm", e a grafia não é clara nesse texto. Não há meia-lua na ortografia. Pode se referir talvez à escrita tibetana.

> [...] e o Bindu (Thig le)[194] acima disso para o conhecimento imutável (*SCST*, p. 5).

O ponto vem de fato "acima" na ortografia desta palavra, ficando sobre o "h" do "hūm". Tem um significado particular no budismo tântrico. Na Índia, sempre significa o *īśvara*, ou seja, o senhor, também Shiva, o criador e destruidor. Em tibetano, o ponto significa a verdade suprema, um

---

193. BH acrescentou aqui: "Literalmente 'igual intensificação do conhecimento'. Aqui está a similaridade de todos, *Samatva jñāna*, em contraste com a última forma de conhecimento mencionada, o 'conhecimento que distingue', que reconhece as diferenças" (BH, p. 47-48).

194. *Bindu*, sânscrito, e *thi le*, tibetano, para ponto.

conceito encontrado no *Bardo Thödol, O livro tibetano dos mortos*[195]. É o *dharmakāya*, o corpo da verdade suprema[196].

Nessa representação você encontra toda uma psicologia, ou seja, diferentes aspectos da consciência e dos tipos de conhecimento. Não desejo entrar em detalhes aqui. Isso nos levaria longe demais. Mas faz todo sentido conhecer e explorar quais aspectos da consciência são apresentados por meio dessa representação.

Para falar agora apenas deste conhecimento imutável, este *Dharma-Dhātu-Jñāna. Dharma* é a lei, *dhātu* é o elemento. Então, trata-se do conhecimento do princípio da natureza, do conhecimento do princípio do mundo. Esse é o conhecimento da realidade que sustenta que coisas diferentes não estão separadas, todas têm a mesma essência de Buda que emana por todo o mundo. Em outras palavras, todas elas são o Si-mesmo.

> A meditação nessas diferentes partes do Mantra simbolizando a mente é o método pelo qual esta se qualifica para a experiência pura e desfruta da suprema felicidade que surge da contemplação da bem-aventurança da mente divina (*SCST*, p. 5-6).

Portanto, trata-se aqui de uma análise real da consciência sendo completada pelo iogue.

> Do Mantra "Hūm" raios de luz azul, verde, vermelha e amarela disparam através das quatro cabeças do Devatā e gradualmente preenchem todo o universo (*SCST*, p. 6).

Portanto, você deve imaginar que o iogue está localizado em um círculo mágico com uma disposição quadrada:

---

195. Cf. p. 155 e a nota 132.
196. Cf. nota 133.

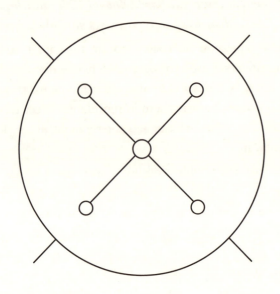

Quatro pontos representando o horizonte. O iogue no centro. Aqui ele pronuncia a sílaba mística "hūm". Isso descreve uma qualidade de consciência, ou seja, a consciência inicial, a consciência original, representando o próprio princípio do mundo.

As quatro cores se disseminam dessa consciência em quatro direções diferentes. Essas cores são qualidades da consciência; diríamos: funções da consciência – as quatro possíveis funções da consciência que abordei amplamente neste seminário. O que é retratado aqui de forma vívida é simplesmente psicologia. Esses raios permeiam as quatro cabeças do *devatā*. É considerado como quatro seres divinos que são permeados por essa luz radiante. A partir daí, esses raios preenchem gradativamente o universo, ou seja, por meio desse círculo mágico eles se espalham pelo mundo inteiro[197]. Surge uma imagem como a que já encontramos anteriormente.

---

197. ES: "o mundo inteiro emerge".

Então, pense na seguinte ordem: "Que todos os seres sencientes desfrutem da felicidade e sejam dotados com a causa dela"; "Que eles se libertem de toda dor e de suas causas"; "Que nunca sejam separados da felicidade mais elevada"; "Que sejam livres tanto do apego quanto do ódio, e que tenham todos os seus oito desejos mundanos removidos e destruídos". Pense plenamente nesses desejos em sua ordem, um após o outro.

> Em seguida, estalando o polegar e o dedo médio da mão esquerda e apontando o último nas dez direções (*SCST*, p. 6).

São estes os quatro pontos cardeais, os quatro ventos[198] e além deles as posições intermediárias, depois o zênite e o nadir[199]. Esse movimento, portanto, abrange todo o horizonte, bem como acima e abaixo. É claro que esse gesto peculiar é muito estranho para nós. Nos rituais indianos e tibetanos essas coisas ainda estão em uso. Mas desde a Antiguidade temos uma bela evidência disso na liturgia de Mitra (século II d.C.):

> Depois de ter repetido a segunda oração, na qual o Silêncio é invocado duas vezes, assobia duas vezes e estala os dedos duas vezes e tu verás imediatamente estrelas descendo do disco do sol, uma profusão de estrelas de cinco pontas, preenchendo todo o ar. Dize novamente "Silêncio, silêncio" e quando o disco do sol se abrir

---

198. Em algumas antigas tradições do Leste Asiático as quatro direções cardeais estão conectadas com os quatro ventos do mundo: as direções cardeais levam aos quatro cantos do mundo, de onde os quatro ventos retornam. No Livro do Apocalipse de João pode-se encontrar uma imagem semelhante: "Depois disso, vi quatro anjos que estavam de pé sobre os quatro cantos da terra. Eles seguravam os quatro ventos da terra, para que o vento não soprasse sobre a terra, nem sobre o mar, nem sobre qualquer árvore" (Ap 7,1).

199. Cf. nota 102.

tu verás um círculo imensurável e portas de fogo que estão fechadas[200].

Esta é uma ideia semelhante. Significado mágico é atribuído a esses sons, e na liturgia de Mitra o significado é apotropaico, isto é, defensivo. Em outro ponto, diz:

> Então, dá um longo assobio, estala os dedos e fala, e aí tu verás como os deuses te olham com misericórdia, não mais avançando contra ti, e voltam para onde costumam atuar (Dieterich, 1903, p. 7).

---

200. Traduzido por BH (p. 49) de Dieterich (1903, p. 9). Em *Eine Mithrasliturgie* [Uma liturgia de Mitras] (1903), de Albrecht Dieterich, esta passagem segue diretamente após a meditação sobre o sol e o "tubo solar como a origem do vento atuante". Em *Transformações e símbolos da libido* (1912), Jung se referiu a essa passagem em conexão com o caso de Emile Schwyzer (1862-1931), um paciente da clínica Burghölzli diagnosticado com demência paranoide: "O paciente vê no sol uma assim chamada 'cauda erguida' (ou seja, muito parecida com um pênis ereto). Quando o paciente move a cabeça para a frente e para trás, o pênis do sol também se move para a frente e para trás e daí surge o vento" (OC 5, § 173). Jung relatou esse caso para apoiar sua teoria de que o material mitológico no nível filogenético pode se repetir em delírios psicóticos e imagens em sonhos em um nível ontogenético. Jung demonstrou as semelhanças entre o delírio de Schwyzer e a passagem de *Eine Mithrasliturgie*. O argumento de Jung de que Schwyzer não poderia ter conhecimento dessa passagem devido à sua falta de instrução foi seriamente questionado por Shamdasani (2003, p. 216): Johann Honegger (1885-1911) apresentou o caso no Segundo Congresso Internacional de Psicanálise em Nuremberg ("Análise de um caso de demência paranoide") e deixou bem claro que Schwyzer tinha um conhecimento sólido e um bom domínio do material mitológico. O argumento adicional de Jung sobre a indisponibilidade do material mitológico para o paciente – Jung a princípio confundiu a segunda edição do livro de Dieterich de 1910 com o original – não se sustenta, pois material semelhante já havia sido apresentado por Creuzer em seu influente *Symbolik und Mythologie der alten Völker, besonders der Griechen* (1810-1812) [Simbolismo e mitologia dos povos antigos, particularmente os gregos]. Há também uma discrepância entre *Transformações e símbolos da libido*, onde Jung se refere a Honegger como sua fonte, e relatos posteriores – por exemplo, em *Símbolos da transformação* (OC 5) e *O conceito de inconsciente coletivo* (OC 9/1, § 104-110), onde afirmou que a história foi contada a ele mesmo por Schwyzer em 1906. Cf. também Shamdasani (1990).

Este é obviamente um gesto apaziguador. Fazemos isso com os cães – um gesto proibitivo para evitar que os deuses se aproximem de maneira ameaçadora. Essas ideias se tornaram extraordinariamente estranhas para nós hoje. Mas elas são frequentemente atestadas. No budismo tibetano, por outro lado, essas ideias primordiais ainda estão presentes. Nesse caso, também como um gesto proibitivo, que de alguma forma aplaca favoravelmente os deuses e afasta ou desvia efeitos nocivos:

> [...] que pense que são tais direções e repita o Mantra "Sukha bhavantu" (Seja feliz) (*SCST*, p. 6).

Esta é a meditação sobre os quatro seres, ou seja, os quatro estados de *dhyāna*. É, portanto, uma ação meritória e ao mesmo tempo proibitiva, um rechaçamento dos poderes do mundo. Isso aponta para a ideia de que toda essa prática evidentemente tem seus perigos secretos. Vemos isso, por exemplo, na liturgia de Mitra.

Naturalmente, em um texto budista, esse perigo não deve ser exagerado, ou então seria uma prova de que a meditação não tem efeito. Caso contrário, viria à luz que um praticante não é não dual e que, portanto, há outros que podem prejudicá-lo. Este é normalmente o caso com esses procedimentos. Lembre-se dos círculos mágicos do feiticeiro medieval. Ele fazia isso para garantir sua solidão. Pois estava convencido de que, se alguém desejasse cavar em busca de seus tesouros, espíritos malignos ao redor poderiam agarrar esse alguém, feri-lo ou mesmo matá-lo, porque está evidentemente em um estado vulnerável[201].

Na liturgia de Mitra do século II d.C., isso ainda é bastante claro. O texto diz:

---

201. BH acrescentou aqui: "Você ainda pode encontrar camponeses suíços que usam o círculo mágico para impedir que maus espíritos lhes façam mal" (p. 49).

> Mas verás como os deuses fixam seus olhos na tua pessoa e avançam contra ti. Em seguida, coloca o dedo indicador nos lábios e dize: "Silêncio! Silêncio! Silêncio!", o sinal do deus vivo e imortal: "Proteja-me, Silêncio!" (Dieterich, 1903, p. 7).

Ele conseguiu invocar a ameaça de poderes. Agora não aprendemos mais nada sobre esses poderes aqui porque isso seria contra o sistema. Pois quando o iogue assegura que ele é não dual, não pode haver nada mais ameaçador. Mas o estalo apaziguador dos dedos permaneceu desde um tempo em que os deuses existiam teriomorficamente[202], isto é, onde aquelas partes da psicologia humana que nos parecem não humanas são projetadas em animais onde estes podem ser encontrados. Quando os nativos americanos dizem que havia animais que não eram animais normais, estão dizendo que às vezes os animais têm comportamentos que na verdade só poderiam ter sido atribuídos a seres humanos. O coiote é um animal muito tímido. Quando um coiote atravessa a aldeia em plena luz do dia, todo mundo se convence de que se trata de um xamã coiote, um curandeiro amaldiçoado, ou seja, um ser sobrenatural, não um animal normal. Muitos animais têm um jeito muito particular de ser. Então, surge imediatamente o medo de que possa ser humano, ou seja, um ser divino, um demônio. Então, as cerimônias de invocação devem ser realizadas. Se um tamanduá é visto à luz do dia na África Oriental, toda a população fica preocupada. Isso é tão extraordinário como se a água corresse colina acima. Toda a aldeia se apressa para enterrar esse animal a uma profundidade de cinco ou seis metros. Grandes sacrifícios devem ser oferecidos porque o animal transgrediu a ordem natural, e tudo pode acontecer.

---

202. BH traduz erroneamente "teriomorfo" como "teriantrópico", que ela definiu como "parte homem e parte animal" (p. 50).

E assim o ciclo está embutido na natureza. Tais animais são divinos. As formas animais existem porque os animais imaginam sobre nós o que não gostamos de imaginar sobre nós mesmos. É por isso que os deuses também têm cabeça de girafa e de elefante, porque são coisas psicológicas que não são humanas. Ainda vivem entre os primitivos. Na liturgia de Mitra, encontram-se deuses com cabeças de touro. Na Igreja Cristã, animais representam os evangelistas, ou eles até mesmo são representados com cabeças de animais: Marcos com uma cabeça de leão, Lucas com uma cabeça de boi etc. Exatamente como os antigos deuses egípcios. Estes são simplesmente resíduos de uma época em que os deuses tinham formas animais. Se dizem que um deus é um pássaro, por exemplo, Rá Hórus[203] na forma de um falcão, então isso é mais uma *façon de parler*[204]. É um falcão, um pássaro que, por meio de seu comportamento particular, impressiona o homem como sendo um deus.

A partir disso obtemos nosso simbolismo animal cristão, tão marcante para os orientais[205]. Depois de uma viagem à Inglaterra, um indiano instruído escreveu: "O cristianismo é um culto a animais". Isso porque ele via pássaros por toda parte, ou a pomba, ou ovelha – significando o simbolismo do cordeiro. A pomba do Espírito Santo, a águia sustentando o púlpito, os animais do Evangelho, tudo o levou à ideia de zoolatria. Isso pareceu absolutamente surpreendente para ele, porque nos templos indianos as figuras humanas desempenham um papel muito maior: "Sim, talvez com quatro ou dez braços". Existe

---

203. Rá era o antigo deus do sol egípcio, que em dinastias posteriores se fundiu com Hórus, portanto conhecido como Ra-Horakhty ("Rá, que é Hórus dos Dois Horizontes").

204. *Façon de parler*, francês para "maneira de falar" ou "modo de falar".

205. ES: "C.G. fala de um indiano instruído [...]".

um deus com cabeça de elefante[206], mas isso é bastante esotérico, enquanto em nosso próprio quintal temos os capitéis românicos nas igrejas lombardas, que tipicamente mostram um esporte sangrento pior do que o outro[207]. Entre nós, essas coisas foram repudiadas muito lentamente, enquanto no budismo, que é uma religião altamente espiritual, elas recuaram fortemente para o segundo plano.

O texto continua:

> Que pense novamente que raios de luz de várias cores irradiam do Mantra "Hūm" preenchendo todo o corpo e brilhando lá fora no vasto espaço, limpando os pecados e a ignorância e as propensões nascidas do hábito de todos os seres sencientes, transformando-os todos em uma miríade de formas de Khorlo-Demchog (*SCST*, p. 6-7).

Daí o *chakra* sagrado como a forma suprema de bem-aventurança.

> Depois, tendo recolhido para dentro todos os raios de luz e os absorvido em si mesmo, que medite outra vez da seguinte maneira: [...] (*SCST*, p. 7).

Então, agora, trata-se dessa luz radiante que estava ali apenas para que ele pudesse ver que era um ser não dual reabsorvido em si mesmo. Voltamos ao centro, ou seja, toda a emanação do mundo deve ser reabsorvida.

> Que o adorador pense que Rūpa-skandha é Vairocana (*SCST*, p. 7).

---

206. Ganesha, também conhecido como Ganapati ou Vinayaka, deus hindu com cabeça de elefante; de acordo com o mito mais comum, Ganesha era filho de Shiva e Parvati. Ele está associado à sabedoria (*buddhi*), a novos começos e à remoção de obstáculos.

207. No seminário *Visões* de 25 de novembro de 1931, Jung refere-se em particular à Igreja de São Zenão em Verona (Jung, 1997, vol. 1, p. 469). Com agradecimentos especiais a Ulrich Hoerni por apontar isso para mim.

Rūpa é a forma, *skandha* é o elemento. Novamente, este também é um termo psicológico do Oriente: o elemento forma. É esse elemento que dá início às formas, logo: formas de imaginação, ideias.

O *Rūpa-skandha* é Vairocana, por conseguinte, um daqueles seres que são chamados a se tornar um Buda, portanto, um dos grandes bodhisattvas.

> [...]; seu Vedanā-skandha seja Vajra-sūrya; [...] (*SCST*, p. 7).

Vedanā-skandha é o elemento dos sentidos. *Vajra-sūrya* é o sol diamante. Isso equivale à análise da consciência.

> [...]; seu Samjnā-skandha seja Padme-nateshvara; [...] (*SCST*, p. 7).

Samjnā-skandha é o elemento sentimento. Se *samjnā* pode ser descrito como um sentimento, eu não sei, tem mais o significado de harmonia e compreensão. *Padme* é o lótus; *nateshvara* é o senhor da dança.

> [...]; seu Sangskāra-skandha seja Rāja-vajra [...] (*SCST*, p. 7).

Sangskāra-skandha é o elemento instintivo que se diferencia do elemento da consciência. *Rāja-vajra* é o diamante real.

> [...] e seu Vijnāna-skandha seja Buda Vajrasattva (*SCST*, p. 7).

O elemento da consciência *vijnāna-skandha* é o *vajrasattva*, o ser diamante, o ser supremo real que emerge dessas funções como uma espécie de chave, em conclusão: o Buda.

> Que medite assim sobre todos os princípios que constituem o eu como tendo se tornado cada qual um Tathāgata: o todo constituindo o reverenciado e glorioso Heruka (*SCST*, p. 7).

O texto busca estabelecer a quaternidade da consciência na forma de uma análise de funções, com uma quinta, o elemento Buda, no centro. Esse quinto elemento serve para dissolver a quaternidade, que ainda é forma, a fim de trazê-la para este centro, para o ser mais íntimo do iogue, de modo que ele não tenha mais nenhuma função distintiva da consciência.

Seminário 8[208]

13 de janeiro de 1939

Vocês devem se lembrar que antes do Natal paramos no meio de um texto tântrico, o *Shrī-chakra-sambhāra tantra*. Compreendê-lo é difícil. Mas ele contém representações absolutamente vitais da ioga budista. Esse texto é provavelmente um instrumento dos lamas que se preocupam especificamente com o desenvolvimento superior de sua personalidade e talvez passem toda a sua vida empenhados nisso.

Para facilitar um pouco a sua compreensão do texto, escrevi aqui uma visão geral[209]. O texto se divide em três fases. Discutimos a primeira fase, a tese, da última vez:

Fase I – Tese

A 1. Identificação com Buda
2. Incorporação do ambiente no *corpus incorruptibile*
3. Identidade com o Demchog (Mahāsukha) e yoginī
4. Shrī Heruka aham
   shrī = não dois
   he = primeira causa
   ru = não composto
   ka = onipresente (e *nulli*[210] presente)
   Eu

---

208. Anotações de LSM, RS, ES e tradução para o inglês de BH.

209. ES: "Antes do início do seminário, C.G. estava ocupado escrevendo o esquema no quadro e o público o copiou. C.G. refere-se brevemente ao texto tibetano que começamos a considerar".

210. *Nulli*, latim, de "*nullus*", que significa "não", "ninguém".

5. *Análise do Conhecimento*
    a) de "A"   1. Shūnyatā-Jñāna (Vazio)
                   2. Viṣaya-Jñāna (Dúvida)
    b) de "Hūm"[211]
                 a. conhecimento consumado – sintético
                 b. conhecimento diferenciador –
                   discriminador, crítico, analítico
                 c. conhecimento análogo – comparador
                 d. conhecimento reflexivo – empírico
    Bindu: e. Dharma-dhātu-jñāna – verdade principal

B 1. Luz de quatro cores
    2. Dez direções
    3. Assimilação de todos os seres
    4. Emanação, absorvida no eu
    5. *Análise das Funções*
      Rūpa-skandha = pensamento
      Vedanā-skandha = sensação
      Samjnā-skandha = sentimento
      Sangskāra[212] -skandha = intuição
      Vijnāna-skandha = Buda Vajrasattva (conhecimento)

(A1) O texto começa com a declaração de que o iogue ou lama que se submete ao exercício é idêntico ao Buda. Portanto, quando ele for para a cama e quiser dormir, deve imaginar que é o Buda e que, ao acordar na manhã seguinte, será o Buda.

(A2)[213] Em seguida, vem uma incorporação do meio ambiente no *corpus incorruptibile*. Estou traduzindo o que é descrito no Oriente como *vajrasattva* (da raiz *vay*, ou seja, duro), como ser diamante ou também como o corpo sutil. É também um raio, um míssil que os deuses lançam, duro como um diamante e penetrante. Isso desempenha um papel particular no curso posterior desse exercício de ioga. Esse *corpus incorruptibile* é

---

211. ES anotou como referência o capítulo "*The symbolic significance of the long hum*" no *Tibetan yoga and secret doctrines* de W.Y. Evans-Wentz (1935).

212. *SCST* traz a ortografia como "sangskāra", que BH segue. LSM e ES usam a ortografia mais conhecida "*samskāra*".

213. Sobre a maneira como Jung usou o mesmo material e pensamentos em outras conexões, cf. Introdução (p. 66-68).

o que conhecemos de Paulo no Novo Testamento como o corpo incorruptível[214]. Na Idade Média, era chamado de *corpus glorificationis*, ou seja, o corpo que se vestirá no Juízo Final[215]. A alquimia se propôs a criar esse corpo por meios químicos. Supunha-se que devia ser uma espécie de substância sutil[216]. O iogue ou lama experimenta assim que, como Buda, ele é simplesmente *vajrasattva*, ou seja, o ser diamante, e como tal ele pode agora incorporar todo o ambiente em si mesmo, como se eu fosse incorporar vocês como parte de minha própria personalidade. Assim, ele estende sua personalidade a todo o ambiente.

(A3)   A identificação com Mahāsukha e yoginī. Esta é uma declaração que o iogue ou lama faz em seu próprio discurso: eu sou o deus da felicidade suprema e ao mesmo tempo sua contraparte feminina, ou seja, Shakti, que também está pareada com o deus. O deus sempre aparece como masculino e feminino simultaneamente, em particular também em tibetano. Na Grécia, é a mesma coisa. Em um grau particularmente alto, esse é o caso dos deuses da Babilônia, que sempre estão pareados com o feminino sem nome. É o jugo, em grego:

---

214. 1Cor 15,41-46: "Um é o brilho do sol, outro o da lua e outro o das estrelas; e as próprias estrelas diferem entre si no brilho. Assim também será a ressurreição dos mortos: semeado corruptível, o corpo ressuscita incorruptível. Semeado desprezível, ressuscita glorioso. Semeado na fraqueza, ressuscita cheio de vigor. Semeado corpo animal, ressuscita corpo espiritual. Pois, se há um corpo animal, há também um corpo espiritual. E por isso está escrito: o primeiro homem, Adão, foi feito um ser vivo animal; o último Adão, um espírito que dá vida. Mas o espiritual não é o primeiro, e sim o animal; o espiritual vem depois." Sobre a discussão dessa infalível doutrina cristã na psicologia do século XVIII, cf. Vidal (2011, p. 325-350).

215. Em seu seminário de Eranos de 1939, Jung menciona o *corpus glorificationis* em conexão com a ideia da ressurreição: "Pode ser um corpo carnal, como na suposição cristã de que este corpo será ressuscitado. Em um nível superior, o processo não é mais entendido no sentido material grosseiro; presume-se que a ressurreição dos mortos é a elevação do *corpus glorificationis*, o 'corpo sutil', no estado de incorruptibilidade" [*Es kann ein fleischlicher Körper sein, wie in der christlichen Annahme, dass dieser Körper wieder aufgerichtet werde. Auf höherer Stufe wird dieser Vorgang nicht mehr grob materiell verstanden, sondern es wird angenommen, dass die Auferstehung der Toten eine Aufrichtung des corpus glorificationis, des 'subtle body', im Zustand des Unverweslichkeit sei*] (OC 9/1, § 202).

216. ES anotou em vez de "sutil" [subtil]: "não corrosivo" [*nicht korrodierend*].

Συζυγία [sizígia][217], uma união permanente do masculino e do feminino. Esse é um tema psicológico importante, que também encontramos na psicologia do inconsciente.

(A4)   A declaração "Shrī Heruka aham": "Eu sou o ser divino que é o senhor desta mandala". Psicologicamente, Mahāsukha ou Heruka corresponderia ao que se descreve como o si-mesmo, ou seja, o todo que se reúne por meio da consciência do ego e da totalidade do inconsciente. A consciência do si-mesmo e o inconsciente produzem a totalidade do si-mesmo. Então, esta é a declaração definitiva de que ele é esse deus da mandala, como Buda. Na verdade, é tudo mais ou menos idêntico, mas expresso em formas diferentes.

Agora vem aquela meditação sobre as sílabas. A esse respeito, esses textos são altamente idiossincráticos, pois essas palavras são tão sacrossantas que cada sílaba pode receber um significado. Elas são entoadas ou mais ou menos cantadas, com o som do mantra "Om" e depois a sílaba correspondente. Enquanto isso acontece, eles refletem sobre o significado. Por meio desse processo, promove-se a identificação com esse ser.

(A4a) shrī   = com shrī você deve considerar: "eu sou não dois".

(A4b) he   = com he: "Eu sou a primeira causa".

(A4c) ru   = com ru: "Eu sou não composto".

(A5d) ka   = com ka: "Eu sou onipresente", ou seja, um ser que não está em lugar nenhum e consequentemente em todo lugar. A propagação da essência de Buda por todo o espaço.

(A5e) A frase-chave é assim: "Eu sou" ou "Eu mesmo sou este senhor, este deus da mandala".

---

217. *Sizígia*, termo derivado da astrologia, onde é usado para descrever a conjunção ou oposição de um corpo celeste quando o sol, a terra e o corpo estão alinhados. Em psicologia, Jung usa o termo para qualquer par de opostos, seja essa relação em oposição ou conjunção, e apresenta o par de *anima* e *animus* como um excelente exemplo de sizígia.

Essa meditação de quatro partes atinge o clímax em uma quinta. Esse esquema ocorre com frequência. Existem quatro pontos, mas eles não estão organizados sequencialmente na psicologia oriental como nós os ordenaríamos. O Oriente pensa de forma circular, não em filas.

Esse modo de percepção foi perdido para nós no momento em que o pensamento científico real começou. Na Idade Média, nós também pensávamos de forma circular. *Quinta essentia*, que é o máximo, não simplesmente número 5.

Para nossa maneira de pensar contemporânea, as seguintes frases são ilógicas: "Eu sou não dois, portanto sou o Buda e, consequentemente, meu eu é o Buda". Ou: "Portanto, eu sou a causa, não sou composto, não estou em nenhum lugar e estou em todos os lugares".

Pensamos em filas – 1, 2, 3, 4 –, de modo que 5 seja simplesmente o número seguinte. Mas no Oriente é assim:

$$
\begin{array}{ccc}
1 & & 2 \\
& 5 & \\
4 & & 3
\end{array}
$$

Uma *circumambulatio* psíquica, um circundamento do centro. Isso é feito *pradakṣiṇa* no Oriente. *Pradakṣiṇa* significa no caminho para a direita, *versus apadakṣiṇam*, no caminho para a esquerda.

Se, por exemplo, eu adoro um deus masculino no hinduísmo como Shiva, que é representado como um touro, e eu o rodeio, isso sempre ocorre para a direita. Um templo dedicado a Shiva é circundado *pradakṣiṇa*. Mas quando o templo é dedicado a Shiva e Shakti, o circundamento é apenas meio completado:

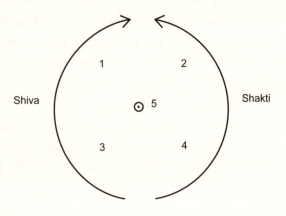

Quando os deuses são carregados ao redor do espelho d'água do templo, Shiva é levado no barco *pradakṣiṇa*, enquanto Shakti viaja no barco *apadakṣiṇam*. Esse tipo de funcionamento espiritual é realizado em todos os lugares. A meditação se divide em quatro partes e então vem a afirmação resumida, a *quinta essentia*[218]: assim, meu si-mesmo é o Buda; ou: assim, o Buda sou eu mesmo. Então, essas são as quatro partes da meditação (A1-A4) sobre as quais segue a quinta: a análise do conhecimento. Da mesma forma, na segunda parte B há quatro funções individuais e depois vem, em quinto lugar, a análise das funções.

(A5) Como o texto aborda a análise do conhecimento ou das funções? O que é criado aqui é uma identificação abundante com o ser supremo. Por meio disso, o iogue é levado à fé ou a um estado de êxtase no qual ele se sente um com o ser mais elevado. Nesse estado, é claro, ele corre um grande risco. Pois é impossível para [um] ser humano individual

---

218. *Quinta essentia*, latim, de acordo com Aristóteles, além da água, do fogo, do ar e da terra, o quinto elemento é πέμπτη οὐσία: a *pemptousia* ou quintessência, que ele chamou de éter. Na alquimia, denota a substância primeira, a *materia prima*, da qual todos os elementos se originam, sendo primordial em relação aos quatro.

em um corpo ser um ser absoluto. Esse pensamento deveria destruí-lo por completo. Em seguida, vem a análise do conhecimento. Isso, diga-se de passagem, é um processo de proteção, ou seja, exatamente como posso perceber isso? Ele meio que torna sua suposição visível mediante a análise do conhecimento. Na verdade, esta é a crítica da razão pura por meio da qual, aparentemente, Kant afirmou sua convicção religiosa. Ele provou que não se pode afirmar nada sobre um ser supremo porque tudo isso são apenas pensamentos[219]. Por esta razão, a questão do ser supremo não pode ser alcançada pela filosofia.

Daí vem a análise da percepção a partir da mesma base psicológica com duas explicações:

(A5b) Então, vem aquele segundo mantra "hūm". Isso é meditado em quatro estágios. Disto surge a consciência de que a percepção tem quatro formas: é

(A5b1) consumada, que poderíamos descrever como sintética

(A5b2) diferenciada

(A5b3) análoga

---

219. "O conceito de Deus é uma 'ideia', um 'ideal' da razão. Como todos os objetos de ideias, Deus é incognoscível. Por razões teóricas, 'Deus' não é um princípio que serve à explicação dos fenômenos, mas sim um conceito 'regulador', a fim de trazer unidade última à experiência, considerando todas as conexões no mundo como se emergissem de um princípio essencial. Esse 'como se' ocorre com frequência nas teorias kantianas de Deus; em última análise, Kant descreve Deus como algo que é apenas uma ideia, algo que se manifesta na razão; não tem existência (pelo menos em um sentido categorial), o que, entretanto, não exclui um Deus-ser ideal sobrenatural. Não somos capazes de perceber Deus, mas provavelmente o consideramos, de forma análoga à nossa mente, por meio de um antropomorfismo simbólico, como um ser senciente e intencional para torná-lo mais acessível a nós. Mas, principalmente, Deus é um postulado da razão ética prática, um objeto de crença. A visão de mundo ética, em última análise, requer a ideia de Deus para sua conclusão (não como fundamento) no sentido de um teísmo moral" (Eisler, 1930, p. 216-217).

(A5b4) reflexiva, que poderíamos descrever como pensamento empírico. Dessa forma, quatro tipos de conhecimento são determinados. Consequentemente, o ser desse conhecimento é de alguma forma determinado. "Percebo que sou o Buda."

(A5b5) Depois desses quatro vem a *quinta essentia*, a sentença final: *dharma-dhātu-jñāna*. *Dharma* significa verdade ou lei; *dhātu* é o elemento; daí: a percepção da verdade principal. Dentro disso, minha afirmação de que eu mesmo sou o ser de Buda ou o ser diamante está assegurada.

Agora vem a parte dois, que já começamos. A meditação, o "hūm", continua.

(B1) A luz de quatro cores emerge do "hūm". Esse conhecimento é primeiro dissolvido em quatro cores. Estas correspondem na mandala tibetana aos pontos cardeais. Ao mesmo tempo, são quatro funções psicológicas, quatro caminhos de conhecimento, quatro caminhos para a verdade etc.; ou seja, essa luz tem quatro qualidades diferentes.

(B2) Em seguida, dez direções são determinadas: assim, aquele movimento peculiar de estalar os dedos após as oito direções horizontais e as duas direções verticais para o nadir e o zênite. Desta forma, o lama ou o iogue está situado no sistema do mundo. "Eu sou o centro, acima e abaixo e dentro das oito direções espaciais."

(B3) A assimilação de todos os seres. As dez direções são imaginadas irradiando de dez feixes de luz multicoloridas para o espaço, e elas apreendem todos os seres no espaço e os colocam em relação com sua própria mandala de personalidade, atraindo-os para o círculo mágico pessoal, de modo que o iogue fique suspenso como uma aranha na teia, instalada ali em um sistema axial – assim, ele está meio que estacionado no ponto central do sistema do mundo.

(B4) Na quarta fase, ele leva para dentro de si, e também recebe, a emanação da luz que criou por meio do "hūm" e depois irradiou. Assim surge o si-mesmo. Toda emanação é absorvida de volta para o si-mesmo.

Depois vem a *quinta essentia*. Essa é a análise das quatro funções:

(B5a) *Rūpa-skandha*: pensamento; a chamada função de forma, a função individual *par excellence*.

(B5b) *Vedanā-skandha*: sensação; o tradutor tibetano explica *vedanā* como a faculdade sensorial: percepção por meio da sensação, a função sensorial.

(B5c) *Samjnā-skandha*: sentimento; o tradutor diz "acordo, harmonia".

(B5d) *Sangskāra-skandha*: intuição; criação da mente.

Uma preparação para algo, ao mesmo tempo a expressão técnica para aqueles traços de existência anterior que ainda estão dentro e presentes. Um conceito que psicologiza a noção metafísica de *karma*. *Karma* significa que vivi de tal e tal maneira em existências anteriores, ganhei tais e tais recompensas, ou mesmo vivi um *karma* ruim e depois o recuperei ao nascer. Esse *karma* emite o que descrevemos como *sangskāra*: os traços que explicam precisamente por que minha vida tomou esse rumo.

É muito comum no Oriente. Um homem simples dirá: bem, é claro que este é o meu *karma*. Quando sofre, ele diz: em uma vida anterior devo ter vivido de tal e tal maneira. As pessoas que alcançaram um estado de consciência mais elevado ainda se lembrarão de vidas anteriores. O Buda afirmou que suas recordações alcançavam os primeiros éons antes da fundação do mundo. As centenas de milhares de vidas que ele viveu, como animal, macaco, sapo e muitas outras formas. Tudo isso gradualmente se desenvolveu na consciência. A capacidade de recordar esses vestígios de vidas anteriores sinaliza uma consciência superior.

Um médico observou dois casos de crianças que se lembravam de suas vidas anteriores, que podiam dar detalhes sobre a casa e os sobrenomes dos pais anteriores, como uma criança de 4 anos que se lembrava de uma cidade que nunca havia visitado. A pesquisa foi feita, os pais foram encontrados e todos os detalhes eram precisos. Como explicar isso? Essas coisas acontecem no Oriente. É intuitivo. Há pouco ou nenhum debate sobre isso. Há a convicção de que é assim. Nessa criança, o *sangskāra* era especialmente vívido.

É um conceito eminentemente psicológico. Estes são rituais ancestrais, de fato. Costumamos dizer: "Ah, é coisa de família". Ele puxou ao avô, isso está na família – tais são os *sangskāras*. Psicologicamente, essas coisas acontecem. Se foram realmente vidas anteriores – isso é outra questão. Esse conceito corresponde ao que chamaríamos de disposição inconsciente. Alguém que parece ser uma pessoa completamente sensata em vista de seu estilo de vida de repente começa a beber, e nós ligamos isso a algo que sabemos sobre seu pai e seu avô, está em todos eles. Essa é uma função inconsciente em nós – intuição –; uma percepção por meio do inconsciente. Mas o Oriente não aplicou a intuição ao externo tanto quanto nós. Lá, tudo vai para dentro. Uma percepção real de *sangskāra* é a intuição; tal seria a correspondência essencial que temos no Ocidente.

Então, agora temos os quatro antecedentes e devemos adicionar uma quinta função – que de fato existe.

(B5e) *Vijnāna-skandha*: Buda Vajrasattva (percepção). Esta é mais uma vez a *quinta essentia*. Então, em conclusão: "Eu percebo todas as minhas funções psíquicas, o ser eterno de Buda é o mesmo que sua quintessência". Com isso, a *circumambulatio* é novamente concluída e é certo que ele é o Buda.

O texto então diz:

> Que medite assim sobre todos os princípios que constituem o eu como tendo se tornado cada qual um Tathāgata: o todo constituindo o reverenciado e glorioso Heruka (*SCST*, p. 7).

E agora a meditação vai mais longe, pois a segunda fase começa:

Fase II – Antítese

Isso começa bem diferente:

(A1)[220] Defesa através dos cinco sentidos:

> (Então, que medite nos cinco sentidos como cinco Devatãs masculinos.)
> Os olhos de Heruka são Vajra-ilusão (Moha); orelhas Vajra-raiva; boca Vajra-cobiça; nariz Vajra-avareza; corpo Vajra-inveja; e todos os sentidos (Āyatana) Vajra-īśvara (*SCST*, p. 7).

Agora, esses vícios listados aqui são vícios típicos do budismo. Isso significaria, portanto: aqui o lama ou iogue percebe que esse ser divino que ele é tem qualidades completamente negativas, ou seja, que todos esses vícios estão unidos dentro dele e que essa degeneração se manifesta em seu corpo. Em outras palavras: se fizéssemos uma tentativa – e infelizmente acontece com frequência no Ocidente que europeus muito mal aconselhados tentam imitar a ioga –, então, nossa limitação física logo nos ensinaria uma lição. Pois sim, o sr. fulano despacharia o sujeito que é o Buda rápido como um raio para o Burghölzli[221]. Nós mesmos nos despacharíamos para Burghölzi simplesmente porque nos é impossível fazer tal afirmação. Quando o Oriente declara isso para si mesmo não é nem um pouco louco, de forma alguma, porque não proclama "eu sou", mas sim: "eu, como um ser eterno, sou o Buda, pois se eu *entrar* neste estado de ser, então eu *sou* o ser supremo". Isso, claro, é completamente diferente. Nós, entretanto, apenas declararíamos: "eu sou", e isso seria uma cerimônia sagrada realizada com mãos impuras. A pessoa deve se preparar para ser o Buda.

---

220. Isso se refere ao diagrama de Jung da segunda fase, que ele desenhou no início do Seminário 9 (20 de janeiro de 1939). Cf. p. 219.

221. Clínica Burghölzli, hospital psiquiátrico da Universidade de Zurique, fundado em 1870. Seus diretores incluíram Auguste-Henri Forel (1879-1898) e Eugen Bleuler (1898-1927). Jung trabalhou no Burghölzli de 1900 a 1909. Cf. Bernet (2013).

Este é um processo completamente primitivo. Há muito se acredita que os primitivos[222] se levantam para dançar simplesmente quando estão de bom humor ou quando a lua brilha. Nada disso! Eles devem primeiro entrar no estado que lhes permite executar a dança. Observei isso com os Pueblos[223]. Quando querem dançar, vão para os telhados de suas altas casas, que mais parecem ter inspirado a arquitetura das metrópoles americanas.

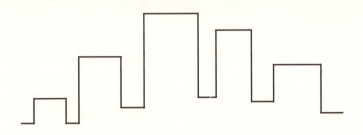

Os homens sobem ao ponto mais alto, viram o rosto para o sol e ficam lá por sete ou oito horas, seguindo o curso do astro. De vez em quando, um deles desaparece. Esse é aquele que está cheio do poder do sol, do pai, que desce e desaparece no *kiva*, ou seja, um templo redondo semissubterrâneo onde a transformação é realizada. Se ele estiver suficientemente preparado, ou seja, se ele se tornar um filho do pai, ele poderá entrar na dança. Ele pode dançar só então, somente aí a dança tem um efeito mágico. Entre os australianos existem conceitos ainda

---

222. O uso de Jung dos termos "primitivo", "religião primitiva" e "culturas primitivas" está de acordo com as teorias fenomenológicas clássicas da religião (P.D. Chantepie de la Saussaye, W.B. Kristensen, E. Lehmann) e teorias antropológicas (E.B. Tylor) de seu tempo. Geo Widengren argumentou que as teorias fenomenológicas de Lehmann e outros eram uma expressão da evolução universal, bem como preconceitos teológicos e antiteológicos de sua época (Widengren, 1974). Para uma crítica da fenomenologia da religião, cf. Evans-Pritchard (1965). Sobre Jung e a mentalidade primitiva, cf. Shamdasani (2003, p. 290-293).

223. Em 1925, Jung visitou uma tribo de nativos americanos em Taos Pueblo, Novo México. Cf. Jung (1962, p. 275-281).

mais claros. Eles devem se transformar em seus ancestrais que viveram em *altjira*[224], o tempo dos ancestrais, o tempo antes do tempo. *Les éternels incréés*, as coisas eternamente incriadas, como diz Lévy-Bruhl[225]. Devem se identificar com os ancestrais, e só assim podem executar a dança por eles.

Quando, portanto, o budista prova a si mesmo, primeiramente por meio da afirmação e da crítica de sua percepção, que ele próprio é o ser eterno com completa consciência de seu ser espiritual, então ele de alguma forma se torna um com o doador de todos os pensamentos e, como resultado, é um com ele de fato. Ele é o ser único e, como tal, pode agora entrar na meditação, onde encontra seu lado negativo. Deve-se dizer, então, que todos esses deuses tibetanos e indianos têm um aspecto positivo e um aspecto negativo, um aspecto benevolente e um aspecto vingativo. A deusa da bondade também é uma deusa do inferno. No aspecto vingativo, eles têm todos os vícios que os humanos podem não ter.

---

224. *Altjiranga mitjina*, "o tempo do sonho eterno" ou "*the Dreaming*", refere-se na mitologia de alguns aborígenes australianos a um conceito de tempo sagrado ou pertencente aos deuses. O antropólogo francês Lucien Lévy-Bruhl (1857-1939) traduziu *altjiranga mitjina* ou *churinga* com "*les éternels incréés*" (Lévy-Bruhl, 1935, p. 48-49). Jung se deparou com o conceito quando leu *Les fonctions mentales dans les societés inférieures* (1910), de Lévy-Bruhl, em preparação para *Transformações e símbolos da libido* (1912). Lévy-Bruhl pega emprestado o conceito de *The central tribes of northern Australia* (1899), de Spencer e Gillen, e *Die Aranda- und Loritja-Stämme in Zentral-Australien* (1907), de Strehlow. Jung discutiu o conceito em seu seminário "Interpretação psicológica sobre os sonhos das crianças" (1936-1940, p. 151). Cf. Shamdasani (2003, p. 295-297).

225. Em 10 de janeiro de 1939, o seminário de Jung no ETH sobre "Interpretação dos sonhos" foi dedicado a uma discussão sobre *The dream in primitive cultures* (1935), de Jackson Steward Lincoln. Na discussão, Jung disse sobre *les éternels incréés*: "*Les éternels incréés*, o eternamente incriado, não poderia ser melhor expresso. Estas são simplesmente ideias platônicas; esta é a filosofia platônica em um nível primitivo. Ou seja, não é filosofia, mas experiência. Você experimentará isso em sonhos. *Les éternels incréés* são os arquétipos, as imagens primitivas, sem as quais nada pode acontecer" (Jung, 2014, p. 85-86).

Esse texto não é muito conhecido. Não pensem vocês que esse tipo de escrito está amplamente disponível na Índia. Eu gostaria de discutir isso com vocês aqui porque o texto oferece muitas questões de grande interesse; pois parece provável que seja um instrumento dos lamas que estão empenhados no desenvolvimento superior da personalidade e talvez dediquem toda a sua vida a isso.

Seminário 9[226]

20 de janeiro de 1939

Fase II – Antítese: Ameaça e defesa

A1. através dos cinco sentidos
Ilusão – olho
Raiva – ouvido
Ganância – boca
Avareza – nariz
Inveja – corpo inteiro
2. através daquele que causa a queda (rede de Lótus),
Shakti Māyā
a. Terra
b. Água
c. Fogo
d. Ar
e. Éter
3. Purificação dos sentidos
4. Sacrifício e adoração
5. Invocação: "Ó onisciente, mostra-te, sê redondo e gira".
B. 1. Pedido de absolvição
2. Boas intenções através de oito votos
3. Resposta dos *devatās*
4. Emanação dos dez *devatās* femininos
(personificação das dez direções)
5. Criação da câmara retangular e do círculo
C. 1. Ameaça contra as dez direções e o círculo protetor
2. Criação da arma de diamante

---

226. Anotações de LSM, RS, ES e tradução para o inglês de BH.

3. Destruição do mal e do avidyā
4. Absolvição dos pecados
5. "Eu sou a verdadeira natureza de todas as coisas e a natureza do vazio" (shūnyatā).

Da última vez, começamos com a segunda fase. Você deve se lembrar que a primeira fase foi caracterizada pelo fato de que o iogue ou o lama envolvido com esta ioga deve chegar à convicção de que ele próprio é o Buda e então deve sustentar isso por meio da imaginação ativa. E depois, para reforçar essa convicção, faz-se uma análise cuidadosa das funções psíquicas. Assim, afirma-se que o iogue é o Buda eterno. É uma proposição. Isso se chama tese.

E agora, como verão pelos títulos, na segunda fase esbarramos em algo negativo, e essa é evidentemente a antítese, o oposto, que agora se levanta e, por isso, aqui o texto muda repentinamente. Não é dividido em seções por nenhum subtítulo, e sim um manuscrito contínuo que não nos permite reconhecer nenhum tipo de organização. Mas aqui há uma mudança completamente radical em todo o modo de reflexão. Antes, falava-se simplesmente deste Heruka, o senhor da mandala, como um ser positivo, idêntico a *vajrasattva*, o ser diamante. E agora aqui, de repente, diz que seu olho significa ilusão eterna, seus ouvidos raiva eterna, seu nariz avareza eterna, sua boca ganância eterna, e todo o corpo está repleto de inveja. Mais uma vez, encontramos o ritmo de quatro com a *quinta essentia*. E no fim diz: o corpo é inveja eterna e todos os sentidos são *vajra-īśvara*, o senhor eterno. Os órgãos dos sentidos são precisamente o que liga o homem ao mundo, por meio da chamada cadeia *nidāna*. Este é um termo técnico da psicologia budista, a cadeia de causalidade. Esta é a cadeia de causas pela qual uma pessoa se envolve na vida, mediante a participação no mundo, e isso leva ao nascimento, à morte e a todo sofrimento. Essa conclusão marca repetidamente os discursos do Buda. Teremos oportunidade mais tarde de falar mais sobre essa cadeia *nidāna*.

Então, encontramos aqui esse elemento que é totalmente negativo. Pode-se simplesmente dizer que a afirmação "eu sou o Buda" bate frontalmente com a experiência do corpo. Chamo sua atenção para o fato de que essa afirmação é absurda se pararmos para pensar. E não se pode fazer nada além de colidir com a realidade da limitação física do indivíduo. Pode-se então esperar que, com tal colisão, toda a cadeia e com ela todas as boas convicções desmoronem miseravelmente. É por isso que a antítese começa com esta explicação: o corpo surge com limitação temporal e espacial e se enfurece contra a afirmação de que é o Buda eterno.

(A2) Defesa através dos cinco elementos, ou Shakti Māyā:

O texto continua. Os elementos físicos [*devatās* femininos] vêm depois dos sentidos:

> O elemento Terra é Tung-bar-byed-ma [Aquela que causa a queda]; o elemento água é Sod-par-jed-ma [Aquela que mata]; o elemento fogo Gug-par-jed-ma [Aquela que convoca]; o elemento ar Padma gargyi-wang-chug [A senhora das danças] e o elemento éter é Padmai-dra-wa-Chan [rede de Lótus] (*SCST*, p. 7-8).

Agora, aqui encontramos os quatro elementos que representam a realidade física nesse mundo sensorial. Na Idade Média, mesmo aqui, esses ainda eram os quatro elementos da realidade física, e toda a existência, com tudo que vivia e se movia, consistia desses quatro elementos. Portanto, eles descrevem a realidade física de uma coisa. Aqui vemos que se trata de uma coisa feminina quádrupla, com a *quinta essentia* que sempre se destaca como o máximo, encapsulando tudo. O éter ainda era uma *quinta essentia* metafísica na física mais recente. Quando eu era estudante, tudo costumava ser explicado pelo éter. Acreditava-se ser este um termo científico. O que não corresponde à verdade, pois era bastante metafísico, tendo precisamente todas as qualidades que a matéria não tem.

Também na alquimia medieval, a *quinta essentia* é chamada de éter azul. De fato, a pedra filosofal é descrita como *lapis aetherius*. Em nosso texto aqui, trata-se de um ser feminino, aquela que tem a rede de Lótus. Esse termo não é fácil de definir. No entanto, pode-se supor que é uma rede na qual algo está preso. Pois a psicologia budista sem dúvida vê o mundo dos sentidos como uma armadilha na qual o homem cai e fica preso. Um exemplo muito bom disso é a psicologia do *Bardo Thödol*, onde, após os 49 dias de vida intermediária, o iogue é repentinamente levado de volta ao útero por meio de fantasias sexuais sensoriais, e então está dentro dele novamente.

Madame David-Néel[227] descreve uma lenda muito interessante sobre uma garota que chegou num poço. Enquanto está tirando água, de repente, um homem pula sobre ela saindo dos arbustos e tenta estuprá-la. Ela consegue se libertar e volta correndo para a aldeia com as roupas todas rasgadas. Sua mãe fica horrorizada e pergunta o que aconteceu. Quando a garota dá à mãe uma descrição do indivíduo, ela fica alarmada e diz que se trata do grande homem santo e que a filha deveria vestir suas melhores roupas imediatamente, voltar lá e se oferecer a ele. A menina obedece à mãe, mas quando se apresenta ao homem ele diz que já era tarde, pois a desgraça já havia acontecido. "Vê aqueles dois burros naquele prado? Não muito tempo atrás, um lama rico morreu na escuridão total. Eu queria dar a ele um *karma* melhor e pretendia criá-lo com você. Mas você correu de mim. A alma dele então fugiu para a jumenta que estava sendo montada pelo macho.[228]"

---

227. Cf. Zimmer (1984, p. 81).

228. Alexandra David-Néel em *Mystiques et magiciens du Tibet* (1929) conta a história da seguinte forma: "Naqueles tempos, vivia um homem estranho, um milagreiro e filósofo rude, cujas excentricidades – às vezes grosseiras –, muitas vezes exageradas por seus biógrafos, deram origem a uma série de histórias no estilo de Rabelais, muito apreciadas no Tibete. Dugpa Kunlegs, pois esse era seu nome, viajava disfarçado de vagabundo. Chegando à margem de um riacho, viu uma moça que ali

Isso é típico da mentalidade oriental. As almas estão voando e procurando lugares onde a relação sexual está acontecendo e então são pegas. O *Bardo Thödol* considera as almas da mesma forma. Quando caem em fantasias eróticas, são repentinamente arrebatadas pelo útero. A pessoa está na prisão do mundo sensual de Māyā, a dançante Shakti. É a deusa Māyā quem cria o reino visível. Para o budista, o visível é ilusório. Māyā vem da raiz *Ma*, ou seja, construir. Māyā é o mundo construído, e é criado a partir de coisas pensadas[229]. Não é um mundo real em nosso sentido, mas sim um mundo real de ilusão, real, mas mesmo assim uma ilusão porque é construído das formas dos pensamentos[230]. É por isso que a ioga

---

viera buscar água. De repente, ele a atacou e, sem dizer uma palavra, tentou violá-la. A moça era robusta e Dugpa Kunlegs estava se aproximando da velhice. Ela se defendeu com tanta força que escapou dele e, correndo de volta para a aldeia, contou à mãe o que havia acontecido. A boa mulher ficou muito surpresa. Os homens do lugar eram bem-comportados, nenhum deles era suspeito. O bruto devia ser um forasteiro. Ela fez sua filha descrever minuciosamente o miserável. Enquanto ouvia a garota, a mãe se admirava. A descrição do homem correspondia, em todos os pontos, à de Dugpa Kunlegs, aquele lama excêntrico e santo que ela conhecera durante uma peregrinação. Não havia qualquer tipo de dúvida. Dugpa Kunlegs em pessoa desejara abusar de sua filha. Ela começou a refletir sobre o estranho comportamento do santo. Os princípios morais comuns que regem a conduta dos homens comuns não se aplicam aos homens de sabedoria supranormal, pensou ela. Um sábio operador de prodígios não é obrigado a seguir nenhuma lei. Suas ações são ditadas por considerações superiores que escapam ao observador vulgar [...]. Então, ela disse à filha: 'O homem que você viu é o grande Dugpa Kunlegs. Tudo o que ele faz é bem-feito. Portanto, volte para o riacho, prostre-se a seus pés e concorde com tudo o que ele desejar'. A garota voltou e encontrou o sábio sentado em uma pedra, absorto em seus pensamentos. Ela se curvou diante dele, desculpou-se por ter resistido quando não sabia quem ele era e declarou que estava inteiramente a seu dispor. O santo encolheu os ombros. 'Minha filha', disse ele, 'as mulheres não despertam nenhum desejo em mim. No entanto, o Grande Lama do mosteiro vizinho morreu na ignorância, tendo negligenciado todas as ocasiões de instrução. Eu vi seu 'espírito' vagando no Bardo, atraído para um renascimento ruim, e, por compaixão, desejei obter para ele um corpo humano. Mas o poder de suas más ações não lhe permitiu isso. Você escapou e, enquanto estava na aldeia, os burros naquele campo próximo se uniram. O Grande Lama logo renascerá como um burro'" (p. 35-36).

229. LSM e ES registraram aqui "coisas mágicas" em lugar de "coisas pensadas" (RS).

230. Cf. nota 129.

tântrica, que tem muitas conexões com o budismo maaiana, também diz que *māyā* nada mais é do que a forma dos pensamentos divinos – também um modo muito interessante de pensar.

(A3) Purificação dos sentidos:

> Quando se deseja um objeto precioso por meio exclusivo do qual é possível adquirir méritos, a purificação e transmutação mental de todos os agregados, os Devatās dos elementos e das funções dos vários órgãos dos sentidos fornecem tal objeto (*SCST*, p. 8).

Quando alguém consegue, por meio da imaginação ativa, tornar as várias funções intelectuais e sensoriais autônomas, dizendo: ver não é minha função, mas sim um *devatā*, ou seja, um ser autônomo, então isso é uma grande conquista. Agora, qual é o benefício psicológico de tal maneira de se comportar? Isso é difícil de discernir. Já encontramos a ideia de que se devem imaginar as quatro funções básicas de nossa consciência como Buda e, portanto, como um ser em nossa consciência, como se as várias funções fossem seres por si sós. Se você imaginar isso, tudo se resume à ideia de que, por meio dessa imaginação, toda ação psíquica é transformada em uma entidade distinta: o processo de imaginação, de pensamento, sentimento etc., essa é uma entidade distinta. Dessa forma, todo o caráter do processo psíquico é de alguma forma objetivado, ele ganha vida própria. Com isso, a atividade é meio que distanciada da consciência. Se você imaginar que o pensamento do eu não é mais sua própria atividade, mas um ser autônomo, todo o processo psíquico torna-se altamente complexo, como se eu fosse me dissolver em partes separadas. Eu delego as partes. Devo chamar o cavalheiro que representa o pensamento: "Por favor, diga isto e aquilo", ou a jovem que representa o sentimento: "Por favor, sorria agora".

Dessa forma, a pessoa se esvazia dessas funções. Não as tem mais. Afasta-as. Em vez de ser uma personalidade, é agora todo um teatro representado por uma trupe de atores que são essas funções distintas. Toda a personalidade, todas as minhas funções, desfilam diante de mim como figuras autônomas. Com isso, tornei-me completamente vazio. A pessoa consegue isso com essa meditação, e esse também é o propósito, esse vazio, *shūnyatā* é criado e a pessoa finalmente não possui mais nada. Tudo é externo, são "os outros".

Também executamos esse truque. Se uma função é muito desagradável para nós, dizemos: claro, é ela quem está fazendo isso, não eu. Tudo o que não queremos que seja verdadeiro para nós mesmos, representa nossa *bête noire*[231], nosso pior inimigo. Todo mundo tem uma dessas e isso é uma grande vantagem. A coisa faz um teatrinho diante de nós e ficamos irritados com ela todos os dias. Isso acontece com os neuróticos. E digamos em alto e bom som: até com pessoas normais. Fazemos isso de forma totalmente instintiva. Está sempre lá. Acontece inconscientemente. Tudo o que não desejamos que seja verdadeiro em nós mesmos, sempre vemos em um ente querido próximo. Se alguém pensa que é uma pessoa generosa, deve ter alguém que é ganancioso com quem pode se aborrecer, para amaldiçoar a ganância no outro, para não enxergar que ela também é gananciosa. É conhecido que os grandes perdulários são mesquinhos quando se trata de dividir um palito de fósforo, ou os pegam dos outros. Essas pequenas coisas podem ser observadas em pessoas consideravelmente unilaterais.

Isso simplesmente acontece de forma inconsciente dentro de nós, e então é como se esse lado do nosso ser tivesse desaparecido completamente de vista. Em vez disso, estamos vinculados àquele que o representa. Em nossa família, isso costuma acontecer: "Ele disse que foi ela, e ela disse que foi ele [...]". Mesmo entre mãe e filho ou pai e filho. É por isso que pre-

---

231. *Bête noire*, em francês literalmente "fera negra", um anátema; uma pessoa ou objeto de aversão.

cisamos de nossos queridos parentes. Eles atuam também como simples substitutos que gostamos de usar inconscientemente para espelhar tudo o que detestamos ver em nós mesmos.

No budismo, nenhuma projeção é lançada em figuras humanas. Não se sobrecarrega os outros. No entanto, faz-se uma espécie de arranjo com elas em torno de si mesmo. Pois nem sempre são coisas brilhantes e boas que temos que incorporar, uma vez que também incluem coisas más – então, no Tibete e em outros lugares, eles têm deuses correspondentes cujos nomes e propósitos são designados para expressar tais qualidades negativas. Mesmo o Heruka, o senhor da mandala, não é de forma alguma apenas uma aparição puramente positiva, pois ele também reflete todo o mal que leva a nascimento, morte, doença e a totalidade da vida.

Essa personificação foi realizada aqui para os sentidos. Se essa personificação for bem-sucedida, o mesmo efeito é alcançado, coloco minhas funções sensoriais como se estivessem ao meu redor. Elas se tornam figuras, *devatās*, seres divinos. Minha visão é autônoma; esta ouve e aquela vê e uma terceira saboreia etc. Não posso fazer nada a respeito, estou completamente impedido de criar uma relação direta com os objetos porque algo sempre intervém. Esse também é o objetivo do exercício. Pois o iogue deseja se isolar da realidade com os melhores meios e técnicas. Isso é feito com a maior vigilância. Ele alcança uma atitude habitual cujo objetivo é se manter totalmente afastado do contato imediato. Estando completamente fora do mundo, surge uma paz infinita. Tem a sensação de que em toda a eternidade ninguém pode alcançá-lo porque ele está separado de todos. Esses iogues olham através de nós. Em certo sentido, isso equivale a resignação. Mas, ao mesmo tempo, eles se separaram completamente da resignação, personificando todas as funções psíquicas. Esse processo cria essas imagens do Buda sentado em paz infinita no tumulto do mundo: tudo é uma ilusão, nada disso está presente. É assim que tudo funciona. Aqui isso significa que tal personificação das funções é altamente benéfica, e para adquirir esse benefício deve-se realizar essa purificação e personificação.

(A4) Sacrifício e adoração

> Novamente, com os feixes de luz saindo do "Hūm" no coração, que o adorador invoque seu Vajra-guru[232] cercado pela linhagem de Gurus nos céus superiores diante dele. Abaixo deles está o Devatā principal (Khorlo-Demchog) cercado pelos 62 Devatās da Mandala Khorlo-Demchog (Chakra-sambhāra) (*SCST*, p. 8).

Essa é uma multidão de *devatās*. O estado agora em questão é aquele que apresentei a vocês como teatro, como trupe de atores.

> Então, tendo imaginado que as divindades acima estão sentadas nos céus frontais, que o adorador pense que ele próprio é multiplicado inumeravelmente (*SCST*, p. 8).

Assim, precisamente o que eu disse antes.

> Cada uma de suas contrapartes[233] deve repetir a saudação aos Gurus (namogurubhyah) e a saudação à Mandala de Shrī-chakra-sambhāra (Namah Shrī-chakra--sambhāra-mandalebhyah) em homenagem ao Guru e aos Devatās, respectivamente, e deixar cada uma se curvar a eles (*SCST*, p. 8).

Ele se dispersou em inúmeras funções personificadas e elementos de funções. Ele é cada figura, e as várias partes, por assim dizer, formam um coro inteiro. E agora, por meio da imaginação ativa, ele deve administrar isso de modo que, quando saudar seu guru espiritual, todas essas figuras repitam essa saudação ao mesmo tempo junto com ele. Essa repetição múl-

---

232. Aqui, LSM e BH acrescentaram na tradução inglesa: "seu guia espiritual imortal" (p. 60).

233. Todas as transcrições alemãs trazem "*Konterfei*" para "contraparte".

tipla é típica do tibetano. Vocês conhecem as rodas de oração e os estandartes que tremulam ao vento. Com o clássico mantra "Om maṇi padme hūm", milhões de vezes gravados.

Este momento é retratado na imagem mostrada aqui[234].

É um original tibetano. Mostra o iogue em contemplação, como Buda, em meditação, na posição de lótus. Este é o lótus. Ele se senta sobre esta almofada branca, que é luminosa. A forma inteira é composta de matéria radiante.

---

234. Esta cópia desenhada à mão está em BH (p. 61). ES: "Professor Jung mostra uma imagem".

E aqui é multiplicado inúmeras vezes como se refletido em cem espelhos. Quando ele se curva diante de seu guru, todas as figuras também se curvam ao mesmo tempo, como se ele fosse refletido cem vezes.

Então, é como se eu mesmo fosse representado em todas as formas possíveis: sempre idêntico a mim mesmo e, no entanto, vazio. Portanto, deve-se perguntar: O que resta de mim mesmo? De fato, nada. Está-se vazio, completamente esvaziado. Se alguém tenta se aproximar de tal pessoa de alguma forma, tem que se mover um pouco, e então percebe que há muito mais nela que não está falando comigo. A esquizofrenia é construída nesse sentido. Só que aí é uma doença, involuntária. Pois quando alguém deixa esse processo só para o inconsciente, ele simplesmente continua operando, e para pessoas com essa disposição ocorre uma multiplicação. Então, é chamado de cisão, desintegração, fragmentação da personalidade. Mas aqui é uma desintegração intencional, com o objetivo de esvaziar completamente a consciência central. Depois disso, nada é deixado dentro dela. Esse processo é realizado aqui pelo iogue porque o problema do corpo se manifesta, e o problema do corpo naturalmente significa que estou simplesmente aqui, sou simplesmente este ser único, estou temporal e fisicamente limitado e, portanto, não posso ser o ser universal. No entanto, se eu conseguir dissolver minha limitação psíquica em tantas e tantas personalidades, então é como se eu dispersasse toda a minha posse espiritual por tantos e tantos seres em todo o universo e me sentasse no meio de muitos deuses. É assim que o estado de Buda surge.

O texto agora continua:

> Então que ele apresente as oferendas em sua ordem. Elas são Arghya, Padya, Pushpa, Dhūpa, Aloka, Gandha, Naivedya e Shabda[235]; recitando o seguinte Mantra

---

235. *SCST*, n. 6: "Água, flores, incenso, luzes, perfume, comida, música. Ver Principles of Tantra de A. Avalon".

"Om Sarva-Tathāgata-Shrī-Chakra-Sambhāra-Mandala-
-Chakra-Sarva-Vīra-Yoginī" (*SCST*, p. 8-9).

Esta é a invocação do *tathāgata*[236]. "Sagrada roda da mandala que tudo reúne em perfeição" é o título do texto, mas também é um estado. Então: "A roda é todo homem e mulher", o que significa: invocação do Buda que é ao mesmo tempo esta roda, esta mandala, homem e mulher, ou seja, o feminino que lhe pertence. Esse conceito já aparece na Índia na forma do Ardhanārīśvara. Trata-se de um hermafrodita, masculino à direita e feminino à esquerda. Corresponde à representação medieval personificada do *lapis philosophorum*, nascido do sol e da lua. A ideia de Shiva também está de fato implícita. O conceito de hermafrodita não é usado aqui, mas uma conexão tão estreita entre o masculino e o feminino que dá no mesmo, ou seja, que este é o Buda universal, que ao mesmo tempo é a grande roda, o grande círculo, de modo que ele também unifica os opostos humanos extremos em si mesmo, isto é, os supera dentro de si.

Isso deve ser repetido antes de cada uma das oferendas [...] (*SCST*, p. 9).

As oferendas aqui aludidas não são conhecidas. Gostaria apenas de mencionar que as oferendas também são de natureza especialmente psicológica. Os sacrifícios védicos usuais oferecidos a um deus ou santo em um ritual são sacrifícios dos elementos. Ainda hoje, primeiro flores são oferecidas em sacrifício e colocadas diante da imagem dos deuses. Depois, água é derramada de uma tigela de prata e também oferecida. Então, vem o abanador que cria o vento, ou seja, o sacrifício do ar. Aí, uma chama é acesa, que é a oferenda do fogo.

---

236. BH posteriormente acrescentou ao seu registro a seguinte tradução: "Om; sarva = tudo; tathāgata = completo; shrī = santo; chakra = roda; sambhāra = reunião; mandala, chakra = roda; sarva = tudo; vīra = homem; yoginī = mulher" (BH, p. 62).

Ou os sentidos são oferecidos. Uma luz é acesa, ou seja, isso é ver; dedico minha visão a você, o ato de ver. Em seguida, um som é oferecido; isso é ouvir: tambores ou música. Então, um cheiro é oferecido; fragrâncias são criadas com incenso ou outras coisas perfumadas; no Oriente, o familiar sândalo que espalha seu cheiro peculiar por toda parte. Para o paladar, comida é oferecida. Então, vem o toque, ou seja, o manuseio do objeto sagrado, das imagens sagradas; principalmente untadas com *ghee* ou manteiga clarificada, ou regada com leite de coco, como se sentida ou esfregada. Essa fricção pode ser bem observada, por exemplo, no túmulo de Santo Antônio em Pádua. Lá, os peregrinos esfregam as mãos ou as costas na parede do fundo do sarcófago para que sejam permeados pelo *mana* do santo por meio da emanação. Essa é uma devoção, uma oferenda do corpo ao santo. Essa oferenda do corpo ocorre na forma de prostração dos crentes, estendendo-se no chão, significando: aqui está também o meu corpo.

Vocês podem ver que essa lista contém todos os sacrifícios que podemos observar nas várias liturgias religiosas. De certa forma, isso é uma reversão da personificação. É como se todas essas figuras personificadas fossem entregues aos deuses: peguem-nas, todas essas figuras pertencem a vocês. Com isso, elas são governadas por deuses, não pertencem mais a mim. Não tenho mais nenhum poder sobre essas funções. Entrega-se tudo, esse é o esvaziamento que aqui recebe particular destaque. Algo dessa ideia peculiar ainda permanece conosco: nós a vemos na astrologia, que é utilizada hoje mais do que nunca. Na Idade Média estava-se completamente convencido de que cada parte do corpo era regida por um signo do zodíaco e por meio disso as várias partes do corpo seriam influenciadas, um pouco como a sangria com braços e pernas estendidos. Assim, cada parte é regulada por um signo do zodíaco. O corpo é uma espécie de zodíaco. Não sou eu que influencio as partes do meu corpo, mas os signos do zodíaco. Então, quando alguém acredita hoje que as estrelas têm influência em seu corpo, não está devidamente integrado, mas disperso no universo. Não porque se esforçou muito como este lama, mas por razões primitivas. No caso do iogue, é um produto obtido artificialmente por meio de grande esforço, ao contrário da crença astrológica que é parte da natureza primordial. Não se deve condenar o indiano, pois esta é a cultura mais elevada para ele. Uma fantástica acrobacia psíquica, que nada no Ocidente pode igualar.

Seminário 10[237]

---

237. Anotações de LSM, RS, ES e tradução para o inglês de BH.

27 de janeiro de 1939

Eu já apresentei a Fase II no último seminário[238]. O texto continua:

> Então, após o último Mantra ter oferecido música, que o adorador pense em todos os possíveis objetos dignos de oferta que não sejam propriedade privada de ninguém (*SCST*, p. 9).

Essa é a oferta da música, do som, que eu já mencionei a vocês. Em vez de percussão, é claro que pode ser oferecida música instrumental. Além disso, imaginam-se objetos que não são propriedade pessoal de ninguém. Assim, por exemplo, casas particulares não podem ser imaginadas, apenas edifícios públicos como templos, imagens de deuses, objetos da natureza em geral, mas não o touro do vizinho.

O texto continua:

> Que sua mente crie para si mesma todos os artigos imagináveis de adoração e faça oferendas com eles (*SCST*, p. 9).

Portanto, não se trata apenas de objetos naturais do pensamento, mas também de objetos de fantasia produzidos criativamente. O senhor da mandala é adorado com essas coisas, ou seja, a pessoa também oferece sua fantasia criativa.

> Então, fazendo o mudrā do tesouro do céu, que diga: (*SCST*, p. 9).

Não sei que *mudrā* é esse – há uma infinidade de *mudrās*.

---

238. Cf. Seminário 9, 20 de janeiro de 1939 (p. 219-220).

Reverência pela graça do Dharma-dhātu, [...] (*SCST*, p. 9).

Dharma-dhātu é a essência da verdade.

> [...] dos budas, bodhisattvas, mantras e do poder de Mudrā; [...] (*SCST*, p. 9).

O gesto de mão especial tem um significado mágico. O que ela indica é para se tornar realidade. Um ato simbólico, de caráter mágico, no qual sempre se presume que este é o início de uma criação particular por meio da qual o objeto indicado pelo *mudrā* é formado.

> [...]; pela graça da minha própria fé [...] (*SCST*, p. 9).

Uma ideia extremamente interessante se vocês pensarem também na psicologia cristã. Um cristão não pode falar da "graça da minha própria fé". Ele espera a graça por meio da fé. Para ele, a graça vem sempre de Deus, o Senhor.

> [...] e Samādhi e pelo poder de todos os meus bons desejos; que todo tipo de oferenda existente neste mundo, não possuída por ninguém, que seja tão inconcebivelmente grandiosa e magnífica quanto a nuvem de oferendas que foi oferecida pelo Bodhisattva Samantabhadra (Kuntu-Zangpo), apareça diante de meu Guru e dos budas do Chakra da Mandala e deixe-os no nível mais grandioso (*SCST*, p. 9).

Samanta significa semelhança e *bhadra* significa abençoado. "Bodhisattva" significa literalmente "aquele abençoado com semelhança".

> Tendo expressado esse desejo, que estale com os dedos e o polegar (*SCST*, p. 10).

Isso tem um significado invocativo e defensivo. Aqui é provavelmente um simples gesto para atrair a atenção dos deuses. Claro, essas coisas não se originam no budismo tibetano, mas na religião Bon, o Bon-pa, a antiga religião popular[239].

(A5) Invocação: "Ó onisciente, mostra-te, sê redondo e gira".

> Novamente fazendo o Mudrā no coração, ele deve repetir este Mantra: "Om, ó onisciente, atende (meu desejo), atende (meu desejo); mostra-te, mostra-te, sê redondo e gira (a Mandala); saudações a Ti; lembro-me do Buda Samanta; que este espaço superior esteja livre (de obstáculos); que Dharmadhātu, o imutável, esteja em toda parte; que o Tathāgata esteja na Mandala de pétalas que é oposta a mim e feita por mim. Svāhā a todos os Tathāgatas que são sagrados, conhecimento e poder, que são o combustível da força (forte como o fogo alimentado pelo combustível), que são o Poder desta Mandala, e que são todo-poderosos" (*SCST*, p. 10)[240].

Após esses procedimentos mágicos vem a invocação, convocando aquele ser que será formado pelo lama. Essa é uma situação psicológica absolutamente notável. Ele mesmo é este Buda Samantabhadra, este Buda da semelhança. Devido à semelhança, ele de fato já é idêntico a ele. Na verdade, é absurdo que ele convoque o onisciente para se tornar redondo e girar. Ele já é, mas por outro lado ainda não é. Esse paradoxo é quase insolúvel.

Quando alguém do Ocidente se depara com tais questões no texto, não pode fazer nada além de ficar logicamente horrorizado. Recentemente, li uma introdução a um texto escrito por um estudioso inglês que ficou incrivelmente irritado com isso, achando que era uma terrível estupidez. Como se o vi-

---

239. Cf. nota 164.

240. O *SCST* traz o texto sânscrito original do mantra: "*Om sarvavid pura pura sura sura avarta avarta ho nama samanta buddha nam abhismaraye spharana immam gagana kham dharmadhatu akashya samantama sarva tathagata apari shadhale mandale mama pranite punya jnana balena sarva tathagata balendha bandhasa sthana balena ca le svaha*" (p. 10).

vente não fosse cheio de paradoxos. Estamos cheios de contradições internas. Afinal, todo mundo é uma mistura de pares de opostos, e quem pensa o contrário é apenas unilateral, vive apenas um meio-lado e não quer saber nada do outro lado. Esta é a doença do Ocidente; surge de pessoas assim, com todas as contradições, não da lógica. Então, inevitavelmente, neste ponto, fica claro que ele é o Buda, mas também não. Em certo sentido, o Buda é apenas uma construção subjetiva. Está nas mãos dele se deseja criá-lo ou não, e ainda assim ele é objetivo. Isso está ligado a uma particularidade psíquica contra a qual todo o Ocidente luta constantemente, ou seja, a convicção de que toda a sua psicologia é uma questão subjetiva. Que nosso ser psíquico é idêntico à consciência subjetiva. Subjetiva, sim, mas apenas até certo ponto[241]. Ela abrange um vasto número de questões objetivas. Afinal, $2 \times 2 = 4$ é algo que afeta toda a humanidade, e todos dominam essa verdade. Assim, existem infinitas coisas, percepções, que nos são transmitidas por meio da linguagem e que aceitamos sem pestanejar. Lemos livros, jornais; somos informados. E, portanto, esses conteúdos não são subjetivos, mas objetivos. Ainda assim, podemos fazer malabarismos com eles até certo ponto, jogar xadrez com eles e, devido a certas opções de que dispomos para lidar com esses dados, acreditamos que tais conteúdos são nosso desejo e nossa vontade subjetivos, o que de fato nem sempre é bem verdade. Pois, por outro lado, somos confrontados com certas circunstâncias psíquicas que não podemos controlar, por exemplo, quando alguém, acreditando que a psique é assunto inteiramente seu, se convence de que nenhuma cereja cresceria no galho de uma árvore se ele não tivesse concebido o ramo. Mas ele terá um sonho e então não dirá que ele mes-

---

241. ES: "e nem uma vez em alto grau subjetivamente"; RS, por outro lado, excluiu essa palavra: "e nem uma vez em alto grau".

mo inventou o sonho; ao contrário, o sonho aconteceu com ele e não é produto de seus próprios pensamentos. Ninguém pode me convencer de que criou seu sonho; os sonhos emergem do subterrâneo psíquico. Encontramo-nos nas realidades do sonho, independentemente dos sintomas patológicos. Se alguém menciona questões de patologia, argumenta-se que se trata simplesmente de uma questão de doença, como se o estar doente não tivesse lugar na psique. Não existem pessoas completamente sadias. Na humanidade há sempre um certo grau de doença presente. Em nossa psique está claro que existe uma objetividade e, dentro desta, uma quantidade bastante limitada de fatos subjetivos. Apenas em um grau limitado temos controle sobre eles ou podemos manipulá-los. Mas não somos senhores dos fatores decisivos. Ah, sim, podemos realizar um treinamento intenso para que o que podemos alcançar com nossa vontade esteja disponível para nós. Essa é a intenção tanto no Ocidente quanto no Oriente. A ioga não é usada apenas para transformar a pessoa em um Buda, mas via de regra como um treinamento da vontade no qual todo o mundo real é em grande parte removido. O indivíduo se torna ator de si mesmo; é possível realmente fazer tal *show*. Por exemplo, pode-se dramatizar um repertório completo de sentimentos de forma que todos pensem que é autêntico, mas não é. É tudo simplesmente atuação. Tal pessoa pode desempenhar um papel ao longo da vida, sempre tão amável e feliz, de modo que todos acreditem que ela está em um estado de graça com tantos sorrisos. Mas não está nem um pouco. É possível treinar para isso, é uma conquista artificial, e não se pode dizer que é mentira, depende da intenção. Pode-se afirmar que, se sou sempre bom e amistoso, estou fazendo isso pelo bem da sociedade. Mas é assim que acontecem os crimes mais terríveis, pois pessoas podem ser levadas ao desespero se alguém demonstrar virtude antinatural dia e noite.

Todo aquele que é incapaz de fazer isso entra em um estado de inferioridade. Isso causa uma revolução sedenta de sangue. É por isso que os filhos daqueles com as melhores intenções costumam ser os patifes mais irritantes. Há um ditado suíço que diz: *"Pfarrers Söhn' und Müllers Küh' koste viel und grote nie"* [Filho de pastor e vaca de moleiro custam caro e nunca acabam bem][242].

Ora, essa invocação da figura divina é uma terrível contradição, mas também é uma descrição precisa da nossa psicologia: por um lado, somos completamente subjetivos, apenas eu existo, enquanto, por outro lado, existe um oposto psíquico, que não podemos dominar e que nos alarma quando nos damos conta dele. No entanto, de forma alguma temos sempre consciência disso. Vivemos principalmente com a opinião de que são outras pessoas que vivem do outro lado desse limite. É sempre uma questão de os maus viverem "lá", "do outro lado do Reno". É simplesmente o caso de saber de que lado se está. É o mesmo em todas as cidades pequenas, em todas as famílias. Afinal, todo mundo tem sua *bête noir*. "Senhor, eu te agradeço porque não sou como aquele ali que comete todos os atos imorais que eu gostaria de cometer." Enquanto alguém está fazendo essas projeções, é claro que não está consciente de que tem um outro lado, uma psique objetiva que pode ter uma vontade diferente da nossa.

É por isso que a maioria das pessoas com neurose compulsiva fica tão incrivelmente impressionada que as coisas não acontecem mais como gostariam. Como um cavalo que tem uma ideia diferente do cavaleiro. A maioria das pessoas, se tiverem ideias peculiares, pensam que são loucas. Então, um

---

242. Vale a pena lembrar aqui que Jung era filho do pastor reformado suíço Johann Paul Achilles Jung (1842-1896).

pobre diabo entra no meu consultório e diz que teve uma ideia tão estranha e que isso é loucura. As pessoas entram em pânico, às vezes com razão, às vezes incorretamente. É simplesmente o caso de alguém ter certas experiências internas que não podem ser acomodadas dentro da estrutura conhecida. Gostaria de acreditar que no Ocidente fôssemos dotados dessa objetividade, para que se pudesse reconhecer que o que pode parecer subjetivo em circunstâncias normais também pode, em outras circunstâncias, ser uma questão objetiva. Tudo isso emerge do exercício todo. Não são apenas as funções sensoriais, mas também as funções da consciência que são personificadas, objetivadas, tomando forma para que possam ser adoradas. Esse é o sentido de todo este exercício. Espero que tenha ficado claro para vocês. É um processo absolutamente típico no Oriente: isto é, sua tendência a permitir que algo pareça objetivo e que para nós é puramente subjetivo, embora também reconhecendo o fato de que, na verdade, também é objetivo.

Por exemplo, o que chamamos de pensamento intrusivo. Ou uma música que gruda na cabeça. Simplesmente se torna desagradável, é rejeitada. Não se pensa nisso. Ou talvez alguém se pergunte que tipo de música poderia ser, e então uma letra vem à mente, e aí talvez aconteça de outra pessoa perguntar: "Sim, não poderia se referir a isso ou aquilo?" Quando eu era um jovem médico, certa vez saí para caminhar com um amigo. Quase não nos falamos. Mas ele assobiava incessantemente a melodia[243]:

> *When in the gloomy midnight deep*
> *My solitary watch I keep,*
> *I think on her I left behind,*
> *And ask is she still true and kind*[244].

---

243. ES anotou: "C.G. assobia".

244. Poema de Wilhelm Hauff (1802-1827), publicado pela primeira vez em *Kriegs und Volkslieder* (Stuttgart, 1824), melodia de Friedrich Silcher (1789-

Aí, perguntei: "Então ela terminou com você?" "Sim, como diabos você sabe disso?" Assim fala o inconsciente. Mas então manipulamos a situação de forma a sugerir que sempre tivemos a intenção de assobiar aquela melodia. Não há como discutir esse negócio. Ele experimenta o fato de que essa coisa não sai de sua cabeça, como se tivesse vontade própria. No entanto, é assim que todos os complexos funcionam. Quando você tem uma preocupação causada por algum tipo de dificuldade, não consegue tirá-la da cabeça porque ela não quer desaparecer. Eu quero, mas ela não. Portanto, ninguém é dono de sua própria casa. É muito melhor reconhecer isso. Então, tem-se a chance de criar ordem. Mas embora você possa pensar que é o mestre, na verdade está apenas evitando a questão de uma forma nada científica. Encobre-se o fato de forma malfeita com lógica impura.

(B1) Pedido de absolvição

Chegamos à parte B desta segunda fase, a fase antitética relativa à ameaça e à defesa. O iogue deve fazer este gesto mais uma vez:

> Que estale os dedos e o polegar novamente e adore com o Mantra acima. Então, que o adorador diga:
> "Eu busco a absolvição pelos pecados que cometi, ou tentei cometer, ou nos quais tive prazer quando cometidos (por outros) pelo corpo, fala, mente; motivados por luxúria, raiva, preguiça, estupidez durante todos os estados de minhas existências anteriores, tempo sem começo" (*SCST*, p. 10-11).

Assim, ele busca absolvição para todos os resíduos cármi-

1860). Também foi musicado por Karl Gottlieb Reissiger (1798-1859), "*Steh' ich in finstrer Mitternacht*", op. 99, n. 1, publicado em 1835; e Elise Schmezer (1810-1856), "*Auf Posten*", op. 10, n. 2, publicado em 1850; traduzido para o inglês como "*True Love*", por William Howitt (1841, p. 194-195).

cos, para todas as sobras de ações passadas em existências anteriores. A psicologia aqui é bastante clara, existe a dúvida de que a transformação não possa acontecer devido à contaminação pelo pecado. Portanto, ele deve se purificar.

> "Eu busco a absolvição para todo e qualquer pecado assim cometido na presença de meu Guru e dos Devatās desta sagrada Mandala: (2) Não os cometerei novamente" (e ele deve dizer ainda): [...]
> (3) "Eu (nomeando a si mesmo) busco refúgio no Buda, Dharma e Saṃgha [...]" (*SCST*, p. 11).

Dharma é a verdade, a lei. *Saṃgha* é a comunidade, a comunidade budista original, mais tarde a clausura do mosteiro.

> "[...] a partir deste momento até atingir o glorioso estado de Shrī-chakra-Mahāsukha" (*SCST*, p. 11).

Shrī-chakra-Mahāsukha é o senhor da mandala.

(B2) Bons preceitos através de oito votos

Então vêm os oito votos. Eles dizem:

> (4) "Juro continuar na prática e observância das regras e condições impostas pelo Shrī-chakra-sambhāra:
> (5) Sentirei satisfação e prazer nos méritos adquiridos por leigos, nobres Shrāvakas, budas Pratyeka" [...]
> (*SCST*, p. 11).

Shrāvakas são discípulos do Buda; os budas *pratyeka* são independentes. Esses são budas que não vieram à Terra pela humanidade, mas que alcançaram a perfeição por si mesmos. Eles não pregam, não pertencem a nenhuma comunidade, mas são aqueles que se livraram do giro da roda em seu ciclo de existência, que deixaram completamente o mundo do sofrimento, da aparência.

> "[...], bodhisattvas, e por todos os mais elevados budas perfeitos:

(6) Libertarei aquelas pessoas que ainda não foram libertas:

(7) Darei ânimo aos desanimados:

(8) Ajudarei aqueles que não atingiram o Nirvana completo a obtê-lo:

(9) Suplicarei aos budas das dez direções que não colocam a roda da verdade em movimento que o façam:

(10) Rezarei e rogarei aos Tathāgatas que pretendem passar para o Nirvana que não passem para o Nirvana: [...]" (*SCST*, p. 11).

Então, de fato, a ideia é que existem budas que, por terem alcançado a perfeição, deixaram o movimento do mundo ou estão em processo de deixá-lo. Deve-se agora pedir-lhes que não o façam, mas, pelo bem da humanidade, por misericórdia, permaneçam em relação com o mundo das aparências para que a possibilidade de libertação para outras pessoas não desapareça.

(11) "Permanecerei sincero e seriamente no caminho duplo de Shrī-chakra-sambhāra" (*SCST*, p. 12).

Por que o caminho é duplo? Não seria melhor avançar em direção à unidade? É duplo por necessidade, isto é, o eu subjetivamente aprisionado de um lado e a natureza objetiva do Buda do outro:

1. Eu sou o Buda, esta sendo a tese;

2. O obstáculo segue na antítese, que o lança de volta à sua subjetividade, pois ele deve se lembrar de seus pecados, que são a razão pela qual ele ainda não se tornou o Buda. Assim, ele deve percorrer um caminho duplo.

"E pelos méritos de minha prática dessas resoluções, que eu e todos os seres sencientes alcancemos rapidamente o estado de Shrī-chakra-sambhāra" (*SCST*, p. 12).

O iogue ainda não alcançou esse estado. Chegamos agora ao fim das súplicas pela redenção e pelos bons preceitos.

Que o adorador repita isso clara e distintamente três vezes, lembrando-se a cada vez do significado profundo das palavras que está proferindo. Então, deve pensar que os Seres Divinos que ele invocou estão se dirigindo a ele em resposta, assim: [...] (*SCST*, p. 12).

(B3) Resposta dos *devatās*

"Ó filho de linhagem nobre, bem adotaste tu tua morada. Se permaneceres nela com certeza alcançarás o estágio mais elevado."
Então, novamente, que adore os Devatās com a breve forma de adoração já mencionada (*SCST*, p. 12).

Nessa seção, um diálogo com os *devatās* é antecipado. Muitas vezes, quando tais estados extáticos são criados por meio da imaginação ativa, a forma gerada atinge tanta atividade e espontaneidade que reage com uma resposta, ocasionalmente de maneira muito chocante. A fim de evitar isso – porque se algo assim acontecer seria perigoso para o dogma –, o que os *devatās* teriam a dizer é agora pronunciado, ou seja, eles devem responder de acordo com o dogma. No entanto, mesmo antes que eles possam fazê-lo, o iogue deve imaginar que eles dizem isso e aquilo, ou seja, algo que coincide com as exigências do dogma. É assim que as expressões espontâneas de figuras do inconsciente são antecipadas e interceptadas. Essa questão é de importância capital em tal exercício – incapacitar a espontaneidade dos poderes criativos inconscientes, controlando-os, sujeitando-os. A própria intenção do exercício é sujeitar os *kleśas*, os impulsos inconscientes. Se tal figura inconsciente ousasse declarar algo por conta própria, o jugo seria interrompido e o poder protetor do dogma seria quebrado. Essa ruptura, então, concebivelmente tornaria viável para essa figura proferir algo estranho ao dogma. Portanto, é a intenção permanente da atividade espiritual criadora de dogmas da humanidade articular tais dogmas com refinamentos incessantes e uma sutileza que nunca é consciente, gradualmente apreendendo aquela forma particular que expressa tão precisamente quanto possível a natureza do inconsciente e, assim, convidando o inconsciente a entrar nessas formas por vontade própria.

No texto em questão, o lama informa sua psique sobre sua própria natureza e como ela deve se comportar. Desde que também seja adequado à psique, o inconsciente flui voluntariamente para essas formas. Isso vem acontecendo há séculos, ao longo de milênios, algo como que presumindo que a psique objetiva realmente possui essas qualidades. Mas se o dogma assume tal forma, por uma diferenciação posterior da consciência, que não mais corresponde à natureza da psique objetiva, então o inconsciente não pode mais fluir para ela. Aí não é o dogma que desmorona, mas a psique. Tantas vidas são destruídas porque o inconsciente vivo não pode mais entrar na forma sagrada. Ou, então, ao longo dos séculos constelou-se algo inconsciente que deixa o dogma incapaz de expressar o estado do inconsciente. Uma vez que um dogma expressa o estado atual do inconsciente, ninguém pode escapar desse efeito, pois ele se expressa, goste ou não, dessa maneira particular; esta é a forma que toma.

É por isso que Tertuliano pôde dizer: *anima naturaliter christiana* – a alma é naturalmente cristã[245]. Por outro lado, pode-se também afirmar que o dogma cristão expressa verdadeiramente a natureza da alma. Os indianos também poderiam

---

245. Tertuliano (*ca.* 155 – *ca.* 240 d.C.), cujo nome real era Quintus Septimius Florens Tertullianus, chamado de "o pai do cristianismo latino", pois foi o primeiro dos Patriarcas da Igreja a escrever extensivamente em latim. Em *Apologeticus* 17:6, Tertuliano introduziu o conceito de uma "*anima naturaliter christiana*", significando que desde o início da criação a alma humana carrega em si o conhecimento de Deus. Embora esse dom divino de conhecimento possa ser obscurecido, nunca pode ser apagado. Gilles Quispel escreveu um artigo sobre "*anima naturaliter christiana*" para o volume de Eranos por ocasião do 75º aniversário de Jung (Quispel, 1950).

dizer: minha alma é Buda, pois na natureza do Buda minha alma é perfeitamente expressa, ou pelo menos quase. Isso deu origem à difusão precoce do budismo, que, como se sabe, se espalhou por toda a Índia, mas agora desapareceu, com exceção de alguns vestígios no Nepal, na fronteira com o Tibete, e depois no Tibete – que não pertence à Índia – e então no Ceilão[246], que também não pertence mais à Índia. Mas na Índia foi novamente envolto no manto do hinduísmo. O Buda é agora a nona encarnação reconhecida de Vishnu. A décima está a caminho, que é o cavalo branco. Mas vem somente depois do Buda. O budismo e sua doutrina são agora reconhecíveis sob o manto do hinduísmo. É por isso que você encontrará vestígios dessa imagem sagrada em toda a Índia. Mas suas conquistas, sua suprema integração, sua clareza de consciência, não são mais conhecidas nem mesmo na Índia, onde agora é um assunto privado para indivíduos iluminados. Você quase não se atreve a falar seu nome por causa de tanta trapaça que é perpetrada na Índia. Hoje, na Índia, a coisa da ioga é um negócio, e ai de nós se esse disparate for lançado na Europa.

No Ceilão, a fé ainda tem uma forma dogmática. Quanto ao motivo pelo qual a Índia não foi capaz de sustentar o budismo como a expressão máxima da vontade criadora religiosa, não faço ideia. Mas o fato é que o politeísmo, essa riqueza sem fim na forma da essência divina, é de algum modo uma expressão mais exata da alma indiana do que a do Buda perfeito. Eu preferiria dizer que é uma grande graça para a humanidade quando ela tem uma forma na qual pode expressar seu inconsciente, e um estado bastante infeliz quando o homem não tem mais isso. Pois então ele deve se salvar em sua ilha da consciên-

---

246. O Ceilão foi uma colônia da Coroa Britânica de 1815 a 1948. Em 1972, tornou-se uma república sob o nome de Sri Lanka. Jung visitou o Ceilão em janeiro de 1938.

cia, e não tem mais absolutamente nenhuma possibilidade de demonstrar o que é esse outro. Assim, o outro se torna nada ou patológico. É por isso que estamos hoje na situação em que todos aqueles que não mais expressam seu inconsciente dessa maneira imaginal demonstram o maior número de neuroses. Esse fato indubitavelmente certo decorre da inquietação perpétua causada por coisas que não se pode, em vez de não querer, revelar. Todas elas se tornam humores subjetivos e fantasias malucas ou conflitos. Ao passo que, se o inconsciente pode ser contido em uma forma dogmática, então temos aqueles modos de vida, cerimônias e rituais nos quais a atividade da alma pode encontrar expressão. Por exemplo, os australianos centrais gastam dois terços de seu tempo em cerimônias de natureza simbólica. Quanto investimos nesse tipo de coisa? Embora experimentemos isso por meio de nossos sonhos, pensamos que temos coisas muito mais importantes a fazer durante nossas horas de vigília consciente. Dizemos: "Bem, são apenas primitivos, fazemos coisas mais úteis". Mas essas coisas são menos significativas, sempre giram apenas em torno de cuidarmos dos nossos assuntos. Enquanto aquelas pessoas cuidam dos assuntos do mundo.

Um nativo Pueblo escreveu para mim certa vez que os americanos deveriam parar de se envolver em cerimônias religiosas tribais. Caso contrário, em dez anos o sol não nasceria mais, uma vez que são eles que fazem isso acontecer com suas orações. Logo, ninguém ousa impedi-los de fazê-lo. Deve haver alguma verdade nisso.

Seminário 11[247]

3 de fevereiro de 1939

Um último adendo. Gostaria de chamar a atenção de vocês mais uma vez para a invocação: "Om, onisciente, atende (meu desejo), atende (meu desejo); mostra-te, mostra-te, sê redondo e gira (a Mandala)"[248]. Deve-se manter essa noção em mente. É importante precisamente para o simbolismo ocidental e muitas vezes o simbolismo feminino. Tornou-se evidente no Ocidente, em total contraste com o Oriente, que as mulheres em particular elaboram tais símbolos em seu inconsciente. No Oriente, isso ocorre apenas excepcionalmente. Esses símbolos de redondeza, as mandalas que são encontradas no Oriente, são produzidos no budismo exclusivamente por homens. As mulheres fundamentalmente não têm nada a ver com isso. Por outro lado, no sul matriarcal, na área ao sul de Hyderabad[249], são prerrogativa das mulheres. Vi mandalas bastante novas, de safra moderna, desenhadas naquele mesmo dia. No grande templo de Madurai[250] observei uma mulher trabalhando. Ela

---

247. Anotações de LSM, RS, ES e tradução de BH para o inglês.

248. Cf. p. 234s.

249. Em 19 de dezembro de 1937, Jung estava em Hyderabad, onde um doutorado honorário lhe foi concedido pela Universidade de Osmania em Hyderabad.

250. Em sua jornada pela Índia, Jung foi a Madurai de carro em 28 de janeiro de 1938. Ele visitou o Templo Meenakshi Amman, localizado no lado sul do Rio

nem sequer conseguia atinar por que um homem haveria de fazê-lo: em sua opinião, apenas as mulheres conhecem todos os muitos significados envolvidos em como a mandala surge. Mas esse é o sul matriarcal.

No norte, você ainda pode encontrar esses vestígios matriarcais, mas nem de longe a tal ponto, porque o norte foi fortemente influenciado pelo islã após a invasão mongol. Mas, no sul, tal prática é muito maior. Infelizmente, não pude pesquisar essa questão com mais profundidade. Não se pode perguntar às mulheres o que elas estão fazendo. Elas ficam surpresas se um homem lhes pergunta sobre isso e imediatamente ficam em silêncio, horrorizadas.

Há uma exceção no sul, onde se pode penetrar nesse simbolismo da mandala, e ali os homens de fato ainda o praticam. É mais ao norte, na região de Bengala, que se encontram alguns adeptos de uma determinada prática de ioga mais ligada à ioga tibetana, a saber, a ioga tântrica, a Laya Yoga[251] ou a ioga kundalini. Lá, essas mandalas também são confeccionadas por homens.

Essas mandalas – o círculo ou *"rotundum"*, como eram chamadas pelos filósofos medievais – são de origem antiga também para nós aqui. Principalmente os textos medievais se referem ao *Timeu* de Platão: a representação da alma redonda do mundo e, ao mesmo tempo, da alma do indivíduo: a esse respeito, é um microcosmo relacionado a um macrocosmo. Para o filósofo medieval, o homem espiritual é um microcosmo. Assim, a alma humana individual tem a mesma redondeza que a alma do princípio eterno que envolve todo o universo.

A noção platônica é idêntica à filosofia oriental do *ātman* ou *puruṣa*[252] [purusha] que envolve o mundo inteiro a dois

---

Vaigai. O templo é dedicado a Meenakshi e seu consorte, Shiva-Sundareswarar.

251. Laya Yoga, a ioga da absorção (meditativa).

252. Cf. Seminário 5, de 26 de maio de 1939 (p. 391-404).

palmos de altura e ainda vive no coração de cada pessoa individual; ele é do tamanho de um polegar, um polegarzinho. Uma pequena figura humana, minúscula, situada no coração de todos, mas ao mesmo tempo abrangendo o mundo inteiro, com dois palmos de altura, mas se estendendo além dele.

A ideia de circularidade, entretanto, não é concebida como estando presente desde o início, mas deve ser criada pelo iogue. No exercício, ele deve, de alguma forma, evocar essa redondeza por meio de seus esforços. Daí esta invocação: "sê redondo e gira". Este é um processo mágico, que deve fazer com que sua personalidade espiritual se torne redonda e completa, tão redonda quanto todo o cosmos. Por meio dessa invocação, ele busca se colocar em harmonia com aquele ser que contém em si todo o cosmos como um *ātman* transpessoal. Sua esperança é que, por meio desse arredondamento, ele se torne idêntico ao espírito do mundo ou ao ser do mundo. Essa ideia prevalecia também em nossa filosofia medieval. No entanto, não teve chance. Sempre precisou ser cuidadosa diante da Igreja, e então foi por terra após ser reprimida pela cosmovisão científica. E a própria filosofia hermética não é isenta de culpa nisso. Eles praticaram a química à sua maneira e buscaram a alma do mundo na matéria, tornando-se assim os pais da ciência moderna. Então, portanto, os instintos científicos foram privilegiados e, no processo, as ideias filosóficas foram enterradas. Você encontrará o ponto de transição nos escritos de Teofrasto Paracelso[253]. O mundo antigo, que ainda dominava totalmente, descolou-se do novo mundo, que se preparava para florescer. Ambos podem ser vistos claramente ainda

---

253. Paracelso, pseudônimo de Philippus Aureolus Theophrastus Bombastus von Hohenheim (1493-1541), filósofo suíço, médico, alquimista e ocultista. Jung deu dois seminários sobre Paracelso por ocasião do 400º aniversário de sua morte: *"Paracelsus als Arzt"* [Paracelso, o médico] e *"Paracelsus als geistige Erscheinung"* [Paracelso, o fenômeno espiritual] (OC 13).

operando ao mesmo tempo em sua obra. A ascensão do século XVI a uma filosofia ocidental puramente intelectual não tinha mais espaço para um meio de salvação ou doutrina de redenção, a menos que viesse pelo conhecimento. Nessa encruzilhada, a filosofia separou-se completamente da pessoa como um todo. Dali em diante, passou-se a filosofar com a cabeça. Enquanto os antigos filosofavam com a pessoa inteira. A partir de então, filosofaram somente sobre a pessoa, não fora da pessoa.

No entanto, nosso texto mostra como eles estão filosofando aqui a partir da pessoa inteira, e como a transformação da pessoa inteira é o objetivo desse procedimento mágico. Hoje em dia, estamos cegos pelo medo da superstição. A magia é censurável para nós. Se alguém usa a palavra "mágica", ela é interpretada como oposta à ciência. Entretanto, "mágico" significa simplesmente "psicológico". Esse conceito era desconhecido nos séculos anteriores, de modo que o que era de natureza psicológica era mágico.

Isso ainda pode ser visto no Oriente. As figuras de mandala também são consideradas sinais mágicos e são tratadas com reverência porque não se sabe o que essas coisas podem fazer. Conheço também europeus que por muito tempo mergulharam nisso tudo, para quem o inconsciente foi constelado por meio dessas imagens, e que desenvolveram um medo notável delas: "Não se deve exibir esse tipo de coisa; alguns dos desenhos são bastante malignos". E são apenas desenhos geométricos simples. Se um europeu se envolve com isso por bastante tempo, ele se convence de que essas coisas têm um efeito desagradável ou perigoso. Então, pode ficar um pouco louco ou até um pouco louco demais. Existem alguns casos bem conhecidos. E isso é causado por um único motivo: as pessoas não têm capacidade psicológica para compreender essas coisas e processá-las. Não conseguem encontrar uma fórmula para compreendê-las com a mentalidade ocidental, sendo de alguma forma incapazes de conectá-las à sua estrutura de conhecimento. No início, rejeitam como pura loucura, superstição maluca. Então, por fim, chega o momento em que a loucura toma conta e eles estão sob seu controle. Assim como muitas pessoas "ficaram pretas" por dentro nos trópicos – o conhecido fenômeno de "*going black*"[254]. Se o homem europeu viver o suficiente nessas regiões, o homem primitivo desperta nele. Isso tem um poder de sugestão colossal, porque esse homem primitivo é inteiro.

Então, hoje em dia, nós no Ocidente estamos em desvantagem, porque separamos completamente a cabeça da pessoa como um todo. Não estamos fazendo as coisas de maneira diferente aqui hoje. Mas, a partir do texto, vocês podem sentir por si mesmos que ele está falando não apenas do intelecto, mas da pessoa como um todo.

Já estamos quase terminando a Fase II. Eu havia acabado de mencionar que essa resposta dos *devatās*, que até certo ponto dão a resposta dogmaticamente correta, não se aplica em todas as circunstâncias. Pois resta a chance de que a pessoa que permanece neste mundo visual possa ouvir tais *devatās* dizendo algo a ela que pode não estar de acordo com o dogma. Daí as medidas de segurança: o aluno de ioga é instado a memorizar a resposta dos *devatās* para que, quando começarem a falar, ele possa dizer imediatamente: "Ahá, é isso que você quer dizer, então!" Com a fórmula que aprendeu de cor, ele pode abafar o que os *devatās* pregariam. Coisas bastante semelhantes ocorrem na história da Igreja; por exemplo, há uma obra de Santo Atanásio, mestre de Santo Antônio[255], onde ele escreve sobre a vida interior do homem no deserto. Lá ele descreve o tipo de

---

254. Jung usou a expressão inglesa aqui.

255. Santo Antão (*ca.* 251-356), muitas vezes referido como o Grande, um eremita cristão do Egito, visto como o pai do monaquismo. O *Vita S. Antonii*

fenômenos que podem se manifestar para aqueles eremitas[256]. Trata-se de vivificações, figuras igualmente animadas, que, ao contrário das do Oriente, não surgem de meditações, mas da solidão, alucinações na solidão. Se alguém ficar sozinho por um longo período, surge a possibilidade de que ele anime a solidão. Da mesma forma, se alguém estiver muito cansado ou em perigo. Em países mais primitivos, essas animações ativas podem surgir para europeus comuns que, de outra forma, são completamente normais espiritualmente. Elas se revelam como vozes ou visões ou as duas coisas. Surgem naturalmente, não tendo sido estimuladas por nenhum tipo de exercício.

Assim, para aqueles eremitas que habitam o deserto, tais manifestações solitárias na forma de várias figuras nem sempre são desejáveis. Atanásio descreve os fenômenos que surgem, por exemplo, o diabo; podem ser ouvidos lendo a Bíblia ou cantando hinos piedosos. Eles se sentam por perto e dizem todo tipo de coisa, e o pior é que dizem a verdade. Ele então dá exemplos das verdades reveladas pelos demônios ao eremita; coisas surpreendentemente verdadeiras emergem deles que se igualam ao nosso conhecimento contemporâneo. Ele diz que isso é o mais perigoso, porque assim o eremita é levado a acreditar que não é o diabo falando com ele, mas um anjo de Deus. Então, Atanásio aconselha como se comportar em relação a essas figuras, de acordo com a doutrina da Igreja.

Vocês devem imaginar que tais exercícios não são realizados numa cidade antiga qualquer, mas por lamas em um mosteiro, ou buscando outro local de meditação ligado a um mosteiro, perto de algum lago alto nas montanhas do Tibete, 4 mil

---

(356-362), relato da vida de Santo Antão, atribuído a Santo Atanásio de Alexandria (*ca.* 296-373), descreve as tentações enfrentadas pelo santo no deserto.

256. Cf. os capítulos "O Eremita" e "Dies II" em *O livro vermelho* (Jung, 2013, p. 215-233).

metros ou mais acima do nível do mar. Lá na margem, entre o lago e a montanha, o lama constrói sua cabana e passa anos meditando em absoluta e mortalmente silenciosa solidão. Você pode facilmente imaginar que tipo de coisas podem acontecer em tal isolamento absoluto. Provavelmente, sem ver qualquer ser humano por meses a fio, ou talvez apenas um pastor ou uma mulher que lhe leve comida. Talvez ele nem os veja, enclausurado como está na cabana durante tais meditações. Essas figuras operam em um nível completamente diferente do que estamos falando aqui, onde as instruções se tornam extraordinariamente fáceis de entender.

> O adorador deve repetir a invocação Mantra Vajra-muh e dizer em sua mente "Por favor, vem" (*SCST*, p. 12).

Vajra-muh é um tipo específico de invocação: *muh* significa enganar ou cegar. *Moha*, ou seja, a cegueira, vem da mesma raiz. Um mantra *moha* é a fórmula memorizada para cegar, ou seja, afeta o que é falado: cegar. Essa invocação *vajra-muh*, que causa cegueira, é um mantra *moha*, uma palavra que enfeitiça. É usado pelos adeptos para cegar os demônios que podem pôr em perigo o exercício sagrado, protegendo o praticante de ioga da influência deles.

> Estes constituem os 13 meios de adquirir méritos (*SCST*, p. 12).

(B4) Criação dos dez *devatās* femininos

> Então, do Bīja Mantra Hūm, que está no coração, emanam dez Devatās femininos (Ḍākinī) que são as guardiãs das portas. Há oito delas nos oito pontos cardeais e Khaṇḍa e Roha estão acima (zênite) e abaixo (nadir) (*SCST*, p. 12).

Esses seres divinos são dez deusas que o iogue deve produzir de dentro de si. Até agora, apenas *devatās* masculinos foram criados. Expliquei a vocês o que a criação significa: um alívio da própria psique de seus conteúdos, colocando-os fora dela. Então, um alívio da psique. Mas essas são figuras conscientes. O iogue é um homem. Sua consciência é de natureza masculina. Se ele permite que apenas *devatās* masculinos saiam dele, então são todos pensamentos religiosos conscientes, que ele coloca diante de si de uma forma personificada, deixando-o ainda com seu inconsciente. E para ser completamente liberado ele também deve criar seu inconsciente feminino. Isso, então, ocorre por meio dos dez *devatās* femininos. Elas se manifestam nas dez direções e se tornam guardiãs das portas contra os espíritos malignos enquanto o iogue está meditando. *Kandha* significa grande quantidade (no zênite), enquanto *roha* é a ascensão do crescimento (nadir). Visualizamos o conceito, ou seja, que acima ou no topo ocorre o desenvolvimento, enquanto abaixo cresce a raiz – onde a planta cresce para cima.

> Elas estão no leste, sul, oeste, norte e depois sudeste, sudoeste, nordeste e noroeste (*SCST*, p. 12).

(B5) Criação do quadrado e do círculo

> Em seguida, repita uma sílaba (Pada) do Mantra do devatā de quatro faces e, a cada repetição de Pada, estale o indicador e o polegar da mão esquerda. Que pense que, por meio disso, expulsou todos os espíritos perniciosos. Então, em uma inundação de luz que emana do "Hūm" no coração, que prossiga por etapas para fazer o Vajra-bhūmi (solo); ao lado da parede, teto, cortina do teto com franjas e Śarajāla [densa chuva de flechas] e do lado de fora toda uma cerca de chamas divinas (*SCST*, p. 12-13).

Esta é evidentemente a descrição do quadrado com portas no interior de uma mandala. A mandala é cercada pelo fogo, as chamas celestiais. Este é o fogo da *concupiscentia*, do desejo, que se enreda nos novos nascimentos. Deve queimar para fora para defesa contra a tentação externa.

> Ele deve começar este trabalho de dentro e prosseguir para fora de forma ordenada (*SCST*, p. 13).

A mandala não deve ser construída de fora para dentro, mas a partir do centro, de dentro para fora, de modo que o iogue ou lama esteja sempre no centro da própria mandala.

(C) Ameaça às dez direções e ao círculo protetor

> Em seguida, disponha os dedos da mão esquerda no Mudrā ameaçador e aponte-o para as dez direções [...].

Para apoiar as guardiãs das portas. Ele usa seu conteúdo inconsciente como meio de defesa contra o exterior.

> [...] produzindo o som de estalo anteriormente mencionado, repetindo solenemente o seguinte Mantra três vezes: Om medinī-vajra bhava vajra-ban-dhana hūm hūm phaṭ (*SCST*, p. 13).

Isso significa: "Om. Solo, ser eterno, eternamente vindo a ser! Hūm". Então, *phaṭ*, ou seja, choque, estrondo, refere-se ao estalo. Esse mantra é agora falado para as paredes, para o teto e para outras partes dessa estrutura imaginária, a fim de proteger todas as direções contra espíritos hostis, para que nada perturbe esse lugar sagrado, que é fundado no nada do coração.

> Tendo concentrado a mente nos círculos protetores anteriores, crie a partir do "Hūm" no coração Vajra-punhais com Vajra-punhos e Vajra-clavas. Colocando-os nas mãos esquerda e direita das inúmeras figuras semelhantes a ele, que centre sua mente nas inúmeras figuras que preenchem os céus e convocam os Espíritos, incluindo aqueles poderosos que guardam as quatro direções do sistema do mundo. Quem é branco toma o refúgio e entra no caminho da retidão. Pense

> naqueles que são negros como sendo transfixados com uma adaga no alto da cabeça (*SCST*, p. 13-14).

Este é um ponto crucial para a verdadeira magia do tibetano: a imaginação dos projéteis mágicos. Eles são conjurados para o propósito dessa emanação numinosa. Admite-se, além de todas essas formas, que também se pode criar entidades mágicas por meio da ioga, projéteis que são tidos como *vajra*, que podem ser produzidos imaginalmente de modo a ferir certas pessoas ou mesmo matá-las. E, nesse texto, isso se aplica apenas aos espíritos malignos que desejam permanecer em *avidyā*, ou seja, na ignorância, e podem ser mortos por essas armas.

> Em seguida, recite oralmente: Om, que a dispersão da densa massa de escuridão da ilusão de Avidyā seja realizada; que todo o sofrimento seja destruído [...]. Ao mesmo tempo, imagine que eles são transformados em pó por golpes do Vajra-Martelo (*SCST*, p. 14).

Vocês podem ver até que ponto o Oriente honra a consciência como a luz que sustenta benevolentemente o homem na terrível escuridão que o cerca. Essa escuridão do inconsciente é o que o Oriente interpreta como a epítome do mal. Todo mal vem da ignorância. Todo mal, todo o padecer da vida, vem de não saber. Encontra-se essa doutrina nas palavras originais do Buda. Pois quem está em estado de inconsciência se comporta como um autômato. Não tem ética. Ele, portanto, agirá por *concupiscentia* (no sentido de luxúria) e assim se envolverá na vida, no sofrimento, na velhice, na doença e na morte e, portanto, deixará a roda da existência continuar girando. Continuará reencarnando, abandonando-se à criação, que nada mais é do que sofrimento, e apenas aumentará a totalidade do sofrimento, não o diminuirá. Somente mediante o conhecimento surge a cessação do desejo. A pessoa não quer mais continuar girando a roda dos eventos, o ciclo da existência do *saṃsāra* [samsara], mas chegar ao fim e, assim, pôr fim a toda a criação.

> Que concentre a mente na absolvição dos pecados dos Espíritos perniciosos e imagine que seus princípios de Vijñāna foram transferidos para a Terra do Buda Akṣobhya (*SCST*, p. 14).

Assim, os pecados dos espíritos malignos, isto é, os princípios de iluminação do *dharma-dhātu* dos espíritos malignos, devem ser trazidos de volta ao reino da luz.

> Em seguida, as figuras assumem suas posições na cerca externa de Vajras. Que imagine que protegem o devoto enquanto não atingir o estado de Buda. Este é o método por meio do qual se protege contra a possibilidade de ser interrompido enquanto se busca adquirir sabedoria pela meditação nas cercas mágicas de proteção. Esta é a aquisição de méritos causais (*SCST*, p. 14-15).

As duas recompensas causais são a santidade do esforço e *jñāna*, ou seja, a iluminação.

> Então, considerando todos os objetos externos e internos como ilusórios como os sonhos, diga: Om, eu sou o puro que é a verdadeira natureza de todas as coisas (*SCST*, p. 15).

As figuras são imagens suas. Aqui entra um pouco da superioridade oriental. Esses *devatās* são exatamente como os budas e bodhisattvas que preenchem os céus tão poderosamente, assim como *māyā*, ou seja, engano, ilusão, como o ser que povoa este mundo. Toda essa multiplicidade é ilusão. Isso é o que ele deveria pensar. É como imaginar algum tipo de figura sagrada e então perceber que devemos apenas tomá-la como uma ilusão. Isso é obrigatório para qualquer iogue. Tudo o que construiu, mesmo os mais elevados seres divinos, é uma ilusão, e singularmente: ele no estado secreto e vazio é o puro indivíduo que é a verdadeira natureza de todas as coisas. "O homem como a medida de todas as coisas"[257], a origem de todos os aspectos do mundo.

Isso significa que a própria consciência do indivíduo, fluindo do fundo do coração, é a fonte de todas as coisas perceptíveis, sejam elas vistas ou percebidas por meio dos sentidos. Não que não existam, mas que nossa percepção delas não passa de ilusão. Tudo alcança a iluminação a partir da luz que temos em nosso coração.

> Novamente, que medite em Māyā (sGyûma, que é o mundo) como sendo Shūnyatā (o Vazio) inconcebível pelo pensamento, e diga: Om, eu sou da natureza do Vazio e do conhecimento do Vajra (*SCST*, p. 15).

Este é o conhecimento de que qualquer coisa que possamos saber sobre o mundo, seja no sentido físico ou espiritual, é psíquico. Tudo o que é conhecido é filtrado pela psique, é "psiquizado". O próprio fato de sabermos algo, qualquer coisa, está fundamentado no ser da psique. Não podemos afirmar o que se estende além dela, mesmo, por exemplo, os sistemas galácticos a milhares de anos-luz de nós. Eles são estritamente "sistemas galácticos" na psique. No universo exterior não são "sistemas galácticos", mas nossa criação. Ao nomeá-los, interpretamos certas impressões sensoriais na psique dessa maneira, e isso é o mundo. Na verdade, estamos encerrados em um mundo psíquico de imagens. E enquanto certas coisas psíquicas se originam em um mundo material de imagens e outras em um mundo espiritual,

---

257. Protágoras de Abdera (*ca.* 485 – *ca.* 415), filósofo pré-socrático, representante da escola sofista. O seu relativismo encontrou expressão na conhecida sentença: "O homem é a medida de todas as coisas, das coisas que são, enquanto são, das coisas que não são, enquanto não são" (DK 80 B1). A filosofia de Protágoras é o tema de dois dos diálogos de Platão, o *Protágoras* e o *Teeteto*.

quem pode dizer o que é físico e o que é espiritual? Simplesmente temos um mundo psíquico de imagens com dois rótulos, "de origem física" e "de origem espiritual", cuja realidade, entretanto, é puramente psíquica. Se não fosse assim, ninguém saberia que o mundo existe. Esse é o *insight* fundamental do Oriente. E todo o Oriente se esforça para tornar esse *insight* verdadeiro, buscando libertar-se por meio dessa consciência do sofrimento do ser.

Na próxima, iniciaremos a Fase III.

Seminário 12[258]

10 de fevereiro de 1939

Então, chegamos à Fase III, a síntese:

Fase III – Síntese

A. De *shūnyatā* surge [259]:
1. Yam (apoio)
2. Ar
3. Fogo
4. Água (redonda)
5. Terra (quadrada)

B. Mandala do *dharma-dhātu-jñāna:*
1. Monte Meru
2. A cidade de Brahma
3. *Vajra* de quatro cabeças
4. Lótus de oito pétalas
5. Lua
6. Sol
7. Lótus = *yoni*
8. Lua com *liṅgaṃ*
9. *Vihāra* [viara] (mosteiro)
10. Círculo mágico (mandala) com lótus

---

258. Anotações de LSM, RS, ES e tradução para o inglês de BH.

259. Este diagrama quíntuplo pode ser encontrado em ES, BH, RS e LSM. No entanto, de acordo com o registro de RS, Jung seguiu a descrição de Zimmer, que é quádrupla: *yam* (ar), *ram* (fogo), *vam* (água) e *lam* (terra) (Zimmer, 1926, p. 95).

11. Nisso, o próprio iogue como Mahāsukha: quatro faces, quatro elementos, quatro cores, duas mãos (cadeia *nidāna*), três olhos quatro vezes

(A1)   A síntese tem duas seções claras e separadas. Segue agora a primeira:

Shūnyatā significa vazio. É um nada absoluto, mas um nada de ser positivo, um paradoxo que simplesmente não podemos imaginar. Sempre que o próprio Buda era questionado sobre conceitos escatológicos, suas respostas eram na maioria evasivas; ele se negava a falar com seus alunos sobre certas coisas, fosse qual fosse o motivo. O conceito de *shūnyatā* cabe aqui, pois o mantra "yam", uma fórmula mágica, surge desse vazio cósmico primordial por meio da imaginação, mediante os esforços do iogue para imaginá-lo. Mas o que isso significa permanece nebuloso; não há comentários no texto em inglês que uso[260]. É um radical que significa apoiar, carregar, suportar, e essas funções são bastante características de uma fundação. Uma fundação, então, deve ser criada para o mundo construído sobre ela, porque o que vem a seguir vem de *shūnyatā*, do vazio, e deve abranger todo o universo metafísico. Nesse sentido, o significado de "yam" até que se encaixaria.

(A2)   A mandala do ar surge de "yam":

> [...] de onde emerge a Mandala do Ar [...] (*SCST*, p. 15).

As mandalas são construídas umas sobre as outras, as mandalas dos quatro elementos:

(A3)   Fogo:

> [...] o Mantra Ram, desenvolvendo a Mandala de Fogo de cor vermelha [...] (*SCST*, p. 15).

---

260. Para a edição de Jung, cf. Introdução (p. 83).

O fogo novamente acende o radical semelhante, que significa "ram". Poderia muito bem significar a letra "r", mas, conforme concebido aqui, parece ser "ram". Significa desfrutar, unir, também com significado erótico. Isso se encaixa muito bem, pois a cor vermelha e o fogo estão ligados à ideia de paixão.

(A4)   Água:

> [...] o Mantra Vam, de onde sai a Mandala da Água
> redonda de forma e de cor branca com um vaso [...]
> (*SCST*, p. 15).

Aqui encontramos novamente a ideia de arredondamento. O radical "vam" significa cuspir, que mais uma vez combina muito bem com água.

(A5)   Terra (quadrada)

Agora a terra surge como a quinta (novamente com a ideia da *quinta essentia*), ligada ao mantra "lam":

> [...] o Mantra Lam, do qual evolui a Mandala da Terra
> em forma quadrada e de cor amarela [...] (*SCST*, p. 15).

"Lam" tem o mesmo sentido que "ram"; tem o sentido de relações sexuais e conexões, por prazer, presumivelmente de significado erótico. A terra agora aparece como quadrada, o oposto da água, que é redonda. Isso é típico de todo o Oriente. Em chinês também é a mesma coisa: no esquema geométrico do *I Ching, O livro das mutações*, no meio estão os quatro cantos da terra, de forma quadrada e de cor amarela. Amarelo é a "cor correta" também na China. Encaixa-se mais uma vez[261].

Agora, o interessante aqui é que poderíamos esperar de tal exercício espiritual que ocorresse uma ascensão da terra ao espiritual, por exemplo, a terra se tornando água, fogo, ar. Então,

---

261. A última frase aparece apenas em RS, que a marca como excluída.

teríamos a sucessão que encontramos em Heráclito, onde a alma mais quente e seca é a mais nobre: "Pois é a morte para as almas se tornarem água"[262]. Aqui é exatamente o inverso: do conceito espiritual supremo de *shūnyatā* emerge a terra como *quinta essentia*, como se a imaginação não tivesse como objetivo a espiritualização, mas visasse, ao contrário, ao terrenamente real, tangível. Isso é fabulosamente diferente da atitude ocidental.

Essa terra quadrada é também uma base para a arquitetura dos templos no sistema tântrico e para outra forma de ioga, ou seja, a chamada ioga kundalini. Começa com a meditação sobre a terra quadrada, o chamado *mulādhāra chakra. Mulādhāra* significa raiz, fulcro. Esse *chakra* contém a terra quadrada com o elefante que carrega o mundo. É especificamente indiano, ao passo que esse texto é tibetano, enquanto o outro é tântrico, hindu e não budista.

(B1)   Monte Meru

> Então, a partir do Mantra Sūṃ, que imagine o Monte Meru, o Rei das Montanhas; as quatro cercas são de cristal no leste, ouro no norte, rubi no oeste e esmeralda no sul. É de forma quadrangular com três fileiras de quadrados e oito torres (*SCST*, p. 15).

Isso nos leva à Fase B: agora, devido à terra criada, a montanha do mundo aparece, e este é o Monte Meru. É retirado da mitologia hindu e é uma montanha cósmica que é uma mandala inteira em si mesma. Além disso, já existe no hinduísmo. Tem quatro muralhas e quatro lados diferentes caracterizados por vários minerais: cristal, ouro, rubi e esmeralda. Isso também se refere a quatro cores diferentes, que já encontramos nos

---

262. Heráclito de Éfeso, filósofo pré-socrático, que viveu por volta de 500 a.C., teria dito: "Para almas é morte tornar-se água, e para água é morte tornar-se terra. Mas a água vem da terra; e da água, alma" (DK 22 B 36; trad. Burnet, 1892, p. 138).

elementos. Quero fazer um pequeno esquema para vocês aqui dessas cores. Isso não é insignificante, porque as encontramos novamente nas apropriações ocidentais da ioga e na psicologia do inconsciente:

Norte = branco

Oeste = verde   Leste = amarelo

Sul = vermelho

Essas quatro cores diferentes também ocorrem no *Bardo Thödol*[263], os quatro caminhos para a salvação por meio da iluminação. São claramente quatro funções psíquicas que mais ou menos concordam com a análise das funções espirituais nesse texto – isto é, com o que descreveríamos como quatro funções psicológicas para orientação. O fato de essas funções serem caracterizadas por cores requer alguma explicação, pois as cores sempre representam valores de sentimento. O ideal supremo do intelecto ocidental é pensar sem sentir, porque o sentimento é uma mancha cosmética que destrói o pensamento. No Oriente não é assim. O Oriente pensa sempre como uma totalidade e, muito mais substancialmente, a partir da pessoa inteira. Pensa com o coração, não com a cabeça. Por isso, o radiante mantra "hūm" está no coração, e dele emergem todos os seres, ou seja, não se deve imaginá-los saindo da cabeça, mas sim do coração. Assim, fica claro que, no Oriente, pensar não é apenas pensar de forma abstrata, mas com sentimento. Vemos isso claramente na psicologia: não podemos ficar restritos apenas a abstrações puras. Não podemos chegar aos fenômenos psíquicos dessa maneira. Violamos o fenômeno psíquico se não o apreendemos da integralidade da pessoa. Caso contrário, entendemos

---

263. Cf. nota 132.

apenas um quarto dele, pois o intelecto equivale a apenas um quarto das funções. Na maioria das vezes, também precisamos de funções auxiliares para completar a experiência. Portanto, é inevitável, não apenas na psicologia, mas também na vida, usarmos o sentimento como um coadjuvante, pois, caso contrário, permaneceríamos no escuro sobre o valor de uma coisa. Caso contrário, fica-se especulando sobre algo, quando em termos práticos tais teoremas não têm absolutamente nenhum significado. Pois se algo está imbuído de sentimento, então, você pode ter certeza de que na prática desempenhará um grande papel, mesmo que o intelecto o veja como uma loucura. À vista disso, se algo fala ao sentimento, é inútil dizer: "Do ponto de vista intelectual, esse assunto é um absurdo".

Mark Twain, creio eu, enumerou todas as falhas da Ciência Cristã. Ele acreditava que era um absurdo completo. Uma destilação da estupidez humana. Mas acrescentou que é essa estupidez que rege o mundo[264]. Basta uma coisa ser realmente estúpida para que se acredite nela. Todo mundo entende estúpido, enquanto as coisas inteligentes alcançam apenas alguns.

Essas cores procuram dizer que as quatro funções têm valores emocionais diferentes, por exemplo, se falamos em vermelho, então o sentimento que está sendo expresso é como sangue, como fogo, tendo a ver com paixão e amor. O amor é caloroso, caso contrário, como se sabe, não é amor (sul). A sensação tem a ver com a terra verde; ela percebe o verdadeiro ser (oeste). O intelecto é frio e branco como a neve (norte). A intuição é amarela, luminosa, radiante, através da percepção

---

264. Em 1907, Mark Twain (1835-1910) publicou um livro intitulado *Ciência Cristã*, uma coleção de seus escritos críticos sobre o movimento e sua fundadora Mary Baker Eddy (1821-1910).

arrebatadoramente imediata que se obtém por meio dessa função (leste). Um exemplo típico são os olhos de Goethe na pintura de Stieler[265], que não veem, mas enxergam; esse é o olhar intuitivo. Não se dirige ao fenômeno concreto, mas absorve intensamente a realidade, toda a atmosfera. Olhos que veem, olhos observadores, funcionam como fórceps. As linhas de visão convergem, dando nitidez ao olhar, prendendo tão firmemente quanto uma pinça; assim são os olhos da sensação, da percepção. São adequados para o trabalho microscópico, enquanto para o intuitivo melhor seria se simplesmente diminuísse a potência. O Oriente usa o amarelo para ilustrar a qualidade da intuição – pois com ele a pessoa sente o ser, em vez de formulá-lo intelectualmente ou de forma mais abstrata.

(B2)   A cidade de Brahma

Neste Monte Meru existe uma cidade como uma fortaleza com oito torres e três andares.

> Que imagine todos eles colocados, um sobre o outro em sua ordem, [...] (*SCST*, p. 15-16).

(B3)   *Vajra* de quatro cabeças

> [...] e no topo de tudo um Vajra multicolorido de quatro cabeças [...] (*SCST*, p. 16).

Vajra é uma forma semelhante a uma cruz. Uma representação disso pode ser encontrada na capa de *Tibetan yoga and secret doctrines*, de Evans-Wentz (1935)[266]. São dois *dorjes* ou *vajras* (raios) sobrepostos com instruções sobre as cores:

---

265. Joseph Karl Stieler (1781-1858), pintor alemão, conhecido por seus retratos neoclássicos de nobres e artistas, como Ludwig von Beethoven (1820) e Johann Wolfgang von Goethe (1828).
266. Cf. tb. nota 174.

                Norte = verde
Oeste = vermelho   Leste = azul
                Sul = amarelo

> [...] azul no leste, verde no norte, vermelho no oeste, amarelo no sul e azul-escuro no centro (*SCST*, p. 16).

O branco é substituído pelo azul, um azul-claro completamente diferente do azul-escuro do centro. O que aconteceu? O esquema girou 90 graus no sentido horário. Este é um movimento *pradakṣiṇa*[267] correto. Isso significa progresso. A cor branca é transformada em azul.

---

267. Cf. p. 209s.

(B4)   Lótus de oito pétalas

> Sobre este fundo azul-escuro que seja colocado novamente o Mantra Pāṃ [...] (*SCST*, p. 16).

O significado de "*pāṃ*" é desconhecido, de "*sūṃ*" também.

> [...] do qual emana um lótus de oito pétalas. No centro do lótus, que imagine novamente um anel formado pelas 16 vogais sânscritas, repetidas duas vezes, indo da direita para a esquerda [...] (*SCST*, p. 16).

Este círculo gira para a esquerda, *apadakṣiṇam*. O movimento para a esquerda se refere ao lado escuro[268].

(B5)   Lua

Resumirei os seguintes pontos do texto, não palavra por palavra: o disco lunar surge da meditação sobre as vogais e sobre estas as consoantes. Vão da esquerda para a direita. Aqui temos o movimento *pradakṣiṇa*, que se volta para a luz, para o lado consciente. O movimento para a esquerda vai para o lado escuro, para o lado feminino, ou seja, para baixo na escuridão do inconsciente, enquanto o movimento para a direita vai para a consciência. Por exemplo, se você cumprimenta um alto sacerdote, depois de se curvar, você não deve se colocar na frente dele, mas ao lado dele, e então deve contorná-lo pela direita, no sentido horário. Isso é descrito laboriosamente nos discursos do Buda. Contorná-lo pela esquerda seria desfavorável, um mau presságio. Seria uma demonstração de desprezo por ele. Deve-se abordá-lo pelo lado consciente, mostrando-lhe assim que se reconhece o seu valor. Quando esses dois movimentos ocorrem, chama-se expansão para baixo e para cima.

---

268. BH acrescentou aqui: "quando o homem se volta para seu inconsciente feminino" (p. 78).

(B6)   Essência solar do corpo

Através da meditação sobre esta imagem, o sol nasce. Do movimento para a direita, a luz surge. O sol é o símbolo da consciência e clareza supremas.

> Na superfície do disco solar, que sejam imaginados novamente os Mantras Om, Ā, Hūm, a essência do corpo físico comum, da fala e da mente (*SCST*, p. 16).

A essência do corpo físico é criada aqui, não o homem espiritual. A mente e a linguagem, as coisas que nos importam, vêm apenas em segundo lugar, como uma espécie de complemento do corpo.

(B7)   Lótus *yoni*

> Por cima de tudo isso, que medite sobre um Disco de Lótus, o puro emblema do órgão feminino da Divindade Feminina [...] (*SCST*, p. 17).

(B8)   Lua com *liṅgaṃ*

> [...] e acima disso no Disco Lunar, o emblema da semente masculina da Divindade Masculina (*SCST*, p. 17).

Essa é a sequência aqui. Mediante o movimento *apadakṣiṇam* surge o feminino, a lua, a luz que ilumina a noite. Depois vem o lótus feminino e aqui a lua com o *liṅgaṃ*, o órgão masculino. Uma nota de rodapé no texto diz:

> As divindades criadas pela mente, o Masculino de acordo com os Budistas Tântricos sendo o Símbolo do Poder e o Feminino da mente que o guia e usa (*SCST*, p. 17, n. 1).

Como se vê, então, o símbolo para a mente não é um símbolo masculino como para nós. Pense em logos, Deus Pai, ou pense no deus grego masculino Hermes. É muito mais um símbolo feminino que caracteriza a mente. E aí se pode ver que tipo de mente é característico do Oriente, um tipo de mente feminina (na visão do homem), uma espécie de mente inconsciente. Não a geração de uma criação ou figura de consciência, mas muito mais uma criação do inconsciente. Para o Oriente, o que se apresenta do inconsciente a nós é a mente. Mas aqui conosco é algo ligado ao desenvolvimento final da consciência. Espírito aqui é a "mente" inglesa.

> Todos estes considerados como um, incluindo os objetos de adoração e seus receptáculos, e formando uma Mandala como a Consciência que é Eterna e Imutável (Dharma-dhātu-jñāna) (*SCST*, p. 18).

Isto é agora, como se vê, uma unificação completa da consciência masculina com a mente feminina inconsciente. Também temos certos pontos de referência na cultura ocidental, em que o Espírito Santo seria chamado como mãe pelos primeiros gnósticos cristãos nos Atos de Tomé[269]. O Espírito

---

269. Os Atos de Tomé, texto gnóstico do século III d.C., original em siríaco, embora existam cópias em grego, retrata a missão indiana e o martírio do Apóstolo Tomé. A segunda parte ou ato contém a seguinte invocação ao Espírito Santo: "Vem, santo nome do Cristo que está acima de todo nome. / Vem, poder do Altíssimo e misericórdia perfeita. / Vem, dádiva (carisma) do Altíssimo. / Vem, mãe compassiva. / Vem, comunhão do masculino. / Vem, ela que revela os mistérios ocultos. / Vem, mãe das sete casas, que o teu descanso seja na oitava casa. / Vem, ancião dos cinco membros, mente, pensamento, reflexão, consideração, razão; comunica-te com esses jovens. / Vem, Espírito Santo, e limpa suas rédeas e seus corações, e dá-lhes o selo adicional, em nome do Pai e do Filho e do Espírito Santo". No quinto ato, Tomé expulsa o demônio de uma mulher e lhe concede o selo invocando o Espírito Santo: "Vem, ó perfeita compaixão. / Vem, ó comunhão do homem. / Vem, ela que conhece os mistérios daquele que é escolhido. / Vem, ela que participa de todos os combates do nobre campeão (atleta). / Vem, ó silêncio que revela as grandes coisas de toda a grandeza. / Vem, ela que manifesta as coisas ocultas e torna claras as coisas indizíveis, santa pomba que dá à luz os filhos gêmeos. / Vem, mãe oculta. / Vem, ela que se manifesta em suas ações e dá alegria e descanso aos que estão unidos a ela: / Vem e comunga conosco nesta Eucaristia que celebramos em teu nome e na festa de amor em que estamos reunidos em teu chamado" (*The Apocryphal New Testament*, 1924, p. 376, 388).

Santo, Sophia, é um ser feminino. Existe até uma famosa história de amor entre Bythos, o pai primordial, e Sophia, sua neta mais nova, que se apaixona terrivelmente por ele. Ela pode ser encontrada em Irineu[270]. Você também pode encontrar essa história no livro de Hans Leisegang (1924, p. 310-312).

> Concentre-se no que foi dito acima até que esteja vividamente presente aos olhos da mente (*SCST*, p. 18).

Não se trata de visões espontâneas, mas do trabalho consciente e do esforço necessário para imaginar essas coisas da maneira mais viva e plástica possível.

(B9)   *Vihāra* (Mosteiro)

> Então, proceda da seguinte forma: dentro das cercas mágicas de proteção, criadas como acima pelos Mantras, que seja imaginado um grande templo (Vihāra) [...] (*SCST*, p. 18).

---

270. No segundo capítulo do livro um dos *Adversus haereses* [*Contra as heresias*], Santo Irineu deu o seguinte relato da paixão de Sophia (de acordo com os ensinamentos de Ptolomeu, o gnóstico e sua escola): "Mas avançou impetuosamente à frente dos demais aquele Éon que era o mais recente deles, o mais jovem da Dodécada, gerado pelo Anthropos [Homem] e a Ecclesia [Igreja], ou seja, Sophia [Sabedoria], e sofreu uma paixão fora do abraço de seu consorte Theletos [Desejo]. Essa paixão, de fato, surgiu primeiro entre aqueles que estavam conectados com Nous [Intelecto] e Aletheia [Verdade], mas passou por contágio a esse Éon degenerado, que agiu sob pretexto de amor, mas na realidade foi influenciado por um excesso de ousadia, porque não tinha, como Nous, desfrutado da comunhão com o Pai perfeito. Essa paixão, dizem, consistia no anseio de investigar a natureza do Pai; pois ela buscava, segundo contam, compreender sua grandeza. Quando não conseguiu alcançar tal fim, na medida em que almejava uma impossibilidade, entrou em uma extrema agonia mental, por causa da vasta profundidade e natureza insondável do Pai, e do amor que tinha por ele. Como avançava cada vez mais, havia o perigo de que finalmente fosse absorvida pela doçura do Pai e dissolvida em sua essência absoluta, a menos que ela encontrasse aquele Poder que sustenta todas as coisas e as preserva fora da grandeza inefável. A este poder chamam Horos [Limite]; por quem, dizem, ela foi contida e apoiada; e, então, tendo sido trazida de volta a si com dificuldade, convenceu-se de que o Pai é incompreensível e, assim, deixou de lado seu desígnio original, junto com aquela paixão que surgiu dentro dela sob a influência avassaladora de sua admiração".

Este é o interior de toda a mandala que mostrei a vocês[271].

[...] quadrangular, construído com vários metais preciosos, no cume do Monte Meru, com quatro entradas, uma de cada lado. Que sejam imaginadas as paredes com cinco camadas e cinco cores diferentes na seguinte ordem: preto, branco, amarelo, vermelho e verde. Essas paredes são encimadas por uma cornija de metal amarelo ornamentada com meias-luas, nas quais estão suspensos em toda volta ou apenas na metade sinos metálicos estridentes balançando ao vento (*SCST*, p. 18-19).

Este é um tema frequente nos antigos templos indianos. No templo de Jagannath em Puri, Orissa[272], este deus hindu, o senhor do mundo, é carregado em um grande carro de oito rodas. Ainda hoje, às vezes, as pessoas se jogam aos pés dos 4 mil homens que puxam o carro. E nesse templo encontra-se este tema ornamental em todos os lugares, ou seja, um sino pendurado sob a lua.

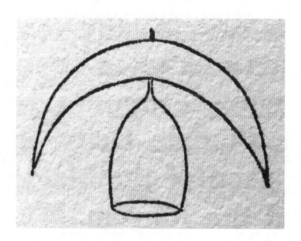

---

271. Cf. p. 169.
272. Jung permaneceu em Puri com Fowler McCormick de 13 a 15 de janeiro de 1938, ocasião em que visitou os templos de Jagannath e Konarak. Cf. Sengupta (2013, p. 184-186).

Este tema foi adaptado muitas vezes. Gradualmente, um rosto emergiu dele, na lua, ou seja, da curvatura lunar, um rosto aparece indicando consciência e personificação. Uma vez que o sino "fala" e chama, ele já está personificado. Representa a voz de Deus que chama os crentes à oração, lamentando os mortos: "*Vivos Voco/Mortuos plango/Fulgura frango*", como diz Schiller em "A canção do sino"[273]. Por esta razão, também pode ser substituído pela face de um deus.

> Cada uma das quatro entradas tem pórticos com pilares, sendo os pilares encimados por cornijas de quatro níveis. Estas novamente são encimadas pela Roda do Dharma [...] (*SCST*, p. 19).

Muitas vezes, encontramos rodas em monumentos budistas porque é dito que Buda colocou a roda da lei em movimento em seu primeiro discurso no bosque em Benares.

> [...] figuras de antílopes, guarda-sóis, estandartes, como também abanos de rabo de iaque com cabo de pedraria. Que seja imaginado um lindo arranjo de flores, pedras preciosas, enfeites e bandeirolas. As mísulas que sustentam a cornija do lado interno são coloridas de azul a leste, verde ao norte, vermelha a oeste e amarela ao sul. A roda central quádrupla é encimada por uma cúpula em forma de estupa (chorten) com quatro níveis na base (*SCST*, p. 19).

A antiga forma da estupa é semelhante às torres das igrejas barrocas dos jesuítas[274]. Ela progrediu do *liṅgaṃ*. A construção estupa fica exatamente no lugar onde se encontra o *liṅgaṃ* em um templo hindu.

---

273. A frase em latim do poema de Friedrich Schiller "A canção do sino" (1799) pode ser traduzida como "Eu chamo os vivos / Lamento os mortos / Reprimo os raios". Schiller a encontrou no sino original do Münster de Schaffhausen.

274. BH traz aqui: "Já falamos das estupas (cf. Seminário 5)" (p. 163).

Então, que imagine que fora do Vihāra existem os oito Grandes Campos de Cremação dos mortos, como segue [...] (*SCST*, p. 19).

Ainda hoje se encontram tais *ghats* ardentes na Índia, em Benares são os *ghats* de banho. *Ghats* são locais públicos, usados para diversos fins. Já vi *ghats* em Bombaim[275]. As mandalas tibetanas estão fora do círculo de fogo, quase sempre rodeadas por oito locais de cremação onde estão retratados todos os horrores do cemitério. Os cadáveres nem sempre são cremados, também são deixados como carniça para os abutres, para afastar os demônios. Aqui a fantasia da Índia floresceu e ainda continua sendo o local de encontro de todos os horrores e monstruosidades. Simboliza todo o sofrimento do mundo.

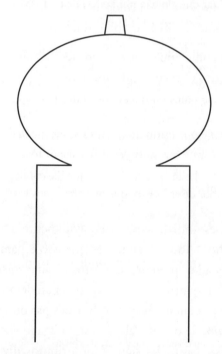

275. Jung iniciou sua viagem pela Índia em Bombaim (Mumbai), onde chegou em 17 de dezembro de 1937.

(B10) Círculo mágico (mandala) com lótus

>Em seguida, que imagine dentro do último [isto é, Vihāra] um círculo dentro do qual novamente visualize um lótus de oito pétalas (*SCST*, p. 21).

(B11) Iogue como Mahāsukha

>Que o adorador pense em si mesmo no centro do Lótus como sendo o Devatā Principal, Khorlo--Demchog (Chakra-Mahāsukha) com quatro faces simbolizando os quatro Elementos Purificados, os quatro Desejos Ilimitados, as quatro Emancipações e os quatro Atos.
>
>O rosto da frente é azul, o da esquerda é verde, o de trás é vermelho e o da direita é amarelo. Para simbolizar que ele não muda do Dharma-dhātu-jñāna, o corpo é de cor azul (*SCST*, p. 21-22).

Krishna como uma encarnação de Vishnu é azul, como Osíris no Egito. O corpo azul simboliza o corpo de um deus.

>Para mostrar que todos os três Lokas [...].

Kāmaloka é o mundo dos sentidos, *rūpaloka* é o mundo da forma, *arūpaloka* é o mundo espiritual sem forma.

>[...] estão sob sua visão e que Ele conhece os Três Tempos de cada Face que tem três olhos (*SCST*, p. 22).

Os deuses indianos são frequentemente representados com três olhos. Aqui aprendemos que isso é para ver os três tempos: passado, presente e futuro. Cada rosto tem três olhos. Existem quatro rostos. As quatro paredes são de quatro cores, que representam as quatro funções psicológicas básicas. Mesmo o *vajra* de quatro cabeças estava ligado aos quatro elementos. Neste caso, eles significam atributos divinos. O fiel é elevado neste estado de *samādhi* ao ser do mundo do qual emanam as quatro qualidades. Também é sempre mencionado repetidamente que as paredes do recinto sagrado são de quatro cores diferentes.

Isso também é expresso na arte espiritual comum. Peguei um exemplo disso na Índia[276]. A cor azul denota que ele é um deus. Está escondido por cinco paredes: verde, amarelo, azul e vermelho, enquanto azul-escuro ou preto é a cor sagrada do centro, a *quinta essentia*. Por trás disso está o que deve ser escondido. Este é o deus do mundo inferior: Yama, o deus da morte. Em azul-escuro. Esta imagem está agora envolvida pelas quatro paredes, cujas quatro cores devem ocultar a figura sagrada dos olhos profanos. É preciso, por assim dizer, transpor as quatro paredes para chegar via esses quatro níveis preparado para contemplar a imagem.

---

276. LSM observou aqui: "Então, o Professor Jung exibe uma moldura mostrando um deus azul em meditação". ES escreveu: "Jung mostra uma moldura de cerca de 60 × 20cm contendo um brocado tibetano".

Mandala Yamāntaka, Tibete, por volta de 1700-1750, pigmentos minerais em tecido, coleção particular. Jung adquiriu esta mandala na Índia. É provavelmente a que ele apresentou no seminário de 12 de fevereiro de 1939 (Fundação das Obras de C.G. Jung).

Seminário 13[277]

17 de fevereiro de 1939

Da última vez, terminamos com a construção dos símbolos que comentei com vocês mais uma vez aqui. Falamos dessa forma com muitos atributos, dos três olhos que todo rosto tem, que pertencem a essa figura de quatro rostos que aparece no alto. Vocês devem se lembrar que esses três olhos correspondem aos três mundos:

1. *Kāmaloka*, ou seja, o mundo dos sentidos, sensual e visível, o mundo do amor (Kāma é o deus do amor);

2. *Rūpaloka*, ou seja, o mundo das formas ou ideias, correspondendo ao mundo platônico das ideias. Segundo Platão, existe "um lugar além dos céus" quando a alma se eleva acima do céu e deixa para trás a superfície externa do mundo, chegando assim àquele lugar em que se pode ver as formas, as ideias eternas; assim, esse é o mundo das ideias múltiplas, ou formas[278];

3. *Arūpa*, ou seja, o mundo no qual não há mais formas, onde tudo se torna Māyā, desaparecendo no nada.

---

277. Anotações de LSM, ES e tradução para o inglês de BH. Nenhuma anotação de RS foi preservada.

278. Jung se refere ao diálogo *Fedro* de Platão, em que a visão das ideias da alma é descrita (245c-240d). Jung reflete sobre esse mito também em "Aspectos psicológicos do arquétipo materno" (OC 9/1, § 149) e "Sobre a natureza da psique" (OC 8/2, § 275).

No entanto, os três olhos também apontam para a divisão tripartida do tempo. A pessoa vê não apenas os diferentes mundos, mas também os três tempos: passado, presente e futuro.

> Para mostrar que Ele conhece o processo de evolução e involução dos 12 Nidānas [...] (*SCST*, p. 22).

Uma nota no texto os indica como: 1) ignorância, 2) formações volitivas, 3) consciência, 4) nome e forma, 5) as seis bases dos sentidos, 6) contato, 7) sensações, 8) desejo, 9) apego, 10) existência, 11) nascimento, e 12) velhice e morte.

> [...] e que Ele conhece as 12 Projeções completamente, Ele é representado como tendo 12 mãos (*SCST*, p. 22-23).

Então, esta figura tem 12 braços e mãos. Via de regra, tanto os deuses tibetanos quanto os indianos têm vários braços. Vishnu com quatro faces, assim como Brahma, é representado com quatro braços e quatro cabeças. Na iconografia ocidental, temos uma representação semelhante da Trindade: um ser divino de três cabeças na Igreja Cristã. Embora essa representação vívida tenha sido banida pelo papa, no mosteiro de Stein am Rhein[279] ainda pode ser vista uma trindade tricéfala. Mas na Índia isso ainda é bastante comum.

Essas 12 mãos representam as chamadas 12 projeções. De acordo com a definição tibetana, essas são 12 maneiras pelas quais alguém pode se transferir para a consciência de outro ser humano. É uma migração da própria consciência para a de outra pessoa. Então, uma projeção da própria consciência. Considera-se isso também no sentido espacial, pois alguém pode se deslocar pelo espaço como consequência desse exercício após

---

279. Abadia de São Jorge em Stein am Rhein, um antigo mosteiro beneditino que data de 1007, localizado no Lago de Constança.

invocar poderes mágicos, e lá capturar a consciência de outra pessoa e conhecer seu conteúdo.

Os 12 *nidānas* apontam para um dos ensinamentos básicos do budismo: a chamada cadeia *nidāna*. Trata-se de uma doutrina que remonta diretamente ao Buda. A representação clássica pode ser encontrada em *Nidāna Samyutta*, uma das coleções dos discursos do Buda. Vou ler para vocês a assim chamada proclamação da doutrina *nidāna*. Diz:

> Assim, eu ouvi. Em certa ocasião, o Abençoado estava morando em Sāvatthī no Bosque de Jeta, Parque de Anāthapindika. Lá, o Abençoado se dirigiu aos bicos assim: "Bicos!"
>
> "Venerável senhor", responderam aqueles bicos. O Abençoado disse o seguinte:
>
> "Bicos, ensinarei a vocês a origem dependente. Ouçam isso e prestem atenção, eu falarei." "Sim, venerável senhor", aqueles bicos responderam. O Abençoado disse o seguinte: "E o que, bicos, é origem dependente? Com a ignorância como condição, as formações volitivas [passam a existir]; com formações volitivas como condição, consciência; com a consciência como condição, nome e forma; com nome e forma como condição, as seis bases dos sentidos; com as seis bases dos sentidos como condição, contato; com contato como condição, sensações; com sensações como condição, desejo; com desejo como condição, apego; com o apego como condição, existência; com a existência como condição, o nascimento; com o nascimento como condição, a velhice e a morte, a tristeza, a lamentação, a dor, o desgosto e o desespero surgem. Tal é a origem de toda essa massa de sofrimento. Isso, bicos, é chamado de origem dependente" (*The connected discourses of the Buddha*, 2000, p. 533)[280].

---

280. Jung citou esta passagem de Wilhelm Geiger (1922, p. 5).

Aqui se pode ver como toda forma-mundo é derivada do íntimo, do desconhecimento ou ignorância sobre a causa das coisas (*avidyā*). A partir disso, surgem as formas (*rūpa*). Dessas formas, surge a consciência que percebe o mundo. Então, neste mundo, surgem as sensações (*kāmaloka*) e disso vem a sede. "*Kam*" significa sede; "*Kāmaloka*" é o que surge da sede.

Aí temos toda a cadeia de *nidāna*, que é ininterrupta uma vez que um elo puxa o próximo, seu sucessor puxa outro depois dele, e assim por diante.

> "Mas o completo desaparecimento e o fim da ignorância acarretam a abolição das formações volitivas; a abolição das formações volitivas acarreta a abolição do nome e forma; a abolição do nome e forma acarreta a abolição dos seis sentidos; a abolição dos seis sentidos acarreta a abolição do contato; a abolição do contato acarreta a abolição das sensações; a abolição das sensações acarreta a abolição da sede; a abolição da sede acarreta a abolição do desejo; a abolição do desejo acarreta a abolição da existência; a abolição da existência acarreta a abolição do nascimento; a abolição do nascimento traz a abolição da velhice e da morte, da dor, da tristeza, do infortúnio, da decepção e do desespero. Esta é a maneira pela qual a *abolição* de toda a soma de sofrimento é realizada."
>
> Assim falou o Abençoado. Profundamente tocados em seus corações, os bicos se regozijaram com o discurso do Abençoado (Geiger, 1922, p. 3)[281].

Esses trechos são aprendidos de cor, por isso têm essa forma peculiar, que é feita para ser lembrada. Essa cadeia de *nidāna*, esse amálgama necessário de causa e efeito, é representado ao mesmo tempo como desdobramento e envolvimento. Como as 12 mãos em nosso texto tomando o mundo, aqui elas também o levam de volta para o *arūpa*, o sem forma.

---

281. Traduzido por BH.

Para mostrar que a Mente Perfeita é tanto o Vazio quanto a Compaixão, ele segura nas mãos superiores um Dorje e um Sino[282]. Para mostrar que a Força e a Sabedoria estão sempre em união, a primeira ou as duas mãos superiores abraçam sua Esposa (*SCST*, p. 23-24).

A força é Shiva, o deus criativo e destrutivo, e sua sabedoria é Shakti, sua consorte. O espírito é considerado feminino. Isso corresponde à antiga concepção cristã do Espírito Santo como feminino, como Sophia. Também como *sapientia*, isto é, sabedoria.

Mais adiante diz que

Ele abraça Vajra Vārāhī que se agarra a Ele [...] (*SCST*, p. 27).

A explicação da correlação da relação de poder e sabedoria é descrita aqui como um abraço. *Vajra* significa eterno, e *vārāhī* é o feminino de *vārāha*, a terceira encarnação de Vishnu. Nessa encarnação, Deus assumiu a forma de um javali chamado *vārāha* e é representado como tendo um corpo humano e uma cabeça de javali. Ele se transforma em javali para lutar contra um demônio que jogou a terra nas profundezas do mar, e o javali tenta erguer a terra novamente com os dentes. É por isso que Vishnu lutou contra o demônio como *vārāha*. Demorou mil anos antes que ele erguesse a terra novamente.

O demônio é chamado Hiraṇyākṣa. *Hiraṇya* significa ouro, *akṣa* é o órgão dos sentidos, *akṣi* é o olho. Portanto, isso seria traduzido como olho dourado. Então, esse é o demônio que se senta sob o mar e mantém a terra sob ele. O notável é que nos Upanishads aparece um Hiraṇyagarbha, uma semente dourada que sai do ventre do mundo e tem um significado

---

282. De acordo com ES, neste ponto, Jung mostrou novamente a imagem da capa de Evans-Wentz, *Tibetan yoga and secret doctrines* (1935). Cf. p. 267.

redentor. Normalmente, Hiraṇyagarbha é traduzido como criança de ouro. Ele é descrito como uma bola de ouro. Este olho dourado – olho do sol – também é um deus, ou o deus.

É como se Vishnu lutasse com uma divindade, consigo mesmo, para trazer a terra de volta à superfície do mar. O mar significa o inconsciente; a terra, consciência. Houve um tempo em que o mundo, isto é, a consciência, se perdeu, quando o consciente foi inundado pelo inconsciente. Em todo caso, trata-se de uma projeção mítica do medo primitivo de que o mundo possa desaparecer no inconsciente. Esta é de fato a perda da alma que assombra os primitivos (perigos da alma), que as almas sofram danos, isto é, sejam dominadas por um estado inconsciente. Um análogo é o estado daqueles que caem sob a influência do álcool ou que de outra forma perdem o autocontrole, os *berserkir*, aqueles antigos nórdicos de quem vocês se lembram das sagas islandesas que perdiam a cabeça da mesma forma.

No entanto, isso também pode acontecer sem que surjam emoções intensas, simplesmente como resultado de um sonho. Pode acontecer que você acorde do sono com a sensação de que metade de sua alma se perdeu. E deve ser encontrada novamente. Entre os primitivos, os curandeiros têm lá seus meios de recuperar as almas perdidas. A alma é seduzida com gaiolas de pássaros[283], estalando-se os dedos e assobiando, imitando o canto dos pássaros, ou danças são realizadas com essas pessoas como se estivessem em uma tribo do Mar Vermelho.

---

283. Cf. o seminário no ETH de 1934/1935 (BH, p. 130-131): "Talvez o primitivo procure o feiticeiro e diga: 'Você viu uma alma voando por aí?' O feiticeiro vai até uma árvore coberta de gaiolas, algumas vazias com as portas abertas e outras com pássaros dentro. Ele examina as gaiolas e pode dizer: 'Sim, eu tenho seu pássaro da alma aqui'. Então, o primitivo se deita e o feiticeiro deixa uma trilha de grãos de arroz da gaiola até a cabeça do abandonado pela alma. Quando a porta é aberta, o pássaro, comendo grão por grão, chega à cabeça à qual pertence e é outra vez integrado, e o assunto está resolvido".

Os que assistem juntam-se a elas, apertando-se contra o afetado, dançando em volta dele, circundando-o para torná-lo consciente de si mesmo. Desta forma, forçam sua alma de volta para ele novamente.

Essa submersão da consciência é descrita aqui como um estado extremamente infeliz. Isso se deve ao medo primitivo do fim do mundo, pois quando a consciência perece, o mundo também perece, porque não há ninguém para percebê-lo conscientemente. Por essa razão, o fim do mundo também se torna um símbolo do fim da consciência. Não percebemos a importância de nossa consciência; é um fator cosmogônico de significado extraordinário. Os antigos indianos sabiam disso, e este é o motivo de eles perceberem o fim do mundo, ou seja, da consciência, como uma peça maligna pregada neles por seu demônio.

Mas o demônio tem um nome marcante: Hiraṇyākṣa (olho dourado), que arquitetou a perigosa submersão da terra nas profundezas do inconsciente. Hiraṇyākṣa está relacionado com *Hiraṇyagarbha*. *Hiraṇyagarbha* é um dos símbolos mais significativos do si-mesmo, correspondendo ao *ātman-puruṣa* na filosofia *ātman*. Ali, é uma figura completamente positiva, mas aqui é negativa[284].

---

284. *Hiraṇyagarbha*, sânscrito para "germe dourado" ou "útero dourado", fundador mitológico da tradição da ioga. De acordo com o Rigveda, ele é o senhor supremo de todos os seres e o *Mahābhārata* o chama de mente superior. Ele também é identificado com Brahma, que nasceu de um ovo de ouro. O nome também é relacionado a um sábio real que escreveu um dos primeiros livros de ioga. A lenda da imagem 59 de *O livro vermelho* é Hiraṇyagarbha. Como Shamdasani apontou em sua nota de rodapé: "Na cópia de Jung do vol. 32 de *The sacred books of the East* (*Vedic hymns*), a única seção cortada é a de abertura, um hino 'Ao Deus Desconhecido'. Começa com 'No início, surgiu a Criança de Ouro (Hiraṇyagarbha); assim que nasceu, ele sozinho era o senhor de tudo o que existe. Ele formou a terra e este céu: – Quem é o Deus a quem ofereceremos sacrifício?' (p. 1). Na cópia de Jung dos Upanishads no *The sacred books of the East* há um pedaço de papel inserido

Pode acontecer, como com os primitivos, que a posse da consciência seja de vital importância. Na falta dela, coisas malucas acontecem. Não é à toa que instituíram a Lei Seca nos Estados Unidos[285]. E no Mississippi mais de 50% são negros[286]. Quando eles consomem álcool, há situações horrorosas, matanças terríveis. Portanto, é perigoso perder a consciência. Mas há também outros casos em que a consciência pode ser retirada do mundo por meio de um evento positivo, que permanece bastante encoberto para a consciência. A ioga é uma dessas técnicas que visa criar exatamente isto: ou seja, essa descida da consciência às profundezas do inconsciente para lá encontrar Deus, pois então o Senhor da bem-aventurança surgirá como Mahāsukha. Tal é o propósito dessa ioga. Tal deus deve ser trazido de volta em dois aspectos: um positivo e outro negativo. Assim, por exemplo, a deusa que se manifesta como consorte de Shiva é uma *vārāhī*, uma javalina, uma javalina altamente indecente.

> [...] e que é de cor vermelha porque ela é dedicada ao serviço de todos os seres sencientes (*SCST*, p. 27).

---

perto da página 311 do Upanishad Maitrāyana-brāhmaṇa, uma passagem que descreve o si-mesmo, que começa assim: 'E o mesmo si-mesmo também é chamado [...] Hiraṇyagarbha' (vol. 15, pt. 2)". Cf. o seminário de Jung de 15 de dezembro de 1939 (*JMP*, vol. 7).

285. A Lei Seca foi implementada em 1920, tornando a fabricação, venda e transporte de bebidas alcoólicas ilegais sob os termos da Décima Oitava Emenda. Foi revogada em 1933, com a ratificação da Vigésima Primeira Emenda, permitindo que governos estaduais individuais mantivessem a legislação. O Mississippi foi o último estado a revogar a proibição, em 1966.

286. No fim do século XIX, os afro-americanos formavam o maior grupo étnico no Mississippi, mas entre 1910 e 1940 muitos afro-americanos migraram para o norte a fim de escapar da pobreza e da discriminação racial. Isso foi seguido por uma segunda onda de migração de 1940 a 1970. Em 1960, o censo estimou que apenas 42% da população era de ascendência não branca. Sobre o racismo e o movimento pelos direitos civis no Mississippi, cf. Erenrich (1999). Cf. tb. a nota dos tradutores.

Ela é retratada na forma humana, e sempre vermelha. É descrita como a deusa do amor porque está sempre dedicada a servir a humanidade. É a sabedoria ligada ao pai, com a missão de ter compaixão por toda a humanidade. É o ser por meio do qual toda a humanidade é sustentada e iluminada. Esse é o plano retratado em símbolos que são totalmente chocantes para o homem ocidental – na verdade, altamente obscenos para o nosso gosto e não exatamente inofensivos. O indiano não vê nada disso, e certamente não os considera grotescos.

Nos famosos templos do penhasco de Mamallapuram, na costa leste do Golfo de Bengala, há uma figura maravilhosa do Vārāha com a cabeça de javali, sua pequena Shakti sentada sobre ele, abraçando-o gentilmente e beijando-o no focinho. Isso nos parece bizarro, mas de forma alguma é repulsivo para o indiano. Pois ele vê a ideia. Essas imagens não visam à beleza. Para um indiano, a ideia é o fundamental, a ideia é significativa e sagrada. Por meio dela, ele sabe: este é o redentor. Aqui Vishnu se tornou o javali para ajudar a terra submersa a sair do abismo. Para ele, isso não é terrível.

> Ela tem apenas um rosto para denotar que todas as coisas só se comprazem no "Inefável" (*SCST*, p. 27).

"Inefável" ou "ser perfeito". Essa noção de que todas as coisas só se comprazem no estado de ser perfeito pode ser encontrada também em outro lugar[287].

Essa *coniunctio* de Shiva e Shakti, essa unificação de poder e sabedoria na forma masculino-feminino, tal é o centro da mandala e constitui

> [...] o próprio âmago do segredo incompreensível da Mente (*SCST*, p. 31).

---

287. Cf. tb. *I am that: Talks with Nisargadatta Maharaj* (Maharaj, 2012) sobre Shiva Advaita (estar consciente da consciência) como ensinado pelo comerciante de bidi [tabaco enrolado à mão em folhas secas de tendu] de Mumbai.

Aqui chegamos ao fim dos preceitos reais da ioga. O que se segue são explicações de diferentes termos do texto, explicações do conteúdo filosófico. Não desejo incomodá-los com isso, mas gostaria apenas de enfatizar um ponto de especial significado, que também nos mostra o que se pretende com essa notável série de símbolos. Os *devatās* da mandala, aquelas figuras divinas que vimos tantas vezes, são seres *sambhogākāya*[288]. *Sambhogākāya* significa abraço, relacionamento, unificação, alegria em conexão. Pode-se traduzir muito adequadamente com a expressão alquímica da *coniunctio*. A unificação do masculino e feminino, do corpo unificado. O nome peculiar vem do fato de que no corpo unificado dois mundos estão unidos:

1. O mundo do *nirmānakāya*, isto é, o mundo das coisas individuais visíveis e criadas, e
2. O outro lado, *dharmakāya*, isto é, o corpo completo da verdade, o corpo da verdade absoluta.

Já vimos nos discursos de Buda que a cadeia *nidāna* une os dois mundos. De um lado está o *nirmānakāya*, o *kāmaloka*, o mundo visível, e do outro lado o *dharmakāya*, o *arūpaloka*, o mundo espiritual sem forma da verdade perfeita. O texto do Buda descreve isso como uma pura luz branca de enorme intensidade na qual nada mais pode ser distinguido. Entre o sem forma e a plenitude da forma está o *sambhogākāya*. Expresso psicologicamente: entre a única unidade incognoscível do ser psíquico e a única essência dividida na multiplicidade da psique está um mundo de forma e ideia. A psicologia, no sentido mais moderno, descreve isso como o inconsciente e, na verdade, não como o pessoal, mas como o inconsciente

---

288. "E esses mesmos Devatās são as (*nirmānakāya*) formas manifestas do *sambhogākāya* perfeito" (*SCST*, p. 33).

coletivo. *Sambhogākāya* corresponde precisamente ao conceito de inconsciente coletivo. Lá se encontram formas arquetípicas correspondentes aos *devatās*, aqueles seres divinos que representam o mundo intermediário.

Buda deu a doutrina do sem forma, do *dharmakāya*, que também é a doutrina do não ser. E a doutrina do *nirmānakāya* também. Todas as ideias pertencem ao *sambhogākāya*, assim como vários deuses, pois todos ainda são formas. Os seres *sambhogākāya* frequentemente visitavam Buda à noite e conversavam com ele:

> *Devatā-Samyutta*[289].
> *Nala Vagga.*
> *Sūtra 1.1: Atravessando o dilúvio.*
> Assim eu ouvi. Em certa ocasião, o Abençoado estava morando em Sāvatthī no Bosque de Jeta, Parque de Anāthapindika. Então, quando a noite avançou, um certo *devatā* de beleza estonteante, iluminando todo o Bosque de Jeta, acercou-se do Abençoado. Tendo se aproximado, prestou homenagem, ficou de lado e disse a ele:
> "Como, caro senhor, tu atravessaste o dilúvio?"
> "Não parando, amigo, e não me esforçando, atravessei o dilúvio."
> "Mas como é, caro senhor, que por não parar e não se esforçar tu atravessaste o dilúvio?"
> "Quando parei, amigo, então afundei; mas quando lutei, fui arrastado. É assim, amigo, que, sem parar e sem forçar, atravessei o dilúvio."
> [O *devatā*:]
> "Depois de muito tempo finalmente vejo
> Um brâmane que está totalmente saciado
> Que por não parar, não se esforçar,
> Atravessou o apego ao mundo."

---

289. O *Devatā-Samyutta* [Discursos reunidos com os *devatās*] é o primeiro livro do *Samyutta-Nikāya* que consiste no "Nala Vagga" e no "Nandana Vagga".

Isso é o que o *devatā* disse. O mestre aprovou. Então, aquele *devatā*, pensando "o mestre me aprovou", prestou homenagem ao Abençoado e, mantendo-o à direita, desapareceu ali mesmo (*The connected discourses of the Buddha*, 2000, p. 89-90)[290].

Então, em outro ponto:

Sūtra 1.3: Alcançando.

Em Sāvatthī. De pé ao lado, aquele *devatā* recitou este verso na presença do Abençoado:
"A vida é arrebatada, curto é o tempo de vida,
Não existe abrigo para quem chegou à velhice.
Vendo claramente este perigo na morte,
Devem-se fazer atos de mérito que tragam felicidade."
[O Abençoado:]
"A vida é arrebatada, curto é o tempo de vida,
Não existe abrigo para quem chegou à velhice.
Vendo claramente este perigo na morte,
Aquele que busca a paz deve largar a isca do mundo"
(*The connected discourses of the Buddha*, 2000, p. 90; Geiger, 1925/1930, p. 3).

Sūtra 1.13: Nada se iguala o que se tem por um filho

Em Sāvatthī. De pé ao lado, aquele *devatā* proferiu este verso na presença do Abençoado:
"Não há afeição como a que se tem por um filho,
Nenhuma riqueza igual ao gado,
Não há luz como o sol,
Entre as águas o oceano é supremo."
[O Abençoado:]
"Não há afeição como a que se tem por si mesmo,
Nenhuma riqueza igual ao grão,
Não há luz como a sabedoria,

---

290. Jung citou esta passagem da tradução alemã de Wilhelm Geiger (1925/1930, vol. I, p. 1-2).

Entre as águas a chuva é suprema" (*The connected discourses of the Buddha*, 2000, p. 95; Geiger, 1925/1930, p. 9-10).

Vamos comparar isso com as palavras de Eckhart:

> Todo grão refere-se ao trigo,
> todo tesouro refere-se ao ouro,
> toda geração refere-se ao homem[291].

Nesses discursos também há um sobre o Nadanahain, em que o conceito budista dos deuses é ensinado aos bicos.

Nandana Vagga
Sūtra 1.11: Nandana

Assim eu ouvi. Em certa ocasião, o Abençoado estava morando em Sāvatthī no Bosque de Jetta, Parque de Anāthapindika. Lá o Abençoado se dirigiu aos bicos assim:

"Bicos!"

"Venerável senhor!", responderam aqueles bicos.

O Abençoado disse o seguinte:

"Uma vez no passado, bicos, um certo *devatā* da hoste de Tāvatimsa estava se divertindo no Bosque de Nadana, provido e dotado com os cinco elementos do prazer sensual celestial, acompanhado por um séquito de ninfas celestiais. Naquela ocasião, ele proferiu estes versos:

'Não conhece a bem-aventurança
Quem não viu Nandana,
A morada dos gloriosos devas masculinos
Pertencentes ao exército dos Trinta.'

Quando isso foi dito, bicos, um certo *devatā* respondeu a esse *devatā* em verso:

---

291. Mestre Eckhart (1857, p. 104): "Missus est Gabriel angelus (Lc I, 26)"; traduzido para o inglês como "*The angel Gabriel was sent*" [O Anjo Gabriel foi enviado] (1924, p. 80). Jung comenta essa passagem em *Tipos psicológicos* (OC 6, § 425-426). Cf. tb. os seminários de Jung de 2 de junho de 1939, 9 de junho de 1939 e 19 de janeiro de 1940 (*JMP*, vol. 7).

'Não conhece, tolo,
Essa máxima dos *arahants*?
Impermanentes são todas as formas;
Sua natureza é surgir e desaparecer.
Tendo surgido, cessam:
Seu apaziguamento é feliz'" (*The connected discourses of
the Buddha*, 2000, p. 94; Geiger, 1925/1930, p. 8-9).

Os deuses também desaparecem novamente, são apenas formas temporárias. É por isso que os deuses vêm ao nascimento de Buda e à sua morte, é por isso que precisam do ensinamento de Buda. Eles devem até se tornar humanos para serem redimidos, pois isso leva à perfeição. Buda também era humano. Assim, vemos que os seres *saṃbhogakāya* são criaturas parcialmente materiais e parcialmente espirituais que também estão sujeitas à fragilidade. A nota de rodapé do texto aqui fala sobre isso: "A personificação de tudo o que é sábio, misericordioso e amoroso no *dharmakāya* – como nuvens na superfície dos céus ou um arco-íris na superfície das nuvens – é dito ser *Saṃbhogakāya*" (*SCST*, p. 36, n. 41). Uma visualização e incorporação das qualidades do *dharmakāya*, que é o resultado final e supremo. Suas características são sabedoria, compaixão e amor.

O texto continua:

> Deste modo, deve-se dissipar a noção de que eles são de alguma forma inferiores por serem imagens desenvolvidas pela mente que podem ser consideradas com indiferença (*SCST*, p. 36).

Evidentemente, surgiram dúvidas se esses seres realmente existiam. Eles são fabricados pela imaginação. Essas dúvidas tão universais no Ocidente existem até mesmo nos círculos do budismo maaiana. Esses seres não são de forma alguma inferiores, muito pelo contrário, são os antecedentes psíquicos dos *nirmānakāya devatās*

[...] que por sua vez não são outros senão os Sambhogākāya Devatās [...] que também não estão separados do Dharmakāya. Assim, deve-se acostumar a mente a considerar as divindades como seres superiores. Toda esta Mandala é objeto de meditação por uma mente altamente desenvolvida [...] estes novamente devem ser pensados como estando dentro do próprio adorador na forma dos 37 Devatās. Essa prática é para homens do mais alto intelecto. Homens de inteligência mediana e inferior devem identificar a lembrança do corpo como sendo Khandroma; [...] (*SCST*, p. 37-38).

E o mesmo deve acontecer com todas as habilidades psicológicas.

No corpo está a *ḍākinī* do *mulādhāra chakra*, o elefante que carrega a terra. Trouxe uma imagem para vocês.

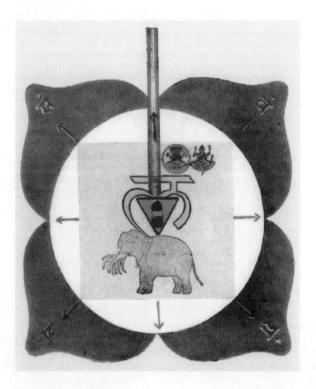

O triângulo é a *yoni*. Dentro dele, vê-se o *liṅgaṃ*, que é enrolado em torno dele três vezes e meia pela cobra branca. Isso provavelmente indica tempo. Não há prova disso, mas como o três está ligado ao tempo e ao espaço e o quatro à eternidade, isso pode significar que a cobra está metade no tempo e metade na eternidade, metade tornando-se e metade estática. O tempo é frequentemente associado à cobra, sua forma segmentada aponta para o padrão consecutivo de tempo, como mês, ano etc. A cobra zodiacal rasteja sobre o céu; e uma cobra que morde a própria cauda representa a eternidade. Acima à direita está a *ḍākinī*, a Shakti da mandala.

Este é o centro mais baixo, repousando na base da pelve. É uma situação extremamente confusa que abordarei da próxima vez[292].

---

292. ES: "Jung trouxe dois livros com ele: 1. *Tibetan yoga and secret doctrines*, de Evans-Wentz, com cerca de três centímetros de espessura, encadernado em verde-claro, com o *vajra* de quatro cabeças na capa. 2. Uma tradução alemã dos discursos do Buda, vol. 1, tradução de Geiger, 1930. Jung elogiou essa tradução".

Seminário 14[293]

24 de fevereiro de 1939

Da última vez, chegamos ao fim do nosso texto muito longo. Vocês provavelmente terão dado um suspiro de alívio. Mas hoje ainda devo incomodá-los com uma visão geral e algumas explicações.

Vamos nos atualizar mais uma vez com a sequência do processo. Como vocês ainda se lembram, o texto do *Shrī-chakra-sambhāra tantra* consiste em tese, antítese e síntese.

Na tese, antes de tudo é estabelecida a identificação com o Buda. Isso também é expresso pela identificação com o *vajra*, ou seja, o ser diamante, o ser eterno, ou com o Mahāsukha, o senhor da mandala, o senhor da bem-aventurança perfeita, incluindo sua contraparte feminina, a chamada Shakti.

Segue-se então a análise da percepção. Ali é demonstrado que o lama está de posse de todas as suas formas de percepção. Isso é como um exame que ele faz sobre si mesmo. Ele demonstra seu conhecimento das várias formas de percepção, o que é necessário para que também perceba perfeitamente o que acontece durante a ioga. Caso contrário, não será capaz de se tornar o Buda.

Então, segue uma assimilação de todos os seres em seu próprio si-mesmo. Isto já é uma tese que se aplica à natureza de Buda com a qual ele já se comprometeu.

---

293. Anotações de LSM, ES, e tradução para o inglês de BH. Nenhuma anotação de RS foi preservada.

Segue-se, então, uma análise das quatro funções psicológicas, representadas de forma personificada como os quatro budas ligados às quatro direções do vento, ou seja, de forma simbólica:

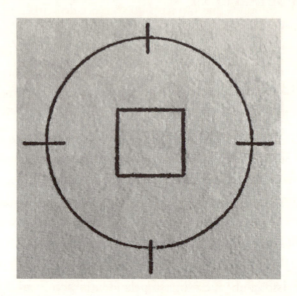

Isto é dividido em quatro funções por meio das quais todo o perímetro do ser pode ser percebido. As quatro funções são descritas como luzes do horizonte[294]. Elas existem em todas as religiões. No islã, esses são os anjos do Norte, Sul, Oeste e Leste. Aqui estão os componentes essenciais do Buda completo.

Segue-se, então, a antítese: esta é a defesa de tudo o que poderia ser levantado contra a tese. Em primeiro lugar, a realidade dos seres humanos se opõe a tal tese: a *concupiscentia*, ou seja, o desejo e a *māyā*, a ilusão de ser engendrada pela loucura dos sentidos. Diante disso, invoca-se o redondo, ou seja, a perfeição. Então, vem o pedido de absolvição dos pecados e as projeções dos 12 *devatās* femininos.

---

294. LSM: "círculos do horizonte".

Aqui, pela primeira vez, o feminino (o inconsciente) é esvaziado para fora por meio da projeção, objetificado. Isso ocorre na construção retangular no círculo do horizonte. Estes são os dez *devatās* femininos que vão nas oito direções do horizonte e em direção ao zênite e nadir. O inconsciente é projetado para fora em todas essas direções. O espaço retangular é a sala familiar do templo (*vihāra*) na qual o lama é encerrado magicamente para que nada externo o perturbe. Para fortalecer a defesa, armas são construídas, as armas *vajra*. E o mal ou os maus são aniquilados.

A declaração final diz: Eu sou *shūnyatā*, o próprio vazio. Esta é a identidade com o ser onipresente e não-ser Buda.

Segue-se, então, a síntese. Esse é um processo positivo no qual uma longa série de símbolos é criada. Do vazio (*shūnyatā*) surgem os quatro elementos. Disso, o Monte Meru é construído. No cume da montanha-mundo Meru, a cidade de Brahma é construída, acima da cidade do *vajra* de quatro cabeças como cume, então o lótus de oito pétalas, a lua, o sol, o lótus com *yoni*, a lua com *liṅgaṃ*, *vihāra* e, finalmente, o círculo mágico, dentro do qual se senta o próprio lama como Buda. Você deve pensar nisso como uma espécie de construção de baixo para cima. É uma intrincada série de símbolos.

Eu ainda não expliquei a série para vocês. Mas é uma seleção canônica dos símbolos para processos inconscientes. E agora vou propor a vocês uma contrapartida medieval para isso: o simbolismo alquímico.

O vazio é a situação original do mundo, um estado em que nada existe. Na verdade, não existe mundo, existe simplesmente o vazio. Esse estado original é o caos.

Espero que, quando vocês pensarem em alquimia, não evoquem a arte de fazer ouro. Esse é um preconceito compreensível, um equívoco crônico com o qual se pode contar. Mas é bastante duvidoso que a fabricação de ouro tenha algo a ver com isso. Uma leitura cuidadosa dos antigos tratados em latim revela lemas como *Aurum nostrum non est aurum vulgi*[295]. Isso é intrigante; quando se investiga o simbolismo mais atentamente, encontra-se embutida nela uma quantidade incomum de psicologia extremamente interessante ainda não explorada pelos pesquisadores. Apenas os químicos a estudaram até agora. Mas eles não são psicólogos.

A alquimia existe desde o século I a.C., provavelmente há mais tempo. Era um processo peculiar de iniciação, uma forma de ioga prática, mas vista de modo superficial não pode de forma alguma ser comparada com a ioga indiana. Porém, se examinarmos com mais atenção o simbolismo, encontraremos a mesma intenção iniciática. No entanto, o procedimento é completamente diferente. Na alquimia, sempre se trabalhava com substâncias. Na ioga, isso acontece dentro da pessoa. Olhando superficialmente, não há semelhança entre elas, mas em ambas as disciplinas as pessoas estão se esforçando por algo. Durante esse processo alquímico, que não fornece resultados frutíferos, estão trabalhando em algo; tinham visões. Os alquimistas chamavam a alquimia de arte real, sua filosofia.

Os textos mais antigos datam do século I a.C. *Collection des anciens alchimisties grecs*, de Berthelot, contém alguns textos gregos muito antigos, por exemplo, os "Papiros de Leyden"[296]. Lá, você pode encontrar os textos de Pseudo-Demócrito[297] e

---

295. Latim para "Nosso ouro não é o ouro comum", uma máxima que Arnold de Villanova (*ca.* 1240-1301) no *Rosarium Philosophorum* atribuiu a "Senior", que era o nome latino sob o qual o alquimista árabe Muhammad Ibn Umail (900-960) era conhecido.

296. Os Papiros de Leyden, papiros mágicos gregos do Egito greco-romano da segunda metade do século III. Encontram-se no museu de Leiden (Holanda). Cf. Berthelot (1887-1888).

297. Pseudo-Demócrito, filósofo grego que, sob o nome de Demócrito, escreveu quatro livros sobre alquimia. Esses textos do século I d.C. estão entre os primeiros escritos alquímicos conhecidos. Cf. Martelli (2013).

Comário[298], os mais antigos alquimistas que conhecemos. Todos esses textos contêm instruções práticas tanto para ourives como para falsificadores. Até hoje, o Oriente Próximo sempre se destacou na arte de falsificar ouro. Muitos viajantes amaldiçoaram essa arte quando voltaram com joias do bazar do Cairo e viram o que trouxeram em casa.

Junto com essas instruções para ourives e os chamados químicos encontra-se intercalado algo que era então chamado de filosofia. Chamaríamos isso de misticismo hoje, assim como chamamos de místico tudo o que não entendemos. Estes também são textos de natureza religiosa que foram pesquisados por Dieterich[299].

Um dos primeiros alquimistas que é bem conhecido por nós é Zósimo[300]. Ele é do século III. Uma série de textos gregos se origina com ele. Zósimo deu instruções práticas, que sem dúvida se referem a processos químicos muito específicos, no mesmo estilo de Comário ou Pseudo-Demócrito, e espalhadas entre elas havia estranhas peças de filosofia gnóstica. O que é igualmente interessante é que sua obra principal é uma carta dirigida a uma certa Théosébie, sua *soror mystica*, a irmã espiritual que também se envolveu ativamente em seu trabalho. As mulheres desempenharam um grande papel na alquimia.

---

298. "O Livro de Comário, filósofo e sumo sacerdote que ensinou Cleópatra, a divina, na sagrada arte da pedra filosofal" (Berthelot, 1887-1888, vol. 2, p. 278-297; vol. 3, p. 289-299); tb. Comário (1963).

299. O estudo de Albrecht Dieterich *Abraxas: Studien zur Religionsgeschichte des spätern Altertums* (1891) foi baseado nos Papiros de Leyden.

300. Zósimo de Panópolis (ativo por volta de 300 d.C.), um alquimista greco-egípcio. Seus escritos autênticos estão agrupados em *Memórias autênticas*, os "Capítulos de Eusébia", os "Capítulos de Teodoro" e "O Livro de Sophe" (Mertens, 2006, p. 209). Jung tinha um interesse particular no aspecto místico de sua alquimia e escreveu sobre três capítulos das *Memórias autênticas* conhecidas como "Visões". Cf. OC 13, "As visões de Zósimo", que é uma versão estendida do seminário de Jung em 1937, intitulado "Algumas observações sobre as visões de Zósimo".

Isso é algo completamente estranho à ioga oriental, com exceção da ioga kundalini, em que a devoção da comunidade também é compartilhada pelas mulheres. Essa série de símbolos tem muito a ver, portanto, com a ioga tântrica.

Ilustração extraída de "Temple des Muses", de Michel de Marolles (Paris, Nicolas Langlois: 1655), *ca.* 1635-1638, uma seleção das fábulas de Ovídio. Jung possuía uma cópia de 1733. Cf. tb. OC 12, fig. 162. (Crédito: Biblioteca Warburg.)

O conceito de caos descreve o estado original do mundo; é um estado original absoluto, um estado original improvável, em que os opostos estão um ao lado do outro, representados em inúmeras imagens, com chamas e gotas d'água entre elas, com signos dos diversos planetas, com signos dos diversos metais e signos do zodíaco opostos de forma hostil, ou interessados um no outro, ou aplicados um ao outro, ou seja, pares de opostos em conflito, uma constante mistura, sem acima e abaixo ou direita e esquerda. Um excelente exemplo pode ser encontrado em um livro antigo intitulado *Le temple des muses*. Chama-se "Le chaos ou l'origine du monde"[301].

Esse caos foi principalmente concebido como escuridão. É aqui que entram as ideias do Gênesis. "A terra estava deserta e vazia, as trevas cobriam o Oceano e um vento impetuoso soprava sobre as águas" (Gn 1,2). A última frase foi repetida muitas vezes; esse caos, sendo escuridão, foi pensado como *nigredo*, o negro, e teve que ser frutificado pelo espírito de Deus como no começo do mundo.

Do caos surgiram primeiro os quatro rizomas, as quatro raízes, os quatro elementos de Empédocles. São as quatro partes expressas pelos antigos alquimistas gregos com a máxima: "dividir a filosofia em quatro" (*tetramerein ten philosophian*). A filosofia é entendida aqui em dois sentidos: como o primeiro material original (*materia prima*), e também como filosofia, que deve ser dividida em quatro partes.

O caos é a *materia prima*; não pode ser compreendido por nós. Para essas pessoas, todo o mundo natural era *materia* e puro milagre. É por isso que tudo o que eles não entendiam

---

301. Cf. imagem na p. 300.

era projetado nele. E o funcionamento da psique é a filosofia que não entendemos. A filosofia sempre foi muito mais do que uma crítica do conhecimento, era um modo de vida específico, uma experiência. Os antigos cientistas naturais tinham esse tipo de experiência em todos os materiais desconhecidos do universo. Tal era a misteriosa terra desconhecida na qual se podiam projetar todos os fenômenos não explicados.

"Dividir a filosofia em quatro." A matéria foi dividida em quatro elementos e, portanto, a filosofia teve que ser dividida em quatro partes. Essa divisão em quatro foi descrita como a série das quatro cores: *nigredo*, isto é, escuridão; *albedo*, ou seja, a ascensão da luz, tornando-se luz; *citrinatis*, ou seja, tornando-se amarelo e, finalmente, a estranha cor sugerida pela palavra grega "*iosis*": "tornando-se *iosis*". Berthelot às vezes a traduzia como violeta, mas isso é questionável.

As cores indicam quatro direções, sendo ainda as quatro funções da consciência. Evidentemente, trata-se aqui da divisão de um estado inconsciente original em quatro funções reconhecíveis. Agora, a montanha-mundo Meru emerge desse estado, dessa completude, desse estado já diferenciado que é idêntico a todo o mundo criado que se pode apreender com os sentidos, sobre o qual se pode pensar, sentir e ter todo tipo de intuições.

A velha concepção é tal que todo potencial subsequente já está contido no caos, incluindo, portanto, o homem. No entanto, não o homem como o conhecemos, mas o homem filosófico, *homo philosophicus*, também descrito como "Adão filosófico". Que evoluiu num ser particularmente cheio de alma, também conhecido como "*anima*". Veio de uma substância que não pode ser expressa em termos dos quatro elementos, um tipo de substância etérea, por isso também chamada de *aetherius*. Uma ideia que igualmente se encontra entre os primitivos que diferenciam o corpo sutil, o corpo da respiração, do corpo visível. O corpo sutil também é descrito como *anima*. Em latim, *animus*, em grego *anemos*, significando vento ou respiração, portanto, um ser de respiração. Essa notação percorre toda a alquimia. E você pode encontrar essa ideia em todo o mundo. Em todos os lugares encontramos a ideia desse corpo sutil, não como imaterial, mas de qualidade mais tênue (sutil), incluindo os espíritos.

Pensa-se que o *homo philosophicus* consiste em quatro naturezas: terra, água, ar e fogo, correspondendo aos quatro elementos. A mesma ideia do ser primordial também é descrita como um ovo, que não é apenas um homem dentro do caos, mas também uma existência potencial, uma vida potencial, descrita como um ovo: este é o "ovo filosófico", o *ovum philosophorum*. Esse ovo deve ser dividido em quatro, que juntos formam o um, o quatro em um. Esse segundo ou quatro em um traz à perfeição algo que está presente *in potentia* no caos.

Essa *separatio elementorum* também foi equiparada às quatro estações. As quatro estações são os atributos do *homo philosophicus*. Portanto, esse homem primordial também está pareado com o tempo. Encontramos as mesmas ideias na Índia, onde Prajāpati[302] está conectado com o ano. Além disso, o ano litúrgico da Igreja é exatamente como Cristo, pois esse é o curso de sua vida. Ele é o curso do tempo. A mesma ideia você também encontrará entre os neoplatônicos, para quem o verdadeiro criador é Cronos e o criador do tempo é Aion, porque em todo lugar que a criação ocorre, o tempo também

---

302. Cf. Seminário 1, 28 de outubro de 1938 (p. 105).

está presente. E a mesma ideia está em ação em Proclus[303], que é o criador da filosofia bergsoniana. A ideia da *durée créatrice* é a única intuição que você encontrará nas obras de Bergson[304].

A divisão dos quatro elementos deve agora ser superada pela chamada *coniunctio*, isto é, pela sua conjugação ou composição. Devo mencionar isso porque o Monte Meru é um desses amálgamas. No meio está a separação dos quatro

---

303. O filósofo neoplatônico Proclo Diádoco (412-485 d.C.) desenvolveu o conceito de um tempo imparticipável (*amethektos chronos*), ou seja, a "mônada" do tempo, que abrange o tempo em sua totalidade e, portanto, exclui qualquer noção de movimento ou mudança. É apenas devido ao duplo caráter da alma, como essência na eternidade, por um lado, e atividade e energia no tempo, por outro, que emergem o movimento e a diferenciação. Com esse movimento, o tempo participado (*en methexei chronou*) começa a evoluir a partir da suspensão atemporal do tempo imparticipável. A distinção de passado, presente e futuro, bem como a diferenciação sequencial, surgem apenas com a emergência do tempo participável. A suposição, aqui também apresentada por Jung, de que Proclo identificou *chronos* (tempo em grego) com o mítico Cronos, foi contestada: "Entretanto, Proclo poderia ter identificado o Tempo imparcial com Cronos (que em seu sistema personifica a essência do Intelecto). Desde a Antiguidade, o tempo, em grego *chronos*, às vezes era identificado com Cronos, o pai de Zeus. Acredita-se que essa substituição tenha sido usada filosoficamente pela primeira vez mil anos antes de Proclo, por um dos professores de Pitágoras, Ferécides de Siros (século VI a.C.). Na Antiguidade Tardia isso foi amplamente adotado e tornou-se bem consolidado. Proclo não parece estar comprometido com isso. A razão mais provável é que, como platônico, ele mostra seu apoio à derivação de Platão do nome 'Cronos' como '*koros nous*' no sentido de intelecto puro (Crátilo 396b): qual é a essência do intelecto" (Siorvanes, 1996, p. 135).

304. Em seu seminário de 1919, no Bedford College em Londres, Jung argumentou de maneira semelhante: "Na filosofia, Bergson oferece um exemplo do renascimento de uma imagem primordial com sua concepção de '*durée créatrice*', que pode ser encontrada em Proclo e, em sua forma original, em Heráclito" (OC 8/2, § 278). Em *Tipos psicológicos*, Jung sustenta que os conceitos de Bergson de élan vital e *durée créatrice* "eram correntes mesmo na Antiguidade, particularmente no neoplatonismo" (OC 6, § 540). Sobre Jung e Bergson, cf. Shamdasani (2003, p. 207-210, 227-230).

elementos. A este respeito, um alquimista disse uma vez que isso é alcançado por meio da filosofia moral. Assim, essa separação ou divisão em quatro é produzida pelo processo psicológico e dissolvida novamente da mesma forma. Por meio do conhecimento psicológico. O autor dessa citação é um honrado médico de meados do século XVI que viveu na Basileia e em Frankfurt: Dorneus[305]. Era uma espécie de colega meu! Ele disse: "Não sabes tu que o céu e os elementos eram anteriormente um, e foram separados um do outro por um ato divino de criação, para que pudessem gerar a ti e a todas as coisas?"[306]

Portanto, é muito interessante que essa ideia da divisão em quatro seja antiga, provavelmente de origem megalítica. Um

---

305. Gerhard Dorn (*ca.* 1530-1584), também Gerardus Dorneus: alquimista e filósofo. Nascido em Mechelen (Países Baixos Habsburgos), viveu em Basileia e Frankfurt. Dorn estudou com Adam von Bodenstein, com quem imprimiu muitos manuscritos de Paracelso pela primeira vez. Ele editou e traduziu *Aurorae Thesaurusque Philosophorum*, de Paracelso (1577). Seus próprios trabalhos incluem *Chymisticum artificium naturae, theoricum et practicum* (1568) e podem ser encontrados no primeiro volume do *Theatrum Chemicum* (1602), que Jung estudou em sua viagem pela Índia em 1937/1938: "A jornada constituiu um *intermezzo* no estudo intensivo da filosofia alquímica em que eu estava engajado na época. Aquilo teve um domínio tão forte sobre mim que levei comigo o primeiro volume do *Theatrum Chemicum* de 1602, que contém os principais escritos de Gerhard Dorn. Durante a viagem, estudei o livro do começo ao fim. Foi assim que esse material pertencente aos estratos fundamentais do pensamento europeu foi constantemente contraposto por minhas impressões da mentalidade e cultura estrangeiras. Ambos surgiram de experiências psíquicas originais do inconsciente e, portanto, produziram percepções iguais, semelhantes ou pelo menos comparáveis" (Jung, 1962, p. 331).

306. Gerhard Dorn, *Speculativae philosophiae* (1602, p. 276): "*Ignoras caelum et elementa prius unum fuisse, divino quoque ab invicem artificio separata, ut et te omnia generare possent?*" Jung citou isso novamente em *Aion* (OC 9/2, § 250) e *Mysterium coniunctionis* (OC 14/1, n. 549, n. 658). Jung destacou essa passagem com lápis em sua edição de 1602.

inglês meu conhecido, o Sr. Layard, fez uma descoberta muito interessante na Ilha de Malekula, nas Novas Hébridas, onde vive uma cultura megalítica que ergue dolmens. Um desenho simbólico e esquartejamento do corpo também é usado como uma iniciação[307]. Essa é uma ideia também encontrada na alquimia, ou seja, que esse *homo philosophicus* foi meio que mortificado. Uma aniquilação dessa coisa situada no caos e depois seu esquartejamento. Isso também é mostrado em uma antiga impressão de Rorschach do *Splendor Solis* da coleção alquímica *Aureum Vellus* de Salomon Trismosin[308].

307. John Willoughby Layard (1891-1974), antropólogo e psicoterapeuta inglês. Em 1914-1915, Layard foi para as Ilhas Novas Hébridas, na Melanésia, para realizar estudos antropológicos (*Stone men of Malekula*, 1942). Após seu retorno à Inglaterra, sofreu uma série de colapsos mentais, que o levaram a fazer análise com Homer Lane, seguido por Wilhelm Stekel e Fritz Wittels. Em 1929, Layard tentou suicídio em Berlim. Ele sobreviveu e voltou para a Inglaterra. No início da década de 1940, começou a analisar pacientes enquanto continuava sua própria terapia com H.G. Baynes, Gerhard Adler e o próprio Jung em Zurique. Sua principal obra psicológica intitula-se *The lady of the hare* (1944). Para uma avaliação contemporânea de Layard como antropólogo, cf. Geismar (2009).

308. Salomon Trismosin foi um lendário alquimista alemão dos séculos XV e XVI, que supostamente foi o professor de Paracelso. O *Aureum Vellus, oder Guldin Schatz und Kunstkammer* (1598-1599), também conhecido como *O velo de ouro*, uma coleção de 19 tratados alquímicos, foi impresso em Rorschach em 1598. Uma segunda parte apareceu em 1604 em Basileia. Contém também uma cópia do *Splendor Solis*, um tratado pictórico de 22 imagens, atribuído a Trismosin. A versão mais antiga data de 1532-1535. O Museu Britânico abriga um belo manuscrito de 1582. Em seu seminário, Jung mostrou a gravura 10 ao público, da qual Eduard Sidler se lembrou da seguinte forma: "Depois do seminário, Jung mostra a imagem do homem esquartejado. O corpo jaz na água e ao lado dele está um homem com uma espada na mão. A cabeça decapitada é dourada. Jung diz: 'Os filósofos costumavam se descrever como *filhos da cabeça dourada*. A expressão tem origem no grego. Acredito que o homem com a espada está segurando a cabeça decapitada pelos cabelos em sua mão esquerda'".

Splendor Solis (placa 10). Imagem da cópia de Jung (Fundação das Obras de C.G. Jung).

O *Homo philosophicus* teve seus quatro membros arrancados: o esquartejamento. Você encontra o mesmo também em outros textos alquímicos, por exemplo, *matrem mortifi-*

ca, manus ejus et pedes abscindes[309]. Exatamente isso ainda é feito em Malekula, claro que não de verdade, mas como um ritual simbólico.

Agora vocês podem ver que são ideias filosóficas evidentemente peculiares que estão por trás disso, ou seja, que algo que era uma unidade irreconhecível e incompreensível foi dissolvido em uma quaternidade por meio da diferenciação psicológica, em um sistema de ordem, e que, por meio disso, uma espécie de sacrifício aconteceu, o sacrifício do homem original, puramente natural. Rituais primitivos também têm o mesmo significado. Eu mesmo ouvi isso dos Kavirondos[310]. Os jovens que não se submetiam à circuncisão ritual eram rotulados como animais em tribos específicas. No budismo, é o sacrifício do *avidyā*, do desconhecido, da inconsciência. A partir disso surge uma percepção consciente diferenciada. A unidade instintiva é, portanto, esquartejada e reunificada. Essa segunda unidade é o Monte Meru.

O símbolo da montanha também desempenha um grande papel na alquimia. Há uma história alegórica sobre o Mons Mambracus numa terra qualquer. No topo dessa montanha cresce uma planta estranha chamada lunática ou lunaira, ou lolium (cf. OC 14/1, § 152). Um azevém, joio barbudo. Isso significa que alguém pode ficar embriagado ou enlouquecer com isso. Mas, aqui, lunática é uma planta de fantasia, embora também seja uma cura para tudo. É necessário cumprir o pro-

---

309. Aenigmate Phil. VI (*Art. aurif.*, 1593, I, p. 170): "Mortifica tua mãe e corta-lhe as mãos e os pés".

310. De outubro de 1925 a abril de 1926, Jung viajou junto com Helton Godwin ("Peter") Baynes (1882-1943), George Beckwith (1896-1931) e Ruth Bailey para o Monte Elgon (4.177 pés), que fica na atual fronteira do Quênia com Uganda. Eles permaneceram por um tempo com a tribo local dos Elgonyi. O termo "Kavirondo" se refere ao povo nativo que vive no vale do Rio Nzoia, no lado oeste do Monte Elgon e ao longo da costa nordeste do Lago Vitória. Cf. Jung (1961, p. 253-270 [OC 18/1]) e Bailey (1969-1970).

pósito do processo alquímico, ou seja, transformar o incompleto e transpô-lo para o estado de perfeição, de completude.

Essa planta como meio de cura também se expressa de outra forma, como uma pedra milagrosa que deve ser procurada no topo da montanha mais alta. Isso já está no texto de Comário do século I. Mais tarde, é representado como o rei em pé sobre uma montanha de prata de onde brotam rios de ouro (*reguli auri*), assim como os riachos fluem do Monte Meru e ao redor dele o Rio Jambrinada, que está cheio de ouro. Diz-se também que as aves são símbolos dos vapores sublimados que surgem da matéria aquecida. Voam até o topo da montanha, até o ponto mais alto da retorta química. Ou, se for usado um forno, no forno onde os vapores se condensam. Isso era o "Monte".

A montanha também era usada simbolicamente. Por exemplo, há um trecho em Michael Maier em que um abutre pousa no alto da montanha e diz: "Eu, diz ele, sou o preto do branco / e o amarelo do vermelho / a verdadeira verdade que não engana"[311]. Corresponde às quatro cores. Esse abutre tem quatro qualidades diferentes e senta-se no topo da montanha.

Se alguém pesquisar esses textos medievais, inevitavelmente encontrará as analogias mais próximas na linguagem dos Padres da Igreja. O pensamento dos cientistas naturais medievais ainda é completamente influenciado pela linguagem dos Padres da Igreja. Por isso, em todas essas expressões e símbolos, deve-se comparar cuidadosamente o significado que eles têm na linguagem hermenêutica, ou seja, com a linguagem interpreta-

---

311. Do *Atalanta Fugiens* (1618), de Michael Maier (1568-1622). A tradução alemã de 1708 foi intitulada *Michaelis Majeri Chymisches Cabinet*. O capítulo 43 traz os versos: "O abutre grita no topo da montanha / sem cessar. / Eu, animal preto e branco! Amarelo e vermelho também / O tórpido corvo é como eu sozinho / Na noite escura e na luz do dia / Dele ou de mim será a imagem da tua obra" (Maier, 1708, p. 127). A citação de Jung está na p. 128.

tiva da Igreja. Portanto, a montanha é um símbolo de Cristo. Santo Ambrósio diz de Cristo que Ele é o *mons exiguous and magnus*[312]. E Santo Agostinho diz que Cristo é *mons magnus ex lapide prava*[313]. Essa ideia peculiar se refere a uma passagem de

---

312. Santo Ambrósio (*ca*. 340-397) escreveu no segundo livro de *De Interpellatione Iob et David* [A oração de Jó e Davi]: "Consideremus ne forte divinitas Christi mons magnus. Denique 'coelom et terram complei, dicit Dominus' (Jr 23,24). Si ergo divinitas Christi mons magnus est, utique incarnation ejus mons exiguus est. Utrumque ergo Christus, et mons magnus et minor: magnus vere, quia magnus Dominus et magna virtus ejus: minor, quia scriptim est: 'Minorasti eum paulo minus ab angelis (Sl 8,6)'" (Ambrósio de Milão, 1862-1865, p. 857) [Vamos considerar se talvez a divindade de Cristo seja a grande colina. De fato. 'Não sou eu que encho o céu e a terra?' (Jr 23,24). Se então a divindade de Cristo é a grande colina, certamente sua encarnação é a pequena colina. Portanto, Cristo é ambos, sendo tanto uma grande colina quanto uma menor – uma grande de fato, porque 'o Senhor é grande e mui digno de louvor; sua grandeza é insondável' (Sl 145,5) e uma menor, porque está escrito: 'Tu o fizeste um pouco inferior a um ser divino (Sl 8,6) (Ambrósio de Milão, 1972, p. 40)].

313. Santo Agostinho de Hipona (354-430), Sermão 147A, 4: "Daniel autem sanctus vidit visum, et scripsit quod vidit, et ait, vidisse se lapidem praecisum de monte sine manibus. Christus est, de gente Iudaeorum veniens; erat enim et illa mons, quia regnum habet. Quid est: Sine manibus? Sine opere humano lapis praecisus, quia masculinum opus non accessit ad virginem, ut nasceretur sine opere humano. Lapis praecisus de monte sine manibus; et confregit statuam, in qua significabantur regna terrarum. Et quid dictum est? Ipse est lapis, in quem infratorunt Iudaei; ofensorunt in lapidem offensionis. Quis est mons, in quem infractorunt haeretici? Audi ipsum Danielem: Et crevit lapis ille, ait, et factus est mons magnus, ita ut impleret universam faciem terrae" (Dn 2,34-35) [O santo Daniel, porém, teve uma visão e escreveu o que viu, e disse que tinha visto uma pedra talhada sem mãos de uma montanha. É Cristo, vindo da nação dos judeus, que também era uma montanha, veja bem, porque tem o reino. O que significa sem mãos? Uma pedra talhada sem atividade humana, porque nenhuma atividade masculina estava envolvida com a virgem, de modo que Ele nasceu sem atividade humana. Uma pedra talhada sem mãos da montanha; e quebrou a estátua em que todos os reinos da terra estavam representados. E o que é que Paulo disse? Essa é a pedra em que os judeus tropeçaram; tropeçaram na pedra de tropeço. Qual é a montanha sobre a qual os hereges tropeçaram? Ouça novamente Daniel: E aquela pedra cresceu, disse ele, e tornou-se uma grande montanha, de modo que encheu toda a face da terra] (Dn 2,31-35) (Santo Agostinho, 1992, p. 454). Tradução de BH: "Uma grande montanha que saiu de uma pequena pedra".

Daniel em que a pedra que se solta da montanha sem a intervenção de mãos humanas cai aos pés da imagem de bronze feita de barro e destrói toda a imagem[314]. Isso foi aplicado a Cristo. Assim, Ele foi chamado de pedra porque se descreveu como a pedra angular, *lapis angularis*[315]. Portanto, Cristo é a pequena pedra da qual surgiu uma montanha inteira. Por outro lado, Maria também é descrita como uma montanha porque a pequena pedra vem dela.

---

314. "Tu estavas a olhar, quando de repente uma pedra se desprendeu sem intervenção humana e atingiu a estátua nos seus pés de ferro e barro, reduzindo-os a pó" (Dn 2,34).

315. Mt 21,42: "Então Jesus lhes disse: 'Nunca lestes nas Escrituras: A pedra rejeitada pelos construtores é que se tornou a pedra principal. Foi a obra do Senhor, digna de admiração para nossos olhos?'" Cf. Sl 117,22; Mc 12,10; Lc 20,17; 1Pd 2,6-8.

Seminário 15[316]

3 de março de 1939

Shrī-chakra-sambhāra tantra	Alquimia
I. Shūnyatā	I. Caos
II. Elementos	II. Tetrameria
III. Monte Meru	III. *Mons*
IV. A cidade de Brahma	IV. *Civitas, castru*m
V. *Vajra* de quatro cabeças e quatro cores	V. *Quaternitas*
VI. Lótus	VI. *Flos auri*
VII. Lua	VII. *Luna*
VIII. Sol	VIII. *Sol*
IX. Lótus com *yon*i	IX. *Al-baida* (Beya)
X. Lua com *liṅgaṃ*	X. *Conjunctio*
XI. *Vihāra*	XI. Vaso hermético
XII. Mahāsukha	XII. *Lapis, hermaphroditus, homunculus*

Recapitulando: chegamos até os paralelos medievais com *shūnyatā*, o vazio: o caos. Uma espécie de esfera aquosa que continha uma mistura de todos os elementos[317]. Os quatro elementos que emergem de *shūnyatā* são a divisão em quatro funções psíquicas ou quatro elementos da natureza. Isso corresponde à

---

316. Anotações de LSM, ES, OK e tradução para o inglês de BH.

317. ES: "[Jung] mostra ilustrações no livro intitulado *Le temple des muses*". Cf. ilustração na p. 300.

divisio aqaue da água primordial em quatro elementos. Ação que se consuma simbolicamente na Igreja Católica no sábado de Páscoa, quando o padre divide a água com o sinal da cruz. A água-benta é dividida novamente em quatro elementos para que esta água adquira a capacidade de efetuar o renascimento espiritual. Esse significado também existe na filosofia medieval. A água primordial é dividida para que adquira o poder de criar um novo mundo.

Em seguida, o Monte Meru. Vocês conhecem muitos paralelos relacionados a isso: *mons*, sobre o qual o *lapis philosophorum* é encontrado, ou onde a milagrosa planta *lunaria* (linho ou joio) cresce. Um sinal de que diz respeito à cabeça. E um mistério que se explica em linguagem alquímica. Na verdade, é um mistério psicológico. Essa montanha é idêntica a Cristo, também à mãe de Deus. A pequena pedra foi talhada da montanha sem o emprego das mãos, a pedra arremessada contra os pés da estátua de metal. No Livro de Daniel. Essa pedra sempre esteve relacionada com a pedra angular, *lapis angularis* e, portanto, Cristo também foi chamado de *lapis angularis* ou *parvulus* ou *exillis* na linguagem medieval. Foi talhada da montanha, e por isso a montanha é também Maria.

Em psicologia devemos voltar a essas coisas, porque, caso contrário, não podemos entender o simbolismo usado por nosso inconsciente. Devemos saber como o espírito humano foi originalmente criado. Esta é uma espécie de anatomia comparativa do espírito. Na anatomia comparativa não podemos entender a forma se não conhecermos os antecedentes biológicos. Se buscamos entender a psique inconsciente, devemos entender sua história e, portanto, voltar ao funcionamento anterior do espírito humano. Lá, descobriremos todas aquelas formas que encontramos nos sonhos. Nos textos que estou explicando, você verá como o inconsciente é mobilizado com o objetivo de transformar a personalidade consciente. Isso é imaginação ativa. Todos os exercícios de ioga são relevantes aqui. No verão teremos a oportunidade de discutir os exercícios de Santo Inácio de Loyola, a única forma medieval oficial de ioga no Ocidente. A ioga ocidental não oficial que coincide plenamente com a do Oriente é precisamente essa ioga da alquimia. Mas não há trabalhos abrangentes sobre isso porque hoje toda a história da alquimia é tratada por químicos que naturalmente não têm nenhum interesse em psicologia. Quando se entende melhor o conteúdo dos mistérios, pode-se entender por que eles mantiveram essas coisas em segredo, como foi feito com esses textos tibetanos que apresentei a vocês. Eles vêm sendo difundidos apenas nos últimos anos, depois que os estudiosos lamaístas declararam sua intenção de tornar esses textos conhecidos gradualmente no Ocidente. Graças a uma série de eminentes pesquisadores, principalmente Woodroffe e o americano Evans-Wentz[318], eles foram agora introduzidos no Ocidente.

Da última vez, paramos no símbolo da montanha. Já disse que, por um lado, a montanha é identificada com Cristo, por outro lado, com Maria e, em terceiro lugar, com o Espírito Santo, *Divinitas Sancti Spiritus*, que tem uma relação notável com Maria na Igreja primitiva. Sabe-se que a *Sapienta Dei* ou Sofia era considerada feminina e idêntica a Maria, a portadora de Deus. Portanto, temos três formas divinas, idênticas ao *mons*. Se lembrarmos que o mundo emerge dos quatro elementos, então, do mesmo modo, a forma-mundo também emerge dele, e na filosofia medieval isso aparece personificado em formas divinas. A forma protuberante é declarada idêntica à montanha. A propósito, também fazemos isso

---

318. Sobre Woodroffe, cf. nota 4; sobre Evans-Wentz, cf. nota 174.

quando personificamos uma montanha com um nome como "Jungfrau"[319], por exemplo.

Agora, sobre o símbolo da cidade de Brahma. Na alquimia, temos paralelos com *civitas* (cidade) ou *castrum* (castelo). Sobretudo, descobrimos que *civitas* ou *castrum* é um símbolo de Maria, portanto, feminino em significado, porque a cidade é protegida e prezada. Assim, em Alain de Lille, do século XII ou XIII, Maria é chamada de *acies castrorum*[320], *castellum*, *civitas* ou mesmo *gazophylacium*, ou seja, a casa do tesouro (também *domus thesauria*)[321].

Todas essas descrições derivam dos Padres da Igreja, mas também foram aplicadas na alquimia para explicar a sabedoria (*sapientia*) ou a verdade (*veritas*) da filosofia natural. Eis o que diz um desses antigos filósofos latinos[322]: a sabedoria é um castelo que não pode ser invadido. E ele diz que essa fortaleza protege um tesouro que será removido após a morte. Obviamente, a ideia é que esta cidade guarda uma riqueza que

---

319. "Jungfrau" (virgem), 4.158m, é a terceira montanha mais alta dos Alpes Berneses. Juntamente com o Eiger e o Mönch (monge), forma uma das paisagens alpinas mais espetaculares da Suíça. A origem do nome vem dos prados de pastagem na encosta noroeste da montanha, que pertenciam aos agostinianos e eram localmente chamados de "Jungfrauenberge" (picos virgens).

320. Ct 6,4: "*pulchra es amica mea suavis et decora sicut Hierusalem terribilis ut castrorum acies ordinata*" (Vulgata); "És bela, minha querida, como a cidade de Tersa, encantadora como Jerusalém, esplêndida como as constelações".

321. Alanus de Insulis (*ca.* 1128 – *ca.* 1203), também conhecido como Alain de l'Isle ou Alain de Lille, teólogo, filósofo e poeta francês, participou do Terceiro Concílio de Latrão (1179). Embora de natureza antiescolástica, sua filosofia neoplatônica continha uma vertente tanto mística quanto racional e foi fortemente influenciada por Boécio. Sua principal obra é *Ars Fidei Catholicae*. Outras obras incluem *Tractatus contra Haereticas* e *Theologicae Regulae*. Jung refere-se aqui ao sermão de Alain sobre o Salmo 87, "Gloriosa dicta sunt de te, civitas Dei" (Alan de Lille, 1855, p. 200-201B). Para uma tradução inglesa de *Ars praedicandi*, cf. Alan of Lille (1981). Cf. tb. p. 350.

322. A tradução inglesa de BH refere-se a Gerhard Dorn (BH, p. 98). Sobre Dorn, cf. nota 305.

depois da morte será levada. Evidentemente, levada para o céu ou, de qualquer forma, destinada à existência pós-mortal.

Aqui encontramos a ideia sugerida pelo quinto símbolo, ou seja, o *vajra*. Na verdade, isso significa diamante; devido à sua dureza e incorruptibilidade, simbolizava a resistência eterna. Portanto, pode-se muito bem traduzir todos esses compostos sânscritos com *vajra* como "eterno". Esse é o tesouro guardado no castelo. A mesma ideia estava presente na alquimia medieval, de que a *sapientia Dei* era como quatro castelos[323]: um de cristal, o segundo de prata, o terceiro de diamante (*vajra*) e o quarto estando além do domínio dos sentidos, ou seja, humanamente indiscernível.

Sempre há algo notável associado ao quarto número. Eu simplesmente quero chamar sua atenção para isso, ou seja, que essa quarta qualidade não pode mais ser entendida com *ratio* [razão]. Ela tem um paralelo peculiar com as quatro funções psicológicas da consciência: entre sensação, pensamento, sentimento e intuição, a intuição como quarta função é muito mais difícil de entender. Podemos defini-la apenas como a percepção por meio do inconsciente. Não sabemos como chegamos à intuição. É aqui que entra a qualidade do quarto tipo, que é bastante peculiar e só pode ser descrita com dificuldade. Podemos ver que até os antigos alquimistas reconheceram isso, e também dizem: o castelo é onde o *"philosophicus amor"* está contido: *"Videtisne relucens illud et inexpugnabile castrum? In eo se continet philosophicus amor, de cujus fonte fluunt aquae vivae quas qui desgustarit semel non sitit vanitatem amplius"* [Não vês aquela torre brilhante e inexpugnável? Ali está o Amor Filosófico, uma fonte da qual fluem águas vivas, e aquele que dela beber não terá mais sede de vaidade] (Vaughan,

---

323. Gerhard Dorn, cf. nota 305.

1650, p. 40)[324]. O amor pela filosofia, a busca pela verdade, pela transformação em substância incorruptível: para esses filósofos naturais a filosofia era um caminho para a transformação interior do homem e, portanto, como eu disse, um problema do qual já nada sabemos. Ainda existe a ideia da Jerusalém celestial, que conhecemos do Apocalipse de João[325]. Eis aí um verdadeiro castelo, ricamente adornado com joias na fantasia do autor.

Todas essas ideias também aparecem na alquimia, onde o ouro filosófico é um vidro maravilhoso, um *vitrum aureum*, evidentemente uma fusão da ideia de cristal, diamante e ouro, a ideia da substância mais valiosa. Um pouco mais tarde, Giovanni Francesco Pico della Mirandola, sobrinho do famoso Giovanni Pico della Mirandola, usou a mesma imagem em seu livro sobre fantasia: a alma habita um castelo real[326]. Portanto, não é surpresa que o próprio Cristo seja descrito como *civitas*, a cidade murada, sendo Ele quem toma sobre si a alma humana. Essa ideia surgiu muito cedo, não apenas entre os Padres da Igreja Cristã, mas também entre os hereges da Igreja primitiva.

---

324. Jung citou a passagem em latim da edição original em sua biblioteca. A tradução para o inglês é de Arthur Edward Waite (p. 105-106). O editor deseja agradecer a Christopher Wagner por apontar essa referência.

325. A descrição da "Nova Jerusalém" pode ser encontrada no capítulo 21 do Livro do Apocalipse.

326. Giovanni Francesco (também conhecido como Gianfrancesco) Pico della Mirandola (1470-1533), filósofo, escreveu, entre outros, um livro intitulado *De Imaginatione* (1501): "Portanto, sempre iminente para a alma é o perigo de que seu adequado trabalho possa ser impedido, ou ser manchado pela contaminação com o corpóreo, porque a imaginação tem mais intercâmbio com a razão do que com o intelecto, o mais puro e mais elevado de todos os poderes da mente. Quando a alma se retirou para o intelecto, lá, como em seu próprio palácio protegido e cidadela fechada, ela repousa e é aperfeiçoada" (Mirandola, 1930, p. 81).

Hipólito[327] nos informa que antigamente havia gnósticos que falavam de muros e de um castelo onde residia a alma humana. Existe, de fato, tal texto na Biblioteca Bodleiana em Oxford, o *Codex Brucianus*[328]. Lá, foi descoberto um texto copta que é uma gnose propriamente dita. Essas coisas são muito raras porque foram veementemente perseguidas pela Igreja, e praticamente toda a literatura da gnose foi destruída, deixando-nos com fragmentos. Alguns deles foram retidos pelos Padres da Igreja que condenaram esse pensamento, mas não puderam deixar de mencioná-lo, é claro que de uma forma grosseiramente obscura. No Egito foi descoberta uma série de tais textos nos quais também (graças a Deus) foram encontrados os escritos de Mani[329].

Nesse códice, deparamo-nos com a ideia do *monogenes* ou

---

327. Santo Hipólito de Roma (*ca.* 170 – *ca.* 232 d.C.), mártir e teólogo cristão, o primeiro antipapa durante os pontificados de São Urbano I e Ponciano. Suas principais obras são os dez volumes de *Refutações de todas as heresias*, também conhecidas como *Philosophumena*. O texto grego dá uma visão geral das crenças cristãs pagãs e gnósticas para demonstrar sua natureza herética.

328. O *Codex Brucianus* (Códice Bruce) é um manuscrito gnóstico nas línguas copta, árabe e etíope, assim chamado por causa do viajante escocês James Bruce, que adquiriu o códice no Alto Egito em 1769. A Biblioteca Bodleiana comprou o códice da Clarendon Press em 1848. Carl Schmidt (1868-1938), que publicou a primeira edição junto com uma tradução alemã e comentários em 1892, identificou dois manuscritos e vários fragmentos como partes de um único códice. Os dois textos maiores são conhecidos como "O primeiro e o segundo livro de Jeu" e "Texto sem título". Cf. MacDermot (1978).

329. Mani (*ca.* 216 – *ca.* 274), também conhecido como Manes ou Maniqueu: profeta iraniano, fundador do maniqueísmo, uma religião gnóstica que combinava elementos do zoroastrismo, cristianismo e budismo. De acordo com Mani, o mundo foi construído por meio da fusão de espírito e matéria e, portanto, envolvido em uma eterna luta entre o bem e o mal. Mani escreveu cinco livros em siríaco e um livro, o *Shapuragan*, em persa, dos quais apenas fragmentos sobreviveram. O relato mais abrangente da vida e obra de Mani é dado por um pergaminho do século V d.C., descoberto no Alto Egito em 1969, o *Codex Manichaicus Coloniensis*. Nessa passagem, Jung se referiu aos textos coptas maniqueístas que foram encontrados no Egito na década de 1920. Cf. Van Tongerloo (1993).

autogenes, da autogênese, da autogeração, do autóctone: "que habita na mônada como em uma metrópole". No Evangelho de João, o *monogenes* é substituído por *Logos*, o Verbo, o Filho de Deus. Esse ser primordial corresponde indubitavelmente à ideia indiana de *puruṣa*, ou seja, o homem original. Dele também se diz que mora na mônada, na metrópole, em uma cidade. Imagina-se que essa cidade guarda o tesouro do *monogenes*, a própria palavra. E até se diz que a cidade tem quatro portões que correspondem aos quatro membros do *monogenes*[330]. Essa é a ideia que se tem na Índia.

Agora chegamos ao próximo símbolo: o *vajra* de quatro cabeças, ou raio. Ligado às quatro cores. Essas quatro cores desempenham um grande papel na filosofia alquímica, em primeiro lugar na forma da *cauda pavonis*, a cauda do pavão. Alguns alquimistas celebram o surgimento da cauda do pavão

---

330. Texto sem título no *Codex Brucianus* (de acordo com Baynes, p. 89): "Este mesmo é ele [Monogenes] que habita na Mônada, que está no Setheus, e que veio de um lugar do qual ninguém pode dizer onde é. [...] Dele é que a Mônada veio, como um navio, carregada com todas as coisas boas, árida como um campo, cheia ou plantada com todo tipo de árvore, e como uma cidade, cheia de todas as raças da humanidade. [...] É assim que é a Mônada, tudo isso estando nela: há 12 Mônadas como uma coroa em sua cabeça. [...] E no véu que a envolve como uma defesa há 12 portões. [...] Esta mesma é a Cidade-Mãe do Unigênito". Jung citou essa passagem também em seu seminário de Eranos de 1935 "Símbolos dos sonhos do processo de individuação" (OC 12) e na versão revisada em *Psicologia e alquimia* (OC 12), onde, tomando como base os seminários do ETH, usou o material para comparar o simbolismo ocidental e oriental da mandala: "Considerada como metrópole, a mônada é feminino, semelhante ao *padma* (lótus), forma básica da mandala lamaica. (No contexto chinês corresponde à Flor de Ouro e, no Ocidente, à Rosa e à Flor de Ouro.) Nela habita o Filho de Deus, o Deus que se manifestou. No Apocalipse encontramos o Cordeiro no centro da Jerusalém celeste. Em nosso texto diz-se igualmente que Setheus habita o santíssimo do Pleroma, cidade de quatro portas (que se assemelha à cidade de Brahma sobre o Meru, a Montanha do Mundo, na Índia). Em cada porta há uma mônada. Os membros do Anthropos, nascido do Autogenes (Monogenes), correspondem às quatro portas da cidade. A mônada é uma centelha de luz (spinther) e uma imagem do Pai idêntica ao Monogenes" (OC 12, § 139).

como uma aparição maravilhosa. Quando essas cores magníficas aparecem na retorta química, o objetivo não está muito longe, dizem eles. As quatro cores que nela se combinam são, via de regra, o preto, o branco, o vermelho e o amarelo. Estas são as cores que Heráclito já mencionava como as cores elementares ou básicas disponíveis para os pintores gregos[331]. As outras cores surgem de sua mistura. Essas quatro cores simplesmente indicam as quatro cabeças, a disposição quarternária do *vajra*. Já é uma tentativa de reunir de alguma forma os elementos separados por meio do enclausuramento, incorporação e incubação, e a partir disso compor novamente uma unidade. O *vajra* de quatro cabeças simboliza um ser unitário, que ainda se pode ver que é composto de quatro. Certos textos alquímicos expressam essa ideia; por exemplo, há uma carta traduzida para o latim, de Aristóteles para Alexandre o Grande – claro, de Pseudo-Aristóteles. Essa carta foi endereçada a Alexandre apenas hipoteticamente e provavelmente chegou à Idade Média latina por meio da tradição árabe. Está entre os documentos mais antigos deste tipo que temos: "*Divide lapidem tuum in quattuor elementa et conjunge in unum*"[332]. Esta é a fórmula dos cinco primeiros símbolos. O número quatro em si é uma ideia medieval muito importante, também chamada de *quaternio*. Que também é chamado de *quaternarium*, isto é, o quádruplo, e novamente como quarteto, *quaternitas*. Há todo tipo de

---

331. O fragmento 10 de Heráclito, conforme mencionado por Pseudo-Aristóteles em *De mundo*, diz o seguinte: "As junções são: inteiros e não inteiros, o que concorda e o que difere, o que produz harmonia e o que produz discórdia; de todos você obtém um e de um você obtém todos" (DK B10). Pseudo-Aristóteles acrescenta a isso: "A arte da pintura, misturando na imagem os elementos de branco e preto, amarelo e vermelho, alcança representações que correspondem ao objeto original" (Pseudo-Aristóteles, 1914, 396b).

332. "Divida tua pedra em quatro e una-a em uma." O trecho é do *Tractatus Aristotelis Alchymistae ad Alexandrum Magnum de Lapide Philosophico*, que foi publicado no volume cinco do *Theatrum Chemicum* (1622).

explorações desse conceito. Também é descrito como *sacrum*, sagrado. Já no gnosticismo, nesse *Codex Brucianus* do gnosticismo copta, encontramos a ideia de que Cristo é o *monogenes*, de pé sobre um pódio de quatro patas. Essa é a ideia gnóstica de Cristo sobre o tetramorfo (OC 13, § 366). Esse conjunto formado por quatro elementos é sempre entendido como os quatro pilares sobre os quais repousa Cristo, sendo os quatro evangelistas ou quatro evangelhos. Tudo é interpretado de acordo com esse número quatro, pois havia paradigmas excelentes como, por exemplo, do paraíso fluem quatro rios. Essa ideia apareceu em extraordinárias iluminuras em que Cristo Rei era combinado com os quatro evangelistas, a alegoria das quatro correntes de água, com deuses do rio, paraíso etc. Isso produziu mandalas maravilhosas, que foram repartidas estritamente de acordo com esse número quatro (4, 8, 16, 32...). Claro que a antiga doutrina dos quatro elementos também se encaixa aqui. Assim como a ideia do *tetraktys*, o número quatro, que é o número do ser vivo, da criação, por assim dizer. É a base de todos os seres vivos. Essa visão é atribuída a Pitágoras[333]. E se estende a outra gnose, a gnose de Barbelo[334]. Uma conjectura é que os quatro primeiros seres do mundo, éons, surgiram do útero do ser primordial Metra, fecundado pelo *pneuma*. Esse

---

333. Pitágoras de Samos, filósofo e matemático grego do século VI a.C., conhecido pelo teorema geométrico que leva seu nome: $a^2 + b^2 = c^2$. Ele fundou uma escola filosófica e religiosa em Crotona, onde ensinou que todo o cosmos pode ser explicado por números. Seguidores conhecidos como *mathematikoi* faziam um juramento secreto pelo *tetractys*, que era uma figura triangular composta por dez pontos em quatro fileiras, sendo dez o número perfeito e divino. Sobre a importância do *tetractys* na psicologia de Jung, cf. Marie-Louise von Franz (1974).

334. BH se refere em uma nota de rodapé ao livro de Hans Leisegang *Die Gnosis* (1924): "Leisegang diz que Barbelo vem das palavras hebraicas: Barbhe Eloha = 'No quatro está Deus'" (BH, p. 100). Leisegang acrescenta a isso em uma nota de rodapé: "Os tetras dos ofitas: pai, filho e pneuma feminino, Cristo ou no Livro de Baruc: o bom, Elohim, Edem, Baruc [...]. Barbelo talvez também seja um jogo de palavras com 'bar' e baal" (Leisegang, 1924, p. 186, n. 1).

número quatro é o *tetraktys*. Outros gnósticos descrevem o homem como uma tétrade, provavelmente referindo-se às nossas quatro extremidades[335]. Também uma deidade da revelação é a tétrade.

Na Idade Média, essa tétrade também era caracterizada como *quadrangulum secretum sapientiae*[336]. O retângulo secreto da sabedoria em cujo centro reside o mediador, o mestre. Também é descrito como o *pelicanus*. Havia também uma retorta medieval construída para destilação circulatória; esse aparelho era chamado de pelicano:

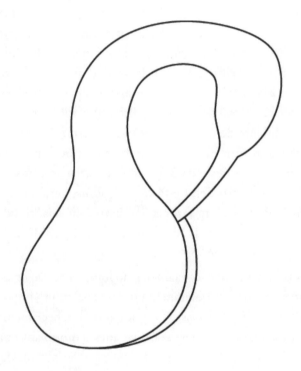

---

335. Segundo BH, Jung se refere aqui ao capítulo 11 do livro de Hans Leisegang *Die Gnosis* (1924), onde escreveu sobre Marcos o Mago.
336. Latim para "quadrado secreto da sabedoria".

Sempre foi retratado como um símbolo de Cristo, porque apenas o pelicano alimenta seus filhotes com seu próprio sangue. Ele rasga o peito com o bico, e os filhotes bebem de seu sangue[337]. Essa questão é fundamentada na medida em que o pelicano tem uma pequena mancha vermelho-sangue na frente do bico. *Pelican noster* ("nosso pelicano"): este é o nosso redentor que derramou o seu sangue e com ele nos alimenta. Este é o mediador que está dentro do *quadrum*.

Esta é a *quadratur* do círculo, a redondeza original, na qual a tétrade é trazida. Esse processo de enclausuramento foi representado misticamente no símbolo da *quadratura circuli*. As quatro qualidades e sua unificação dentro do ponto no centro: a *quinta essentia* ou nosso salvador que habita na quadratura. Diz-se do mediador que é ele quem efetua a *quadratur* do círculo e assim representa e resolve o mistério. Existe uma extensa literatura sobre isso, mas é principalmente de natureza histórica da arte, que não posso abordar aqui. Em muitas igrejas há rosas, ou seja, rosáceas no alto da parte oeste da nave, muitas vezes no transepto, e sentado no centro delas está o *Rex gloriae*, geralmente dispostas exatamente em fatores de quatro, ou seja, seu dobro ou elevado ao quadrado, em oito ou dezesseis. Tal é a representação desse mistério.

A rosa nos remete diretamente ao lótus. A versão ocidental do lótus é a rosa. Ela desempenhou um papel muito importante na Idade Média. A Rosa é a típica amada, especialmente na *Commedia* de Dante. Mas ela é uma amada muito abstrata, ou seja, um segredo: a *rosa mystica* que você encontra na Ladainha

---

337. BH comenta sobre isso: "Na capela dedicada a Nossa Senhora na Catedral de Chichester, por exemplo, o púlpito tem um pelicano golpeando o peito em vez da águia usual" (BH, p. 100). O púlpito de latão tem um suporte para Bíblia em forma de pelicano e data de 1879.

Laurenciana[338], onde são enumerados os atributos de Maria. Um deles é a *rosa mystica*, a rosa mística.

O tema da joia no lótus é muito comum no Oriente. Certamente vocês se lembram do mantra "Om maṇi padme hūm"[339]. Oh, tesouro no lótus, ou seja, tesouro na rosa. Há também a ideia de que Cristo se escondeu como um pássaro na rosa, ou na flor d'água, e nasceu de novo a partir dela. Nosso texto diz que o Buda reaparece no botão de lótus na Terra de Amitābha. O botão se abre e ele se senta no lago de lótus, cercado por cisnes, gansos e patos.

A ideia da flor também desempenha um papel significativo na alquimia medieval. É um sinônimo para a pedra filosofal. Existem inúmeros lugares onde a pedra é descrita como a flor de ouro. Ou a água maravilhosa, a *aqua permanens*, da qual se produz a pedra filosofal, que nunca se esgota, ou o *flos mundi*, a flor do mundo, ou a *flos solis*, a flor do sol, também flor de ouro, porque o sol é, obviamente, idêntico ao ouro. Ou é comparada a Cristo como a pedra. Ao mesmo tempo, Ele é a *flos virgae florentis*, ou seja, a flor que aparece na vara, a vara florescente de Aarão (Nm 17,23), um símile frequentemente usado por Alain de Lille.

Na linguagem dos Padres da Igreja, essa flor descreve a carne gloriosa do corpo de Cristo, o botão que contém o espírito divino de Cristo. Daí a ideia da flor como um vaso. Encontra-se também a ideia de que o vapor ou emanação que sai do recipiente aquecido é a flor dessa substância, também chamada de *flos*. A pedra maravilhosa ou o ouro filosofal é preparado a partir disso.

---

338. Ladainha Laurenciana, ou Ladainha de Loreto, assim chamada por causa do santuário de Loreto (Itália), mas provavelmente composta em Paris na segunda metade do século XII. A ladainha é composta por títulos e louvores dirigidos a Maria, entre outros a "*rosa mystica*" ou "rosa mística".

339. Cf. tb. Seminário 5 (p. 164).

O vaso era entendido como o botão floral do qual o espírito surgia, e era preciso selá-lo bem para que essas flores, isto é, o vapor ou emanação, não desaparecessem ou escapassem.

A flor é chamada de a potência da água milagrosa, a água batismal ou benta da alquimia. Na alquimia grega, a palavra psique [alma] é usada com muita frequência aqui. O que surge da retorta alquímica é a alma, e sua ascensão é chamada de "desabrochar". Comário, o arcipreste, instruiu Cleópatra de que os mortos que habitam no Hades, ou seja, no caos, tornam-se flores da primavera quando se borrifa o caos com a água divina[340]. Esta é a ressurreição dos elementos vivos do *shūnyatā* para o seu ser, para sua reunificação com o ser original por estarem contidos no lótus.

Agora, o paralelo real com o lótus é toda a hinologia de Maria. Há expressões altamente descritivas nela: a rosa cresce dos juncos para a salvação do homem, daí a descrição[341] em alto-alemão médio: "*himelbluome*"[342], a "nobre rosa do céu" (Wernher, 1860) ou a "*rôse sunder dorn*"[343], a *rosa coeli*[344]. Esta é aquela rosa que Dante invoca na conclusão de seu *Paradiso*, uma rosa que abrange todo o Céu. Aqui também temos um hino do século XIV da Alemanha, em latim, que simplesmente não posso deixar de mostrar a vocês:

---

340. Cf. nota 298.

341. Jung tinha uma cópia de *Die Sinnbilder und Beiworte Mariens in der deutschen Literatur und lateinischen Hymnenpoesie des Mittelalters* (1893), de Anselm Salzer, em sua biblioteca. O estudo contém uma lista de referências literárias a Maria como rosa (Salzer, 1893/1967, p. 183-192).

342. Por exemplo, Philipp von Seitz, *Bruder Philipps des Carthäusers Marienleben* (*ca.* 1300/1853). Para outras referências literárias, cf. Salzer (1893/1967, p. 145-150).

343. Por exemplo, Walther von der Vogelweide (1875, I, p. 7). Para outras referências literárias, cf. Salzer (1893/1967, p. 183-192).

344. Latim para "rosa celestial".

Ave rosa delicata,
Quae, de regum ramis nata,
Es trans coelos exaltata,
Et per mundum dilatata
Sis nobis umbraculum[345].

[Salve, rosa delicada,
que, nascida dos ramos dos reis,
és exaltada além dos Céus
e se espalhou pelo mundo,
Sê um abrigo para nós.]

Essa é a ideia consumada do lótus, o botão da flor que contém o ser emergente que passa pela transformação, que devemos guardar para o próximo semestre.

---

345. Konrad von Haimburg (Conradus Gemnicensis), um monge e poeta cartuxo: para o texto ver *Conradus Gemnicensis. Konrad von Haimburgs und seiner Nachahmer Reimgebete* (1888, p. 22). Tradução para o inglês de Heather McCartney.

Semestre do verão de 1939 (parte 1)

Seminário 1

28 de abril de 1939

Simbolismo tântrico	Simbolismo hermético
I. Shūnyatā (= o vazio, avidyā)	I. Caos
II. Quatro elementos	II. Tetrameria
III. Monte Meru	III. *Mons*
IV. Cidade	IV. *Civitas, castrum*
V. *Vajra* de quatro partes e quatro cabeças	V. *Quaternitas, quaternarium*
VI. Lótus	VI. Flor de Ouro
VII. Lua	VII. *Luna*
VIII. Sol	VIII. *Sol*
IX. Lótus (= *yoni*)	IX. A mulher branca, *femina alba*, Beya
X. Lua com *liṅgaṃ*	X. *Conjunctio solis et lunare*
XI. *Vihāra*	XI. *Domus thesauria, vas hermetis*
XII. Mahāsukha	XII. *Lapis, hermaphroditus, lux*

No último semestre de inverno, lidamos com uma questão muito difícil, a saber, a imaginação ativa. Ao longo de meus seminários, tentei dar uma ideia de como poderíamos entender a imaginação ativa de uma perspectiva histórica.

Claro, tenho plena consciência de que esse problema do exercício ativo da capacidade imaginativa é um assunto que não é exatamente popular, especialmente nos dias de hoje, enquanto o mundo ressoa com guerras e rumores de guerra, e nossa cultura está gradualmente desaparecendo na obscuridade ou pelo menos sob ameaça de desaparecer[346]. Estou fazendo o máximo dentro das minhas humildes possibilidades para evitar esse processo de erosão, que é outro aspecto da alma, e por isso estou castigando a audiência presente com essa difícil questão da alma humana. É indiferente para mim se isso me torna popular ou não. Continuarei buscando incessantemente seguir o caminho da alma humana, sem me incomodar com o fato de que tratados recentes foram acordados e depois revogados.

Aqueles da minha audiência que estiveram aqui no semestre passado saberão que por imaginação ativa entendemos um envolvimento ativo com uma fantasia passiva. Por fantasia, queremos dizer algo geralmente bastante inútil. Como uma atividade de lazer para pessoas com tempo disponível. Muitas vezes se pensa que há algo patológico nisso. Se alguém nutre uma fantasia, diz-se que está pronto para o *Burghölzli*[347], mas ninguém para para considerar que nem um único artefato cultural existiria se não tivesse surgido da mais refinada imaginação. Deve-se admitir que a fantasia é um jogo, um jogo criativo. Na mitologia indiana, o jogo dos deuses é a criação do mundo. Então, no microcosmo, o homem pode se tornar criador, pelo menos "o pequeno deus do mundo", como diz Fausto[348].

A fantasia não deve ser banalizada, embora alguns façam

---

346. Para uma tabela de eventos históricos, cf. Cronologia (p. 33-56).

347. Cf. nota 221.

348. No "Prólogo no Céu", é na verdade Mefistófeles quem diz a Fausto: "De sóis e mundos não tenho nada a ser citado; / Como os homens se atormentam, é tudo o que notei. / O pequeno deus do mundo segue o mesmo velho caminho, / E é tão caprichoso quanto no dia da criação" [*Von Sonn' und Welten weiß ich nichts zu sagen, / Ich sehe nur, wie sich die Menschen plagen. / Der kleine Gott der Welt bleibt stets von gleichem Schlag, / Und ist so wunderlich als wie am ersten Tag*] (Goethe, 2005, p. 20, versos 279-282).

mau uso dela, pois nada é tão bom que também não possa ser mal-utilizado. Nossa fantasia, de fato, não é objeto de educação e, por isso, é na maior parte selvagem e produz ervas daninhas. Para alguns, serve na criação de obras de arte e até de descobertas técnicas, que hoje em dia colhem as maiores láureas.

Na Idade Média e no Oriente, a fantasia como imaginação desempenhou um papel específico. Eles confiavam nela mais do que nós hoje. E costumava haver sistemas de religião – e no Oriente ainda existem – nos quais a fantasia era submetida a um processo especial de educação. Não temos esse processo, mas costumava haver um, e isso ainda existe em circunstâncias específicas. Vamos falar mais sobre isso depois.

No Oriente, porém, o treinamento da fantasia, a transformação, o mero ato de fantasiar é um exercício ativo, uma questão absolutamente significativa nos sistemas filosóficos e religiosos.

Ao longo do semestre do inverno, nós estudamos dois textos. Ambos são textos budistas. Um deles é o chamado *Amitāyur-dhyāna-sūtra*, o texto sobre a contemplação de Amitābha (ou Amitāyu). Depois disso, analisamos o *Shrī-chakra-sambhāra tantra*, uma reunião de textos sobre a roda sagrada. A roda é um símbolo, uma mandala, expressando a totalidade do homem.

O *Amitāyur-dhyāna-sūtra* é o texto mais antigo. Temos uma tradução chinesa do século V. O original sânscrito está perdido.

Na forma de uma narrativa moldura, esse *sūtra* ensina como a concentração da fantasia deve ser realizada. A concentração começa direcionando o olhar para o sol poente como um ponto fixo. Em seguida, segue a meditação de imaginar a água, depois o gelo, depois o lápis-lazúli por meio do qual a pessoa é transportada para o solo firme. Esse é mais um objeto de imaginação. Então, segue-se a imaginação de coisas invisíveis: ou seja, o chamado *dhvaja* é imaginado sob o solo, isto é, o estandarte ou bandeira, mas também um símbolo. Acho que é melhor traduzido aqui como símbolo, porque aprendemos imediatamente com o texto que esse signo se estende pelas oito direções do espaço. Essas direções são então representadas pelos cordões dourados, e o todo é pensado como encerrado em um círculo. Este é o *chakra*. Também é chamado de *padma*. Tem duplo sentido, pode significar também *yoni* e o feminino no sentido sexual.

Gostaria de lembrar que, no que diz respeito à fantasia oriental, tudo tem um caráter diferente do que para nós. O Oriente, ao contrário de nós, não sofre de *morbus sexualis*, sendo neste aspecto absolutamente normal.

Segue-se, então, a meditação sobre os oito lagos, correspondentes às direções do espaço. Os lagos estão repletos de flores de lótus, todas perfeitamente redondas. O elemento redondo é enfatizado aqui. Esses oito lagos cobertos com incontáveis flores de lótus realmente têm o significado de mundos ou grupos da humanidade. As flores de lótus individuais na verdade se referem a indivíduos únicos, todos perfeitamente formados. Assim, todas essas flores de lótus contêm figuras de Buda. Eles são a expressão da humanidade perfeita, cuja única forma é a do Buda, o perfeito, o iluminado.

De acordo com essas meditações, um único lótus é imaginado, localizado na fundação, o solo firme da realidade. Então, quando um lótus é imaginado no chão firme do real, isso significa que o lótus é realmente feito pela imaginação. Este é um requisito oriental extremamente particular, esse esforço imaginal para criar algo psiquicamente real mediante a prática e a máxima concentração. Claro, não podemos imaginar isso muito bem. Para nós, o conceito de real é baseado em algo realmente estendido através do espaço em três dimensões, enquanto o Oriente não tem tais pré-requisitos. Um indiano verdadeiramente instruído certamente não aceitará que algo que encha a sala possa ser criado. Mas há um grande grupo de pessoas na Índia que está firmemente convencida de que nas cavernas do Himalaia vivem grandes sábios, os Rishis, que são dotados de habilidades sobrenaturais e que, de lá, dirigem o destino do mundo com a força do pensamento. E, no entanto, eles nunca foram vistos. A missão Ramakrishna[349] realmente enviou pessoas para investigar essa questão, que realizaram pesquisas em toda a área do Himalaia, mas nenhum desses tais homens foi encontrado.

Via de regra, aceitamos que a realidade psíquica é não espacial, embora no Oriente a realidade psíquica seja algo que existe em si e para si, pode ser percebida e até mesmo induzida a aparecer, mas não pode ser inventada[350]. Mas nós, no Ocidente, pensamos que alguém tem uma *idée fixe* ou foi tomado por uma *idée fixe* como se isso tivesse acontecido com ele. No Oriente, trata-se de uma forma fixa que é simplesmente inteira em si mesma, que não surge de algum tipo de ideia, mas que de fato pode ser percebida.

No capítulo final do livro *Mystiques et magiciens du Tibet*, de Madame David-Néel[351], há uma descrição de como ela foi guiada para produzir dentro de si uma outra personalidade, uma personagem à parte, que depois se tornou truculenta, e como levou de novo vários meses para se libertar dessa personagem. A realidade dessa descrição não pode ser posta em dúvida. Conheço Madame David-Néel pessoalmente[352]. Ela é

---

349. Cf. nota 74.

350. Esta frase só pode ser encontrada em BH, p. 103.

351. Cf. nota 228.

352. Alexandra David-Néel deu uma palestra no Clube de Psicologia de Zurique em 9 de fevereiro de 1936 e, nessa ocasião, conheceu Jung no jantar. Cf. Brosse (1978, cap. 9). Cf. nota 228.

uma francesa muito inteligente e lúcida, de quem não se pode presumir facilmente um "disparate" fantasioso. Mas todo tipo de coisa fora do comum pode acontecer a quem vive por muito tempo nesse ambiente e especificamente nesse ambiente natural, o que obviamente nunca aconteceria a alguém na Bahnhofstrasse aqui em Zurique.

Conheci um desportista que estava na primeira expedição ao Monte Everest[353], um geólogo, um cientista altamente culto que me garantiu com toda a seriedade quando voltou que havia sido amaldiçoado pelos lamas em um mosteiro lamaico, e estava completamente convencido de que as montanhas eram habitadas por demônios.

Felizmente, tive minhas próprias experiências na África[354], então, quando ouço essas coisas, sempre mantenho a cara séria. Nossa consciência europeia é adequada apenas em nossa terra, sob outras condições torna-se algo completamente diferente. Quando fui à África Oriental visitar os negros[355], um curandeiro me perguntou[356]: "Como é? Você quer estudar esses negros? Isso não é nada interessante. Aqui você deve estudar os europeus que vêm para a África!" E ele estava certo. Nossa

---

353. A primeira expedição britânica ao Monte Everest foi organizada pela Real Sociedade Geográfica e ocorreu em 1921. O geólogo da equipe era Alexander Macmillan Heron (1884-1971), que desenhou um mapa geológico da região do Everest no Tibete. Seu exame geológico causou reclamações das autoridades tibetanas sobre "escavar terra e pedras das colinas mais sagradas do Tibete, habitadas por demônios ferozes, os próprios guardiões do solo". Heron reagiu às reclamações escrevendo: "Tenho que me declarar 'inocente' da acusação de ser um Perturbador de Demônios. Não fiz mineração e as batidas suaves do martelo que me permiti foram, tenho certeza, insuficientes para alarmar os mais tímidos da fraternidade. Talvez tenha sido Wheeler com sua propensão a construir dolmens! No entanto, desta vez, vou exorcizá-los com o refrão piedoso de '*kiki so so lha so lha*' com acompanhamento do martelo". Cf. Davis (2012).

354. Cf. nota 310.

355. Sobre o uso deste termo, cf. nota 286 e a nota dos tradutores, p. 190s.

356. BH traz aqui "um velho inglês" (p. 104).

psicologia está infectada por seus próprios demônios. Também não pensávamos que esta nossa Europa pudesse se desenvolver de forma tão curiosa como nos últimos dez anos. Nós temos isso em nós e, portanto, não vem por acaso. O mal não está escondido atrás da montanha, mas está bem na frente dela.

Quando o lama imagina algo real e consegue, então ele produziu algo real. Criou uma coisa com sua fantasia que adere a ele. Sua psicologia consciente mudou e ele criou outro ser. Não quero dizer que seria capaz de ver essa segunda personagem com meus olhos físicos, mas reconheceria essa pessoa, autora de feito tão peculiar, em virtude de sua particular psicologia.

Sobre esse lótus do real surge uma torre igualmente real, definida pelo número quatro. A conclusão a que chega o texto é que sobre esta torre está localizado o ser supremo, o próprio Buda. E neste momento, se essa visualização for bem-sucedida, aquele que está meditando se tornou o próprio Buda, ou seja, o espírito onipresente que está disperso em todo o mundo, isto é, o Buda universal. Essa personagem, então, é simplesmente identificada com o que é sempre traduzido como *mente*: a consciência de Buda.

Em todo caso, é evidente que esse Buda sem dúvida corresponde à ideia mística do Cristo interior. No Novo Testamento, há lugares específicos que se referem a esta ideia, ou seja, que todo mundo é de fato um Cristo, na medida em que consegue se identificar em imaginação com Cristo. A ocorrência dos estigmas é uma expressão viva dessa ideia medieval.

Com relação ao *Shrī-chakra-sambhāra tantra*, este é um texto extraordinariamente rico, que é impossível para mim recapitular para vocês. A melhor maneira de fazer isso é lhes apresentar mais uma vez a série de símbolos que formam o esqueleto do texto. Nesta série, todo o exercício emerge de *shūnyatā*, ou seja, o vazio ou *avidyā* até Mahāsukha no fim. É o processo de desenvolvimento típico de (1) desconhecimento para (12) iluminação final.

1. No início, não temos o estado de vazio alcançado mediante a consciência suprema, ou seja, a consciência de Buda, mas sim o vazio original, o vazio do mundo onde habitam os seres inconscientes, que não sabem que existe um mundo. Pois quando alguém não sabe que existe um mundo, então não há mundo. Este é o fato básico do espírito indiano, que ele percebe que o mundo é como o vemos e porque o vemos. Essa também é a ideia básica da filosofia de Schopenhauer. Ele também foi influenciado por ideias indianas, embora seu conhecimento bastante limitado dos textos dos Upanishads deva ser considerado.

Este estado original é realmente baseado na ausência de consciência: *avidyā*, isto é, inconsciência. Devemos imaginar que estaríamos no estado de *avidyā*. Assim, cada pessoa no Ocidente está no estado de *avidyā*, o que torna necessária uma redenção.

A imaginação ativa serve ao propósito de introduzir a iluminação psíquica nesse vazio e, assim, transformar a escura inconsciência interior em luz, de modo que o indivíduo não esteja na inexistência, mas saiba que existe.

2. A série começa com a divisão do vazio. Algo deve ser diferenciado para que se saiba que algo existe. Assim, a separação, a divisão em quatro elementos, é o fundamento do conhecimento. Há, portanto, nesse texto uma análise típica do conhecimento, bem como uma análise das funções psíquicas, que podem inclusive ser traduzidas diretamente para a linguagem moderna.

A divisão nos elementos é um sistema de orientação: um sistema de orientação de quatro partes como a mira de um telescópio. É exatamente como as direções do vento que dividem o horizonte em quatro partes. Ou os quatro elementos: fogo, água, ar, terra, que sempre foram identificados com os quatro pontos cardeais ou as quatro estações. Esse é um sistema completo de ordem porque ilumina completamente o espírito. Você também pode dividir o círculo em 16 partes, mas a divisão em quatro é a mais simples e, por isso, é uma atitude básica e arquetípica do espírito humano.

3. Após essa diferenciação vem o símbolo do mundo Monte Meru. Essa é a primeira criação de algo magnífico, imponente, elevado. A concentração se intensifica um pouco com isso, o que é simbolizado como uma montanha, que certamente determina o ponto central porque o Monte Meru está situado no centro da terra: uma divisão completa em quatro partes, em todas as direções.

4. Sobre o Monte Meru está a cidade. Fechada como uma comunidade humana.

5. Então, aparece um *vajra* de quatro partes, um diamante, símbolo da energia acumulada que pode ser irradiada, com a qual se pode fazer algo. Esta é a energia do raio em tibetano: *dorje*. O diamante é duro e indestrutível. É por isso que se pode traduzir a palavra *vajra* simplesmente como eterno, ou seja, essa forma é convertida em uma forma eternamente indestrutível. Essa forma que é criada pela imaginação ativa é eterna. Existe do outro lado do tempo e do espaço e, portanto, está completamente liberada da corruptibilidade de nossas coisas localizadas no espaço. Então, é algo simbólico, mas psiquicamente completamente real.

6. Isso agora se transforma em um lótus, sobre o qual repousa a lua.

7. A lua é considerada feminina em quase todos os lugares, embora seja um substantivo masculino em alemão. No entanto, no alto-alemão médio, *mâne* é feminino. É a "luz refletida".

8. E o sol é a contraparte masculina. Esta é a luz real. O sol, fonte de luz, de radiação, e a lua é a luz refletida; são os princípios feminino e masculino. Isso não seria mais uma divisão em quatro, mas sim em dois.
9. A *yoni* surge do lótus, o órgão feminino.
10. A lua então aparece como o feminino, unida ao *liṅgaṃ*, o masculino. *Liṅgaṃ* é traduzido principalmente como falo. Nos antigos templos de Shiva, às vezes você encontra toda uma série de tais símbolos fálicos, descritos como *liṅgaṃ*, principalmente no santuário interno do templo, inacessível aos europeus. Conosco, no coro das igrejas cristãs está o altar-mor e, suspensa sobre ele, a cruz. Em contraste, no Oriente, o santo dos santos está em um poço fundo na terra, de três a quatro metros de profundidade: abaixo está uma *yoni* em um lótus, sobre o qual está o *liṅgaṃ*, o símbolo fálico. Associamos o espírito com o alto; na Índia, está abaixo, no *mulādhāra*, ou seja, no suporte raiz do qual ascende toda a vida.

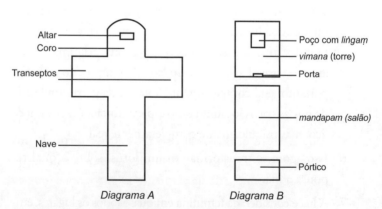

Diagrama A   Diagrama B

O *layout* da igreja retrata uma forma humana. Na Índia, conclui-se que o mais íntimo do templo corresponde ao mais íntimo do corpo humano. Os primeiros *caityas* budistas são geralmente talhados na rocha, e isso então parece uma caixa torácica por dentro. Ao fundo, estão o Buda e o *liṅgaṃ*.

Isso leva a um significado adicional do *liṅgaṃ*. Na filosofia *sāṃkhya*, ou no Vedānta como um todo, o *liṅgaṃ* significa o corpo sutil que contém a antiga ideia de *anima*. O corpo sutil é pensado como metade da matéria. A alma tem um tênue corpo sutil que é chamado de *liṅgaṃ*. Isso vem do fato de que o *liṅgaṃ* é um apêndice, uma marca, um signo, portanto carrega também o significado do signo sexual do masculino, dos órgãos genitais masculinos. Da mesma forma, o corpo sutil é anexado ao corpo real, uma espécie de apêndice. Tudo isso aponta para o fato de que o símbolo do *liṅgaṃ* é de fato um símbolo da alma.

Surpreendentemente, ouvi isso de um professor tântrico em Puri, em Bengala[357]. Ele me contou todo tipo de coisa sobre o templo e aí, finalmente, quis compartilhar o segredo mais profundo comigo porque eu era muito compreensivo; então, sussurrou: "Este é de fato um membro masculino". Eu pensei, bem, qualquer criança perceberia isso. Mas... isto aqui é a Índia, onde o maior segredo é a coisa mais óbvia para nós. E pensávamos que já sabíamos, mas não entendemos nada sobre a Índia. Foi difícil para mim me orientar. Simplesmente não conseguia entender por que isso deveria ser um segredo para os indianos. Essa unificação é um momento muito significativo em toda a série de símbolos.

11. Então, segue-se o chamado *vihāra*. Não mais uma cidade deste mundo, mas um mosteiro espiritual, um seminário, uma clausura para alguns que são uma irmandade num particular espírito. Dentro está o grande

---

357. Cf. nota 272.

círculo mágico.

12. No centro deste círculo mágico está Mahāsukha, o senhor da grande bem-aventurança. *Mahā* significa grande, *sukha* é bem-aventurança. Este é o Buda.

A série termina da mesma forma que o *Amitāyur-dhyāna-sūtra*. O lama finalmente se torna Buda por meio da unificação da lua e do *liṅgaṃ*. A lua (*manas*) significa conhecimento reflexivo, compreensão, consciência, verdade. A consciência (ou psique) unificada com o corpo sutil (*liṅgaṃ*) cria a reunião sagrada. Esta é a realidade do Buda.

A ideia do exercício é que ele é completado na medida em que o lama que o empreende é inteiramente mentalizado na segunda versão de si mesmo, que ele encontrou por meio da imaginação. Um pouco como Madame David-Néel com sua sombra, na qual ela ameaçava se transformar. Mas aí ela nunca teria existido, pois então o outro se torna o real.

Essas coisas podem soar patológicas para vocês. Uma jovem bastante normal, talvez um pouco nervosa, havia se transformado em outra, completamente inconsciente de si mesma. A primeira, uma pessoa bastante taciturna, a outra, eufórica, engraçada, empreendedora, o oposto em todos os aspectos. Quando a primeira dentro dela recuou, a outra deu um passo à frente. Essa segunda personalidade a animou tão fortemente que, quando ela engravidou, a primeira personalidade não soube de nada. Então, estava inconsciente do estado em que havia entrado, antes de percebê-lo conscientemente. A mulher gradualmente se transformou na segunda pessoa dentro dela. Esta é uma ocorrência patológica. Vi coisas semelhantes. As pessoas que são bastante retardadas em seu desenvolvimento consciente se entregam ao que fazem inconscientemente, o que traz consigo uma disposição de caráter muito fora do comum.

É o mesmo fenômeno da divisão na personalidade que é realizada conscientemente em nosso *Shrī-chakra-sambhāra tantra* pela imaginação ativa.

Seminário 2[358]

5 de maio de 1939

Simbolismo tântrico	*Simbolismo hermético*
I. *Shūnyatā* (= o vazio, *avidyā*)	I. Caos
II. Quatro elementos	II. Tetrameria
III. Monte (Meru)	III. *Mons*
IV. Cidade	IV. *Civitas, castrum*
V. *Vajra* de quatro partes e quatro cabeças	V. Quaternidade, *quaternarium*
VI. Lótus	VI. Flor de Ouro
VII. Lua	VII. *Luna*
VIII. Sol	VIII. *Sol*
IX. Lótus (= *yoni*)	IX. A mulher branca, *femina alba*, Beya
X. Lua com *liṅgaṃ*	X. *Conjunctio solis et lunare*
XI. *Vihāra*	XI. *Domus thesauria, vas hermetis*
XII. Mahāsukha	XII. *Lapis, hermaphroditus, lux*

Da última vez, traçamos a série de símbolos da ioga tântrica. Hoje, quero fazer um breve resumo do que discutimos em parte no semestre passado, ou seja, a segunda série. Esta é uma breve visão geral do simbolismo da filosofia natural medieval, a chamada filosofia hermética, que se tornou conhecida principalmente na forma de alquimia. Como vocês sabem, a opinião geral era de que a alquimia não passava de um formidável disparate. Um livro moderno sobre o tema começa com a afirmação

---

358. Anotações de LSM, ES, OK e tradução para o inglês de BH.

de que esta é uma narrativa dos maiores erros. Mas isso vem apenas da perspectiva científica. Todos os pesquisadores da história alquímica negligenciaram o fato de que o objetivo principal do que eles diziam e pensavam não era a fabricação de ouro. O mais importante e interessante é que se trata de uma forma ocidental de ioga. Isso foi completamente esquecido, a não ser por algumas exceções. Digo isso em nome da justiça histórica.

Na primeira metade do século XIX, ainda viviam alguns alquimistas que praticavam essa filosofia da maneira antiga e adequada. Um velho estudioso independente inglês e sua filha praticavam esta ioga, e quando o pai sentiu que estava envelhecendo, convenceu-se de que essas experiências de ioga deveriam ser compartilhadas para a posteridade. Ele propôs à filha que ela relatasse esses exercícios à sua maneira, sem nenhuma influência dele, e ele desejava fazer o mesmo em seu próprio estilo. Tinham uma casa grande com duas alas separadas, e cada qual habitava uma das alas para que pudessem registrar a história dessas experiências separadamente um do outro. Depois de alguns meses, a filha terminou o trabalho e mostrou para o pai seus escritos, que constituíam um volume respeitável. Ele ficou encantado com isso e confidenciou a ela que também andara escrevendo, só que em verso. Então, o velho reuniu suas experiências em forma poética, sua filha em linguagem científica. Mas assim que isso foi publicado, o velho ficou preocupado por ter cometido um pecado terrível ao revelar o segredo da filosofia hermética. Esses são exatamente os mesmos escrúpulos que um filósofo oriental tem quando quer publicar um documento sagrado[359]. É por isso que tudo permanece secreto e só gradualmente vem à tona.

Ele entrou em tal estado de pânico que a filha se sentiu obrigada a recolher todos os exemplares. Então, eles queimaram o máximo possível de cópias impressas. Mas nove exem-

---

359. ES traz aqui "secreto" em vez de "sagrado".

plares não foram devolvidos. O livro foi escrito em 1850 e a filha morreu em idade avançada, em 1909 ou 1910, creio eu. Então, os admiradores de seu trabalho publicaram seus escritos após sua morte. Esse trabalho representa uma primeira tentativa nos tempos modernos de lançar luz sobre essa escola de pensamento extremamente curiosa para a consciência ocidental. Embora o espírito ocidental tenha dado origem a toda a tradição, existem apenas alusivas explicações filosóficas ou psicológicas sobre ela dentro da filosofia hermética real. É preciso buscar com bastante insistência as alusões a ela nos textos antigos. O livro relevante chama-se *A treatise on alchemy*, da Senhora Atwood[360]. Ele só pode ser encontrado e com dificuldade em antiquários; é bastante raro. Não aconselharia vocês a se apressarem para ler este livro. É um tanto indigesto, permeado de teosofia, e é preciso saber bastante sobre alquimia para poder entender o que realmente significa.

Até anos recentes, o livro permaneceu bastante obscuro, exceto naqueles círculos em que a alquimia ainda é praticada. Ainda existem alquimistas antigos. Percebi isso quando escrevi um pequeno texto sobre "Noções de redenção na alquimia" para o *Anuário de Eranos* de 1936 (OC 13). Chegaram-me alguns textos, então. Entre eles, alguns alquimistas se queixavam de que eu não havia entendido o verdadeiro significado da alquimia: tratava-se realmente de fabricar ouro.

---

360. O verdadeiro título do livro é *A suggestive inquiry into the hermetic mystery with a dissertation on the more celebrated of the alchemical philosophers, being an attempt towards the recovery of the ancient experiment of nature* (1850). A cópia de Jung em sua biblioteca é de 1920. O nome da autora era Mary Anne Atwood (1817-1910), filha de Thomas South (*ca.* 1785-1855). Sob o pseudônimo de Thuos Mathos (um anagrama de Thomas South), eles publicaram juntos o *Early magnetism in its higher relations to humanity as veiled in the poets and prophets* (1846). O planejado poema épico intitulado *The enigma of alchemy* nunca foi publicado, com exceção de alguns fragmentos que apareceram em *The Quest*, em 1919.

Vista de seu conteúdo externo, a alquimia é de caráter um tanto desprezível[361], mas seu conteúdo interno é mais interessante. Para compreender a questão, devemos descer muito mais interiormente em nosso inconsciente para entender o que está acontecendo[362].

Vejam a tabela aqui[363]: um paralelo completo. Como introdução, dei a vocês os pontos mais importantes do processo hermético.

1. Começa com o caos, a *massa confusa*, o composto no mar primordial, a gênese, onde a água original foi pensada pelo espírito de Deus. Essas águas primordiais são expressas pelo caos. Voltarei a isso e explicarei o significado psicológico para vocês, mas primeiro darei uma explanação adicional sobre a série de símbolos. Este é um caos escuro e aquoso.

2. Depois vem a tetrameria, a divisão em quatro, a tentativa de decompor o composto. Eles desejam dividir esse composto da escuridão nas quatro partes originais de tal forma que surja uma certa diferenciação, uma discriminabilidade. Isso aconteceu com a ajuda de fogo.

Algum tipo de material – descrito como *prima materia* – foi aquecido e separado em uma parte superior e outra inferior. Pode-se dizer que é uma reiteração da obra do criador, baseada no Gênesis. Assim, algo firme surgiu abaixo. Vapores surgiram da matéria; se mercúrio, então eram vapores de Hg. Como os materiais com os quais os químicos medievais operavam nunca eram puros, surgiam todo tipo de vapores. Assim, o que estava

---

361. Jung quer dizer do ponto de vista de hoje.

362. LSM em vez disso traz: "Devemos tomar muito do seio da obscuridade da história medieval para poder compreender o que está acontecendo em nosso inconsciente".

363. Cf. p. 345.

acima foi descrito como volátil, o *spiritus*, o efêmero; o que estava abaixo como o *corpus*. Nesses e em processos semelhantes, como destilação, sublimação e como quer que sejam chamados, os antigos estavam tão imersos e, no entanto, entendiam tão pouco do que faziam que projetavam seu próprio estado inconsciente nessa atividade. E então eles tinham visões. Vocês devem imaginar: essas pessoas viviam em grande isolamento e trabalhavam em segredo, pois essa era uma atividade proibida pelas doutrinas da Igreja e, portanto, havia o perigo de alguém ganhar fama de fabricante de ouro[364] ou mago. Isso era muito desagradável; ninguém queria ser denunciado como mago. Então, eles depositaram uma enorme esperança em suas operações químicas e viram algo dentro deles que não pode mais acontecer conosco hoje. Viram todas as suas expectativas inconscientes acontecendo. Na verdade, havia textos latinos que continham descrições de tais visões, e essa é a origem da curiosa linguagem metafórica da alquimia.

3. Eles descreveram o que se elevava acima do corpo recozido como uma montanha. Também chamaram a parte superior da retorta, onde as nuvens se reuniam, de montanha. Os depósitos na retorta foram descritos como chuva ou orvalho. É aqui que entra a ideia da montanha. Ela é considerada a portadora de uma substância preciosa, que supostamente surge por meio desse processo. Sobre a montanha está o tesouro: o *lapis philosophorum* como o elixir da vida. Alternativamente, a maravilhosa erva medicinal crescia nessa montanha. É por isso que a montanha também foi comparada com todos os santos, não menos com o próprio Cristo. Podiam fazer isso com mais facilidade porque também Cristo foi descrito como

---

364. LSM traz aqui: "charlatão".

montanha, como a pequena pedra que foi talhada sem mãos da montanha (Dn 2,34-35)[365]. Portanto, uma alegoria cristã. Isso era conhecido pelos alquimistas.

Uma série de tratados alquímicos são atribuídos aos Padres da Igreja Alberto Magno e Tomás de Aquino, embora tenha sido provado que nem Aquino nem Alberto Magno de fato os escreveram[366]. Mas o que é certo é que eles se envolveram com isso. Os Padres da Igreja praticaram e falaram um número enorme de linguagens metafóricas e simbólicas.

Quem mais esteve envolvido com isso foi Alain de Lille (Alanus de Insulis), doutor universal, filósofo e teólogo que viveu de 1128 a 1203, isolado em Citeaux[367]. Ele fez uso de uma linguagem metafórica excepcionalmente viva. Esses tratados também foram atribuídos a ele.

---

365. Cf. p. 309-315.

366. O uso de Jung do termo "Pais da Igreja" não é correto. Nem Alberto Magno (*ca*. 1200-1280) nem Tomás de Aquino (1225-1274) foram Padres da Igreja, que é um título dado a escritores cristãos dos primeiros oito séculos, mas ambos os santos estão entre os 36 reconhecidos Doutores da Igreja. Este é um título que a Igreja Católica concede aos santos por suas contribuições especiais à sua teologia e ensino. Alberto Magno, ou Alberto o Grande, foi um frade e teólogo dominicano alemão, considerado um dos pensadores mais universais de seu tempo. Ele deixou Paris, com seu aluno Tomás de Aquino, em 1247, quando foi nomeado regente de estudos em Colônia. Enquanto Alberto permaneceu em Colônia, Tomás voltou a Paris em 1252 para assumir suas próprias funções de professor. Em 1259, ambos se envolveram no estabelecimento de um programa de estudos para a Ordem Dominicana, que incluía a filosofia e firmou as bases para a filosofia escolástica dominicana. Alberto e Tomás foram instrumentais na síntese da filosofia aristotélica com as doutrinas cristãs. Após a morte prematura de Tomás, em 1274, Alberto defendeu os ensinamentos de Tomás em Paris contra acusações de violar a onipotência de Deus. O texto alquímico que foi falsamente atribuído a Alberto Magno é intitulado *Libellus de Alchimia* (1958). Jung tinha um fascínio especial pela *Aurora Consurgens*, um texto do século XV erroneamente atribuído a Santo Tomás de Aquino. Marie-Louise von Franz editou e traduziu o texto, que foi publicado como a terceira parte do *Mysterium coniunctionis* de Jung (OC 14/3). Cf. Haaning (2014).

367. Cf. nota 321. As datas foram corrigidas pelo editor.

A pedra filosofal também foi equiparada à pedra angular, que é outra alegoria de Cristo.

4. Sobre a montanha está a cidade, a ideia da *civitas* ou do *castrum*. Essa é a ideia do vaso no qual a substância preciosa é encerrada e protegida dos efeitos externos para que o que está dentro não escape. É importante na alquimia que o que está esfriando e vaporizando não desapareça. Os vapores não devem evaporar. Nada pode escapar do que está acontecendo por dentro.

5. Segue-se então o *quaternarium*, isto é, os quatro elementos nos quais se dissolve a matéria primal, mas com um novo significado. Aqui aparece uma coagulação: solidificação, congelamento, coagulação; aqui os quatro são colocados juntos novamente. Isso corresponde ao *vajra* com as quatro cabeças.

Essa composição ocorre na montanha. Acima, o *spiritus* faz um composto, não os corpos. Esses elementos que formam um composto por meio da coagulação são as essências dos elementos. Essas essências são compostas, resultando na *quinta essentia* como o *medium inter quaternas*.

$$
\begin{array}{ccc}
 & 0 & \\
0 & 0 & 0 \\
 & 0 &
\end{array}
$$

Este meio naturalmente tem um significado altamente simbólico, assim como também vemos na ioga tântrica a partir da qual o lótus se desenvolve.

É também o útero no qual ocorre o nascimento divino.

(6) Deste *quaternarium* surge a *quinta essentia* na forma da flor de ouro, *flos auris*. A flor de ouro. Esta é uma expressão típica da alquimia. Em química, também agora ainda

descrevemos certas precipitações como flores de enxofre; são apenas essas eflorescências. O salitre ou *salpetre* que brota das antigas muralhas é uma dessas eflorescências. Todos esses resultados foram descritos como flores douradas – curiosamente, não apenas aqui, na Idade Média, mas também na alquimia chinesa, daí o *Segredo da flor de ouro* (*The secret of the golden flower*, 1929).

(7) Quando esta flor se manifesta, então o que segue esta flor é a lua e

(8) o sol, também no tantrismo. Na alquimia, a flor de ouro é considerada um vaso, cálice ou banho no qual o sol e a lua se unem.

E é por isto: a tetrameria não é a única divisão possível, pois masculino e feminino também existem. Porque a divisão original era uma em duas: nuvens acima – água abaixo, *spiritus* considerado masculino acima, o aquoso abaixo sendo feminino. "O Espírito de Deus pairava sobre as águas" (Gn 1,2). Quase se poderia dizer que o Espírito de Deus movia-se sobre aquelas águas. Os antigos também sonharam que a água estava impregnada com a semente de Deus.

Assim, a flor de ouro é um vaso no qual se unem os opostos dos sexos, não apenas os quatro, mas também os dois. Quando esta unificação está completa, ela sempre se manifesta na forma de uma personificação. Não há unificação objetiva como na química.

(9) Normalmente, a lua é descrita como uma mulher branca: *femina alba*. Em árabe, é *al-baida*. Os árabes passaram a alquimia grega para nós, embora houvesse um códice grego em Veneza: o *Codex Marcianus*[368]. Mas na Idade Média

---

368. *Codex Marcianus*, coleção medieval (século XI d.C.) de fragmentos gregos sobre alquimia, assim chamada por causa da Biblioteca Nazionale Marciana, em Veneza.

ninguém na Europa entendia grego. Somente na época dos humanistas, quando Bizâncio foi conquistada dos turcos, parte dessa cultura espiritual oriental chegou ao Ocidente.

A mulher branca *al-baida* foi transformada em Beya. Havia um famoso mito de Gabricus e Beya[369]. Gabricus vem do agrupamento de palavras árabes: el Kibrit, ou seja, enxofre, e Beya é branco, ou seja, prata ou mercúrio.

Assim, estes se juntam: o enxofre é amarelo (vermelho), isto é, o sol que é fogo, sendo o enxofre claramente idêntico ao fogo – e a lua, isto é, mercúrio ou branco.

(10) Este era o famoso casamento alquímico de Gabricus e Beya, descrito como *conjunctio*. É a união do ígneo com uma substância fria e aquosa.

Existe um tratado latino, com influências árabes, do século XVI, o *Consilium Conjugii, seu de Massa Solis et Lunae* (Conselho para o Casamento do Sol e da Luna)[370].

Eu lhes trouxe uma série de antigas representações visuais nas quais vocês podem ver como isso é retratado[371].

---

369. Jung se refere a este mito em várias ocasiões em *Psicologia e alquimia*: "O perigo psicológico que surge aqui é a desintegração da personalidade em seus componentes funcionais, ou seja, as funções separadas da consciência, os complexos, unidades hereditárias etc. A desintegração – que pode ser funcional ou ocasionalmente uma esquizofrenia real – é o destino que atinge Gabricus (na versão do *Rosário*): ele é desintegrado em átomos no corpo de Beya, sendo isso equivalente a uma forma de *mortificatio*" (OC 12, § 439). Na nota de rodapé adjunta, Jung faz um relato do mito de acordo com Merlinus, "Allegoria de arcano lapidids", *Art. aurif.*, I, p. 392-393: "Então Beya montou sobre Gabricus e o envolveu em seu ventre, de modo que nada mais pudesse ser visto dele. E ela abraçou Gabricus com tanto amor que o absorveu completamente em sua própria natureza e o dividiu em partes invisíveis. Daí Merculinus dizer: 'Por si mesmos eles são dissolvidos, por si mesmos são colocados juntos, de modo que aqueles que eram dois são feitos um, como se fossem um só corpo'".

370. Impresso pela primeira vez sob o título *Studium consilii conjugii de massa Solis et Lunae* no *Ars chemica* (1566).

371. Cf. nota 377.

Uma *conjunctio* agora se torna a composição final. Até mesmo a diferença entre os sexos é removida. Devo acrescentar que a diferença entre o sol e a lua não é considerada física. Por isso, a alquimia nunca se cansava de frisar: "Nosso ouro não é o ouro comum"[372]. Este era o seu segredo. Apesar do simbolismo palpável, a *conjunctio* não deve ser pensada como uma conexão física, mas sim como uma unificação do *spiritus*, o corpo sutil.

(11) Agora vem o recinto sagrado, a casa, a câmara secreta. O mosteiro *vihāra* corresponde ao misterioso *vas hermetis* na alquimia em que ocorreu a *conjunctio*. Em o *Livro do castelo amarelo* isso é descrito como a "sala púrpura na cidade de jade"[373]. Também foi descrito como um cristal secreto no qual um *sol* e uma *luna* muito pequenos em união podiam ser vistos. Isso nada mais é do que a remoção última dos opostos, sendo esta uma composição final. Uma união de opostos mutualmente em guerra. Deve ser protegida como num claustro ou edifício, uma sala do tesouro, onde a preciosa substância é encerrada e escondida.

(12) Então, por fim, no texto tibetano aparece o senhor do todo, a personalidade, o produto final: a identificação com o Buda. É aqui que a identificação com Cristo segue logicamente. A alquimia comparou Cristo com a *lapis*. Por outro lado, como na linguagem da Igreja, a *lapis* é

---

372. Cf. nota 295.

373. Isso se refere a uma passagem de *O segredo da flor de ouro*: "O *Livro do castelo amarelo* diz: 'No campo da polegada quadrada da casa do pé quadrado, a vida pode ser regulada. A casa do metro quadrado é o rosto. O campo da polegada quadrada no rosto: o que poderia ser isso senão o Coração Celestial? No meio do centímetro quadrado mora o esplendor. No salão púrpura da cidade de jade habita o deus da maior vacuidade e vida. Os confucionistas o chamam de centro do vazio; os budistas, de palco da vida; os taoistas, de terra ancestral, ou de castelo amarelo, ou passagem escura, ou o espaço do antigo Céu. O Coração Celestial é como a morada, a Luz é o mestre" (p. 24).

alegorizada por Cristo, ou seja, a figura mais alta também é descrita como hermafrodita, na qual o masculino e o feminino se unificaram completamente em um ser perfeito.

Provavelmente, vocês devem ter notado que as representações de Cristo são sempre excepcionalmente femininas, um homem muito feminino. Isso corresponde não apenas ao gosto geral, mas também ao significado de que todos os opostos estão unidos nele. Esta é aquela influência feminina secreta. Ele também é, às vezes, simbolizado por alguns dos Padres da Igreja de maneira feminina, como "a mulher" (*mulier*), pois ele não poderia ser o salvador se o homem e a mulher não estivessem unidos nele. Todos os opostos tiveram que se fundir dentro dele. É aí que o segredo psicológico se concentra.

Esta forma também é uma criança. Há um texto alquímico: *O filho hermafrodita do sol e da lua*[374]. Trata-se do homúnculo, um diminuto ente, considerado muito pequeno por estar no interior do homem. Os filósofos dizem que esta pedra consiste em corpo, alma e espírito, assim como um homem. Um texto antigo diz: "Tu és a pedra"[375]. Também é descrito como *lumen* ou *lux moderna*, como uma "luz que surgiu na escuridão" ou como "sol da justiça, descido do céu".

E também há sempre a ideia de que a pedra não pode ser pensada sem a intervenção da graça divina. "Não pode ser feito sem a graça de Deus." É, portanto, também conhecida como *opus magnum*, como uma grande obra, porque o próprio Deus se manifesta nela. Esta é a intervenção do divino na experiência do alquimista em seu trabalho.

---

374. *Hermaphroditisches Sonn-und Monds-Kind, Das ist: Des Sohns deren Philosophen natürlich-übernatürliche Gebährung, Zerstöhrung und Regenerirung oder Vorgestellte Theorie und Practic den Stein der Weißen zu suchen und zu machen* (1752).

375. Fonte desconhecida.

Nos alquimistas gregos, em particular no filósofo Zósimo, gnóstico do século III, encontramos o símbolo da luz: *phôteinós*, isto é, do luminoso ou do homem da luz. Isso desempenha um grande papel no gnosticismo: o homem de luz é uma centelha da luz eterna que mergulhou na escuridão da matéria (*scintilla*, ou seja, a centelha). O homem deve resgatar a luz da escuridão. Como vocês verão, na alquimia a ideia reinante é que a salvação resulta *ex opere operato*, das obras realizadas, em contraste com a crença da Igreja em que a salvação depende totalmente da *gratia dei*.

A alquimia tem esta crença em comum com o Oriente, como vocês verão: o indivíduo trabalha no que é necessário para alcançar o estado de salvação. Essa crença também prevaleceu na alquimia, e seria um erro dizer que os alquimistas a desconheciam. Há evidências de que alguns desses filósofos antigos realmente sustentavam essa crença, na qual esse processo e o inconsciente estavam tão misturados que isso também tinha um significado psicológico. Enquanto essas pessoas trabalhavam com seus materiais químicos, elas o faziam com tanta esperança e expectativa que o esforço também tinha um efeito psíquico sobre elas. Isso é difícil para nós entendermos.

Se podemos imaginar o homem primitivo que não sabe nada de psicologia e não vê nada além do mundo como ele o anima, então não nos surpreenderá que tal ainda fosse o caso na Idade Média em uma área onde ainda não se sabia nada. Os homens encontraram dentro da matéria morta o que agora nos seria impossível experimentar. Só podemos simpatizar com isso psicológica ou metafisicamente. Também não sabemos nada de metafísica nos dias de hoje.

Isso lhes dá toda a série alquímica. Agora vou fornecer a vocês um paralelo psicológico para as duas séries de símbolos:

(1) O estado original corresponde a *avidyā*, inconsciência. Todos nós presumimos que não somos inconscientes. Mas, de certo modo, somos todos inconscientes. Nem de longe estamos conscientes de todo o nosso conteúdo. Como não conhecemos esses assuntos, também não sabemos que somos inconscientes. "O que você não sabe não pode machucá-lo." Se alguém não sabe que a América existe, então para essa pessoa simplesmente não existe América. Mas é claro que outros a reconhecem.

(2) Se você encontrar uma pessoa que por algum motivo recebeu um empurrão do inconsciente, que "tem um parafuso solto", deve-se mostrar a ela que esse motivo não é inconsciente, mas está à mão, mesmo que os afetados resistam a reconhecer isso.

Aqui começa a tetrameria, porque algo pressiona para ser colocado de volta em ordem, se, por exemplo, alguém reclama que as pessoas não o entendem, ou está preocupado com problemas com sua esposa e filho e não sabe o motivo, então algo não está funcionando. Ele não tem consciência de como tudo isso pode ter acontecido. Como se dominado pela hipnose ou pela embriaguez. Aqui, há um estado inconsciente e obscuro que devemos trazer à luz. Então, ele requer análise. É por isso que Freud nomeou sua obra de psico-análise, ou seja, a dissolução do estado obscuro. Dessa forma, consegue-se trazer um pouco de ordem à situação. E esse pouco de ordem é sempre um sistema de quatro.

Claro, com tal dissolução, a imagem que alguém tinha de si mesmo também se dissolve completamente. Existem aqueles que têm uma ideia muito elevada de suas habilidades e qualidades, que não sentem dúvidas. Apesar disso, tudo dá errado, e outros é que sofrem as consequências e se queixam. Quando tais tipos caem em uma neurose, deparamo-nos com a desagradável tarefa de lhes mostrar que nem tudo nelas é feito de ouro, pois todo tipo de impureza se acumulou.

Com certeza, quando o homem generoso descobre onde é ganancioso, e o homem honrado onde é desonesto, experimentam muita dúvida sobre si mesmos. Uma condição insatisfatória e secreta na qual a pessoa pode se perder completamente.

(3) No entanto, em algum lugar há um ponto firme – onde se pode dizer: é assim que eu sou, vejo exatamente que aqui sou honrado, ali não; claro aqui, escuro ali; certo aqui, completamente errado ali – pelo menos é isso que eu sou. Algo emerge claramente, como uma montanha, como o Monte Ararat para a arca de Noé no dilúvio[376]. Finalmente, há um fundamento instintivo. Por fim, ele vê: não sou completamente certo, mas também não sou completamente errado. Esta é a montanha: a convicção segura que emerge. A princípio é uma pequena ilha que surge das águas. Então, algo se torna manifesto, que pode ser descrito como o si-mesmo real da pessoa. Tudo isso significa que ela realmente sabe muito pouco sobre si mesma – que não há base para certeza –, mas um certo instinto está presente, o que acaba decidindo. Pode-se trazer à mente os próprios fundamentos: "No fundo, sou simplesmente assim ou assado".

(4) Esse *insight* é precioso e promete muito porque é uma nova atitude para a pessoa. Daí o símbolo da cidade. É como um círculo mágico que ela coloca ao seu redor para que ninguém mais se intrometa tagarelando, nem

---

376. Gn 8,4: "No dia dezessete do sétimo mês, a arca pousou sobre os montes de Ararat".

mesmo a própria razão. É preciso uma certa proteção interna e externa contra tudo isso[377].

---

377. ES descreve como Jung mostrou alguns livros alquímicos de sua biblioteca: "Após o seminário, Jung exibe alguns livros alquímicos antigos, incluindo o *Rosarium Philosophorum*, que ele descreve como uma das obras mais importantes sobre alquimia. Data de 15[--]. Outro livro consiste apenas em ilustrações. Ele mostra as seguintes imagens: coniunctio de Solis e Luna, duas figuras humanas sentadas em uma escaldadeira hexagonal [caldeirão: cf. LL scaldare, banhar-se ou cozinhar]. Do alto, uma águia desce entre eles, e deixa cair a flor de ouro. Outra imagem mostra todo o universo e no centro está o homem de luz. Em outra, uma figura masculina nua com o sol como cabeça e ao lado dele uma figura feminina nua com a lua em vez de cabeça. Em uma imagem há toda uma paisagem e no centro uma cidade, cercada por muralhas medievais em forma de pentágono regular. Outra imagem retrata o hermafrodita como uma figura humana com duas cabeças. Um jovem com sotaque austríaco diz a Jung que acha singular que os símbolos da ioga indiana pareçam absolutamente compreensíveis porque são espirituais, enquanto esses símbolos alquímicos, provavelmente por serem símbolos materiais, parecem completamente incompreensíveis, não dizem nada para ele. Jung o contesta: 'Posso acreditar: você entende os símbolos indianos pelo espírito, os símbolos alquímicos medievais lhe causam dificuldades porque são de nossa própria carne e sangue. É o mesmo na vida. Recebemos o outro apenas de maneira espiritual. Mas basta ler o livro de Avalon, *The serpent power*, reconhecidamente um tomo grosso. Você descobrirá que essas coisas são absolutamente espirituais; lá, as coisas alquímicas são muito mais espirituais'. O jovem então disse que existe uma tradução alemã de *The serpent power*. Jung discordou dele energicamente. Diz que apenas um texto foi traduzido para o alemão. E ele também mencionou o tradutor, mas não consegui entender o nome. Outra imagem: um homem [hermafrodita?] em pé e segurando em sua mão direita [do ponto de vista do observador, a mão esquerda] a Trindade [representada por três pequenas figuras humanas, com cerca de dois palmos de altura que, eu acho, estão unidas pela base], enquanto segura na mão esquerda uma figura ainda menor que Jung diz ser o diabo. Outra imagem: retratando a Trindade. À esquerda e à direita, ajoelham-se figuras humanas [Pai e Filho] e ao centro entre os dois, à altura de suas cabeças, paira a pomba branca do Espírito Santo e entre as duas figuras humanas, como se elas a puxassem para cima do solo: a figura de uma mulher, a terra. A mulher é aceita na Trindade como uma quarta. 'Sinto muito, mas é assim, não posso fazer nada', diz Jung a uma senhora de pé bem na frente. É, creio eu, aquela velha alemã que teve que vomitar no fim do seminário no início do semestre anterior e que desde então se senta quase sempre na primeira fila. Outra imagem: o hermafrodita, representado como uma figura humana com duas cabeças".

Seminário 3[378]

12 de maio de 1939

Consideramos a explicação psicológica da série de símbolos e paramos na quaternidade, que é a síntese dos quatro na *quinta essentia* que está contida neste círculo mágico, a mandala.

(5) O círculo significa a abrangência do indivíduo que, por meio do *insight*, encontrou a si mesmo em certo grau e que estabeleceu seu perímetro, sua totalidade.

Esse perímetro também foi utilizado em todas as épocas, quando uma cidade era fundada, por exemplo. Tal círculo era marcado com um arado, fechando os limites da área da cidade e demarcando-a magicamente, separando-a da área circundante. A prática de percorrer periodicamente os limites da propriedade, demarcando-os, que ainda hoje se encontra, decorre desses costumes antigos. *Circumambulatio*, ou seja, o circundamento de uma área a ser definida[379].

---

378. Anotações de LSM, ES, OK e tradução para o inglês de BH.

379. A antropologia da fundação de cidades em um clássico estudo posterior é *The idea of a town: The anthropology of urban form in Rome, Italy and the ancient world* (1976), de Joseph Rykwert. O caminhar inicial e depois arar o sulco circundante era tão significativo que até mesmo os destruidores de cidades não apenas arrasavam os muros, como também preenchiam o sulco. O sucessor de Jung no ETH, Carl Alfred Meier, descreve um caso em que uma paciente de 33 anos de idade, de Zurique, circundou por Zurique enquanto estava em um estado liminar lúcido, sem parar, por mais de 16 horas, em uma iniciação labiríntica na morte e na renovação. Cf. Meier (1986).

O conceito de circundamento sempre contém a ideia de andar em círculos. Ainda pode ser visto hoje na Índia, onde certas imagens de deuses são realmente circundadas. Isso também pode ser encontrado aqui em nosso país, por exemplo, no toque do "Sechseläuten"[380].

Esses ritos de circundamento no budismo são sempre executados no sentido horário, ou seja, o iogue tem o lado esquerdo voltado para fora, o lado direito circundando o deus. A divindade que está sendo rodeada deve estar sempre à direita. As falas do Buda mostram repetidamente esta frase: ele o saudou e o rodeou para a direita a fim de mostrar sua veneração.

Essa divisão de um círculo não é encontrada apenas no simbolismo tibetano, mas também na filosofia alquímica, onde o trabalho é descrito pela primeira vez como [uma] *rota* (roda), como uma operação circulante ou destilação circulante. De alguma forma, um círculo tinha que ser produzido para que, através dele, o ouro, a imagem primordial do sol, fosse formado. A ideia é que o sol teve que circular a terra ao longo de muitos milhões de anos e por meio disso o ouro foi fiado no centro da terra (Maier, 1616)[381]. Isso é psicológico; significa ênfase no centro, o movimento circular na verdade significa o centro.

---

380. Sechseläuten, alemão-suíço para "o toque do sino das seis horas", é um feriado da primavera de Zurique, atualmente realizado na terceira segunda-feira de abril. A tradição remonta aos tempos medievais, quando os habitantes de Zurique comemoravam o último dia de trabalho no inverno medido pela luz do sol às seis horas e, portanto, o início do horário de trabalho no verão. Nesse dia, o sino de Grossmünster toca pela primeira vez naquele ano. A festividade consiste em um desfile das 25 guildas de Zurique e na queima de uma figura de boneco de neve chamada Böögg (cf. o bicho-papão inglês, "*bogey*"), que simboliza o inverno e é recheado de explosivos. Dependendo da hora em que a cabeça do Böögg explodir, o próximo verão será bom ou ruim. Parte da tradição é a circunvolução do fogo três vezes pelos cavaleiros das guildas.

381. Cf. tb. nota 311.

Nesse centro, os quatro são combinados. Isso corresponde psicologicamente a uma situação em que o limite do indivíduo foi estabelecido por meio do autoconhecimento. Alguém percebeu: "Eu sou assim e assado. Eu não sou apenas luz, mas também uma pessoa sombria, com qualidades positivas e negativas". Isso tudo é combinado.

Dentro da filosofia hermética, a ideia de cores pertence a essa síntese da quaternidade. *Cauda pavonis*, ou seja, a cauda do pavão, como se chama o estágio. Aqui se desenrola a plenitude das cores. Estes são valores de sentimento. Sempre que as cores são usadas, têm um certo significado simbólico relacionado aos sentimentos. Existem cores fortes e claras para tons de sentimentos específicos, por exemplo, escuro para criar humores melancólicos e afins.

O desdobramento das cores tem o significado de que a totalidade da personalidade se reuniu, o que ocorre por meio da compreensão. É uma plenitude de sentimentos não só de forma positiva, mas também negativa.

(6) Essa totalidade é primeiramente entendida como um tipo de intuição sobre a totalidade da personalidade. Com isso, não devemos imaginar nada familiar. Apenas uma pequena parte da personalidade humana é conhecida por nós, e não sabemos até onde chega essa expansão inconsciente da personalidade. Certas coisas muito misteriosas que não se encaixam facilmente em uma visão de mundo consciente. O inconsciente pode conter uma quantidade infinita que não é atribuída à personalidade humana desde o início, mas que, no entanto, pertence a ela.

O perímetro da personalidade consciente pode ser determinado naturalmente porque conhecemos aproximadamente seu escopo. O perímetro do inconsciente não pode ser determinado por nós. Não sabemos sua extensão. Se fôssemos dar uma descrição completa de toda a personalidade, ficaríamos embaraçados. Não sabemos onde as coisas ficam escuras, onde não podemos penetrar por causa do inconsciente. Não podemos determinar um limite claramente delineado em lugar nenhum. A totalidade da personalidade contém algo muito misterioso. Se as pessoas têm uma experiência dessa totalidade, geralmente é o caso de que elas experimentam essa totalidade como algo misterioso, se não místico.

Na verdade, é por isso que todas as experiências de totalidade conhecidas em todas as partes do mundo e em todos os tempos da história contêm esse elemento notável de uma experiência mística. Essa é uma palavra adequada para descrever esse sentimento. Portanto, as experiências de totalidade sempre têm um caráter simbólico. Instintivamente, selecionamos expressões simbólicas para o que não podemos compreender com nossa mente consciente.

Essa experiência de totalidade é uma percepção ou uma ideia que não pode ser delineada nitidamente, que tem uma conexão adicional e portentosa que não se pode expressar de outra forma senão por meio de um símbolo. Há apenas uma apreensão intuitiva da totalidade. Este é o símbolo tanto na série tibetana quanto na alquímica: o lótus, ou a flor de ouro, como é chamada em chinês. Esta é uma simbolização viva da *quinta essentia*. Uma unidade viva, um desdobramento da *cauda pavonis*. Assim se desdobra o lótus e a flor de ouro. O ouro é uma substância absolutamente preciosa, o valor mais alto que se pode imaginar. A flor é algo muito belo. O lótus tem um significado místico desde tempos imemoriais – a planta que surge do lodo e da água suja. A flor se eleva acima da superfície da água e desabrocha nessa superfície. Por esta razão, é sempre a sede dos deuses. Buda é sempre retratado entronizado sobre o lótus. A flor de ouro ou o lótus também representa o círculo com ênfase no ponto central em que Deus ou o Buda está sentado, que é o símbolo do Si-mesmo. Outros deuses do panteão indiano também têm seu lugar nele.

Psicologicamente, o si-mesmo não é experimentado como idêntico ao eu, que sofreu uma pesada derrota durante todo esse processo. É preciso admitir que sempre houve muita coisa de que nem sempre se pode orgulhar, que não se é a pessoa que se acredita ser, que se tem uma sombra da qual nada se sabia, mas sobre a qual os outros talvez saibam muito mais. E fica-se descoroçoado.

É exatamente o mesmo com o exagero reverso. Há pessoas que, por serem excessivamente modestas, sempre começam de forma inadequada, sempre vivendo aquém de sua capacidade. Isso parece bastante humildade. Mas, por baixo, oculta-se uma série de motivos para isso. Dentre eles, sentir um certo bem-estar porque é muito mais confortável ser pequeno e parecer insignificante. Evitam-se muitas dificuldades dessa maneira. É por isso que tal modéstia merece tanta desconfiança quanto a megalomania. A megalomania também é uma qualidade duvidosa, já que absolutamente não é o que pretende ser, na verdade ainda mais por compensar certos sentimentos de inferioridade.

A conquista alcançada mediante o processo de autoconhecimento – que é esse *insight* sobre o outro que também sou eu – é de fato um enriquecimento, embora pareça bastante desagradável. Mas é um aumento da personalidade, uma conclusão da totalidade. Essa totalidade que se descreve como si-mesmo é devido à mistura do inconsciente com seus conteúdos estranhos, não ao eu. O si-mesmo nunca é experimentado como o eu, mas, tanto nos textos antigos quanto nas experiências pessoais, o si-mesmo é visto como sendo completamente diferente do eu, como algo superordenado, no qual o eu está contido.

Também encontramos essa ideia na Índia exatamente como a formulei anteriormente. Mas muitas vezes essa ideia é projetada em uma forma divina, como Prajāpati, ou seja, Hiraṇyagarbha ou o Buda. No Ocidente, temos Cristo como a forma comparável. Você se lembrará de alguns textos do Novo Testamento onde essas formulações surgem, trechos que definem Cristo como o ser abrangente no qual todos nós estamos contidos: "Eu sou a videira, vós os ramos" (Jo 15,5). Paulo diz: "Já não sou eu que vivo, é Cristo que vive em mim" (Gl 2,20). Eu não vivo, mas o que vive é mais vasto: Cristo é maior.

É claro que quando este si-mesmo é projetado, ele ocorre em uma forma superior, não inferior. Isso de fato acontece, porém, imperceptivelmente. Mas oficialmente a figura que assume a projeção do si-mesmo é uma figura divina superior. Então, é claro, isso significa uma desvantagem para o homem, já que a figura superior é um deus; isso leva à ideia medieval de que toda bondade vem de Deus, todo mal vem do homem. Embora esta seja uma formulação injusta, torna-se inevitável se toda bondade e perfeição forem projetadas em uma figura. Também encontramos isso no budismo, em que o homem individual deve ter muito cuidado para evitar toda maldade. Mas a grande recompensa, a grande virtude, a perfeição reside no Buda. No entanto, como eu disse anteriormente, o si-mesmo nem sempre é projetado em uma figura exaltada, pois, como o texto budista que discutimos no inverno mostrou, a meditação também contrai o Buda em sua personalidade. Não que o iogue se transforme no Buda, mas sim que ele transforma o Buda dentro de si. Esse passo adicional ocorre não apenas no budismo tibetano, mas também na Índia.

Este si-mesmo é maior do que o eu apenas devido à sua totalidade e natureza expansiva, com a consequência de que muitas vezes tem sido simbolizado, como sempre são os deuses, como aquele círculo que a filosofia alquímica proclama como o "*Circulus aeternitatis symbolum*" (Maier, 1616, p. 27)[382]. O círculo é um símbolo da eternidade, sinônimo do ponto indivisível no centro, o eterno, o indivisível, indestrutível, para sempre inviolável. Essa ideia do infinito qualitativo e eterno está sempre implícita. Santo Agostinho o define da mesma forma: "*Deus est circulus cuius centrum est ubique, circumferentia vera nusquam*"[383]. Deus é um círculo cujo ponto central está em toda parte e cuja periferia não está em parte alguma. Essa definição poderia muito bem ser aplicada ao si-mesmo e, de fato, muitas vezes tem sido.

Quando experimentamos essa intuição da totalidade da personalidade humana como parte ou passagem desse processo simbólico, isso ainda não é uma realidade. É por isso que esse processo simbólico vai além, ou seja, outros símbolos se seguem sobre o lótus e a flor de ouro: lua, sol etc. É claro que devemos perguntar: O que mais podemos exigir além da totalidade da personalidade humana? Mas não devemos esquecer que uma intuição ainda não é uma realidade, mas apenas a percepção de

---

382. "*Circulum aeternitatis symbolum, sive punctum indivisibile*" [O círculo é um símbolo da eternidade ou um ponto indivisível] (cf. tb. OC 13, § 92, n. 67).

383. "Deus é uma esfera infinita cujo centro está em toda parte, cuja circunferência não está em lugar nenhum." Jung também citou a frase em cartas a Max Frischknecht (8 de fevereiro de 1946) e Günther Däss (12 de julho de 1947) (Jung, 1973, vol. 1, p. 412, 471). Copenhaver (1992, p. xlvii) e Bishop (2002, p. 81) a identificaram como a segunda máxima do texto hermético do século XII intitulado *Livro de proposições ou regras de teologia*, supostamente do filósofo Trismegisto, também conhecido como *O livro dos vinte e quatro filósofos*. Marsílio Ficino (1433-1499) deu dez interpretações diferentes disso no *Tractatus de Deo et anima vulgaris* (1457). Jaffé e Adler em *Cartas* (Jung, 1973, vol. 2, p. 18, n. 8), observaram que a frase "*Deus est sphaera infinita, cuius centrum es ubique, circumferentia vero nusquam*" também pode ser encontrada no *Itenarium mentis ad Deum* [O caminho da mente para Deus], obra que é atribuída também a Boaventura (1221-1274) ou Giordano Bruno (1548-1600). Em seu ensaio "A esfera de Pascal" (1962), Jorge Luis Borges descreveu a história conceitual dessa metáfora de Xenófanes a Bruno. Cf. tb. o seminário de Jung de 2 de fevereiro de 1940 (Jung, 1939/1940; *JMP*, vol. 7).

uma possibilidade. Posso sentir algo específico quando observo o cume do "Jungfrau"[384] com um telescópio. No entanto, de maneira nenhuma a montanha foi escalada; isso é uma questão completamente diferente.

Assim, estamos naquele estado que descrevemos: primeiro observamos e ganhamos uma noção de nossa totalidade. Os antigos filósofos também observaram a mesma coisa, portanto esse símbolo está no centro de toda a série de símbolos e não é de forma alguma a experiência máxima.

(7) e (8) Como essa intuição pode ser trazida à realidade? Isso levou à realização de uma nova separação (divisão) sob o simbolismo da lua e do sol, e agora é uma questão de como a percepção da possibilidade de uma totalidade pode ser transportada para a realidade.

Para este propósito, outros níveis foram formulados de acordo com a experiência, com um retratado como a lua e o outro como o sol. Na filosofia hermética, o símbolo da lua coincide com o *albedo* (branqueamento) e o sol com o *rubedo* (avermelhamento). Essas cores são as cores alquímicas clássicas.

O que significa lua? E sol? Em primeiro lugar sabemos: a lua é a prata, o sol é o ouro. Os dois devem estar unidos um com o outro. A lua é sem dúvida o feminino, o sol sem dúvida é o masculino. Esta não é a minha interpretação, este é o texto: o sol se chama *vir rubidus* (o homem vermelho), a lua se chama *femina alba* (a mulher branca). O feminino se refere psicologicamente ao outro lado não masculino do homem. Aí devemos distinguir:

	Consciente	Inconsciente
Inconsciente pessoal	♂	♂ (*sombra*)
Inconsciente coletivo	♂	♀ (*anima*)

---

384. Cf. nota 319.

A sombra que alguém projeta tem seu próprio gênero. Ao lado dessa divisão, no entanto, há uma outra divisão. Aqui, tem-se uma figura feminina no inconsciente. Isso é, até certo ponto, uma camada mais funda.

São as qualidades sombrias desconhecidas das quais infelizmente não temos consciência que descrevemos como a sombra. Tudo o que vem à luz tem essa sombra. É o que se detecta no outro quando se tem um debate aprofundado com ele, que fala do próprio caráter. Em tal conversa, um lado feminino não precisa necessariamente aparecer. Isso aparece apenas com emoções mais veementes. Aqui é constelada uma peculiar mudança de personalidade, que dificilmente se pode descrever melhor do que como uma mudança de gênero. Com as mulheres aparece um *animus* masculino, com os homens é uma *anima* feminina. Esses dois tipos de personalidade refletem uma personalidade contrassexual, ou seja, um comportamento como o de um homem em uma mulher e o oposto em um homem. Agora se vê que no homem algo assim irrompe na forma de seus sentimentos despertados, de sua disposição. "Se um homem acorda uma manhã preocupado e se sente pesado e deprimido, então esta é sua alma *hui*[385], seu lado feminino", diz um texto chinês. Ele está de mau humor e não sabe por quê.

Com a mulher, é o inverso. Nesse contexto, a mulher não tem estado de ânimo; tem pensamentos. Algo nela foi pensado, e então isso se torna a fonte de seu mau humor. Por exemplo,

---

385. A verdadeira passagem de *O segredo da flor de ouro* foi traduzida por Richard Wilhem para o alemão da seguinte forma: "*Wer aber beim Wachen dunkel und versunken ist, gefesselt an die körperliche Gestalt, ist gefesselt von der Anima*" (*The secret of the golden flower*, 1929, p. 117). Cary F. Baynes traduziu isso para o inglês como "*But whoever is in a dark and withdrawn mood on waking, and chained to his bodily form, is fettered by the anima*" [Mas quem está de mau humor e retraído ao acordar e acorrentado à sua forma corporal, é agrilhoado pela *anima*] (1984, p. 26).

o homem disse uma coisa qualquer há seis semanas. O que ele quis dizer? E a partir disso desenvolve seu mau humor.

Se alguém perguntar ao homem: Com que tipo de mau humor você está hoje? Aí ele responde: Não estou de mau humor. E se você pressionar mais, ele ficará histérico com uma lógica ultrajante. E se então a mulher também pensa logicamente, ou seja, ela entra em seu *animus*, aí o clima fecha da maneira mais assombrosa que você possa imaginar. Agitados como dois galos de briga, essas duas pessoas se pudessem pulariam na garganta uma da outra.

Você só precisa fazer um homem perder a concentração para que ele fique de mau humor, aí pode apostar que ele entrará nesse estado argumentativo feminino. E com uma mulher basta fazer uma observação ambígua, ambígua não no sentido malicioso, simplesmente dizer algo que permita duas interpretações. Logo começam a filosofar, argumentar e racionalizar. Surge então uma discussão em que o masculino na mulher aflora.

Vê-se isso no curso da vida. À medida que a idade aumenta, os homens tendem a se tornar mais leves. Mostram um certo traço feminino de brandura e bondade. Algumas senhoras mais velhas, por outro lado – exceto o grupo presente, é claro – desenvolvem pelo facial, voz mais grave e – pode-se supor com razão, mas não tive experiência nisso – também argumentos muito fortes. Em pessoas comuns pode-se observar isso com frequência. Se um homem de 45 a 50 anos passa a beber além da conta, sua esposa assume a direção dos negócios diários, passa a ser quem ganha o pão etc. Ele apenas carrega o balde e passa a vassoura.

Esta é uma mudança antiga. Os filósofos medievais diziam que todo homem carrega sua Eva escondida dentro de si.

Agora encontramos precisamente essa peculiaridade psicológica nesse confronto do sol e da lua. A alquimia diz que o trabalho deve ser feito à sombra do sol. Que é a lua. O trabalho deve ser feito com o sol e com a lua, o que psicologicamente significa que a consciência e o inconsciente ainda precisam ser combinados. Éramos da opinião que eles já estavam combinados, mas essa suposição é apenas uma intuição. Isso não é efetivo, ainda não estão reunidos, pois não é a realidade. Portanto, neste ponto, o trabalho ainda não está completo.

Se o consciente masculino ainda não está combinado com o inconsciente feminino, uma composição deve ser completada, a *coniunctio*. É um fato interessante que muitos filósofos medievais são muito pouco claros sobre a natureza da *coniunctio*. Muitos deles precisam disso para a unificação do sol e da lua. Alguns usam a expressão para demonstrar a síntese da quaternidade. Esses pensadores também experimentaram a composição do masculino e do feminino no decorrer de seus trabalhos.

Por que o ato de síntese não se completa apenas pela percepção? É como se a conexão da personalidade consciente com a inconsciente ainda não estivesse completa. Pode-se dizer que o homem e sua sombra já estão combinados, mas o homem e seu inconsciente mais profundo ainda não. A razão disso é que o inconsciente está sempre projetado. Portanto, o feminino no homem é separado e projetado na mulher. Por meio desse processo, ainda não temos nenhuma percepção das coisas mais profundas. Por causa disso, nenhum homem pensa que tem algo feminino dentro de si, e o mesmo é válido para a mulher. Pois é ambição do homem ser um homem completo e da mulher ser uma mulher de verdade.

Mas quando você considera que apenas a maioria dos genes masculinos diferencia anatomicamente o homem, então onde estão os genes femininos? Eles também estão no organismo masculino. Então, ambos estão presentes nos dois. No entanto, isso não é reconhecido. E como as mulheres estão sempre disponíveis, ele projeta sua *anima* na mulher. É por isso que ele diz a ela: "Qual é o problema? Qual é o problema com você?" "Sim, você!" O problema é imediatamente transferido para ela. Essa é a projeção da qual ninguém escapa. E é por isso que a combinação de masculino e feminino é tão difícil. O homem não pode encontrar a outra parte de si mesmo porque ela está sempre projetada no objeto.

Afinal, um homem admitirá todas as suas falhas para você: "Bem, é assim que eu sou". Mas que ele é temperamental, feminino, principalmente um pouco histérico – isso ele não pode admitir, é sempre atribuído à esposa. Em consequência, a combinação de masculino e feminino é uma dificuldade particular. Para que isso aconteça o feminino deve primeiro ser liberado da projeção. Caso contrário, não pode ser combinado. Um homem não pode combiná-lo casando-se com seu feminino. Existem casos assim: ele sabe à primeira vista que ela é a mulher ideal, casa-se com ela e depois não dá certo porque foram apenas projeções dele. Goethe deu voz a isso em seu poema para Charlotte von Stein: "De uma antiga existência que estávamos compartilhando? Você é a esposa, a irmã que eu esqueci?"[386]. A pessoa tem esse parentesco primordial apenas com o próprio feminino, que o homem projeta em toda história de amor ativa. Em virtude desse *status*, todo homem aceita que sua esposa compartilhe naturalmente de sua condição. Há pessoas que estão casadas há 30 anos, mas que ainda não se viram como cada um realmente é, apenas pelas lentes da *anima* ou do *animus*. Tão obstinadas são essas projeções.

Portanto, se uma combinação interna alguma vez acontecer, essa projeção deve ser retirada, ou seja, deve-se saber que tudo o que se atribuiu até agora ao objeto está em si mesmo

---

386. Goethe para Charlotte von Stein (Goethe, 1776, p. 229-231); trad. John Fredrick Nims (Goethe, 1994, p. 61).

e em uma forma que é muito difícil de ver. Somente quando esse processo estiver concluído, o homem poderá aceitar seu lado feminino.

Esse processo de jeito nenhum tem condição de acontecer fora da psicologia analítica. Pode-se procurá-lo em vão em um manual de lógica ou pedagogia. Ali, parte-se do pressuposto que um indivíduo sabe tudo sobre si mesmo. Mas na verdade devemos saber que uma parte bastante substancial de nossa personalidade vive regularmente em projeção inconsciente. Essa enorme tarefa hoje é confiada aos especialistas. O que estou descrevendo para vocês não é de conhecimento geral. Então, gostaria de lhes dar uma compreensão desse *insight* psicológico que os antigos já tinham na Idade Média, e na Índia, e também os chineses. Mas não era conhecido por nós. Para nós, apenas os especialistas voltaram a possuir esse conhecimento.

(9) & (10) Essa cristalização do feminino a partir das projeções é descrita na alquimia como *extractio*. Faz-se uma extração, uma retirada. O feminino é meio que reconstituído. Uma mulher é feita: na alquimia a *femina alba* (mulher branca), a *anima* ou *soror mystica*, no texto tântrico na forma de *yoni*. Esses extratos tanto do masculino quanto do feminino são colocados juntos, e disso emerge uma verdadeira totalidade.

Seminário 4[387]

19 de maio de 1939

Da última vez, falamos do símbolo da *coniunctio*, da união do masculino e do feminino. Como já expliquei, devemos entender essa união por um lado como a união do consciente e do inconsciente, pois, neste caso, a consciência é masculina e consequentemente o inconsciente é feminino, porque desempenha um papel compensatório. Claro, se a ioga ou a filosofia hermética medieval tivessem sido concebidas por uma mulher, então, a consciência seria feminina e o inconsciente, masculino. Nesse caso, o simbolismo seria invertido. Mas como toda a mitologia antiga e o simbolismo religioso foram criados pelos homens, as filosofias medievais orientais ou ocidentais são masculinas, criadas por homens, que consideravam sua própria disposição psíquica como certa. A projeção ocorre de forma bastante ingênua. Mas se as mulheres criassem tal filosofia, elas projetariam nela sua própria situação psíquica, e teríamos um simbolismo completamente diferente e, mesmo que não fosse totalmente distinto, ainda assim seria interpretado de maneira diferente. Estou alertando o meu público feminino para que não se identifiquem simplesmente com isso de imediato, pois enfatizar a cabeça não é recomendado para mulheres.

---

387. Anotações de LSM, ES, OK e tradução para o inglês de BH.

No entanto, a união é também uma exploração crítica das diferenças entre os sexos. A consciência é um fato óbvio para o iogue, mas o inconsciente é simplesmente inconsciente para ele. Embora exista inegavelmente, ele não pode experimentá-lo diretamente dentro de si mesmo. Só se pode experimentá-lo por meio da projeção. O que quer que seja inconsciente para mim, mas ainda presente, eu sempre vejo nos outros. Se eu tenho uma trave em meu próprio olho, então vejo pelo menos o cisco no olho do outro e chamo isso de trave[388].

Ou tenho uma certa opinião sobre como uma mulher deve ser, ou como a psicologia feminina deve ser interpretada. De onde eu tiro esse conhecimento? Só de mim mesmo. Não precisa ser baseado em nenhuma experiência em particular. Já está presente. Eu simplesmente projeto isso, no exato momento em que começo a interpretar. É assim que o feminino (para mim) inconsciente aparece na contraparte feminina.

Consequentemente, essa exploração se divide em duas partes: primeiro, há o envolvimento com o conteúdo projetado infalivelmente encontrado em um ser feminino. E, segundo, é estendido a outros seres femininos. Esta é a *materia*, de *mater*, a mãe, a mãe terra. A mãe é a primeira portadora desse símbolo do feminino, que descrevo como *anima*. Assim, a primeira projeção aparece naturalmente na mãe e depois se estende à matéria, daí o nome *materia*. Isso é o mesmo que o Oriente chama de *māyā*. Geralmente, é traduzido como ilusão ou engano, mas vem da raiz "ma", ou seja, construir, portanto, *māyā* é o material de construção. Tudo o que posso tocar e perceber é a *māyā*. É uma ilusão real, uma ilusão que se tornou real.

---

388. Jung alude aqui a Mt 7,3-5: "Por que olhas o cisco no olho de teu irmão e não vês a trave no teu? Como ousas dizer ao teu irmão: 'deixa-me tirar o cisco de teu olho', quando tu próprio tens uma trave no teu? Hipócrita! Retira primeiro a trave do teu olho, e então enxergarás bem para tirar o cisco do olho do teu irmão".

Assim, a ioga tântrica chama esse material do mundo de distinção dos pensamentos de Deus. O Oriente pensa de dentro para fora, não de fora para dentro como nós. Partimos da realidade aparente e pensamos sobre o que é dado, mas, ao fazê-lo, deixamos de considerar sequer uma vez que mesmo os físicos mais ousados ainda não descobriram de que tipo de coisas obscuras essa matéria é feita.

A expressão *materia* aponta para o fato de que o desconhecido, o inconsciente, foi projetado sobre esse material e, portanto, os filósofos naturais medievais tentaram desvendar o segredo do inconsciente a partir do modo como a matéria se comportava. Daí a química ter muitas expressões como *sublimação* ou *afinidade*. Estas são, de fato, medidas psíquicas. A afinidade é eletiva e se projeta na matéria. A sublimação é um processo de evaporação onde um componente sólido ou fluido é convertido em uma substância volátil. Freud involuntariamente pegou emprestada essa descrição da química.

Como vocês veem, essas expressões também podem ser aplicadas psicologicamente porque foram originalmente trazidas da psique inconscientemente.

Assim, vista racionalmente, essa ideia alquímica de buscar o segredo do inconsciente na matéria é um absurdo total, mas do ponto de vista psicológico é bastante significativa. Os alquimistas buscavam o segredo do inconsciente na *materia*, na mãe. Eles deram o passo seguinte para o campo onde agora se pode discutir psicologia. Então, a *materia* voltou a ser mãe. Ela é simplesmente a primeira portadora do símbolo do inconsciente, do inconsciente feminino. É por isso que também encontramos símbolos de incesto na alquimia, que irmãos ou irmãs ou filhos cometem incesto com suas mães, porque esse processo representa a *coniunctio* entre consciente e inconsciente. Vocês também encontram a mesma ideia novamente na psicologia freudiana, onde Freud fez disso um mito, uma ideia mitológica: a ideia do incesto primordial.

A união do consciente e do inconsciente é certamente uma questão absolutamente compreensível de uma perspectiva racional, mas na prática é um problema completamente absurdo, e nesta seção da série de símbolos temos toda a parte *obscura*, que é difícil de entender e impossível de explicar em poucas palavras. Aqui encontramos toda a desordem e confusão da vida humana. Se há um bom exemplo mostrando ambas as formas da *coniunctio* de maneira experiencial é o *Fausto* de Goethe:

O confronto com o inconsciente projetado em *Fausto 1*: Fausto e Gretchen. Este é o nível do objeto. Aqui ele vive sua projeção, e o fim trágico lhe dá aquele choque que o faz reintegrar a si mesmo a imagem que havia projetado em Gretchen, que continha todo o segredo de seu ser criativo. Isso aparece para ele novamente na forma de Helena. Helena não é uma figura feminina a ser encontrada na vida, mas sim a clássica figura da *anima* da Antiguidade. Ela representa o que ele projetou pela primeira vez em Gretchen de forma pura.

Na segunda parte de *Fausto*, onde ele confronta Helena, ele também confronta a natureza do inconsciente. Esse problema se manifesta em vários níveis até o grau mais alto, a *Mater Gloriosa*. Ele se une ao inconsciente, como se estivesse misturado a ele.

Aqui encontramos aquela história absolutamente extraordinária em que ele reaparece após a morte entre um coro de meninos angelicais. Tornou-se, por assim dizer, uma criança novamente, levado à maturidade pela aparição do Pater Seraphicus[389]. Um tema simbólico é próprio desse

---

389. Na coda da segunda parte de *Fausto*, um coro de almas, meninos que morreram quando crianças, está transportando para o Além a alma de Fausto, que é convidado pelo Pater Seraphicus ("na região do meio": há dois outros monges,

confronto, a união com a totalidade inconsciente, que ainda não encontramos na série. A saber, essa união tem uma consequência notável: na tragédia de Gretchen, a união biológica leva a uma gravidez e, com o tempo, nasce uma criança. Esse acontecimento ordinário se torna um simbolismo essencial na alquimia, que não está presente na série oriental. Tal é a gravidez secreta, a gravidez da alma. Os poetas falam dessas coisas. Agora não quero competir com os poetas, mas gostaria de observar que essa gravidez da alma é um estado de alma singular de latência criativa. Também se observa isso em pessoas que não dão à luz exatamente um *Fausto*, embora seja um relacionamento de alma peculiar. Este estado é sempre bastante perigoso para o indivíduo.

(11) É por isso que aqui na série de símbolos tântricos temos o *vihāra*, que na filosofia hermética é o *domus thesauria* ou *vas hermetis*. Existe uma relação anímica particular, símbolo de clausura, de proteção, o claustro no cume da montanha, murado muitas vezes, a chamada arca do tesouro (*thesauria*) onde está contida a coisa inestimável, o recipiente lacrado que não deve ser aberto, para que o que está contido nele não escape. Este é o estado protegido e oculto que ressoa com o estado da criança no ventre de sua mãe.

---

acima e abaixo dele, meditando nas montanhas) a aprender sobre a vida terrena, alojando-se em sua mente e olhos. (Isto é *couvade* espiritual, enclave feminino de intensa atividade dentro da psique de um homem, que se assemelha ao comentário de Jung a seguir, sobre "esse singular estado de alma de latência criativa" na gravidez psíquica.) Por associação, a alma de Fausto se arrisca aos perigos do renascimento enquanto está englobada pelo protetor. Pater Seraphicus declara ao bebê morto: "Doch von schroffen Erdewegen, / Glückliche! Habt ihr keine Spur. / Steigt herab in meiner Augen / Welt-und erdgemaess Organ, / Könnt sie als die euern brauchen, / Schaut euch diese Gegend an! (cena 48, ll. 11903-09) [Você foi poupado de qualquer conhecimento da terra rude. Convido você a entrar em mim. Meus olhos estão ajustados ao mundo. Use-os como seus e olhe ao seu redor] (Goethe, 1980, p. 201).

(12) A criança assim nascida, como notamos em relação à alquimia, resulta da união da consciência com o inconsciente. Representa um novo ser. Na alquimia é o *homunculus*, o homenzinho, em grego *antropárion*. Esse homenzinho é frequentemente descrito como consistindo de metal, de ouro. Ou é um ser transparente, etéreo, um ser de luz. É claramente o humano iluminado em forma embrionária.

Encontramos esse tema na segunda parte do *Fausto*, onde Wagner conseguiu criar um *homunculus* em uma retorta. Ele voa e finalmente se despedaça no trono de Galateia porque se consumiu em chamas:

> Nereu: Aqui no meio de toda essa multidão, que novas revelações veremos?
> Uma chama junto à concha, aos pés de minha filha.
> Ora sobe alto e forte, ora queima branda e baixo, como que se agitando com pulsações de amor.
> Tales: Esse é o Homúnculo, a quem Proteu tomou…
> Tais são os sintomas do imperativo da paixão…
> Quase posso ouvir os altos gemidos de suas dores
> Quebrará seu frasco no brilhante trono de Galateia…
> ali está a chama, ali está o clarão, e já se esvazia!
> (Goethe, 2014, p. 215, versos 8.464-8.473).

A mesma coisa acontece com o menino Wagenlenker e o Eufórion, filho de Fausto e Helena. Estes também pegam fogo porque perseguem as meninas. Vejo nessas figuras o perigo da cobiça, de ser muito influenciado pelo ambiente e pela projeção. A proteção quase monástica é projetada para manter esses perigos afastados de dentro e de fora, para que a criança possa amadurecer.

Esse notável simbolismo também é cristão. Cristo também é adorado como uma criança, um bebê. Em um hino, Maria é comparada a uma flor do mar. Uma flor da água, crescendo fora da água, segurando Cristo em seu colo. Ou como uma flor do mar em que Cristo se instala como uma ave marinha. Encontramos o mesmo símbolo no budismo maaiana, em que o Buda está envolto na flor de lótus. Quem alcançou mérito suficiente terá sua alma encerrada em uma flor de lótus por incontáveis éons. Então, floresce um dia na milagrosa Terra de Amitābha. Esta é a criança sendo criada a partir da *coniunctio*. Em chinês, é um ser diamante. Na filosofia medieval é o corpo incorruptível, o corpo sutil, que é visto como resultado dessa *coniunctio*.

Todas essas ideias notáveis apontam para a ideia básica do homem de luz, que todos nós conhecemos do gnosticismo. Pois este homem que nasce é um ser iluminador, comparável ao diamante ou pedra preciosa. O Graal também é uma pedra preciosa em Wolfram von Eschenbach[390]. Sua personificação é Cristo, Buda ou, na Índia, *puruṣa*, ou seja, o homem primordial que está, até certo ponto, dentro de todos. Mais tarde,

---

390. Wolfram von Eschenbach (*ca.* 1170 – *ca.* 1220), poeta alemão, autor do épico *Parsifal* (1200-1210), em alto-alemão médio. A identificação de Wolfram do Graal com a *lapis exilis* é única e não faz parte da lenda tradicional do Graal. Pode ser encontrada no livro XI de *Parsifal*: "*hât ir des niht erkennet, / der wirt iu hier genennet./ er heizet lapsit exillîs* [...] *selhe kraft dem menschen gît der stein, / daz im fleisch unde bein / jugent enpfæht al sunder twâl. / der stei ist ouch genant der grâl*" (Eschenbach, 1891, 469, 5-8, 25-28). A tradução em inglês diz o seguinte: "*And that stone is both pure and precious... Its name hast thou never heard? / Men call it Lapis Exilis* [...] *If they look on its power, their hair growth not grey, and their face appears / The same as when first they saw it, nor their flesh nor their bone shall fail / But young they abide for ever... And this stone all men call the Grail*" [E aquela pedra é pura e preciosa – seu nome você nunca ouviu? / Os homens a chamam de Lapis Exilis [...] Se eles olharem para seu poder, seus cabelos não ficarão grisalhos, e seu rosto parecerá / O mesmo de quando o viram pela primeira vez, nem sua carne nem seus ossos falharão / Mas jovens permanecerão para sempre – e esta pedra todos os homens chamam de o Graal] (Eschenbach, 1912, p. 270). Emma Jung trabalhou em uma leitura psicológica da lenda do Graal por 30 anos, até sua morte em 1955; Marie-Louise von Franz completou a obra, publicada em 1960 como *Die Graalslegende in psychologischer Sicht* (em inglês, *The grail legend*, 1970).

encontraremos esse *puruṣa* quando discutirmos o *Yoga sūtras* de Patañjali.

Este novo ser revela que se trata de uma existência autônoma, que não é igual ao Eu, sendo este último neste caso apenas masculino. A contraparte feminina é o inconsciente. O resultado psíquico dessa união não é outro Eu masculino, mas sim um ser diferente, primeiramente uma criança. Essa criança passa por uma certa educação e desenvolvimento, assim como o Eu. Pois na medida em que essa segunda personalidade se desenvolve, o Eu se dissolve. De acordo com a descrição nos textos indianos, é como se a consciência dissolvesse seus laços com a objetividade, como se ela se abstraísse dela, de seu apego aos objetos, de modo que parecesse quase isenta de conteúdo. Este tornar-se consciente de algo, de não estar mais apegado a isso, é descrito em inglês muito apropriadamente como *awareness* [consciência]. Na Índia, é descrito como *samādhi*, ou seja, enlevo ou êxtase. A palavra grega *ékstasis* de fato significa êxtase[391]. Na verdade, esse estado não é inconsciente, embora certos textos nos obriguem a supor que se trata de inconsciência, porque a consciência encontra-se tão desconectada da objetividade que está praticamente vazia. Mas é preciso estar consciente de algo, caso contrário não se pode estar consciente de forma alguma.

No budismo esse esvaziamento é levado tão longe que surge um estado inconsciente chamado vazio, *shūnyatā*: o vazio absoluto. Claro, isso é uma *contradictio in adjecto*. Não posso ter consciência do vazio absoluto. Mas a filosofia oriental não se preocupa com essas nuanças.

A próxima coisa que podemos entender sobre esses estados de pico com nosso conhecimento ocidental é um desengajamento

---

391. ES se refere à linha anterior como uma "observação *post hoc*" de Jung.

de longo alcance da consciência de seus conteúdos. Há um texto chinês muito bom sobre isso em *O segredo da flor de ouro* que diz em linguagem poética o que também é descrito na ioga indiana.

O *Hui-ming ching* diz sobre esse desapego:

> Um halo de luz envolve o mundo da lei.
> Esquecemo-nos uns dos outros, quietos e puros, to-do-poderosos e vazios.
> O vazio é irradiado pela luz do coração do céu.
> A água do mar é lisa e espelha a lua em sua superfície.
> As nuvens desaparecem no espaço azul; as montanhas brilham claras.
> A consciência reverte para a contemplação; o disco lunar repousa sozinho (*The secret of the golden flower*, 1962, p. 77-78)[392].

Melhor imagem desse desapego da consciência dificilmente pode ser encontrada. Selecionei este texto simplesmente para descrever esse singular estado de consciência.

Não quero concluir essas duas séries de símbolos sem chamar explicitamente sua atenção outra vez para o fato de que esses níveis finais na criação da realidade do Si-mesmo, alcançados por essa união ou *coniunctio*, são muito misteriosos e que é preciso bastante experiência psicológica para dar algum sentido a essas coisas. Eu não ousaria mencioná-las em um seminário público, ou mesmo registrá-las na literatura publicada. Se um comentário sobre elas fosse realizado, seria simplesmente muito incompleto. E por um bom motivo. O homem ocidental é um bom filólogo, mas não tem ideia das experiências de ioga. É preciso já ter conversado com as próprias pessoas, os praticantes, para prosseguir com essas práti-

---

392. Jung já citou essa passagem em seu comentário de 1929 sobre *O segredo da flor de ouro* (OC 13, § 64).

cas. O que vemos neste país são acrobatas, não filósofos. Do que contam os praticantes e do que dizem os textos, surge um quadro grosseiro, que é de fato o evento psíquico da ioga. E aí se descobrem coisas com as quais aparentemente nunca lidamos. Se retrocedermos em nossa história ocidental, encontraremos paralelos, mas estes desapareceram desde o Iluminismo no século XVIII, tornando-se impopulares. No entanto, se alguém busca psicologia prática, é simplesmente compelido a se envolver com esses assuntos. E com esse espírito concluiremos esta série particular de símbolos.

Gostaria de voltar mais uma vez ao *Yoga sūtras*, que abordei superficialmente no semestre passado[393]. Estou selecionando algumas ideias-chave deste texto excepcionalmente abrangente que são relevantes aqui. São quatro textos de um antigo filósofo indiano clássico, o principal filósofo da antiga ioga indiana. Supõe-se que ele e o gramático Patañjali sejam a mesma pessoa[394]. Vocês sabem que a Índia não tem uma história escrita. As únicas datas históricas que temos sobre a Índia vêm das crônicas budistas, além das quais não há registros históricos[395]. Sabemos por certas evidências nos escritos de Patañjali que ele viveu no século II a.C. Isso vem de um relatório de batalha datado de 150 a.C.[396].

Os textos são muito difíceis. Para os especialistas em sânscrito, constituem um quebra-cabeça especial. Mas o mais difícil é a interpretação de como esses textos devem ser entendidos, por isso vou me limitar a apenas algumas afirmações.

---

393. Cf. seminários de 28 de outubro de 1938 (p. 106-108) e 4 de novembro de 1938.

394. Cf. nota 49.

395. A pesquisa histórica por indólogos contradiz o argumento de Jung (cf., por exemplo, Doniger, 2009).

396. Sobre Patañjali, cf. Introdução (p. 61-62).

O objetivo da ioga como Patañjali formula é a promoção do *samādhi*, contemplação, êxtase. Existe outra palavra: *dhyāna*, isto é, o estado de *extasis*, êxtase no sentido ativo. *Samādhi* é contemplação no sentido passivo. Portanto, o objetivo da ioga é o chamado êxtase. Hauer traduz *samādhi* como voltar-se para dentro, ou seja, introversão[397]. Esse é o objetivo principal. O outro é correlato, ou seja, a diminuição das assim chamadas compulsões, os *kleśas*, isto é, dos instintos, dos impulsos. Os *kleśas* são: ignorância (*avidyā*), egoísmo (*asmitā*), apego (*rāga*), aversão (*dveṣa*) e medo da morte (*abhiniveśa*).

> A ignorância é o campo onde se desenvolvem as outras forças da corrupção [...] (*YS* 2.4, p. 45).

Isto é, todos esses impulsos compulsivos são baseados na ignorância. Pois

> ignorância é perceber erroneamente a permanência na transitoriedade, a pureza na impureza, o prazer no sofrimento, um eu essencial onde não há eu (*YS* 2.5, p. 45).

A ignorância se resume a estimar ou acreditar no não eterno, no impuro e no sofrimento, todos confundidos com o eterno, o sensual e o si-mesmo. É por isso que todas essas coisas são desejadas.

Esses *kleśas* devem ser superados por meio da *dhyāna*, por meio da meditação, porque são as raízes do *karma*, ou seja, a maneira como a pessoa vive deixa um resquício, o resultado de uma vida ou *karma*, que preenche a existência da pessoa e causa o renascimento de acordo. Portanto, se alguém não alcançou nenhum mérito nesta vida e acumulou sofrimento, esse mau *karma* acarretará um destino correspondente na próxima existência.

---

397. Para a tradução de Hauer do *Yoga sūtras*, cf. Introdução (p. 63s.).

Surpreendentemente, no budismo a crença dominante é que o *karma* não é de natureza pessoal. Posso acumular méritos em minha vida, mas como não tenho alma, quando minha vida termina, meu *karma* sobrevive e requer uma nova existência. Isso já fascinava os monges antigos, e então eles perguntaram ao Buda a respeito. Buda deixou a resposta absolutamente em aberto se esta sobrevivência do *karma* significa uma existência pessoal continuada após a morte ou não. Ele deixa em aberto a questão de saber se o *karma* não é uma potencialidade criada pela minha vida, causando outra vida que não está absolutamente ligada a mim. Por outro lado, deve-se lembrar que em seus discursos o Buda sempre falava de suas preexistências como se ele sempre tivesse sido o mesmo. No entanto, no fim, também é possível entender que o que resta sempre é o *karma* e não a própria alma.

Gostaria de informá-los sobre alguns ensinamentos fundamentais do *Yoga sūtras*. *Sūtra* significa texto ou tratado.

A tradução vocês encontrarão por um lado em *História da filosofia* de Deussen, no volume 1, parte 3 (1908, p. 504-543)[398]. Uma tradução mais recente e mais psicológica em muitos aspectos, ou seja, mais diferenciada, mas na verdade menos clara, é a de Hauer em seu texto *Der Yoga als Heilsweg* [Ioga como um caminho de cura] (1932, p. 101-127). O estilo é muito difícil, pois os próprios textos são excepcionalmente difíceis. Agora, vou traduzir mais uma vez para que vocês possam ver do que se trata:

> A indiferenciação das representações de Sattva e Puruṣa, sendo ambos absolutamente diferentes, é prazer.

Hauer traduz "a 'consumação do mundo' pelo 'homem em si'". Ele quer dizer que se os dois não são diferenciados, o mundo é consumido por *puruṣa*.

---

398. Cf. tb. a Introdução (p. 63s) e a nota 16.

Mediante a aplicação da disciplina total sobre a satisfação pessoal, que é diferente do interesse do outro, o conhecimento de Puruṣa é alcançado.

Isso diz respeito à diferenciação de *puruṣa* e de *sattvaṃ*. Vou entrar no significado destas palavras:

De acordo com Deussen[399]:

> A indiferenciação entre as concepções de sattvaṃ (representando prakṛti) [...]e

de *prakṛti* [prakriti] que abrange a natureza externa e o aparelho psíquico (*cittaṃ*) e que consiste nos três *guṇas*: *sattvaṃ*, *rajas* e *tamas*...

> [...] e de puruṣa, que são absolutamente distintas, é prazer [e sofrimento]: – o conhecimento de puruṣa é alcançado pela aplicação de disciplina total sobre a satisfação pessoal [*i.e.*, puruṣa] que é distinto do interesse do outro [*i.e.*, prakṛti] (*YSD* 3.35, p. 532-533)[400].

De acordo com Hauer:

> O "homem em si" e a "substância luminosa do mundo" que forma o órgão da mente são eternamente puros. A "consumação do mundo" pelo "homem em si" é possível

---

399. No fim do seminário, ES anotou as diferentes traduções alemãs de *YS* 3.35, incluindo a sugestão do próprio Jung. Como também há comentários explicativos, é provável que Jung tenha lido essas versões para o público para comparação. A tradução contemporânea de Barbara Stoler Miller diz o seguinte: "A experiência mundana é causada por uma falha em diferenciar entre a qualidade lúcida [*sattva-guṇa*] da natureza [*prakṛti*] e o espírito [*puruṣa*]. Por meio da disciplina perfeita da distinção entre o espírito como sujeito de si mesmo e a qualidade lúcida da natureza como objeto dependente, obtém-se o conhecimento do espírito" (*YS* 3.35, p. 68).

400. "*Die Nicht- Unterscheidung der Vorstellungen des Sattva (als Vertreter der Prakriti) und des Purusha, welche beide absolut verschieden sind, ist das Genießen [und Leiden]:-durch Anwendung der Allzucht auf das von fremdem Interesse [der Prakriti] verschiedene eigene Interesse [des Purusha] erfolgt Erkenntnis des Purusha*" (*YSD* 3.35, p. 532-533).

pelo fato de que "substância luminosa do mundo" e "homem em si" não são diferenciados na mente consciente. Adquire-se conhecimento do "homem em si" através da aplicação de total contenção para o propósito desta consumação para o "outro" e para o seu próprio propósito distinto (*YSH* 3.35, p. 108)[401].

Segundo Vivekananda:

> O prazer vem pela não discriminação da alma muito distante e Sattva. Suas ações são para outro: Saṃyama sobre isso dá conhecimento de Puruṣa (1896, p. 198-199)[402].

De acordo com M.A. Oppermann:

> A experiência é a falta de clareza da percepção mitigada de "sattva" e "puruṣa", que são absolutamente separados; esta alegria é para outro; o conhecimento de "puruṣa" surge através de "saṃyama" sobre si mesmo ([1908] 2014, p. 67)[403].

Uma nota anexa:

> "Puruṣa" em puro sattva reflete e o anima; sattva, assim chamado à vida, acredita que todas as experiências que tem devem ser atribuídas a ele. Por meio dessa identificação confusa dos dois, todas as experiências se tornam

---

401. "Der 'Mensch-an-sich' und der das Geistorgan bildende 'lichte Weltstoff' sind ewig unvermischt. Das 'Essen der Welt' durch den 'Menschen-an-sich' ist dadurch möglich, dass 'lichter Weltstoff' und 'Mensch-an-sich' im Bewusstsein nicht unterschieden werden. Durch Anwendung der Gesamtzucht auf den Zweck dieses Essens für den 'Andern' und den davon verschiedenen Eigenzweck erlangt man Wissen vom 'Menschen-an-sich'" (*YSH* 3.35, p. 108).

402. Jung usou a tradução alemã de Emma von Pelet (1937), p. 293: "Genuss entsteht durch Nichtunterscheiden von Seele und Sattva, die völlig verschieden sind. Letzteres, dessen Wirken einem anderen gilt, ist von demjenigen gesondert, das auf sich selbst gestellt ist. Samyama, auf dieses Selbst-ständige angewandt, verleiht Wissen um den Purusha".

403. "Erfahrung ist die Unklarheit der gemilderten Wahrnehmung von 'Sattva' und 'Purusha', die absolut getrennt sind; diese Freude ist für einen anderen; Erkennen von 'Purusha' entsteht durch 'Samyama' auf sich selbst."

possíveis. Todas as experiências pelas quais sattva acredita ser enriquecido são inúteis para ele e servem apenas a "puruṣa". Cada ação de prakṛti, sendo a base de sattva, e que não pode existir sem "puruṣa", é para "puruṣa". Assim sendo, sattva funciona não para si mesmo, mas, como diz o texto, para outro. Portanto, é correto dizer que "saṃyama" aplicado a si mesmo, à sua própria natureza e destino, leva ao conhecimento de "puruṣa" (Oppermann, [1908] 2014, p. 67).

Seminário 5[404]

26 de maio de 1939

Começamos com uma discussão de trechos individuais no *Yoga sūtras* de Patañjali. Neles, procurei destacar a linha de raciocínio que já havíamos encontrado nas séries simbólicas, mas que é abordada de uma certa perspectiva diferente, a saber, do ponto de vista da chamada filosofia *sāṃkhya* (ou também Upanishad).

Isso diz respeito principalmente à ideia do Si-mesmo, à questão da relação do Si-mesmo com a consciência e ao conceito desse estado último, que descrevi para vocês como a dissolução da consciência. O trecho que li para vocês da última vez diz respeito à questão da técnica, a técnica psicológica de dissolver o Si-mesmo dos sistemas psíquicos, principalmente da consciência.

Quero ler este trecho para vocês novamente. Vamos dissecá-lo em partes. É excepcionalmente difícil:

> A experiência mundana é causada por uma falha em diferenciar entre a qualidade lúcida [*sattva-guṇa*] da natureza [*prakṛti*] e o espírito [*puruṣa*]. Por meio da disciplina perfeita da distinção entre o espírito como sujeito de si mesmo e a qualidade lúcida da natureza como objeto dependente obtém-se o conhecimento do espírito (*YS* 3.35, p. 68).

---

404. Anotações de LSM, ES, OK e tradução para o inglês de BH.

Se os conceitos que se tem de *sattvaṃ* e *puruṣa* não são diferenciados, então, um certo estado psíquico surge disso, que Deussen traduz como o "prazer do mundo" e Hauer como "comer o mundo". Antes de podermos entender este trecho, devemos saber o que significam os termos *sattvaṃ* e *puruṣa*.

Da última vez, escrevi para vocês os três *guṇas* aos quais *sattvaṃ* pertence. Deussen usa o termo "fator", enquanto Garbe, que se sente particularmente à vontade na literatura sânscrita, usa a expressão "constituintes". Na verdade, é impossível traduzir corretamente o termo *guṇa*. Prefiro não traduzi-lo.

Os três *guṇas* são: *sattvaṃ*, *rajas* e *tamas*. *Sattvaṃ* tem o significado de brilho, luz, direcionado para cima; sendo assim, um estado. *Tamas* é o oposto: o escuro, a escuridão, o pesado, também um estado. Estes são obviamente opostos. *Rajas* está no meio, sendo insatisfação, energizar, porque a energia reside na insatisfação. Isso é algo dinâmico. A dinâmica emerge dos opostos. Existem opostos, e onde quer que eles estejam presentes há energia, o processo unificador. Onde quer que duro e macio, frio e quente, baixo e alto colidam, a energia é o resultado, uma força propulsiva. Este é um processo compensatório.

Acredito que seja muito difícil fazer uma tradução adequada sem compreensão psicológica. Posso usar o termo "constituintes" porque você o encontrará repetidamente na literatura. Nas traduções do *Bhagavadgītā*, apenas a palavra *guṇa* é usada. Lá, no ensinamento de Krishna, aprendemos o que significa a libertação dos *guṇas*.

Nosso texto diz que é preciso discriminar entre o conceito de *sattvaṃ* e *puruṣa* – ou seja, o que é brilhante, leve, fácil – do Si-mesmo. Em seu texto *Yoga als Heilweg* [Ioga como um caminho de cura], Hauer traduz *sattvaṃ* como "substância luminosa do mundo". Então, mais do que substância, uma espécie de éter. Portanto, *sattvaṃ* é traduzido como corpo etéreo, mas apenas em sentido figurado. Aqui a ideia é que normalmente não se pode discriminar entre esta substância luminosa e *puruṣa*.

Puruṣa é uma representação muito antiga para o que Deussen descreve como o "sujeito do conhecimento, liberto de tudo que é objetivo" (1908, p. 561)[405]. Não tenho certeza se essa expressão é apropriada, ou seja, tenho minhas dúvidas sobre ela. Porque expressa logicamente algo absolutamente estranho ao espírito do Oriente. O espírito oriental não se envolve em lógica, é perceptivo e intuitivo. *Puruṣa* é mais bem traduzido como homem primordial, homem de luz, *phôteinós* ou *luminosum*. Isso seria mais próximo.

Temos várias ideias semelhantes no Ocidente: o Cristo místico é um *puruṣa*, ou Cristo como o segundo Adão, uma antiga proposição cristã – que é *puruṣa*: Adão está em cada homem em sua forma primária como um fenômeno sensorial e aparece em uma forma secundária como um homem de luz, na chamada forma redentora (1Cor 15,45-48).

Nesta linha, Patañjali está tentando formular o fato de que, embora não se diferencie entre *sattvaṃ* e o conceito de *puruṣa*, mesmo assim deve-se fazer essa diferenciação. O que levanta a importante questão: O que é *sattvaṃ*? Como podemos entender isso psicologicamente? Para tanto, devemos entender com mais precisão o que esse *sattvaṃ* representa na filosofia indiana.

Estou acrescentando mais um conceito a tudo isso: além de *puruṣa*, o homem primordial ou homem de luz, há um outro princípio feminino: o chamado *prakṛti*. Esta é a natureza ou

---

405. "Ioga consiste na supressão das funções de *citta*, entre as quais podem ser contados o conhecimento correto, o conhecimento falso, o conhecimento duvidoso, o conhecimento suspenso no sono e o conhecimento reprodutivo. Enquanto essas funções não forem suprimidas, a loucura de se identificar com elas existe em *puruṣa*; somente por meio de sua supressão *puruṣa* emerge em sua natureza autêntica como o puro sujeito do conhecimento, liberto de tudo que é objetivo" (Deussen, 1908, p. 561).

matéria, o fenômeno material, também descrito como Shakti em outro contexto. Isso é *materia*, a *mater natura*. Na mitologia tibetana e tântrica, Shakti é sempre representada em um abraço íntimo com Shiva, o criador do mundo, também correspondendo a *puruṣa*.

Sempre se diz que *puruṣa* é combinado com *prakṛti*, então, eles estão juntos como uma gota d'água sobre uma folha de lótus, que conserva sua forma redonda e não umedece a folha. Nesse caso, não se integra ao fenômeno, mas está totalmente fora dele. Quando *puruṣa* é combinado com *prakṛti*, que é sempre o caso, serve a *sattvaṃ* como uma lâmpada na escuridão. Se desce para a matéria, é de certa forma por seu próprio escurecimento. No pensamento maniqueísta, isso significa o homem de luz sendo arrastado para o abismo demoníaco do mundo[406]. É como a descida de Nous que é desejado por Physis. Nous olha para a escuridão e vislumbra seu reflexo. Atraídos por isso, os braços amorosos de Physis o alcançam, envolvendo-o e puxando-o para baixo. Não se pode descartar que essas ideias gnósticas estivessem associadas à Índia, pois houve algum intercâmbio com o Oriente Próximo desde os tempos antigos. Não foram apenas os bens materiais, mas também os espirituais que chegaram ao Ocidente pelas rotas comerciais através do Mar Vermelho. Daí as várias semelhanças nas mitologias indiana e grega, por exemplo, com Pitágoras[407] ou Apolônio de Tiana, que supostamente fez uma grande viagem à Índia[408] para explorar os mistérios

---

406. Sobre Mani e maniqueísmo, cf. nota 329.

407. Cf. nota 333.

408. Apolônio de Tiana (*ca.* 15 – *ca.* 100 d.C.) foi um filósofo neopitagórico, conhecido por sua capacidade de curar e realizar milagres. Sua vida e ensino foram algumas vezes comparados aos de Jesus. De acordo com seu biógrafo Filóstrato (*ca.* 172 – *ca.* 250 d.C.), ele era um sábio errante, que chegou até a Índia (Filóstrato, 2005).

de lá. Esses desenvolvimentos de conexões espirituais são provavelmente históricos.

Assim, quando *puruṣa* desce para a escuridão de *prakṛti* e serve como uma lâmpada para *sattvaṃ*, esta é obviamente uma descrição do Si-mesmo não reconhecido dentro do homem, que emprega a consciência para se orientar na escuridão de seu mundo. Então, podemos dizer que este *sattvaṃ* é uma substância psíquica luminosa. É a luz fraca da consciência humana. Funciona de maneira semelhante a *cittaṃ* nas últimas partes do *Yoga sūtras*. Esse conceito é traduzido principalmente como consciência, correspondendo ao que poderíamos interpretar como um estado ativo de consciência. Esta não é apenas uma consciência passiva, mas uma conquista ativa que nos cansa e que devemos interromper de vez em quando com o sono porque é um trabalho exaustivo permanecer consciente. É por isso que a maioria das pessoas nem sempre está completamente consciente, para economizar energia. Os primitivos devem estar conscientemente inconscientes, tendo que ficar horas sentados e quietos para não pensar, embora de fato não durmam.

Assim, quando *puruṣa*, este homem de luz, está localizado em *prakṛti*, ele não é unitário, mas múltiplo. Quando entra em fenômenos materiais, ele se divide em muitas figuras diferentes. Assim, em um texto é chamado de "vigésimo quinto"[409].

---

409. No Livro XII do *Mahābhārata, puruṣa* é identificado com o vigésimo quinto princípio: "A Alma, que transcende os 24 princípios, é chamada de Conhecedora. O conhecimento e o objeto conhecido são diferentes um do outro. O conhecimento, por sua vez, é considerado o Imanifesto, enquanto o objeto do conhecimento é a Alma que transcende os 24 princípios. O Imanifesto é chamado Kṣetra, Sattva (compreensão) e também Īśvara (o Senhor supremo), enquanto Puruṣa, que é o vigésimo quinto princípio, não tem nada superior a ele e não é um princípio (pois transcende todos os princípios e só é chamado de princípio convencionalmente). Isso, ó rei, é um relato da filosofia *sāṃkhya*" (*Mahābhārata*, XII, capítulo 307, parte III, p. 23). Hauer comentou que "de acordo com a antiga tradição da ioga *sāṃkhya*, o vigésimo quinto é *puruṣa* e, além disso, é *puruṣa* humano em seu estado redimido como eterno *puruṣa*" (Hauer, 1932, p. 69).

Mais uma vez, isso é extremamente peculiar. A descrição simplesmente diz: *puruṣa* está no estado de entrelaçamento com a matéria. Então, ele é o vigésimo quinto, isto é, ele é uma das 25 semelhanças. Como aquele que está vinculado, ele é chamado de vigésimo quinto, mas como o vigésimo sexto, ele é livre e é um[410]. Quando ele é libertado do estado múltiplo, retorna à sua unidade original e é simplesmente sempre a unidade dos muitos, esteja ele no estado vinculado ou não. A unidade é simplesmente latente, isto é, depende de nossa perspectiva se consideramos *puruṣa* como uma multiplicidade ou como uma unidade. É o único si-mesmo em cada indivíduo onde este si-mesmo é aparentemente distinto.

Essa multiplicidade é retratada em um texto chinês (*The secret of the golden flower*, 1929, p. 149; 1931, p. 63): o iogue senta-se em meditação [*dhyāna*] e cinco figuras se erguem como fumaça de sua cabeça, que por sua vez também se dividem em outras cinco figuras. Este é o conhecimento da divisão de *puruṣa* em muitas figuras. A unidade de *puruṣa* é uma intuição na meditação oriental sobre a natureza do homem. Entende-se que todos são um só e que o si-mesmo do homem, apesar de todas as diferenças, é sempre apenas um. Encontramos essa ideia na filosofia dos Upanishads no conceito de *ātman*. Este é o si-mesmo da personalidade.

A pessoa (*puruṣa*), não maior que um polegar, habitando o interior do homem, sempre morando em

---

410. "De fato, porque o vigésimo quinto pode compreender o Imanifesto, ele é chamado de Budhyamānā (ou Entendedor). Ele não pode, no entanto, compreender prontamente o vigésimo sexto, que é imaculado, que é o Conhecimento sem dualidade, que é imensurável, e que é eterno. O vigésimo sexto, no entanto, pode conhecer Jīva e Prakṛti, numerando-os o vigésimo quinto e o vigésimo quarto, respectivamente" (*Mahābhārata*, XII, capítulo 309, parte III, p. 28). De acordo com Hauer, a introdução de um vigésimo sexto princípio mais elevado e divino indicava como a ioga *sāṃkhya* havia sido usurpada pelo âmbito do bramanismo e do vishnuismo (Hauer, 1932, p. 74-75).

seu coração, é percebida pelo coração, pelo pensamento, pela mente; aqueles que o conhecem se tornam imortais. A pessoa (*puruṣa*) com mil cabeças, mil olhos, mil pés, tendo circundado a terra de todos os lados, estende-se além dela na largura de dez dedos (*Shvetāshvatara Upaniṣad* 8, 3, 13-14; *SBE*, vol. XV, p. 246-247).

Ao mesmo tempo, é simplesmente o ser geral do mundo. Assim, *puruṣa* também é o ser individual, mas ao mesmo tempo o *mahā-puruṣa*, ou seja, a grande alma do mundo, exatamente como o *ātman*.

A ideia da filosofia *sāṃkhya* é que *puruṣa* está sempre conectado à matéria. Esse estado é descrito como *saṃyoga* (estar unido, conectado, acorrentado, amarrado). Sem essa conexão com *puruṣa*, *prakṛti* é absolutamente inativa[411]. Desenvolve-se sob a influência e a conexão causal com *puruṣa*, o homem de luz. A partir disso, surge o chamado *saṃsāra*. Este é o resultado dos nascimentos, o ciclo de existências no qual *prakṛti* se desenvolve. O propósito desse desdobramento no *saṃsāra* é transmitir autoconhecimento a *puruṣa* por meio da plenitude dos fenômenos. É por isso que *prakṛti* também é retratada como uma dançarina que reflete a plenitude do mundo e dança diante de *puruṣa* para que *puruṣa* possa adquirir autoconsciência a partir dessa plenitude.

Apesar de sua desconexão necessária, *prakṛti* está ligada a *puruṣa* por uma ponte. A ideia da ponte é provavelmente uma concessão ao entendimento. É claro que não se poderia imaginar esse enorme paradoxo de contrastes combinados. É incrivelmente difícil para as pessoas pensarem paradoxalmente. Mas tais ideias são sempre necessariamente paradoxais. É por isso que se buscam ideias mediadoras que mitiguem esse paradoxo e criem uma ponte entre os opostos

---

411. LSM traz "inativa", enquanto ES registra "negativa" e BH "passiva".

irreconciliáveis de *prakṛti* e de *puruṣa*. O elo de conexão é agora pensado como o corpo sutil, um corpo finamente etéreo, que *puruṣa* forma com os elementos de *prakṛti* ao redor do *sattvaṃ*. Este corpo de ligação é descrito como *liṅgaṃ*. A palavra também é usada para símbolos fálicos e na verdade significa apêndice, marcador, rótulo. Qualquer tipo de marcador que descreva algo, isso é *liṅgaṃ*.

Uma descrição especial é então *liṅga-deha*, ou seja, a descrição clássica para o corpo sutil, isto é, o símbolo de inconcebível *puruṣa* mais *prakṛti*, que é então puro e substancialmente concreto. Entre eles está o *liṅgaṃ* como ponte dentro desse corpo psíquico, um fenômeno meio substancial e meio espiritual. Tal é a antiga divisão harmoniosa no modo de ver oriental, e familiar para nós também no Ocidente: *prakṛti*, que é o corpo, *puruṣa*, que é o espírito; e *liṅga-deha*, o corpo sutil ou a psique, incluindo a consciência.

O conceito de *puruṣa* está relacionado a todas as ideias centrais do Brahma. Assim, em muitos lugares *puruṣa* é idêntico ao conceito de Brahma, do ser absoluto. Aqui está como um dos Upanishads coloca:

> Agora aquela pessoa dourada, que é vista dentro do sol, com barba dourada e cabelos dourados, totalmente dourado até as pontas das unhas, cujos olhos são como os do lótus azul, seu nome é *ut*, pois ele se elevou [*udita*] acima de todo o mal. Aquele que sabe disso também se eleva acima de todo o mal.
> *Rik* e *Sāman* são suas articulações e, portanto, ele é *udgītha*. E, assim, aquele que o elogia [o *ut*] é chamado de *ud-gātri* [declamador dos hinos]. Ele [a pessoa dourada, chamada *ut*] é o senhor dos mundos além daquele [sol], e de todos os desejos dos Devas [que habitam esses mundos] (*Khāndogya Upaniṣad* 1, 6, 6-8; *SBE*, vol. I, p. 13-14; em alemão: Deussen, 1897, p. 76).

O sol é o símbolo de Brahma. É uma perspectiva típica que os deuses também sejam vistos como *prakṛti*. O homem, percebido no olho mais íntimo, governa os deuses:

> Agora, a pessoa que é vista no olho é Rik, é Sāman, Uktha, Yagus, Brahma. A forma dessa pessoa [no olho] é a mesma que a forma da outra pessoa [no sol], as juntas de um [Rik e Sāman] são as juntas do outro, o nome de um [*ut*] é o nome do outro.
>
> Ele é o senhor dos mundos abaixo daquele [o eu no olho], e de todos os desejos dos homens. Portanto, todos os que cantam para a *vīṇā* [lira], cantam-no, e dele também obtêm riquezas (*Khāndogya Upaniṣad* 1, 7, 5-6; *SBE*, vol. I, p. 14-15; em alemão: Deussen, 1897, p. 77).

Isso constitui uma inversão. Primeiro, no mais íntimo do sol, e agora no mais íntimo do olho. Refletida na chamada pupila, você vê a pequena forma humana. O observador se vê no olho, na pupila do outro. *Pupilla* é um diminutivo e significa simplesmente "bonequinha", portanto, uma pequena figura humana vista no olho. Isso costumava ser ingenuamente concebido como uma imagem da alma. Assim, o Brahma pessoal e suprapessoal é tanto a alma do mundo quanto a alma individual.

Em outro texto, *puruṣa* é comparado com Prajāpati: por um lado, ele é a roda da ordem mundial no céu, onde os dias e as noites permanecem como 720 filhos e, por outro, é a esfera inferior, onde ele é o fogo sacrificial que ilumina o mundo[412]. Ele é o ano e o sacrifício ao mesmo tempo. No pensamento védico, a ordem cósmica do mundo celestial é refletida na ordem do

---

412. Jung provavelmente está se referindo ao verso do Rigveda I, 164, 11: "Formada com 12 raios, pela extensão do tempo, inabalável, gira em torno do céu esta roda de Ordem duradoura. Aqui estabelecidos, unidos em pares, 720 Filhos estão, ó Agni".

mundo ritual terreno e, especificamente, na ordem do sacrifício. Em nossas práticas religiosas ocidentais, também associamos qualidades de tempo a festivais específicos. Originalmente, esses eram ritos da natureza orientados pelo que acontece nos céus.

As pessoas costumavam viver em uma mística de participação absoluta: por exemplo, os Pueblos mexicanos ainda hoje estão convencidos de que o sol não pode nascer se eles não realizarem ritos para facilitar isso[413]. O líder de uma tribo escreveu certa vez que os americanos deveriam cessar sua destrutividade, pois, caso contrário, eles descobririam que em dez anos o sol não nasceria mais. Pois eles, os filhos do sol, são responsáveis pelo nascer do sol. É o mesmo com o *Chantecler* de Rostand (1910), que acreditava que o sol nasceria apenas porque ele cantou. Alguém fez uma aposta com ele que o sol ainda nasceria, mas no último momento ele cantou novamente e a questão não foi resolvida.

No entanto, esta não é uma noção ridícula, mas um resíduo mítico muito claro daquele tempo em que nossa consciência ainda era absolutamente cativada por objetos e incapaz de se elevar de qualquer maneira acima dos eventos objetivos, onde o homem se encontrava em uma *participation mystique* e ainda estava inconscientemente identificado com a totalidade da natureza, como disse Lévy-Bruhl, porque isso era inerente à qualidade do tempo[414]. Com essa incorporação do tempo à

---

413. Em 1925, Jung visitou os Taos no Novo México, onde falou com Antonio Mirabal (também Ochwiay Biano ou Lago da Montanha), um ancião da tribo Hopi, e outros nativos americanos. Cf. tb. nota 223.

414. *Participation mystique* é um conceito desenvolvido pelo antropólogo francês Lucien Lévy-Bruhl (1857-1939) em *Les fonctions mentales dans les societés inférieures* (1910) para descrever a relação do sujeito com um objeto em que não consegue se distinguir da coisa. Jung usou o termo a partir de 1912 e o definiu da seguinte forma: "Denota um tipo peculiar de conexão psicológica com os objetos e consiste no fato de que o sujeito não pode se distinguir claramente do objeto, mas está ligado a ele por uma relação direta que equivale a uma identidade parcial" (OC 6, § 871). Cf. tb. nota 127.

natureza, só se poderia fazer uma coisa e nada mais. Essa ideia fundamenta toda a astrologia. Nas artes de cura encontra-se isso em curas e métodos simpáticos, e na filosofia natural da Idade Média era a *correspondentia*: como é em cima, assim será embaixo. O próprio homem é um cosmos: ele é o microcosmo e o mundo é o macrocosmo.

Assim, toda a experiência humana era vista na própria passagem do tempo do homem, em suas ações mais rotineiras como uma expressão do curso da natureza. Identificação absoluta com o curso da natureza: tal foi a experiência que as pessoas dessa época descobriram e depois incorporaram ao ritual. Esse estado primordial era o estado ordenado e lícito, e se o ser humano parasse de viver e agir de acordo com a natureza, ou parasse de nascer e morrer, então a natureza seria caótica. No momento em que a consciência se separou do curso natural dos eventos, a desordem entrou no mundo; embora agora ainda imaginemos que possuímos muito mais ordem, esta é uma ordem criada pelas pessoas, não pela natureza. Assim, a ideia de *puruṣa* na forma de Prajāpati é também o ano, ou o próprio tempo e a ordem ritual da vida:

> Prajāpati pensou consigo mesmo, "Verdadeiramente, criei aqui uma contraparte de mim mesmo, a saber, o ano"; daí dizerem, "Prajāpati é o ano"; pois ele o criou para ser uma contraparte de si mesmo:
> Prajāpati ponderou: verdadeiramente, criei o ano como a imagem de mim mesmo. E ao dar seu si-mesmo aos deuses, ele criou o *sacrifício* como a *imagem de si mesmo* (Śatapatha Brāhmaṇa 11, 1, 6, 13; *SBE*, vol. XLIV, p. 14; em alemão: Deussen, 1894, p. 133, 208). Tendo se entregado aos deuses, ele criou aquela contraparte de si mesmo, a saber, o sacrifício: daí dizerem, "O sacrifício é Prajāpati"; pois ele o criou como uma contraparte de si mesmo (Śatapatha Brāhmaṇa 11, 1, 8, 3; *SBE*, vol. XLIV, p. 22; em alemão: Deussen, 1894, p. 208).

Ele próprio é o tempo, portanto Prajāpati também leva o nome tempo. Pela operação do sacrifício e pela autoentrega de Prajāpati aos deuses, ele criou o sacrifício como uma imagem de si mesmo. E agora: os deuses pertencem aos fenômenos, a *māyā*. Porque ele se rendeu aos fenômenos, isto é, ao mundo, com isso ele criou o fogo sacrificial, o fogo sacrificial luminoso e iluminador sobre a terra. Isso é *puruṣa*. Na ação ritual reside a ação do homem primitivo. Você encontra isso em povos bastante primitivos, como os aborígenes paleolíticos da Austrália. Lá, os povos indígenas desde os primórdios são antepassados que criaram toda a natureza, de onde se originam as árvores, plantas e animais que fizeram o mundo. Esses ancestrais, descritos por Lévy-Bruhl como arquétipos, são reiterados na vida ritual dessas tribos. Todos os anos, uma certa cerimônia deve ser realizada para que a grama cresça, os riachos fluam, para que as chuvas cheguem. E é sua opinião que, se essas ações rituais não forem realizadas, a ordem cósmica cessará. Então a grama não cresceria mais, não cairia mais chuva, o homem não estaria mais conectado com o tempo primordial. Ele agora está apenas em seu próprio tempo, mas separado do tempo primordial. Esse tempo primordial é o tempo que existia antes do tempo. É o tempo que está sempre presente quando temos tempo. É o tempo eterno, que corre ao lado do nosso tempo. A palavra para isso é *altjiranga mitjina*[415]. *Aljira* é o sonho, o inconsciente; é também o lugar além, onde vivem os ancestrais, os homens primitivos.

Prajāpati é de fato um tempo que tem significado de criação do mundo. Se quisermos expressar isso de uma forma moderna, então é a *durée créatrice* de Bergson. Esta é, de fato, a única intuição em toda a filosofia de Bergson, e com isso ele

---

415. Cf. nota 224.

descobriu o que Proclo já havia dito[416]: onde quer que haja criação, há também tempo. O deus dos neoplatônicos chamava-se Chronos. Ele era um deus do fogo, luz e tempo. Do mesmo modo, ele foi a causa primeira de todas as coisas; portanto, o criador do mundo, o demiurgo. É o mesmo no gnosticismo. Ali, o criador do mundo tem o nome de Abraxas[417]. Se inserirmos o valor numérico das letras da palavra "Abraxas" em grego, o resultado é 365: o ciclo criativo, o curso dos anos. Essa ideia

---

416. Sobre Bergson e Proclo, cf. p. 304 e as notas 304 e 417.

417. Nos escritos de Jung, Abraxas, "deus das rãs ou sapos", apareceu pela primeira vez na anotação de 16 de janeiro de 1916 de Os *livros negros*. Ali, ele é descrito como "a união do Deus cristão com Satanás" (Jung, 2020, p. 168-169) e o "Deus único, a quem a adoração é devida" (Jung, 2020, p. 169-170). A entrada fornece uma exposição substancial de Abraxas como parte da cosmologia psicológica de Jung, conforme descrito em seu *systema mundi totius* (Jung, 2009, p. 364). A fantasia de Jung do dia seguinte marcou o início das anotações que formaram a base de seu sermão "*Septem Sermones ad Mortuos*", em que ele descreveu o nascimento de um novo deus em sua alma, ou seja, Abraxas. O texto é atribuído ao antigo escritor gnóstico Basilides de Alexandria, que ensinou a palavra mística "abraxas". Nos Seminários "Visões", Jung falou sobre seu significado simbólico e a semelhança com os conceitos filosóficos de Bergson em 16 de novembro de 1932: "O símbolo gnóstico Abraxas, um nome inventado que significa 365 [∴] os gnósticos o usavam como o nome de sua divindade suprema. Ele era um deus do tempo. A filosofia de Bergson, *la durée créatrice*, é uma expressão da mesma ideia". "[…] a figura de Abraxas significa o começo e o fim, é a vida e a morte, portanto é representada por uma figura monstruosa. É um monstro porque é a vida da vegetação ao longo de um ano, a primavera e o outono, o verão e o inverno, o sim e o não da natureza. Então, Abraxas é realmente idêntico ao Demiurgo, o criador do mundo. E como tal ele é certamente idêntico a *Puruṣa*, ou a Shiva" (Jung, 1997, vol. 2, p. 806-807). Jung estava familiarizado com a obra de Albrecht Dieterich, *Abraxas. Studien zur Religiongeschichte des späten Altertums* (1891) (cf. p. 153 n. 373). De acordo com Shamdasani, Jung estudou esse trabalho no início de 1913. Ele também encontrou anotações marginais na cópia de Jung de *The gnostics and their remains* (1864), de Charles King, ao lado da passagem que discute a etimologia de Abraxas na p. 37 (Jung, 2020, vol. 5, p. 274 n. 395). Em *MSR*, Jung afirma que estudou seriamente os gnósticos entre 1918 e 1926 (p. 200). Nos seminários do ETH, Jung refere-se repetidamente ao estudo de Hans Leisegang de 1924 sobre a gnose, onde o capítulo seis é dedicado a Basilides e às seitas que descenderam de seus ensinamentos. Sobre Abraxas, cf. Leisegang (1924, p. 225).

também desempenha um grande papel nos mistérios mitraicos. O templo mitraico em Saalburg tem um *aion*, que é a duração infinitamente longa. Isso vem do persa: Zurvan Akarana. Aion era representado como um dragão com cabeça de leão.

Essa ideia de *puruṣa* remonta aos primórdios do pensamento humano e representa uma identificação com a natureza que há muito se tornou estranha para nós.

Seminário 6[418]

2 de junho de 1939

Esqueci-me por completo de dizer no início deste seminário que, se houver alguma pergunta que gostariam de me fazer, sintam-se à vontade para efetuá-la na forma de uma carta. Ou enviem-me um bilhete com sua "pergunta bem formulada". Farei o possível para responder a vocês[419].

Da última vez, falamos sobre *puruṣa* e citei todo tipo de paralelos para lhes mostrar em que contextos esse conceito ocorre na filosofia indiana. Enfatizei que ele se identifica primeiro com Brahma, portanto, com a entidade suprema de todos os seres do mundo, e depois com o Prajāpati, o criador do mundo, que é simultaneamente o tempo; na verdade, ele é a *durée créatrice* de Bergson. Ele é o ano; ele é o útero do tempo, do qual todos os seres surgem. Então, ele é o sacrifício, o fogo, aquilo que se criou à semelhança de si mesmo. Vocês já podem notar aí as similitudes com o pensamento cristão ocidental. Este *puruṣa* tem paralelos com as ideias místicas sobre Cristo que evoluíram no Ocidente. Mencionei para vocês os paralelos com a filosofia neoplatônica, que tem como o verdadeiro deus criador Chronos, ou o deus do tempo, que é concomitantemente o deus do

---

418. Anotações de LSM, ES, OK e tradução para o inglês de BH.

419. Jung respondeu às perguntas que lhe foram enviadas nos seminários de 8 (16 de junho de 1939) e 9 (23 de junho de 1939). Cf. p. 437-499.

fogo, do fogo criativo e da luz. Ele demonstra os atributos simbólicos típicos desses deuses.

Hoje, queremos voltar ao texto do *Yoga sūtras* uma vez mais. Com nossas noções arduamente conquistadas de *puruṣa* e *sattvaṃ*, agora desejamos tentar nos aproximar do significado das complicadas palavras de Patañjali. Dessa forma, devemos considerar os seguintes fatores:

Puruṣa:	Unidade		
Guṇas	Sattvaṃ	Rajas	Tamas
Prakṛti	múltiplo mundo dos fenômenos		

Então, por um lado, temos *puruṣa* e, por outro, *prakṛti*. Este é o mundo dos fenômenos materiais, o mundo fenomenal múltiplo. *Puruṣa* é o unitário, sempre em conjunto com *prakṛti*, o masculino em conjunto com o feminino, mas nunca misturado. Por meio da união de *puruṣa* e *prakṛti*, surge um ser psíquico vivo que possui certas características, os chamados *guṇas*:

Sattva	= tudo o que é luminoso, luz, subindo
Rajas	= atraente, paixão
Tamas	= sombrio, escuridão, pesado

Isso cria um tipo de energia. São opostos, entre os quais a energia se manifesta, ou seja, os assuntos vivos do mundo são um processo energético. Essas são características que a psique formulou a partir da presença de pares de opostos. Desses opostos emergem todas as ações. Se quente e frio não se unem, nenhum processo ocorre. Se o mundo tivesse apenas luz, não poderia existir. A escuridão sozinha não existe, e se houvesse apenas frio, o mesmo seria verdadeiro. São fatos psicológicos que o homem projetou nas coisas desde tempos imemoriais. É assim que concebemos o mundo. Isso é o que nos impulsiona. Um conflito moral, por exemplo, consiste em um par de opostos que nos obriga a um determinado comportamento ético: de um lado está o desejo e, do outro, um certo escrúpulo. Se tais contradições não existissem, nada aconteceria. O indivíduo se tornaria inativo. Todos os momentos propícios na vida humana são, portanto, momentos de conflito. Tudo o que se move dentro de nós surge desses conflitos. Por força dessas características, *puruṣa* e *prakṛti* se unem.

No entanto, isso levanta a questão de por que o texto menciona apenas *sattvaṃ*, mas não *tamas* e *rajas*? Vou ler para vocês as duas traduções mais uma vez. Deussen traduz assim:

> A indiferenciação entre as concepções de sattvaṃ (representando prakṛti) e de puruṣa, que são absolutamente distintas, é prazer [e sofrimento]: [...] (*YSD* 3.35, p. 532)[420].

Hauer traduz como:

> O "homem em si" e a "substância luminosa do mundo" que forma o órgão da mente são eternamente puros. A "consumação do mundo" pelo "homem em si" é possível pelo fato de que a "substância luminosa do mundo" e o "homem em si" não são diferenciados na mente consciente (*YSH* 3.35, p. 108)[421].

Os significados são os mesmos, mas não se pode ver isso diretamente. Hauer traduz muito mais literalmente. Ele também traduz a palavra *puruṣa* e o conceito de prazer de forma mais literal: é de fato o devorar, o ingurgitamento do mundo, tomar o mundo para dentro de si, a consumação do mundo. E ele traduz *sattvaṃ* como substância luminosa do mundo, isso é literal:

---

420. "Die Nichtunterscheidung der Vorstellungen des Sattva (als Vertreter der Prakriti) und des Purusha, welche beide absolut verschieden sind: ist das Genießen."

421. "Der 'Mensch-an-sich' und der das Geistorgan bildende 'lichte Weltstoff' sind ewig unvermischt. Das 'Essen der Welt' durch den 'Menschen-an-sich' ist dadurch möglich, dass 'lichter Weltstoff' und 'Mensch-an-sich' im Bewusstsein nicht unterschieden werden."

o lado luminoso da matéria do mundo. *Prakṛti* é o fenômeno material do mundo e *sattvaṃ* é seu aspecto positivo, seu aspecto luminoso. Mas como esses são fenômenos psíquicos, diz-se que é simplesmente a parte leve de nossa psique, ou seja, nossa consciência. A outra está inconsciente. *Tamas* está inconsciente, pois é escuridão. *Rajas* é energia, descrita nos tempos modernos como libido. Em grande medida também inconsciente. Não sabemos de onde surge de repente um impulso, uma compulsão. A fonte dos impulsos reside na escuridão.

Assim, pode-se, com Hauer, traduzir *sattvaṃ* como consciência. Portanto, se não se diferencia *puruṣa* de *sattvaṃ*, então *puruṣa* está ligado através de *sattvaṃ* a *prakṛti*, ao mundo dos fenômenos. Então, ele comerá o pó, para citar Goethe[422]. E esse consumo do mundo é a fonte do sofrimento, do qual a ioga promete libertar o homem. A ioga, portanto, exige que a diferenciação seja feita entre *puruṣa* e *sattvaṃ* e que se reconheça que *sattvaṃ* vem de *prakṛti*. Psicologicamente, isso significa que se deve diferenciar entre *puruṣa* e *sattvaṃ*, ou seja, entre o si-mesmo e o eu, porque senão entra uma conexão com *prakṛti*, o mundo, que também devora o indivíduo, como o indivíduo o devora. Pois quanto mais se come do mundo, mais o mundo come de volta.

Portanto, a indiferenciação de *sattvaṃ* e *puruṣa* significa o mesmo que comer o mundo, que ainda é a fonte do sofrimento. Agora, ele prossegue (segundo Deussen):

---

422. Mefistófeles no *Fausto* de Goethe: "Tudo bem! Espera quase não há. / Minha aposta é mais do que segura, chego a pensar. / Quando atingir meu objetivo, ao ganhar, / Você me deixará triunfar com o coração apreensivo. / Ele comerá o pó, e com estilo, / Como a cobra minha mãe, conhecida por pecar". [Schon gut! nur dauert es nicht lange. / Mir ist füer meine Wette gar nicht bange. / Wenn ich zu meinem Zweck gelange, / Erlaubt Ihr mir Triumph aus voller Brust. / Staub soll er fressen, und mit Lust, / Wie meine Muhme, die berühmte Schlange] (versos 330-335).

[...] o conhecimento de puruṣa é alcançado pela aplicação de disciplina total sobre a satisfação pessoal [isto é, puruṣa] que é distinto do interesse do outro [isto é, prakṛti] (*YSD* 3.35, p. 532-533)[423].

Hauer traz esta tradução:

Adquire-se conhecimento do "homem em si" através da aplicação de total disciplina para o propósito desta consumação para o "outro" e para o seu próprio e distinto propósito (*YSH* 3.35, p. 108)[424].

O significado de ambas as traduções é que a pessoa usa a ioga para domínio, conexão, contenção dos impulsos, dos *kleśas*, de modo que o interesse do outro em *prakṛti* seja separado da satisfação pessoal em *puruṣa*. Em outras palavras: o conhecimento de *puruṣa* surge por meio da contenção das energias dos impulsos que se manifestam no mundo.

Aqui, darei alguns paralelos que demonstram isso: o contraste entre *tamas* e *sattvaṃ* é o par primordial de opostos. A maioria dos textos fala apenas da diferenciação dos *guṇas*, por exemplo, a admoestação de Krishna a Arjuna no *Bhagavadgītā*:

Os Vedas falam de três Guṇas: não obstante, ó Arjuna, seja indiferente em relação aos três Guṇas, indiferente quanto aos opostos (nirdvandva), sempre firme em coragem (*Bhagavadgītā* II; *SBE*, vol. VIII, p. 48; cf. OC 6, § 328).

Existe um termo técnico na filosofia da ioga para descrever essa libertação dos opostos. Trata-se da expressão *nirdvandva*.

---

423. "[...] durch Anwendung der Allzucht auf das von fremden Interesse [der Prakriti] verschiedene eigene Interesse [des Purusha] erfolgt Erkenntnis des Purusha."

424. "Durch Anwendung der Gesamtzucht auf den Zweck dieses Essens für den 'Andern' und dem davon verschiedenen Eigenzweck erlangt man Wissen von dem 'Menschen-an-sich'."

Um texto antigo, *O Código de Manu*, diz que o criador do mundo produziu os opostos para fazer a diferenciação:

> Além disso, para distinguir as ações, ele separou o mérito do demérito e fez com que a criatura fosse afetada pelos pares [de opostos], como dor e prazer (*The Laws of Manu*, I, 26; *SBE*, vol. XXV, p. 13).

Na nota de rodapé de Kullūka, outros pares de opostos são nomeados: desejo e raiva, amor e ódio, fome e sede, tristeza e ilusão, honra e desgraça[425]. "Sob os pares de opostos este mundo deve sofrer sem cessar" (*The Laws of Manu*, VI, 80-81; *SBE*, vol. XXV, p. 212-213; OC 6, § 328). Ora, é tarefa ética essencial não se deixar influenciar pelos contrários, mas elevar-se acima deles, porque a libertação dos contrários conduz à redenção. No espírito do *Yoga sūtras*, significa que se alguém se separa de *sattvaṃ*, chega a *puruṣa* e encontra a redenção no ser do mundo.

Repito isso de *O Código de Manu*:

> Quando pela disposição [de seu coração] ele se torna indiferente a todos os objetos, obtém a felicidade eterna tanto neste mundo quanto após a morte.
>
> Aquele que dessa maneira abandonou gradualmente todos os apegos e se libertou de toda dor [dos opostos] repousa somente em Brahma (*The Laws of Manu*, VI, 80-81; *SBE*, vol. XXV, p. 212-213; OC 6, § 328).

E, em um Upanishad Kauṣītaki-brāhmaṇa, está escrito sobre aquele que sabe disso:

> [...] e ali se livra de suas boas e más ações. Seus parentes queridos obtêm o bem, seus parentes não queridos o mal que ele fez. E como um homem, conduzindo uma carroça, pode olhar para as duas rodas (sem ser

---

425. *The Laws of Manu*, I, 26; *SBE*, vol. XXV, p. 13: "Outros pares de opostos são desejo e raiva, apego apaixonado e ódio, fome e sede, tristeza e ilusão, e assim por diante" (cf. OC 6, § 327).

tocado por elas), assim ele olhará para o dia e a noite, para as boas e más ações, e para todos os pares. Sendo liberto do bem e liberto do mal, ele, o conhecedor de Brahma, move-se em direção a Brahma (*Kauṣītaki-brāhmaṇa-upaniṣad* I, 4; *SBE*, vol. I, p. 277)[426].

Outra passagem do Upanishad Tejobindu diz:

> Quem quer que supere o desejo e a raiva, o apego ao mundo e a luxúria dos sentidos; aquele que se liberta dos opostos e abandona o sentimento de si mesmo (sobretudo a satisfação pessoal), esse se liberta da expectativa (*Tejobindu-upaniṣad* 1,3)[427].

E no *Mahābhārata*, Pāṇḍu, que deseja ser um eremita, diz:

> Vestido com poeira, abrigado sob o céu aberto, vou me alojar na raiz de uma árvore, renunciando a todas as coisas amadas e não amadas, sem experimentar tristeza nem prazer, renunciando a culpa e elogios, sem nutrir esperança nem oferecer respeito, livre dos opostos (nirdvandva), sem fortuna nem pertences (*Mahābhārata* I, 119, 89; OC 6, p. 278).

Daí vemos a ideia universal, que ainda hoje existe na Índia.

A questão é: O que isso realmente significa psicologicamente? Mediante a contenção dos impulsos, o fluxo é suprimido, o olho é desviado do mundo. A pessoa se diferencia de seu próprio desejo pelo mundo, libertando-se do apego e da relação com o mundo. É por meio dessa supressão que necessariamente aparece o que é autêntico, ou seja, a própria vontade e seu conteúdo, e para o indiano isso é *puruṣa*.

É neste ponto que nós, no Ocidente, caímos imediatamente na ilusão de que vontade própria não significa outra coisa

---

426. Jung citou Deussen (1897, p. 24; cf. tb. OC 6, § 328).

427. Jung citou Deussen (1897, p. 664; OC 6, § 328).

senão o eu. Pois imaginamos que quem se afasta do mundo permanece em seu eu. Para uma mente indiana, no entanto, ele não permanece em seu eu, mas entra em *puruṣa* e se torna o que sempre foi: *puruṣa*.

Tal afirmação feita pelos pensadores indianos só é possível com base na específica psicologia indiana, que é diferente da nossa. Não devemos imaginar que podemos simplesmente compreender a natureza da psicologia indiana com nossa consciência. Impossível. A diferença essencial reside na estrutura da consciência: a consciência ocidental é uma consciência absolutamente egoica, definida, que é diferente em muitos aspectos, especialmente no que diz respeito à intensidade da consciência oriental. Essas pessoas não precisam de muito para passar de um estado de quase-consciência para um estado inconsciente. Isso exigiria uma verdadeira luta e um grande esforço de nossa parte. É muito mais uma propensão do Oriente, é mais natural para eles. Pois é uma questão de exercício diário em que eles se retiram e vão para um canto para fazer ioga e meditar, ou seja, eles entram em um estado de vazio de consciência, que tem um efeito excepcionalmente favorável em sua consciência. Você encontra o mesmo na China ou no Japão. Isso não é para se desprezar. Alguns ocidentais se beneficiariam com a prática e seria melhor fazer isso do que ir ao cinema. Nossa neurastenia[428] decorre da agitação frenética em que não voltamos a nós mesmos. Este vazio que se manifesta: isso é *puruṣa*; é o esvaziamento do eu.

Claro, no Ocidente não temos tais paralelos com esse tipo de fenômeno em nossa filosofia moderna. No Oriente, a ioga não é exatamente o que descreveríamos como uma questão religiosa. Um indiano riria de nós se a ioga fosse considerada um

---

428. Sobre a história conceitual da neurastenia, cf. Gijswijt-Hofstra e Porter (2001).

ato religioso. É completamente banal e tão comum quanto é para nós escovar os dentes; não é exagerada ou mesmo histérica. Conosco, geralmente são pessoas bastante incomuns que se preocupam com essas coisas, mas lá é uma ciência. Toda a agitação misteriosa sobre ioga no Ocidente é vista como ridícula no Oriente. Essas pessoas são treinadas por meio da instrução e do hábito a se transportarem para o vazio por meio da educação correspondente, exercícios respiratórios, posturas sentadas. Quando os ocidentais fazem essas coisas, elas não passam de contorções acrobáticas sem sentido.

Deve-se tomar a ioga como exercícios respiratórios, como uma questão técnica[429]. Não tem nada a ver com pregação religiosa. Todos esses exercícios da Hatha Yoga são meios de atingir o estado de vacuidade. É a imersão no que chamamos de um estado inconsciente, mas que no Oriente é descrito como uma consciência superior. *Puruṣa* é uma superconsciência. É por isso que é quase impossível traduzir o termo "inconsciente" para o hindi. Existe um termo: *bodhi*, isto é, iluminação, uma consciência superior ou superconsciente, uma consciência sobre-humana estendida, ou seja, a consciência de *puruṣa*.

Já aqui no Ocidente temos alguns paralelos medievais com esse conceito, especificamente em Mestre Eckhart. Em sua meditação "Sobre o desapego das coisas" ele afirma:

> As pessoas dizem: "Ó Senhor, como eu gostaria de estar bem com Deus, que eu tivesse tanta devoção e paz em Deus quanto os outros têm, eu gostaria que fosse assim comigo!" Ou, "Eu deveria gostar de ser pobre", ou então, "As coisas nunca darão certo para mim até que eu esteja neste ou naquele lugar, ou até que eu aja de uma forma ou de outra. Devo ir morar em uma terra estranha, ou em um eremitério, ou em um claustro".

---

429. Cf. nota 80.

Na verdade, isso é tudo em relação a você e nada mais. Isso é apenas vontade própria, só que você não sabe disso ou não parece assim para você. Nunca há qualquer problema que comece em você que não venha de sua própria vontade, quer as pessoas enxerguem isso ou não (1909, p. 8-9; em inglês: 1981, p. 249)[430].

A própria vontade, essa satisfação pessoal a que Mestre Eckhart se refere, essa é a linguagem ocidental; para ser preciso, este é o Eu, certamente não *puruṣa*, e sim a busca egoísta da consciência ocidental.

> Podemos pensar o que quisermos, que um homem deve evitar uma coisa ou buscar outra – lugares e pessoas e modos de vida e ambientes e empreendimentos – esse não é o problema, tais modos de vida ou tais assuntos não são o que nos impede. É o que você é nessas coisas que causa o problema, porque nelas você não se governa como deveria. Portanto, comece por você mesmo e *desapegue-se de si próprio* (1909, p. 9; em inglês: 1981, p. 249).

Esses assuntos são *prakṛti*. A consciência do Eu que se deve abandonar é *sattvaṃ*.

> De fato, se você não começar se afastando de si mesmo e se abandonando, para onde quer que você corra, encontrará obstáculos e problemas, não importa onde esteja. Pessoas que buscam a paz nas coisas externas – seja em lugares ou modos de vida ou pessoas ou atividades ou solidão ou pobreza ou degradação –, por maiores que sejam essas coisas ou o que quer que sejam, ainda são nada e não trazem paz. As pessoas que

---

430. A passagem é de "Conselhos de discernimento" de Mestre Eckhart (1981, p. 247-285). Jung usa a edição de Herman Büttner que dá o título *"Vom Lassen der Dinge"* [Sobre o desapego das coisas] para o terceiro discernimento (1909, p. 8). O título original do alto-alemão médio é *"Von ungelâzenen liuten, die vol eigens willen sint"* [Das pessoas que não negaram a si mesmas e estão plenas de sua própria vontade] (Mestre Eckhart, 1857, p. 545).

buscam dessa forma estão fazendo tudo errado; quanto mais vagam, menos encontrarão o que estão procurando. Andam por aí como quem se perdeu; quanto mais longe vão, mais perdidos ficam. Então, o que deveriam fazer? Começar por renunciar a si mesmos, porque então terão abandonado tudo (1909, p. 9; em inglês: 1981, p. 249).

Isso é desapego de si próprio. Se eu me desapegar de *sattvam*, também o farei com todas as coisas que o acompanham (*prakṛti*). Se eu conseguir diferenciar entre a consciência egoica dentro de mim, que naturalmente está sempre ligada aos objetos, e os próprios objetos, então, é possível alcançar *puruṣa*.

> Realmente, se um homem renunciasse a um reino ou ao mundo inteiro, mas se apegasse a si mesmo, não teria renunciado a nada. E mais, se um homem renuncia a si mesmo, não importa o que mais ele mantenha, riquezas ou honrarias ou o que quer que seja, ele abandonou tudo.
>
> Sobre o que disse São Pedro: "E nós, que deixamos tudo e te seguimos, o que teremos?" (Mt 19,27) – e tudo o que ele deixou foi apenas uma rede e seu barquinho –, há um santo que diz: "Aquele que de bom grado desiste de algo, mesmo que pequeno, ainda assim abre mão de muito, pois renunciou a tudo o que os homens mundanos podem ganhar e desejar; porque quem renunciou à sua própria vontade e a si mesmo renunciou a tudo, tão verdadeiramente como se tudo possuísse como seu, para dispor como quisesse[431]. Pois aquele que escolheu não ambicionar, abandonou e renunciou a tudo por amor a Deus (1909, p. 9; em inglês: 1981, p. 249-250).

Abandonou por causa de Deus, isto é, por causa de *puruṣa*.

---

431. Os especialistas em Mestre Eckhart (1981, p. 250, n. 5) presumem que Eckhart se refere aqui a Gregório Magno, *Das homilias sobre os evangelhos* 5.2.

É por isso que Nosso Senhor disse: "Bem-aventurados os pobres em espírito!" (Mt 5,3), isto é, na vontade. E ninguém deve ter dúvidas sobre isso; se houvesse uma forma melhor de viver, assim o teria dito o Senhor, como também disse: "Se alguém quiser vir após mim, renuncie a si mesmo" (Mt 16,24), como ponto de partida; tudo depende disso. Dê uma olhada em si mesmo, negue-se. Isso é o melhor de tudo[432].

Nunca houve homem nesta vida que tenha renunciado tanto que não pudesse encontrar mais em si mesmo para renunciar. Existem poucas pessoas que veem isso como verdade e seguem firmes nesse propósito. Esta é realmente uma troca justa e um acordo honesto: na mesma medida em que você abandona todas as coisas, Deus ocupa o mesmo tanto, nem menos nem mais, com tudo o que é dele, conforme você abandona completamente tudo o que é seu. Comprometa-se com isso e deixe que custe tudo o que você pode pagar. Neste ponto você encontrará a verdadeira paz e em nenhum outro lugar (1909, p. 9-10; em inglês: 1981, p. 250).

Portanto, essa contemplação é um paralelo direto com este *Yoga sūtras*. Mas, no sentido ocidental, é paralelo à nossa consciência excepcionalmente egoica. O Ocidente é combinado de certa forma com *prakṛti*, o que nunca foi o caso no Oriente. Quando comparada com a nossa, a consciência oriental é mais obscura. Nós diríamos isso, é claro. Um homem oriental certamente não concordaria, pois em comparação com o volume do que ele tem consciência, nós é que estamos no escuro.

Mestre Eckhart tem outro termo relacionado a isso: o conceito de desprendimento. Esta é diretamente uma diferenciação entre *puruṣa* e *sattvaṃ*. Em uma frase muito esclarecedora, ele

---

432. Este já é o começo do conselho 4 intitulado "Sobre os benefícios do desapego, que se deve praticar interna e externamente".

diz em sua meditação sobre o desprendimento:

> Li muitos escritos de filósofos e sábios pagãos, da antiga aliança e da nova, e tenho buscado sinceramente e com diligência qual é a melhor e mais alta virtude pela qual um homem pode se unir mais estreitamente a Deus e onde ele é mais semelhante ao seu exemplo, como quando estava em Deus, onde não havia diferença entre ele e Deus, antes que Deus criasse a criatura. E, tendo estudado todas essas Escrituras com o melhor de minha capacidade, descubro que não é nada menos do que o desapego absoluto de todas as criaturas. Como Nosso Senhor disse a Marta, *"unum est necessarium"*, que é o mesmo que dizer: aquele que deseja ser sereno e puro precisa apenas de uma coisa, o desprendimento.
>
> Nossos doutores cantam louvores ao amor, assim como São Paulo, que disse: "Não importa o que faço, se não tenho caridade, nada sou". Mas eu exalto o desprendimento acima de qualquer amor. Primeiro, porque, na melhor das hipóteses, o amor me obriga a amar a Deus. Ora, é muito melhor que eu constranja Deus a mim do que ser constrangido a Deus. Minha felicidade eterna depende de Deus e eu nos tornarmos um; [...] (1903, p. 9-10; 1924, p. 340-341)[433].

Isso é a união com *puruṣa*.

> [...] mas Deus está mais apto a se adaptar a mim e pode se comunicar mais facilmente comigo do que eu posso me comunicar com Deus. O desprendimento força Deus a vir até mim, e isso é mostrado a seguir. Tudo é melhor em seu estado natural. Mas o próprio estado natural de Deus é unidade e pureza e isso vem do desapego. Portanto, Deus é obrigado a se entregar

---

433. *"Von der Abgeschiedenheit"* [Desprendimento]. A passagem também é citada no capítulo sobre Basilides em *Die Gnosis*, de Hans Leisegang. Cf. Leisegang (1924, p. 240).

a um coração desapegado. Em segundo lugar, classifico o desapego acima do amor, porque o amor me constrange a sofrer todas as coisas por amor a Deus: o desapego me constrange a não admitir nada além de Deus. Agora é muito melhor não tolerar nada além de Deus do que sofrer todas as coisas por causa de Deus. Pois no sofrimento a pessoa tem consideração pelas criaturas, [...] (1903, p. 10; 1924, p. 341).

Isso é *prakṛti*.

> [...] de onde vem o sofrimento, mas o desapego é imune à criatura. Além disso, esse desapego não admite ninguém além de Deus. Demonstro desta forma: qualquer coisa recebida deve ser recebida em alguma coisa. Mas o desapego é tão quase nada que não há nada raro o suficiente para permanecer nesse desapego, exceto Deus. Ele é tão simples, tão etéreo, que pode residir no coração solitário. O desapego então admite somente a Deus. Aquilo que é recebido é recebido e apreendido por seu receptor de acordo com a maneira do receptor; e assim qualquer coisa concebida é conhecida e compreendida de acordo com a mente daquele que compreende e não de acordo com sua concebibilidade inata.
>
> E a humildade que os mestres elogiam acima da maioria das outras virtudes. Eu classifico o desapego antes de qualquer mansidão e pelas seguintes razões. A mansidão pode existir sem desapego, mas o desapego completo é impossível sem humildade. A humildade perfeita é uma questão de abnegação; mas o desapego se aproxima tão estreitamente do nada que não resta espaço para nada entre o zero e o desapego absoluto (1903, p. 10-11; 1924, p. 341).

Isso é o vazio ou *shūnyatā*.

> Portanto, sem humildade não há desapego completo. Além disso, duas virtudes é sempre melhor do que uma. Outra razão pela qual coloco o desapego acima da humildade é esta: humildade significa rebaixar-se

diante de todas as criaturas e nesse mesmo rebaixamento sai-se de si para as criaturas (1903, p. 11; 1924, p. 341).

Mas então o homem fica preso novamente em *prakṛti* pela humildade.

> Mas o desapego permanece em si mesmo. Agora, não sair, por mais excelente que seja, mas ficar em casa é melhor ainda. Como diz o profeta, "*omnis gloria filiae regis ab intus*", a filha do rei é toda gloriosa em seu interior. O desapego perfeito é sem consideração, sem humildade ou elevação para com as criaturas: não tem intenção de estar abaixo nem de estar acima; tem a intenção de ser mestre de si mesmo, não amando nem odiando ninguém, não tendo semelhança ou diferença, nem isso nem aquilo, com qualquer criatura; a única coisa que gostaria de ser é o *mesmo*. Mas ser isto ou aquilo não quer de jeito nenhum. Aquele que é isto ou aquilo é alguma coisa; [...] (1903, p. 11; 1924, p. 341-342).

Então, como vocês veem, isso é *prakṛti*.

> [...] mas o desprendimento não é nada. Deixa as coisas intocadas.
> Aqui alguém pode objetar, mas certamente em Nossa Senhora todas as virtudes floresceram na perfeição e entre elas o desprendimento absoluto. Agora, admitindo que o desapego é melhor do que a humildade, por que Nossa Senhora se gloriou em sua humildade em vez de seu desapego, dizendo: "*quia respexit dominus humilitatem ancillae suae*": "Ele olhou para a humildade de sua serva?"
> Respondo que em Deus há desapego e humildade também, na medida em que as virtudes podem ser atribuídas a Deus. Sabei, foi a sua mansidão amorosa que fez Deus inclinar-se para entrar na natureza humana enquanto ela permanecia imóvel em si mesma, quando se fez homem, como quando criou os céus e a terra, como vos mostrarei mais adiante (1903, p. 11-12; 1924, p. 342).

Isso descreve a mistura e ao mesmo tempo o desprendimento de *puruṣa*, a gota na folha de lótus. Desta forma, Deus entrou na criação sem ser afetado por ela no seu íntimo.

> E vendo que Nosso Senhor, quando quis ser feito homem, persistiu em seu desapego imóvel, da mesma forma Nossa Senhora sabia que Ele esperava que ela fizesse o mesmo, embora por um momento Ele tivesse considerado expressamente sua humildade e não seu desprendimento. Portanto, permanecendo impassível em seu desapego, ela ainda se gloriava em sua humildade e não em seu desapego. Se ela tivesse se lembrado apenas uma vez de seu desprendimento para dizer: "Ele considerou meu desprendimento", seu desprendimento teria sido perturbado por isso e não teria sido absoluto e perfeito, uma vez que um movimento para fora ocorreu. Qualquer acontecimento, por mais insignificante que seja, sempre causará alguma perturbação no desprendimento. Aí está a explicação da glória de Nossa Senhora em sua humildade, em vez de seu desapego. Disse o profeta: "*audiam, quid loquatur in me dominus deus*", "Eu ficarei quieto e ouvirei o que meu Deus pode estar dizendo dentro de mim", como se dissesse, se Deus quiser falar comigo então ele deveria entrar porque eu não vou sair. É Boécio quem exclama: "Vós homens, por que procurais fora o que está dentro de vós?" (1903, p. 12; 1924, p. 342).

Seminário 7[434]

9 de junho de 1939[435]

No último seminário consideramos a ideia de separação segundo o entendimento de Mestre Eckhart. Como vocês terão percebido nos textos, para ele se trata de uma diferenciação, uma distinção entre si mesmo e o que o Oriente descreve como *prakṛti*, ou seja, o ser do mundo ou fenômenos materiais. Para Eckhart, o desapego das coisas e o desapego de si próprio são, de fato, sinônimos. Pois ele entende que o eu está ligado às coisas de modo indivisível e mais íntimo, e se alguém se separa das coisas, também se separa de si mesmo. Esta é uma das formas que a questão de *puruṣa* e *sattvaṃ* assumiu no Ocidente.

Com isso, podemos concluir os trechos que tiramos do *Yoga sūtras* e discutimos. Gostaria de lembrar mais uma vez o que *puruṣa* significa para o indiano. Já temos algumas declarações dos Upanishads, que remontam a tempos muito antigos, que iluminam a natureza de *puruṣa* particularmente em sua forma como Brahma. Vocês sabem que *puruṣa* e ele são a mesma coisa. Isto é o que um texto dos Upanishads diz:

---

434. Anotações de LSM, ES, OK e tradução para o inglês de BH.

435. No início de seu registro, ES anotou duas referências literárias, provavelmente recomendadas por Jung: *Deutsche Mystiker des 14. Jahrunderts* (Mestre Eckhart, 1857) e *Die Viktoriner* (Wolff, 1936), que contém uma seleção das obras de Hugo de São Vítor, Ricardo de São Vítor e Adão de São Vítor.

Aquele que é isto (Brahma) no homem, e aquele que é aquilo (Brahma) no sol, ambos são um (*Taittirīyaka Upaniṣad* 2, 8, 5; *SBE*, vol. XV, p. 61; cf. OC 6, § 359).

Esse texto se refere ao homem que se vê no sol. Isso e a figura do homenzinho que se vê na pupila do olho são a mesma coisa.

Pego emprestada a oração de um moribundo do Upanishad Brihadāranyaka:

> A face do Verdadeiro [o Brahma] é coberta por um disco dourado. Abre-o, ó Pūṣan [Sāvitrī, sol], para que possamos ver a natureza do Verdadeiro. Ó Pūṣan, único vidente, Yama [juiz], Sūrya [sol], filho de Prajāpati, espalha teus raios e reúne-os. A luz que é tua forma mais bela, eu a vejo. Eu sou o que ele é [isto é, o homem no sol] (*Brihadāranyaka Upaniṣad* 5, 15, 1-2; *SBE*, vol. XV, p. 199-200)[436].

De outro, o Upanishad Khāndogya:

> Agora, a luz que brilha acima deste céu, mais alto que todos, mais alto que tudo, no mundo mais elevado, além do qual não há outros mundos, é a mesma luz que está dentro do homem. E disto temos esta prova visível: ou seja, quando assim percebemos pelo toque o calor aqui no corpo (*Khāndogya Upaniṣad* 3, 13, 7-8; *SBE*, vol. I, p. 47; cf. OC 6, § 361).

Em outro momento diz:

> [...] mesmo como um grão de arroz, ou um grão de cevada, ou um grão de milho, ou o menor grânulo de milho, assim é este Puruṣa dourado no coração; mesmo como uma luz sem fumaça, é maior que o céu, maior que o éter, maior que a terra, maior que todas

---

436. A nota de rodapé no *SBE* diz o seguinte: "Esses versos, que são omitidos aqui no texto *Mādhyandina*, são encontrados no fim do Upanishad *Vāgasaneyi* 15-18. Eles devem ser uma oração dirigida a Āditya por alguém que está morrendo". Jung cita essa passagem em *Tipos psicológicos* (OC 6, § 360).

as coisas existentes; aquele eu do espírito [respiração] é meu eu: ao partir daqui obterei aquele eu (Śatapatha *Brāhmaṇa* 10, 6, 2; *SBE*, vol. XLIII, p. 400)[437].

Com base nesses pontos do texto, você pode ver como esse *puruṣa* era entendido no período clássico indiano.

Como vocês perceberão, temos paralelos ocidentais com esses conceitos, que mostram uma identificação do humano com o ser universal, e mais uma vez os encontramos em Mestre Eckhart. Gostaria de citar um trecho de um de seus sermões:

> [...] por este Reino de Deus entendemos a alma, pois a alma é da mesma natureza que a Divindade. Portanto, tudo o que foi dito aqui sobre o Reino de Deus, como Deus é o próprio reino, pode ser dito com igual verdade da alma. São João diz: "Todas as coisas foram feitas por Ele". Isso se refere à alma, pois a alma é todas as coisas. A alma é todas as coisas porque é imagem de Deus e, como tal, também é o Reino de Deus; como Deus é essencialmente em si mesmo sem começo, assim no reino da alma Ele é, como essência, sem fim. "Deus", diz um filósofo, "está na alma de tal maneira que toda a sua divindade depende dela". É muito melhor Deus estar na alma do que a alma estar em Deus. A alma não é feliz porque está em Deus, ela é feliz porque Deus está nela (1909, p. 158-159; 1924, p. 270-271)[438].

Este é certamente um dos pontos questionados pelos inquisidores, e também a razão pela qual os textos foram condenados em sua época. Essa condenação de seus escritos ocorreu após sua morte. Morreu a caminho de Avignon[439], onde fora

---

437. Em *Tipos psicológicos* (OC 6, § 362), Jung cita essa passagem da tradução alemã de Deussen (1894, p. 264).

438. "Vom Gottesreich" [O Reino de Deus]. Cf. tb. OC 6, § 418.

439. ES e BH erroneamente trazem Roma como destino de Eckhart.

intimado para se defender. Assim, seus escritos desapareceram por quase 600 anos. Aqui e ali seus textos seriam encontrados, mas apenas fragmentos, no verso de documentos ou escondidos entre outros papéis. Somente em meados do século XIX foi possível reunir seus escritos e publicá-los. Até então, havia apenas o manuscrito pfeifferiano em alto-alemão médio e latim (Eckhart, [1857] 1924). Uma nova edição está saindo. Temos a sorte e a honra de possuir um manuscrito de Eckhart na Suíça, mais precisamente em Basileia.

> Quando alguém me pergunta por que rezamos ou jejuamos ou fazemos nosso trabalho, eu digo, para que Deus nasça em nossas almas. Para que foram escritas as Escrituras e por que Deus criou o mundo e a natureza angélica? Simplesmente para que Deus nasça na alma. Toda natureza de cereal significa trigo, toda natureza de tesouro significa ouro, toda geração significa homem (1903, p. 1)[440].

Este é provavelmente um dos pontos mais importantes na obra de Mestre Eckhart. Em certo sentido, ele experimentou um renascimento no século XIX, depois de dormir por 600 anos. Estamos começando a entendê-lo um pouco, especialmente porque incorporamos dentro de nós os tesouros espirituais do Oriente. Existe uma relação extraordinária entre as ideias orientais e as ideias de Mestre Eckhart que ainda não foi compreendida. Essas ideias sobre a alma como o Reino de Deus sem dúvida já existiam no início do período cristão; eram certamente de natureza herética e gnóstica, pois neles o ho-

---

440. A tradução alemã de Büttner ("Von der Erfüllung") que Jung usou aqui varia até certo ponto da edição em médio-alemão de Pfeiffer ("Missus est Gabriel angelus", 1857, p. 104). A tradução para o inglês segue Pfeiffer e é intitulada "The angel Gabriel was sent" (1924, p. 80). Cf. tb. OC 6, § 425, bem como o seminário de Jung de 17 de fevereiro de 1939 e 19 de janeiro de 1940 (*JMP*, vol. 7).

mem primordial, Adão Kadmon, às vezes é retratado na alma. No *Codex Brucianus*, um texto copta gnóstico, ele é o habitante de uma mônada, e nos textos descobertos mais recentemente é representado como o Reino de Deus[441].

Além de Mestre Eckhart, gostaria de chamar a atenção para outro homem medieval muito notável, embora de um período posterior: Ângelo Silésio. Ele teve um destino peculiar. Era protestante e, como tal, escreveu *O peregrino querubínico*[442]. Nele, apresentou sua filosofia e teologia na forma de poemas curtos. Os pensamentos expressos ali são comoventemente simples e ingênuos, muito como o que vocês já encontraram em Mestre Eckhart. Silésio foi essencialmente um original que se criou a partir de si mesmo e não se baseia em fontes históricas.

Vou citar alguns de seus versos. Eles correspondem inteiramente ao que ouvimos Mestre Eckhart dizer.

> Sei que sem mim Deus não pode viver um instante,
> Se eu perecer, deverá necessariamente entregar o espírito.
> Sem mim Deus não pode criar um verme sequer:
> Se com Ele eu não o compartilhar, destruição será seu fim.

---

441. Cf. as notas 328 e 330.

442. Johann Angelus Silesius (Ângelo Silésio) (1624-1677), nascido Johann Scheffler em uma família luterana, converteu-se ao catolicismo romano em 1653 e adotou o nome de Ângelo Silésio em homenagem a um místico espanhol do século XVI. Em 1661, Silésio foi ordenado sacerdote e, nos anos seguintes, tornou-se um defensor declarado da Contrarreforma. A data exata dos poemas em *O peregrino querubínico* não é clara: "Quando exatamente Scheffler escreveu os poemas que foram publicados pela primeira vez em 1657 (apenas em cinco livros) não é certo. Ângelo Silésio afirma que começou com uma explosão criativa (Prefácio à edição de 1657) no início dos anos de 1950, quando escreveu mais de 300 dísticos em um período de apenas quatro dias. Um fator de apoio para essa afirmação – uma gênese inicial dos primeiros cinco livros – pode ser vista em sua familiaridade nessa época (1651-1652) com um amigo de Franckenberg cujos epigramas são iguais em orientação mística e qualidade, Daniel Czepko von Reigersfeld (1605-1660); sua *Sexcenta monodisticha sapientium* (escrita entre 1648 e 1655) influenciou Scheffler diretamente" (Josef Schmidt, introdução a Ângelo Silésio, 1986, p. 9).

Sou grande como Deus, pequeno Ele é como eu:
Não pode estar acima de mim e nem eu abaixo dele!
Deus é fogo em mim e eu sou dele a claridade:
Não estamos nós totalmente unidos no âmago?
Deus me ama acima dele e eu acima de mim o amo,
Tanto lhe dou eu quanto Ele de si me dá!
Deus é Deus e homem para mim, eu lhe sou homem
e Deus.
Sacio-lhe a sede e Ele me ajuda nas precisões.
Deus se adapta a nós, é para nós o que dele queremos;
Mas ai de nós se não nos tornarmos para Ele o que
devemos.
Deus é o que é, eu sou o que sou:
Conhecendo bem um, conhecerás a Ele e a mim.
Não existo fora de Deus, nem Deus fora de mim,
Sou dele brilho e luz e Ele é meu ornamento.
Sou o ramo no Filho que Deus planta e nutre,
O fruto que de mim brota é Deus, o Espírito Santo.
Sou criatura e filho de Deus e Ele é meu filho por
sua vez:
Como pode acontecer, porém, que ambos sejamos as
duas coisas?
Sol devo ser e devo com meus raios
Pintar o mar sem cor de toda a divindade[443].

Destes versos, sendo apenas alguns exemplos, pode-se perceber toda a sensibilidade desse místico. Ele está expressando em linguagem medieval ocidental o que é, de fato, a ideia essencial da ioga oriental. Como essas ideias puderam emergir no Ocidente em condições completamente diferentes é uma questão difícil. Vamos nos satisfazer por enquanto simplesmente com o fato de que isso de fato aconteceu.

---

443. Ângelo Silésio, *Cherubinischer Wandersmann*, 1657: I, 8 (2001, p. 3); I, 96 (2001, p. 11); I, 10 (2001, p. 4); I, 11 (1986, p. 39); I, 18 (1986, p. 40); I, 224 (2001, p. 21); III, 141 (2001, p. 69); I, 212 (2001, p. 20); I, 106 (2001, p. 12); II, 122 (2001, p. 41); I, 256 (1986, p. 50); I, 115 (1986, p. 44). Cf. tb. OC 6, § 477.

Voltamo-nos agora mais uma vez para o *Yoga sūtras*. Escolhi alguns trechos com os quais podemos lidar rapidamente agora. O terceiro *sūtra* diz:

> Por meio da disciplina perfeita das funções receptivas, intrínsecas, egoístas, relacionais e propositais dos órgãos dos sentidos, alcança-se o domínio sobre eles (*YS* 3.47, p. 71).

Os órgãos sensoriais específicos são os mecanismos pelos quais somos persuadidos da realidade do mundo.

O sentido dessa frase é claro, ou seja, que este domínio, esta retenção, que é aplicada a todas as ações psicológicas possíveis na ioga, efetua uma quiescência de nosso próprio processo psíquico e também um desapego do processo psíquico do mundo externo. Então, não há mais nenhuma mistura com os assuntos do mundo. Tudo o que ocorre tem direito à sua devida parcela de atenção e nada mais. Nossos sentidos estão continuamente fugindo de nós, nós fluímos para as pessoas e coisas por meio da concupiscência. Mas praticar a disciplina geral, conforme recomendado nessa frase, nos libertaria da escravidão ao objeto.

O que é interessante nessa frase é a menção da chamada sequência no tempo. Há ainda outra frase em que essa sequência no tempo é enfatizada:

> Por meio da disciplina perfeita dos momentos e sua sequência no tempo obtém-se o conhecimento nascido da discriminação (*YS* 3.52, p. 72).

A ioga de Patañjali provavelmente insiste corretamente nesse domínio da consciência do tempo, pois a consciência do tempo é uma expressão extraordinária de nossa dependência das coisas e de nosso ser fundido com elas. Quanto mais coisas nos preocupam, maior a intensidade de nossa consciência do tempo. Se você tem muito a fazer com muitas coisas em um tempo muito curto, você entra em um estado de pressa. Você se torna consciente de si mesmo na agitada série de eventos. Quem tem pressa tem que viver com o relógio na mão. Quanto mais alguém tem que fazer, mais consciente do tempo se torna. O indivíduo passa a calcular a partir do momento em que se torna consciente do que deve fazer. No Oriente, eles têm essa preocupação em muito menor grau do que nós no Ocidente, e num menor grau ainda a têm os primitivos, que via de regra não fazem ideia de sua idade e não sabem que horas são. Quando alguém lhes pergunta quanto tempo leva para ir de um lugar para outro, eles respondem que uma ou duas ou várias horas. Que pode ser qualquer coisa entre 20 e 2. Claro que eles sabem exatamente a distância, mas sem nenhuma noção de tempo. O que chamamos de valor do tempo é desconhecido para eles. Somente a diversidade e a riqueza da civilização nos tornaram conscientes do tempo.

Na medida em que a Índia tem uma cultura distinta e uma rica animação de vida cultural, que só pode se desenvolver em uma população de grande densidade, aquele país também adquiriu um conceito de tempo, de modo que o *Yoga sūtras* insiste no conceito de deixar o tempo de lado, e sobre a necessidade de dominar o tempo. É preciso ser capaz de deixar o tempo de lado. Pois assim que se toma consciência do tempo, fica-se consciente das suas várias demandas. Isso e isso e isso vêm junto. Como resultado, quem deve se separar de *prakṛti* deve também se separar do tempo, deve viver como se tivesse séculos para desperdiçar, completamente imperturbável pelo fato de que a vida humana é tão breve.

É como o primitivo que está sentado trabalhando em sua canoa. Está nisso há tanto tempo que, quando chega feliz à proa, a popa já apodreceu. No entanto, as figuras que ele entalhou eram lindas; ele não precisava do benefício que uma canoa proporciona.

O trecho seguinte diz:

> Daí adquire-se agilidade mental, percepção sem o auxílio dos sentidos e domínio sobre a matéria primordial (*YS* 3.48, p. 71).

Em linguagem comum: ele fala de uma linha de pensamento particularmente rápida e fluente, e domínio de *prakṛti*, de uma independência dos órgãos dos sentidos que nos ligam às coisas do mundo. Claro, aquela ideia familiar de que o iogue é capaz de levitar no ar, pode deixar o corpo e de alguma forma se transportar para outro corpo origina-se em tais afirmações. Se você considerar esse assunto psicologicamente, verá que se trata de um estado de consciência que, sem interferência externa, funciona por conta própria, independente das relações com o ambiente e que, portanto, não está vinculado, o que dá ao iogue a sensação de domínio sobre as coisas ou, de fato, garante maior influência sobre as coisas e as pessoas. Pois o homem que consegue se libertar dessas amarras a que todos estamos sujeitos causa uma impressão particular nos outros, que estão sempre sujeitos a qualquer um que não esteja sujeito ao que o restante de nós está. Ele não está preso, não sai por aí fazendo discursos belicistas medrosos, busca dentro de si clareza e ordem. Patañjali continua com a aplicação da disciplina universal sobre a sequência no tempo e suas consequências:

> Por meio da disciplina perfeita dos momentos e sua sequência no tempo, obtém-se o conhecimento nascido da discriminação (*YS* 3.52, p. 72).

Ou seja, se é possível parar o fluxo do tempo e existir de tal forma que se tenha séculos ou milênios à sua disposição, então, surgiria uma consciência superior, elevada acima de qualquer paixão pelas coisas. Essa consciência, ou constelações desses tipos de consciência, pode, é claro, ser encontrada abundantemente na filosofia indiana:

> Por meio da discriminação, compreendem-se diferenças de origem, característica ou posição que distinguem duas coisas aparentemente semelhantes (*YS* 3.53, p. 73).

Que são quaisquer pares de semelhantes que, embora não se possa distingui-los, todavia, podem ser distinguidos. São *puruṣa* e *sattvaṃ*. Vimos então que *puruṣa* pode ser descrito como o homem interior e que *sattvaṃ*, embora surja de *prakṛti*, é resultado de sua conexão com *puruṣa* e a coisa mais leve, que ela produz. Ou a diferença entre *puruṣa* como o simples ser primordial e *sattvaṃ*, que é uma combinação derivada ou um resultado funcional da colisão de *puruṣa* com *prakṛti*. Em outras palavras, uma diferenciação do si-mesmo e do eu.

Essas diferenciações são praticadas na ioga com grande complexidade na forma de meditações, e esses exercícios naturalmente têm um objetivo. Esse objetivo é descrito como *kaivalya*, ou seja, solidão.

> Aquele que vê a distinção entre a qualidade lúcida da natureza e o observador deixa de cultivar uma realidade pessoal (*YS* 4.25, p. 80).

Aqui está um novo termo: *cittaṃ*. Geralmente traduzido como consciência. É uma das qualidades ou funções de *sattvaṃ*, que já dissemos que poderia ser traduzido como consciência (substância luminosa do mundo). É por isso que também podemos traduzir *cittaṃ* como consciência. É um paralelo.

Aquele que reconhece a distinção entre *puruṣa* e *cittaṃ* não cai mais na ilusão de ser o Si-mesmo, ou *ātman*. Aí você pode ver que o objetivo do exercício é simplesmente efetuar essa diferenciação, a fim de evitar a hipertrofia do eu que é totalmente inevitável quando alguém se diferencia do mundo e da ação. Essa técnica afasta muitas pessoas; elas acham que isso torna o indivíduo egocêntrico, pensando apenas em si mesmo, como se todos os demais não contassem. Mas essa visão é meramente superficial. Se alguém dedicar sua atenção a *puruṣa* no sentido do *Yoga sūtras*, não se apaixonará pelo eu. O eu é apenas o fenômeno diante de algo incognoscível que está por trás dele. O eu é, por assim dizer, apenas o rosto, a pele, a expressão, o sintoma de um ser incognoscível[444]. Essa é a maneira indiana de pensar.

Mas é claro que se, como na consciência ocidental, alguém perdeu a crença em um si-mesmo, ou nunca a possuiu, então é óbvio que se apaixona pelo eu e atribui tudo ao eu. Aí, todas as más consequências associadas a essa indiferenciação aparecem. Uma dilatação sem limites surge porque o eu não é mais reconhecido como um fenômeno. É por isso que formamos uma ideia definida oposta a esses esforços, porque o perigo parece ser que, se a pessoa se concentra em si mesma, ela realmente se resume a aumentar o eu. Nós, ocidentais, não podemos compreender essa questão do Si-mesmo. Nos últimos 200 anos, desenvolvemos uma vigorosa resistência à fé, mas a fé não nos ajuda muito aqui porque investimos *puruṣa* inteiramente em Cristo. Em nosso país, se alguém professa o Si-mesmo, deve vir a Cristo. E assim essa ideia protestante, que exteriorizou *puruṣa*, para nós acarreta um equívoco; o eu, por sua própria natureza, se identificou com o Si-mesmo e, assim, foi elevado demais. Se isso for reconhecido (*à la* Mestre Eckhart), o homem cairá. Até bem recentemente, a Igreja via Mestre Eckhart de forma muito negativa.

O texto prossegue:

> Então, aprofundado na discriminação, o pensamento gravita em direção à liberdade (*YS* 4.26, p. 80).

Se *sattvaṃ* e *puruṣa* são explicados como sendo semelhantes, *kaivalya* resulta, ou seja, se *cittaṃ* é diferenciado do Si-mesmo,

---

444. ES traz "inconfundível"; LSM e OK, "incognoscível".

então o estado de redenção, de *kaivalya*, isto é, desprendimento, pode surgir.

A imagem da encosta da montanha da redenção é muito plástica e corresponde a um certo sentimento. Quando o eu se identifica com o si-mesmo, ele é elevado a uma grande altura que não é a sua; se percebe a diferença, então ele afunda. Mestre Eckhart diria: sim, você é terrivelmente importante, mas abandone-se mesmo assim. E aí ele escorrega montanha abaixo, e então *puruṣa* é liberado.

> Esse conhecimento infinito significa o fim da sequência de transformações nas coisas materiais, seu propósito agora cumprido (*YS* 4.32, p. 82).

O propósito dos *guṇas* é a realização de eventos do mundo. Esse propósito é alcançado quando *cittaṃ* afunda de volta em *prakṛti* e *puruṣa* retorna ao seu estado original.

> A sequência corresponde a uma série de momentos perceptíveis ao fim de um processo de transformação (*YS* 4.33, p. 83)[445].

O fluxo rápido de momentos cessou, talvez tenhamos aprendido a sentir como se tivéssemos milênios para viver. Mas quando o *kaivalya* é alcançado, toda a sequência do tempo torna-se um todo. Já não há momentos, uma separação completa dos eventos é alcançada, ou seja, um estado de eternidade.

Patañjali continua, e este é o trecho final que quero ler para vocês do *Yoga sūtras*:

> A liberdade é uma inversão do curso evolutivo das coisas materiais, vazias de sentido para o espírito; é também o poder da consciência em um estado de verdadeira identidade (*YS* 4.34, p. 83).

---

445. ES observou aqui: "(segundo Deussen) Cf. Brih. Up. 4.4.16".

Esse trecho procura explicar o que acontece com *sattvaṃ*, que escorregou pela encosta da montanha da redenção. Ou seja, esses *guṇas livres*, qualidades, princípios, que contêm o processo do mundo, agora retornam ao estado original. Uma força estática e autocontida surge e, no lugar de *prakṛti*, agora existe o espírito, uma intuição pura que é completamente distinta do ser material.

Em resumo, esse é o conteúdo principal deste *Yoga sūtras*. Naturalmente, quando vocês mesmos estudarem esse texto, verão que há infinitamente mais coisas nele que são difíceis, mas também excepcionalmente significativas. Eu gostaria de concluir a série com um trecho do Upanishad Brihadāranyaka.

> Sobre isso há estes versos: O pequeno e antigo caminho que se estende para longe foi encontrado por mim. Nele, os sábios que conhecem Brahma seguem para o Svarga-loka [céu], e daí para cima, na qualidade de inteiramente livres.
> Este é o caminho da ioga.
> Nesse caminho, dizem que existe branco, ou azul, ou amarelo, ou verde, ou vermelho; [...] (*Brihadāranyaka Upaniṣad* 4.4.8-9, 13-16; *SBE*, vol. XV, p. 177-178).

Essas são as cores que já encontramos nos textos budistas. Isso significa: onde quer que esteja esse caminho, essas cores também estão lá: azul, amarelo, verde, vermelho. Esses são os quatro elementos que compõem o Si-mesmo recém-encarnado, *puruṣa*, e o branco é a unidade. Em *O livro tibetano dos mortos*, o *Bardo Thödol*, você também encontra essas cores e ali também a luz central é a luz branca do *dharmakāya*[446]. É a luz branca do corpo, da lei perfeita.

[...] esse caminho foi encontrado por Brahma, [...].

---

446. Cf. nota 133.

Vejam, ele se identifica com Brahma. Ele não diz eu encontrei este caminho, mas que Brahma o encontrou. Ele é idêntico a Brahma.

> [...] e lá vai quem conhece Brahma, e quem fez o bem, e obteve esplendor.
>
> Quem quer que tenha encontrado e compreendido o eu que entrou neste refúgio improvisado, é de fato o criador, pois é o criador de tudo, seu é o mundo e ele é o próprio mundo.
>
> Enquanto estamos aqui, podemos saber disso; se não, sou ignorante e há grande destruição. Aqueles que sabem disso se tornam imortais, mas outros sofrem dor de fato.
>
> Se um homem vê claramente este eu como Deus e como o Senhor de tudo o que é e será, então, ele não tem mais medo.
>
> Ele, atrás de quem o ano gira com os dias, ele, que os deuses adoram como a luz das luzes, como o tempo imortal.

Isso significa que ele se tornou a eternidade na medida em que não participa mais da dança de *prakṛti*. Quem se liberta da dança de *prakṛti* tornou-se a luz. Na verdade, esse texto mostra em poucas palavras todo o significado e propósito da ioga.

Com isso, quero concluir minha discussão sobre as ideias da ioga oriental. Apenas um adendo sobre a ioga chinesa, no entanto. Não é de conhecimento geral que a China também tenha um tipo de ioga. Consiste em duas partes diferentes: uma se fundiu diretamente com a filosofia alquímica, enquanto a outra mais tarde se tornou o budismo zen japonês. Esta ioga em particular não abordarei. É excepcionalmente difícil, mas extraordinariamente interessante. Em breve, será publicada a tradução de um dos textos do professor japonês Suzuki, de Tóquio. Ele escreveu especificamente sobre o budismo zen. O Professor Zimmer[447] está

---

447. Sobre Heinrich Zimmer, cf. Introdução (p. 78-81).

fazendo a tradução e eu farei os comentários. Mas ainda não foi publicado[448].

Gostaria de dizer algo mais sobre essa outra ioga. Temos um exemplo realmente excelente de um texto, que Richard Wilhelm publicou e traduziu[449]. Trata-se de um manuscrito do ano 1000: *O segredo da flor de ouro* (1929). Durante muito tempo esse texto foi transmitido apenas em tradição oral, depois em manuscrito. Em 1920, mil cópias foram impressas em Pequim por um chinês rico, e foi assim que Wilhelm colocou as mãos em uma cópia. Ele traduziu o texto e eu comentei. Este é um excelente exemplo de toda uma série de textos e práticas sagradas que ainda são válidos na China, embora em grau decrescente. Pois, no momento, a China deve praticar métodos modernos de guerra e não tem tempo para meditar.

Vou ler para vocês algo do *Flor de ouro*. É eminentemente chinês e forma um paralelo importante com os textos indianos que lemos. Vocês verão como é diferente e como o estilo é lacônico.

> O vazio vem como a primeira das três contemplações. Todas as coisas são consideradas vazias. Então, segue a ilusão. Embora se saiba que elas são vazias, as coisas não são destruídas, mas a pessoa cuida de seus assuntos em meio ao vazio. Contudo, embora ela não destrua as coisas, também não dá atenção a elas; isso é contemplação do centro. Enquanto pratica a contemplação do

---

448. Daisetsu Teitaro Suzuki (1870-1966), filósofo japonês e estudioso do budismo, especialmente do budismo zen. Seus livros ajudaram a familiarizar o Ocidente com o zen-budismo. Suzuki participou das conferências de Eranos em Ascona em 1953 ("O papel da natureza no zen-budismo") e 1954 ("O despertar de uma nova consciência no zen"). O livro de Suzuki, *Uma introdução ao zen-budismo*, foi publicado pela primeira vez no Japão em 1934. A tradução alemã, com uma introdução de Jung, saiu sob o título *Die große Befreiung* [A grande libertação] em 1939 (Suzuki, 1939).

449. Para mais sobre Wilhelm, cf. nota 27.

vazio, ela sabe também que não se pode destruir as 10 mil coisas, e mesmo assim não as notamos. Desta forma, as três contemplações se combinam. Mas, afinal, a força está em vislumbrar o vazio. Portanto, quando alguém pratica a contemplação da vacuidade, a vacuidade certamente é vazia, mas a ilusão também é vazia e o centro é vazio. É preciso muita força para praticar a contemplação da ilusão; então, a ilusão é realmente ilusão, mas o vazio também é ilusão, e o centro também é ilusão. Estando no caminho do centro, a pessoa também cria imagens do vazio; elas não são chamadas de vazios, são chamadas de centrais. A pessoa também pratica a contemplação da ilusão, mas não a chama de ilusão, chama-a de central. Quanto ao que tem a ver com o centro, não é preciso dizer mais (*The secret of the golden flower*, 1929, p. 154; 1984, p. 60).

Seminário 8[450]

16 de junho de 1939

Recebi uma pergunta sobre como a união de *puruṣa* e *prakṛti* pode ser realizada. Não se pode realizar nada, só se pode testar se a filosofia *sāṃkhya* sabe algo sobre isso. Podemos apenas visualizar *puruṣa* e *prakṛti* por nós mesmos, como são caracterizados por absolutos opostos, simplesmente como opostos. *Puruṣa*, consciência eterna, combina-se com *prakṛti* em absoluta distinção. A conjunção ocorre pela união de *sattvaṃ* (ser luminoso) com *cittaṃ*, onde a consciência humana é o mediador, a fim de criar uma relação entre *puruṣa* e *prakṛti*. Exatamente da mesma forma, pode-se também investigar como Deus Pai e Deus Filho podem ser unificados. O que não funcionaria. Isso é filosofia, que então resulta em uma visão de mundo por meio da consciência humana[451].

---

450. Pergunta de um membro da audiência sobre meditação oriental. Anotações de LSM.

451. O restante do seminário de 16 de junho de 1939 foi dedicado a *Exercícios espirituais* de Inácio de Loyola e está publicado no volume 7 dos seminários de Jung no ETH.

Seminário 9[452]

23 de junho de 1939

Algumas perguntas chegaram. A primeira que recebi questiona onde se pode procurar os Upanishads. A melhor e mais abrangente tradução é realmente a de Deussen (1897). Trouxe a cópia maior comigo para mostrar a vocês. Uma pergunta dizia respeito às referências para citação, e darei a informação à pessoa que perguntou se ela puder falar comigo após o seminário.

Outra questão se refere à diferença entre as atitudes mentais oriental e ocidental. Eu toquei nessa questão apenas superficialmente e não vou abordá-la em detalhes. Isso por si só renderia um capítulo, que ainda assim não a esgotaria. As diferenças fundamentais ainda nos escapam, pois seria preciso conhecer intimamente tanto o Oriente quanto o Ocidente. No entanto, muito poucos têm condições agora de comparar as psicologias oriental e ocidental, quando há uma ignorância tão generalizada sobre questões psicológicas. Eu mesmo não estive lá por tempo suficiente[453] para apresentar a vocês algo que esgotasse a questão. Tudo o que tenho são certas impressões; não posso responder a essa pergunta com profundidade. Quero apenas observar que devemos registrar o fato de que existe uma

---

452. Perguntas dos membros da audiência sobre meditação oriental. Anotações de LSM, ES, OK e tradução para o inglês de BH.

453. ES: "no Oriente"; OK e BH: "na Índia". Sobre a viagem de Jung à Índia, cf. Introdução (p. 60s).

diferença. A atitude mental oriental simplesmente diverge da ocidental, e seria um grande desafio estabelecer precisamente a natureza da diferença. Lá nos deparamos com grandes dificuldades. Já mencionei algumas delas, mas prefiro apresentar o conteúdo para vocês. Introduzi certos aspectos da atitude mental oriental no semestre passado. Neste semestre, abordaremos o Ocidente e explorarei com vocês um item especialmente típico. Então, se vocês compararem com as impressões que tiveram sobre o Oriente, já terão formado uma imagem dessa extraordinária distinção, para que possam tirar suas próprias conclusões.

Perguntaram para mim, então, qual é a causa específica de o Ocidente ter uma atitude completamente diferente do Oriente. Isso é muito difícil de dizer ao certo; só posso especular. Mas não hesito em lidar com isso por mais embaraçoso que seja; posso falar do que sei com algum embasamento, mas não devo ceder a muitas hipóteses.

Na Índia, estamos lidando com uma cultura antiga. As escavações de Mohendjo-Daro e Harappa[454] demonstram isso. Nos últimos anos, esses dois sítios arqueológicos, que datam do terceiro e quarto milênios a.C., foram escavados pelos britânicos. Trata-se de uma civilização extraordinariamente avançada e tipicamente indiana. Encontraram selos cilíndricos lá, retratando figuras divinas como, por exemplo, Shiva, que há muito se supunha ter chegado à Índia por meio da invasão ariana; ou

---

454. Mohendjo-Daro, em Sindh, e Harrapa, em Punjab, são dois sítios arqueológicos no atual Paquistão. Acredita-se que sejam as principais cidades da civilização do Vale do Indo, também conhecida como cultura harapense. As cidades surgiram por volta de 2600 a.C. Escavações preliminares já haviam ocorrido em Harrapa em 1826, mas trabalhos em larga escala em ambos os locais foram realizados pela primeira vez na década de 1920. Entre os artefatos, os arqueólogos encontraram pequenos selos quadrados de pedra-sabão gravados com motivos de animais e seres humanos.

indivíduos em posições de ioga, levando à conclusão de que a ioga é incomensuravelmente antiga. O mesmo se aplica aos principais deuses indianos, que obviamente evoluíram após a invasão ariana. Possivelmente, novos deuses foram adicionados a eles, mas, seja como for, a invasão ariana não significou para a Índia o que há muito se imaginava. As tribos invasoras eram provavelmente bárbaras e foram assimiladas pela civilização dravídica preexistente, que, por sua vez, também contribuiu para essa longa formação cultural. De qualquer forma, isso não interrompeu o desenvolvimento espiritual da Índia, o que seria improvável naquele continente incrivelmente grande. O mesmo vale para a China. Tudo o que entra no país é assimilado ao longo dos séculos e, após algum tempo, há 400 milhões de chineses, e então isso desaparece parcialmente, e é a mesma coisa na Índia.

Vezes sem conta, outra Deli se desenvolve. Sobre as cinco ruínas do passado, novas Delis emergiram e novas cidades foram fundadas. Os ingleses fundaram Nova Deli[455]. Não deveríamos nos surpreender se, em 500 anos, as ruínas do prédio do Congresso e do palácio do vice-rei forem veneradas como relíquias da antiga civilização inglesa, assim como são hoje as ruínas mongóis.

A Índia tem uma continuidade incrível. Seus deuses e a filosofia básica da ioga têm talvez 6 mil anos de idade, e a religião hindu como a conhecemos hoje carrega em si as raízes de uma religião primordial, primitiva. Ela realmente se desenvolveu de suas raízes. Esta é a diferença clássica entre o Oriente e o Ocidente. Por Ocidente, quero dizer a parte da Europa em que vivemos. Os povos germânicos que ainda eram completos bárbaros há cerca de 1.500 anos. Tinham

---

455. O Rei George V lançou a pedra fundamental em 1911; a nova capital foi inaugurada em 1931.

uma civilização, não primitiva, mas bastante bárbara. Mesmo quando começaram a ter contato com os romanos, ainda eram completamente bárbaros. Como vocês sabem, por meio desse encontro com a alta cultura romana, o cristianismo se espalhou pelos territórios germânicos e modificou fundamentalmente um politeísmo primitivo que, até então não teísta, mas ainda na fase do demonismo, foi por ele obliterado, exceto por alguns vestígios.

Isso nunca aconteceu na Índia. Um deus indiano nunca foi obliterado, mas, em vez disso, desde o início, a religião evoluiu de forma pacífica e sequencial. Emergiu do estágio primitivo. Em sua trajetória, passou do demonismo e do politeísmo para um tipo de monoteísmo mais altamente evoluído, que então partiu para uma perspectiva filosófica como mostram Brahma, *puruṣa*, Prajāpati, *ātman*. Todos esses estágios coexistem na Índia lado a lado. Assim como por lá existem tribos que ainda não usam roupas, mas ao lado delas estão pessoas altamente sofisticadas e cultas. A identidade dos indianos foi se formando naturalmente. Eles se desenvolveram e se diferenciaram. Para nós, no Ocidente, entretanto, o cristianismo se espalhou pelo poder político de Roma e, como religião dos conquistadores, foi óbvia e imediatamente imitado pelas tribos mais simples, sem qualquer preparação psicológica para isso que permitisse a elas aceitá-lo e entendê-lo. É por isso que temos a chamada Idade das Trevas após a queda do Império Romano, durante a qual o cristianismo germânico era pouco visível, exceto por certas formas exteriores. Talvez, por exemplo, vocês conheçam a história do claustro de São Galo (cf. Clark, 1926). Na época de Ekkehard[456] ou

---

456. Não está claro a qual dos cinco Ekkehards de Saint Gall Jung se refere. Os monges mais conhecidos e provavelmente mais influentes de São Galo que receberam esse nome foram Ekkehard I e Ekkehard IV. Ekkehard I, chamado "maior" e falecido em 973, foi diretor da escola monástica e mais tarde reitor da Abadia de São Galo. Devido a problemas de saúde, ele não aceitou o cargo de aba-

Notker[457], uma relativa erudição prevalecia lá. Eles sabiam escrever latim, conheciam o grego, mas depois de 200 anos nem mesmo os abades sabiam mais escrever. Eles empunhavam a espada apenas.

Todo o desenvolvimento espiritual nativo e sua predisposição ao politeísmo foram simplesmente interrompidos na alma germânica, e mesmo obliterados até a raiz, e então o cristianismo foi enxertado sobre esta raiz[458]. E isso causou algumas

---

de que lhe ofereceram; em vez disso, ergueu um albergue para doentes em frente ao mosteiro e é lembrado por sua caridade. Foi o autor do épico em latim *Waltharius*. Ekkehard IV, nascido *ca.* 980, foi aluno de Notker Labeo na abadia e é bem conhecido por seu trabalho na antiga crônica da abadia *Casus S. Galli* e como autor do *Liber Benedictionum*. Sobre Ekkehart IV, cf. Kössinger, Krotz e Müller (2015).

457. Houve vários Notkers na história da Abadia de São Galo: Notker I (*ca.* 840-912), também conhecido como Notker Balbulus (o Gago), Notker o Poeta, ou Notker de São Galo, beatificado em 1512. O "Monge de São Galo" foi o autor de *Gesta Karoli Magni*, uma coleção de lendas e anedotas sobre Carlos Magno. Notker III (*ca.* 950-1022), também conhecido como Notker Labeo ou Notker o Alemão, era sobrinho de Ekkehard I (cf. nota 458). Um polímata, ele foi venerado como um dos estudiosos mais eruditos de seu tempo e é visto como o primeiro especialista medieval em Aristóteles. É reverenciado hoje por suas traduções de antigos textos latinos para o alto-alemão médio. Junto com suas traduções e comentários, ele também escreveu uma série de textos em ambas as línguas (latim e alto-alemão médio). Sobre suas obras, cf. Notker III (1972). Notker de Liège (940-1008) foi o reitor da abadia e bispo de Liège de 972 a 1008. Menos conhecidos são Notker Physicus (falecido em 975) e seu sobrinho Notker (falecido em 975), que foi nomeado abade do mosteiro em 971.

458. Cf. "Wotan" de Jung (OC 10/2) e sua carta a Oskar A.H. Schmitz, 26 de maio de 1923: "A raça germânica [corr.; ed.], quando colidiu anteontem com o cristianismo romano, ainda estava no estado inicial de polidemonismo com brotos politeístas. Ainda não havia sacerdócio adequado e nenhum ritual peculiar. Como os carvalhos de Wotan, os deuses foram derrubados e o cristianismo totalmente incongruente, nascido do monoteísmo em um nível cultural muito mais elevado, foi enxertado nos tocos. O homem germânico ainda sofre dessa mutilação" (*Cartas*, vol. 1, p. 55) [Die germanische Rasse war, als sie vorgestern mit dem römischen Christentum zusammenstieß, noch im Ausgangszustand der Polydämonie mit Ansätzen zum Polytheismus. Es bestand aber noch kein richtiges Priestertm und kein richtiger Kult. Wie die Wotanseiche, so wurden die Götter gefällt, und auf die Stümpfe wurde das incongruente Cristentum, entstanden aus einem Monotheismus auf weit höherer Kulturebene, aufgepropft. Der germanische Mensch leidet an dieser Verkrüppelung (p. 61)].

convulsões porque não era um processo natural e não foi abraçado por convicção. Não se aceitava o cristianismo por um entendimento interior, mas porque era a religião dos legionários romanos. Assim como hoje na África, onde a metralhadora do comissário distrital é identificada com o ensino dos missionários. Não se ousava falar de espíritos, demônios e amuletos com eles porque isso não combinava com a linguagem dos missionários. Mas o missionário é identificado com a arma que o comissário distrital tem à sua disposição, e é preciso acreditar ou levar um tiro.

Foi o mesmo na Grã-Bretanha. Temos evidências de que ela cedeu ao cristianismo porque tinha pavor do exército romano. Assim como está acontecendo hoje na África[459]. Mas, como vi com meus próprios olhos, esses alunos dos missionários não entendem absolutamente nada do cristianismo. Tudo é faz de conta e imitação. Provavelmente, às vezes há exceções, mas o efeito em geral é duvidoso.

Vi algo semelhante com os indígenas Pueblo[460]. Algumas tribos são cristãs há 300 anos. São cristãos batizados com nomes cristãos junto com nomes dos indígenas Pueblo. Quando batizam uma criança, eles o fazem de acordo com os ritos católicos. O padre vai lá a cada dois meses. Reza a missa. Eles acham maravilhoso, e quando lhes pergunto: "O que vocês compreendem disso?", respondem que ele fala de um tal de Jesus: "Não entendemos, mas é muito bonito". Quando alguém é enterrado, é de acordo com os ritos católicos com as devidas bênçãos, e depois os ritos indígenas são realizados e o defunto é devidamente despachado. E então acontecem danças da cobra na igreja e, assim, a igreja é arrastada para os rituais indígenas. É assim que eles entendem o cristianismo. O cristianismo é, de fato, a flor madura do sincretismo helênico. É aí que se

---

459. Sobre a experiência de Jung na África, cf. Burleson (2005).
460. Cf. as notas 223 e 413.

encontram as suas raízes, mas nunca são mencionadas nesse contexto. E assim essa religião altamente diferenciada é agora descarregada em uma tribo bárbara, e eles devem acreditar nela. Eles não podem fazer nada além de aceitá-la, mas não conseguem entendê-la. Foi o que aconteceu com o povo germânico. Eles se submeteram a essa verdade por meio de esforço colossal e autodisciplina, mas com um imenso ressentimento que perdurou por séculos. Agora, estamos vendo os frutos, o ressentimento agora está vindo à luz do dia, para derrubar a igreja em todos os países protestantes, pois isso é provavelmente o que está na psique para fazer. Por exemplo, nos países nórdicos, que são completamente protestantes: se tivessem perdido a guerra como os alemães, já teria chegado o momento de saltarem fora da igreja. O que é antigo para eles ainda está lá, como as pedras rúnicas e as tumbas megalíticas. Se os países nórdicos tivessem sido submetidos à mesma crise social que a Alemanha, você teria visto quase a mesma coisa acontecer. No geral, a Reforma foi precipitada por tal agitação. O povo não se sentia à vontade na *Pax Romana* da Igreja. Eles querem outra coisa, algo mais. O protestantismo dividido em 400 denominações, movimentos, sem nenhum traço de unidade. Dificilmente se pode falar de uma igreja protestante hoje. Não tem centro, um prega isso, outro aquilo, cada um prega o que quiser. Isso é causado por uma inquietação interior, mas é dela que surge a renovação. Não é um acidente, e não estou dizendo que deva ser assim ou assado, estou apenas confirmando os fatos. É por isso que, quando algo corre mal nesta nossa Europa, são os países protestantes que o trazem à luz. Eles voltam à barbárie porque seu ressentimento contra o cristianismo que se sobrepôs a eles ainda arde lá no fundo. A partir dessa situação psicológica você pode entender quais são as características do Ocidente. Para nós, toda a questão religiosa nunca é um processo natural, não cresce naturalmente, mas é preciso fazer um esforço incrível.

Quando um jovem diz ao seu conselheiro espiritual: "Não posso acreditar nisso ou naquilo", e ele diz: "Você deve acreditar", então eu me pergunto: Como alguém pode dizer uma coisa dessas? Posso acreditar porque sei algo, mas se não sei algo, simplesmente não posso acreditar. A fé é uma graça que nunca tive. Ou sei alguma coisa, ou não sei. Um fato religioso deve ser uma experiência; a crença não é uma experiência[461]. Pode-se acreditar em tudo se for dado a alguém assim fazê-lo. Na verdade, a fé é apenas um improviso. A palavra "fé" em grego é *"pistis"*, ou seja, ser fiel a algo, confiabilidade, ação leal. Alguém tem *"pistis"* em relação a algo que experimentou. Quando Paulo teve sua visão de Cristo na estrada para Damasco[462], ele a manteve firmemente e teve que advogá-la. Se, no

---

461. Em uma entrevista a John Freeman para a série "Face to Face" da BBC em 22 de outubro de 1959, Jung respondeu à pergunta se ele acreditava em Deus agora: "Veja. [Pausa.] É difícil responder. Eu sei. Eu não preciso acreditar. Eu sei" (Jung, 1977, p. 428). Ele elaborou esse comentário em outra entrevista com Georg Gerstner em 7 de junho de 1960: "Este parece ser o assunto do momento – a BBC me perguntou a mesma coisa –, se eu acredito em Deus. A pergunta foi um tanto desconcertante e respondi: 'Não preciso acreditar em Deus. Eu sei'. E só depois fiquei surpreso por ter respondido isso. Mas é realmente o caso. Passei por todas essas fases e percebi cada vez mais que nós dependemos, e como, de suposições inconscientes. Que nós somos possuídos, e como, por certas coisas e então eu disse a mim mesmo: sempre que uma pessoa usa o nome de Deus ou está sob o domínio de algo avassalador, então esse fenômeno é Deus. Enquanto eu desejar, enquanto puder desejar e puder realizar o que desejo, sou a autoridade superior na ação psíquica. Mas quando não posso mais fazer isso e outra coisa intervém por mim – isso é Deus" (Jung, 1985, p. 319-320).

462. At 9,1-8: "Saulo, porém, só respirava ameaças e morte contra os discípulos do Senhor. Apresentou-se ao sumo sacerdote e pediu-lhe cartas de recomendação para as sinagogas de Damasco, com a finalidade de trazer presos para Jerusalém todos os homens ou mulheres que encontrasse seguindo o Caminho (do Senhor). Durante a viagem, estando já perto de Damasco, foi envolvido de repente por uma luz vinda do céu. Caiu por terra e ouviu uma voz que lhe dizia: 'Saulo, Saulo, por que me persegues?' Saulo respondeu: 'Quem és, Senhor?' E Ele: 'Eu sou Jesus, a quem persegues. Levanta-te e entra na cidade; ali serás informado do que deves fazer'. Os homens que o acompanhavam encheram-se de espanto, pois ouviam perfeitamente a voz, mas não viam ninguém. Saulo se levantou do

entanto, Cristo não tivesse aparecido para ele e ele acreditasse mesmo assim, então ele poderia não ter "*pistis*". Ou é experiência vivida, ou não é absolutamente nada. Defendo a perspectiva da experiência vivida. Isso é radical, mas só pode acreditar quem tem o carisma da fé. Essa é a nossa situação. Talvez pessoas competentes possam criá-la por si mesmas. Porque certamente não é concedida a ninguém. É por isso que a pessoa deve se esforçar. Vocês verão esses esforços em minhas futuras explorações de *Exercícios espirituais*. Aí vocês constatarão que tipo de esforço moral absurdo é necessário para produzir uma atitude religiosa.

No Oriente, isso é natureza. Como flores e animais. Eles obedecem à Lei de Deus como as flores. A religião é tudo, menos um esforço, e se *for* um esforço é natural. Quando alguém observa um iogue fazendo sua ginástica religiosa ou algum tipo de prática devocional no templo interior, não há esforço para acreditar nem conflito moral nisso. É feito naturalmente, ele se alonga como um gato. As pessoas tornam as coisas menos naturais completamente naturais; você vê isso em todo o Oriente. É por isso que a religião tem algo colorido, natural e alegre. Conosco, por outro lado, é um caso terrivelmente triste. Pense só: a igreja está repleta de sepulturas. Reza-se na casa dos espíritos. Tudo é escuro, enquanto lá tudo é fresco e nas cores mais incríveis. As paredes do templo são pintadas de vermelho e branco como o toldo de uma barraquinha de refrescos. Coisas fascinantes acontecem

---

chão e, embora tivesse os olhos abertos, nada enxergava. Tomaram-no pela mão e o conduziram a Damasco". Em uma carta ao pastor luterano alemão Walter Uhsadel, de 18 de agosto de 1936, Jung argumentou que a Igreja havia perdido sua atração para o homem moderno e intelectualmente instruído e que era tarefa de qualquer educador da alma ajudá-lo a encontrar o acesso à experiência primordial outra vez. Jung comparou isso com a experiência de São Paulo na estrada para Damasco (Jung para Uhsadel, 18 de agosto de 1936, correspondência não publicada [JA]).

lá; garotas encantadoras dançam no centro do templo. Música é tocada. Toda mundanidade e sensualidade incluídas na prática religiosa, completamente diferente do que fazemos. Para nós, uma parte do desenvolvimento natural foi extirpada. Na minha opinião, esta é uma das razões mais importantes para nossa peculiar mentalidade ocidental, que simplesmente não se encontra em nenhum outro lugar. É possível que os negros de hoje mostrem um ressentimento semelhante, pois, devido à influência do Ocidente, estão agora completamente alienados de suas raízes. Por exemplo, no caso dos negros americanos, se eles conseguiram adotar a religião cristã, daí crescerão os ressentimentos africanos sempre que os negros estiverem somente entre eles. Esse é também o caso do culto vodu no Haiti, um verdadeiro culto feiticista sobre o qual foram escritos alguns livros interessantes. Estas são regressões inteiramente necessárias. A propósito, quando eles o aceitam verdadeiramente, o cristianismo nas igrejas negras é bastante sincero e profundo e de caráter incrivelmente vivo. Os *Negro spirituals* são hinos de louvor maravilhosos, e são talvez a expressão religiosa mais viva que conhecemos. Este canto é o sinal da tensão entre, por um lado, as exigências de uma cultura superior com a qual não ombreiam e, por outro lado, uma total primitividade[463].

Estas são as diferenças essenciais. No Ocidente, encontramos a mesma naturalidade e florescimento do espírito religioso que no Oriente entre os indígenas Pueblo no Arizona e no Novo México[464]. Sua atitude é bastante semelhante à do Extremo Oriente. Mas há também uma continuidade ininterrupta de desenvolvimento espiritual entre os primitivos que ainda têm seus rituais e para os quais o divisor de

---

463. Sobre a imagem racialmente preconceituosa e estereotipada de Jung dos afro-americanos, cf. nota 286.

464. Cf. as notas 223 e 413.

águas cristão ainda não prevaleceu nas tribos existentes. Se isso ocorresse, o mesmo problema de alienação de suas raízes emergiria disso. Isto é, se essas tribos ainda tiverem tempo para passar por esse desenvolvimento. Na América, quase desapareceram com o esforço – algo que não aconteceu com os alemães com sua proverbial fertilidade[465].

---

465. O restante do seminário de 23 de junho de 1939 foi dedicado à meditação ocidental, em particular aos *Exercícios espirituais* de Inácio de Loyola. Essa parte foi publicada no volume 7 dos seminários de Jung no ETH.

Semestre do inverno de 1940/1941 (seminários 1 e 2)

Seminário 1[466]

8 de novembro de 1940

[467]Nosso falecido professor de Direito, Fritz Fleiner[468], disse uma vez sobre nossa democracia suíça "que, mais do que qualquer outra forma de Estado, educa o cidadão em um grau mais alto para considerar o bem comum e assumir responsabilidades, e enriquece sua mente com ideias que se estendem para além dos seus interesses privados e da sua vida cotidiana"[469].

---

466. Jung usou os dois primeiros seminários do semestre do inverno de 1940/1941 para uma recapitulação de seu seminário sobre meditação oriental. O editor decidiu adicioná-las ao volume 6 por tratarem do mesmo tema. Anotações de RS, ES, LSM, OK em conjunto com Louise Tanner (LT) e tradução para o inglês de BH.

467. Jung escreveu a introdução à nova série de seminários. Esse documento pode ser encontrado nos JA intitulado "*Colleg über Alchemie. Einleitung*" [Seminários sobre Alquimia. Introdução]. A introdução vai até a p. 270.

468. Fritz Fleiner (1867-1937), influente professor suíço de Direito público e canônico, que lecionou na Universidade de Zurique de 1915 a 1936. Ele também foi reitor da universidade de 1932 a 1934. Suas principais obras são *Institutionen des deutschen Verwaltungsrechts* [Instituições do direito administrativo alemão] (1911) e *Schweizerisches Bundesstaatsrecht* [Direito constitucional federal suíço] (1923). Sua palestra inaugural na Universidade de Zurique foi intitulada "*Entstehung und Wandlung moderner Staatstheorien in der Schweiz*" [Origens e desenvolvimento da teoria do Estado moderno na Suíça] (1916). Sobre Fleiner, cf. Müller (2006) e Engi (2008).

469. Do epílogo de *Schweizerisches Bundesstaatsrecht* [Lei constitucional federal suíça] de Fleiner (1923, p. 758-764): "A vantagem da democracia pura consiste no fato de que, mais do que qualquer outra forma de Estado, ela educa o cidadão a um grau superior para considerar o bem comum e assumir responsabilidades, e

Enquanto a primeira é uma tarefa de educação política, a segunda me empresta alguma legitimidade se, neste momento da mais violenta devastação de nosso equilíbrio político e psíquico, eu puder falar de um assunto que está muito distante do barulho dos acontecimentos cotidianos, nomeadamente sobre o *processo de individuação*. Como vocês que assistiram aos meus seminários anteriores sabem, como entendemos aqui, individuação significa um processo dentro de uma pessoa individual. Enquanto nosso tempo atual aspira a uma concentração e organização de enormes massas de pessoas nas quais o indivíduo é sufocado, a contemplação do processo de individuação leva na direção inversa ao problema do desenvolvimento psíquico da pessoa individual. Por mais necessária que seja a organização estatal das massas, o valor do todo também depende muito do valor do indivíduo. Mesmo que alguém multiplique um idiota por um milhão, ainda assim nenhum gênio sairá disso; em outras palavras, se o indivíduo não serve para nada, então o povo também não serve, e se o indivíduo não está prosperando, então o todo também não está.

O processo de individuação baseia-se no ímpeto instintivo de cada forma de vida para atingir sua própria totalidade e realização – embora, no que diz respeito à natureza, mais sua completude do que sua perfeição. Uma vez que o homem não é simplesmente uma natureza física inconsciente, mas possui um *ethos* que exige o bom, o verdadeiro e o belo, então, esse impulso puramente natural colide com um espírito reflexivo e avaliador que está sempre ansioso para desviar ou reformar todo o jogo natural para seus próprios propósitos. Desse conflito emergem aqueles esforços que descrevi para vocês em semi-

---

enriquece sua mente com ideias que vão além de seus interesses privados e de sua vida cotidiana. A vida, o pensamento e os sentimentos do cidadão estão entrelaçados com o Estado em todos os sentidos. Para todo suíço, pátria, democracia e liberdade ressoam com um único tom".

nários anteriores, usando exemplos individuais com o máximo possível de detalhes – a saber – começando com o Oriente – ioga clássica, que visa ao "jugo" dos *kleśas*, dos impulsos naturais e exercícios de meditação budista, que visam à transformação do iogue em Buda. Então – indo para o Ocidente –, dei um retrato abrangente dos *Exercícios* inacianos, que são uma contraparte precisa da ioga budista, apenas em uma forma cristã e adequada à psicologia particular do Ocidente.

Todos esses métodos abordam essa tarefa com o propósito consciente de influenciar e modificar o ímpeto da natureza para a autorrealização de uma forma específica e com um objetivo previamente definido. Todos procedem da suposição mais ou menos implícita de que a consciência humana conhece intrincadamente aquelas formas e estados para os quais a natureza busca se desenvolver. Servem inabalavelmente à possibilidade de serem capazes de imprimir ou ensaiar formas e fórmulas estabelecidas da natureza, e aparentemente não são nada claros sobre o fato de que essas práticas são as melhores e as mais sagradas, sim, até mesmo divinamente ordenadas. O regime de exercícios espirituais de Santo Inácio, em particular, não deixa aberta nem a menor porta dos fundos por onde algo imprevisível possa entrar ou sair. Enquanto toda espontaneidade e astúcia são atribuídas à natureza, o espírito aparece como um sistema implacavelmente inflexível, predeterminado, irrevogável e absolutamente aplicado. Praticamente nenhuma liberdade é concedida ao espírito. Além da formulação tradicionalmente transmitida encontrada na consciência humana, o espírito parece ser incapaz de qualquer atividade criativa livre. Essa limitação é, sem dúvida, essencial para o propósito de disciplinar os *miles ecclesiae*[470], mas dificilmente se pode dizer que essa mentalidade do cristianismo agrade ao espírito paulino.

---

470. *Miles ecclesiae*, latim para "soldado da igreja".

Em 1Ts 5,19-21, Paulo diz: "Não extingais o espírito. Não desprezeis as profecias. Examinai tudo e ficai com o que é bom". Em grego, lê-se: "[...] τὸ καλὸν κατέχετε" (1Ts 5,21). E no latim, "[...] *quod* bonum *est tenete*" (Vulgata). São Boaventura traduziu assim: "e retém o bem".

Se a liberdade do espírito não estivesse funcionando em algum lugar, a rígida arregimentação do espírito dificilmente teria sido necessária. Cismas na Igreja, como a Reforma e o crescente número de seitas, deram origem a isso de maneira ilimitada. Aqui vemos não apenas a liberdade do espírito em ação, mas infelizmente também a falta de contenção que os próprios reformadores tiveram de enfrentar.

Esses acontecimentos históricos falam demais a favor da fórmula autoritária que atribui com rigor inexorável caminhos específicos ao aparentemente caótico processo de desenvolvimento psíquico. Dentro dos movimentos religiosos cismáticos não se desenvolveu nada que se compare minimamente com a ioga ou com os *Exercícios*. Parece que a consciência com suas impressões fixas era a única autoridade que poderia aplicar as rédeas à natureza ilimitável e amoral. A partir dessa percepção, foi-se estabelecendo gradualmente a convicção da onipotência da razão humana, da vontade e da identificação do espírito com a consciência. Mas, com essa convicção, também desapareceu a ideia da espontaneidade do espírito, que, ao que parecia, sempre exigia o apoio da vontade humana. Apenas a natureza tinha impulsos dinâmicos; mas no espírito eles pareciam estar ausentes, de modo que finalmente todo significado como um fenômeno natural foi perdido. Mais recentemente, o espírito também foi retratado como o "antagonista da alma" e como um princípio antivida (Klages, 1929). Na medida em que o espírito perdeu sua atividade reveladora espontânea, a natureza também se tornou nada além de matéria, o φύσις (físis) tornou-se física. Mas a razão humana alcançou um avanço desproporcional com esse desenvolvimento e, em grau crescente, tanto o indivíduo quanto a nação[471] foram entregues à superstição de que alguém poderia submeter a totalidade da vida à razão e, assim, fazer da razão o árbitro final dos destinos. A revolução do Iluminismo, que entronizou a deusa Razão, terminou em uma orgia de gelar o sangue. Quando a assim chamada *"déesse raison"*[472] se arroga à violência, ela se torna a *"raison d'état"* assassina, que só é útil para os governantes, mas nunca é boa para a humanidade. Pois a razão é apropriada apenas para o razoável; o meio certo nas mãos do homem perverso opera a destruição.

O espírito é de fato um sistema de pensamento impotente, que sempre depende do apoio da razão e da vontade para ter efeito? Será que ele realmente não tem autonomia, não tem existência própria, não tem dinamismo natural, que, se necessário, possa espontaneamente conseguir contrapor à razão ou – melhor ainda – à impetuosa força da natureza? O espírito não é também uma espécie de *natureza*, uma *natureza espiritual*, tão selvagem, indisciplinada e caótica quanto o mundo físico dos impulsos? Poder-se-ia pensar que a história forneceu algumas respostas convincentes para essas perguntas. Basta considerar o longo histórico de heresias, de filosofia e de ideias revolucionárias. Diante dessas poderosas manifestações da história espiritual, dificilmente se pode escapar da impressão de que o ímpeto e *dynamis* do espírito não são menos do que o mundo físico dos impulsos. Uma análise mais profunda dos fenômenos nos faz duvidar se a natureza espiritual é realmente tão diferente da física. De fato, muitas vezes temos a impressão de que, no

---

471. Jung riscou "o indivíduo assim como a nação" na versão datilografada.

472. "Deusa Razão" em francês. Durante a Revolução Francesa, começando no fim de 1793, as igrejas nas principais cidades francesas foram convertidas em templos da Razão. Na Notre Dame de Paris, uma atriz personificando a "deusa Liberdade" foi entronizada na montanha da verdade sob um templo grego.

fundo, é a mesma natureza que nos confronta em duas modalidades, ambas valendo-se da chamada razão para se infiltrar no domínio humano e tornar ilusória a realeza da razão.

A natureza originalmente não era apenas matéria, mas também tanto espírito quanto matéria. Para o homem antigo, a natureza estava imbuída de espírito, e a *theologica naturalis*[473] ainda irradia a face de Deus a partir da natureza. Quando submetemos a natureza anímica do homem a uma análise cuidadosa, descobrimos não apenas impulsos *físicos* naturais no inconsciente, mas também determinantes *espirituais*. E assim como os impulsos naturais não são totalmente ruins, os impulsos espirituais também não o são. Um filósofo natural do primeiro século d.C., chamado Demócrito (Pseudo-Demócrito[474]) cunhou a frase: "A natureza se deleita na natureza, a natureza domina a natureza e a natureza conquista a natureza"[475]. Da mesma forma, Zósimo[476], um filósofo do terceiro século, disse: "Pois a natureza aplicada à natureza transforma a natureza"[477]. A natureza existe na comunidade interna de dois

---

473. *Theologia naturalis*, latim para teologia natural, também chamada de teologia filosófica ou racional. Esse tipo de teologia investiga a existência e os atributos de Deus com base em fontes na evidência natural. O conhecimento de Deus é adquirido pela experiência humana, como sensação, razão, ciência ou história, e não por textos sagrados ou outras fontes de revelação divina.

474. Cf. nota 297.

475. Em sua nota de rodapé sobre Pseudo-Demócrito, o filósofo e bispo grego Sinésio de Cirene (*ca.* 373 – *ca.* 414) atribuiu esse ditado ao misterioso alquimista persa Ostanes. É citado em *Die Geschichte der Alchemie*, de Karl Christoph Schmieder (1832, p. 32), do qual Jung tinha uma cópia em sua biblioteca. Cf. Martelli (2016, p. 221). Jung cita o texto original grego em uma nota de rodapé manuscrita referindo-se à *Collection des anciens alchimistes grecs* (1887-1888, III, XIX), de Berthelot.

476. Cf. nota 300. Jung cita o texto original em uma nota de rodapé manuscrita.

477. Essa citação é do "Tratado do divino Zósimo sobre a Arte" (III, i, 4): "E para resumir: por meio das harmonias de separar e combinar, e se nada do método for negligenciado, todas as coisas geram natureza. Pois a natureza aplicada à natureza transforma a natureza. Essa é a ordem da lei natural em todo o cosmos

e transcende a si mesma em uma forma superior. É assim que essa frase deve ser traduzida. A fórmula democritiana surge do antigo sentimento pela natureza em que o mundo físico ainda não era desprovido de alma. Expressa a convicção de que na natureza também está contido o que ela transcende. O conflito posterior entre a natureza e o espírito ainda não foi aceso; é um processo misterioso de *abraço, morte e nascimento superior*, ainda escondido no ventre da natureza[478].

Essa ideia de que o desenvolvimento para o superior está contido no próprio ser da natureza mesma e, portanto, não deve ser compelido pela vontade e suas inclinações racionais, que isso impõe a ela, fundamenta um movimento espiritual no Ocidente muito diferente do que aprendemos nos *Exercícios*[479]. Também é uma prática de meditação, mas de um tipo muito particular, geralmente não reconhecida como tal. Era secreta e se escondeu com sucesso por trás de muitas descrições enganosas. Chamava-se "filosofia" ou "alquimia" ou "fabricação de ouro". Historicamente, não deu origem a uma forma reconhecida de religião, mas à ciência, que muitas vezes se opôs à fé, e privilegiou o conhecimento e a experiência em detrimento da aceitação de algo como verdadeiro. A natureza da ciência é conhecimento; não reconhece a devoção da fé, mas a da pesquisa e do conhecimento. Esse lado da ciência moderna se origina na antiga astrologia e alquimia.

---

e, portanto, todas as coisas estão unidas". Jung citou toda a passagem em "As visões de Zósimo" (OC 13, § 86).

478. Jung acrescentou uma nota manuscrita aqui: "*Goethe's Stirb and Werde*" [O "morrer e tornar-se" de Goethe]. Isso se refere à última estrofe do poema de Goethe "*Selige Sehnsucht*" [Anelo], escrito em 31 de julho de 1814. Foi publicado na primeira parte de *West-östlicher Diwan* (1819).

479. Jung palestrou sobre os *Exercitia spiritualia* de Inácio de Loyola no fim do semestre de verão de 1939 e do semestre de inverno de 1939/1940. Cf. os seminários de Jung no ETH, volume 7.

O desenvolvimento da ciência, tão absolutamente característico do Ocidente, deve principalmente à atitude espiritual experimental da alquimia sua origem, que se baseava na convicção de que o espírito e a inspiração eram espontâneos e que, em incessante meditação especulativa, tentava escutar o espírito livre da natureza e dar-lhe expressão. Em contraste com os métodos descritos em meus seminários anteriores que trabalhavam de fora para dentro, procurando imprimir na alma uma forma preordenada, a alquimia se esforçou para ajudar uma potencialidade psíquica escondida na natureza inconsciente a se desenvolver e se desdobrar da melhor maneira possível, trabalhando de dentro para fora, removendo os obstáculos para a alma em seu esforço em direção à luz. *Habet omnia in se, quo indiget*[480]. "Tem tudo que precisa em si mesmo" era o princípio que guiava essa arte ou filosofia.

Se, em certo sentido, os *Exercícios* delineiam um ponto alto da determinação cristã de elevar o ser humano, então na alquimia eles são contrapostos por um esforço igualmente amplo de libertação incondicional do espírito inconsciente, por meio de uma metodologia espiritual que em todos os aspectos é diferente da anterior. Como quase todas as ciências, com exceção da astronomia, em maior ou menor grau se desenvolveram a partir da alquimia, o mesmo ocorre com a moderna psicologia complexa e seus meios particulares de investigação, embora tenha exigido um grande desvio para chegar lá.

Portanto, escolhi este inverno para fazer uma apresentação sobre filosofia alquímica para completar meu seminário anterior

---

480. Jung pareceu parafrasear aqui o *Tractatus Aureus de Lapide Philosophico*, que tem uma cruz dupla em seu frontispício com a inscrição: "*Habet in se omnia lapis benedici*" [A pedra bendita tem tudo em si]. O texto pode ser encontrado no *Musaeum Hermeticum*, um compêndio de textos alquímicos de 1625. Jung possuía uma cópia da edição ampliada de 1678.

sobre os exercícios inacianos[481]. Estou consciente de que corro um grande risco, pois essa filosofia está entre os fenômenos espirituais mais complicados que já encontrei. Devo pedir sua colaboração silenciosa quando chegar aos capítulos difíceis relevantes. Se vocês não entenderem alguma coisa, escrevam-me um bilhete para que eu possa esclarecer esses pontos para vocês[482]. Esta é a primeira vez que apresento essa área de forma abrangente. Não posso esperar fazê-lo com a clareza necessária. Vocês verão por si mesmos que tipo de dificuldades teremos de enfrentar.

Antes de passarmos para essa área, gostaria de lhes dar uma breve visão geral dos seminários anteriores para que não percamos o fio da meada. Meus seminários sobre a Índia estenderam-se por vários anos. É um assunto muito difícil, ao qual não se pode fazer justiça em um único seminário. Portanto, precisamos nos lembrar de tempos em tempos do que já foi dito sobre isso.

Em primeiro lugar discutimos os métodos orientais: ioga clássica, o *Yoga sūtras* de Patañjali. Eu não quero voltar a eles; isso nos levaria a muitos detalhes. Mas gostaria de revisar o método do budismo maaiana mais uma vez.

O primeiro texto, o *Amitāyur-dhyāna-sūtra*, é um texto chinês do início do budismo maaiana. O processo dessa meditação é altamente característico. Começa com o iogue fixando seus olhos no sol poente. Se você fixar os olhos no sol poente, terá uma imagem residual. Ele fecha os olhos e observa a pós-imagem. O sol é um símbolo de totalidade, a luz. Essa luz

---

481. Nesse ponto, Jung fez uma cesura entre a introdução e o primeiro seminário. Sua escrita datilografada termina aqui.

482. Jung pediu aos membros da plateia que escrevessem suas perguntas e as entregassem a ele no fim do seminário. Ele respondeu às perguntas no início do seminário seguinte.

é a iluminação suprema, a clareza suprema da consciência. Isso é o Buda. Toda a meditação ocorre dentro de si. Começa com a pós-imagem do sol poente e termina com ela novamente, por assim dizer. Mas, então, essa imagem se tornou o Buda. O processo no indivíduo é tal que, depois de fixar a imagem do sol, essa imagem é agora preenchida pela fantasia criativa do iogue. Chama-se isso de imaginação ativa. Ele imagina que essa imagem é água, clara, transparente, radiante, e que depois se torna gelo, refletindo também a luz, que também é transparente. E, então, adquire forma, convertendo-se em *lapis lazuli*, tornando-se dura como pedra. Isso significa que, por meio dessa imaginação, uma base sólida é lançada. Essa imagem ganhou substância, a substância de uma pedra semipreciosa, e este *lapis lazuli* está agora formado, como diz o texto, como o solo sobre o qual se coloca a evidência do que acontece. Pois sob este chão, sob o azul deste chão, o assim chamado estandarte se desenrola. Esta é uma tradução literal da palavra sânscrita *dhvaja* e na verdade significa símbolo ou emblema. Trata-se de uma imagem ainda invisível sob esse estandarte azul, meio que sob a superfície da água, no inconsciente. Pois a superfície da água é aquela fronteira que separa a consciência do que há embaixo, e o que há embaixo é o inconsciente. É por isso que tantas pessoas dizem "subconsciente" em vez de inconsciente. O indivíduo é então muito mais nobre porque está acima! O símbolo, o *dhvaja* que está por baixo, é a chamada mandala, que significa um círculo, um círculo mágico, e geralmente tem o significado no Oriente de um *yantra*, um instrumento de culto com o propósito de apoiar a meditação. A contrapartida ocidental disso é a rosácea na ala oeste de nossas catedrais góticas, ou a rosa mística na Ladainha de Loreto. No Oriente, a correspondência com esta rosa é o lótus ou *padma*, que é outra palavra para mandala. Mandala é uma descrição geral.

E agora, na imaginação, o Buda é colocado nessa mandala. Assim como para nós, no centro da grande roda está o *Rex gloriae*, Cristo Rei, no Oriente o Buda está sentado ou em pé no lótus. De acordo com a lenda do nascimento, Buda pisou no lótus imediatamente após o nascimento e proclamou a lei do *dharma* para o mundo. E assim se imagina agora que um número infinito de raios irradia dessa mandala.

Então, uma série de oito lagos é "formada", isto é, eles são realmente produzidos pela imaginação; estão repletos de flores de lótus, cada lago perfeitamente redondo, e cercam essa mandala central em um círculo, mas abaixo da superfície da água. Então, nesse chamado solo de joias, o lótus é criado com um incrível amálgama de veias. Cada folha tem 84 mil veias. É preciso imaginar tudo isso em detalhes, e muito mais além do que tive a oportunidade de mencionar.

Acima desse lótus, o chamado trono de flores é formado, o assento imponente com quatro mastros de bandeira, e o Buda é erguido sobre esse trono e imaginado em detalhes incríveis. No oitavo nível – a meditação tem 12 níveis – o iogue se imagina como esse Buda que ele criou. Ele agora se senta como um Buda no trono de flores e sabe que sua consciência é a origem da consciência universal em todos os Budas. O texto diz: "No fim, é sua mente que se torna Buda, ou melhor, é sua mente que é de fato Buda" (*Amitâyur-Dhyâna-Sûtra*, 1894, p. 178). Isso significa que sua consciência agora está perfeitamente iluminada. E, desta forma, o iogue supervisiona todo o processo de sua meditação na medida em que esse Buda que ele formou é realmente seu sujeito, sua consciência, elevada no trono do mundo, sentada no lótus, e que corresponde à visão do sol do início. Esse ser perfeitamente iluminado é o próprio sol, e assim o iogue retorna ao estado original novamente, ou seja, à luz do orbe celestial doador de vida.

Também encontramos essa imagem espiritual no misticismo ocidental para o qual chamei sua atenção. Buda é o sol interior, exatamente como os místicos cristãos descrevem a experiência de Deus como um sol nascente interior. Ele é o Cristo interior. Ele é o sol nascente, por exemplo, nos Atos dos Apóstolos: "É nele que vivemos, nos movemos e existimos" (At 17,28) corresponde a essa ideia oriental. "Não reconheceis que Jesus Cristo está em vós?" (2Cor 13,5).

O outro texto que exploramos é o chamado *Shrī-chakra- -sambhāra tantra*, cuja tradução literal é "coleção de textos da roda sagrada". "*Chakra*" é outra palavra para mandala. É simplesmente o mesmo círculo, e é também um exercício de meditação mais uma vez sobre a mandala. A mandala significa totalidade. O redondo é sempre o completo. Sabemos disso por Platão. É a forma perfeita. É um símbolo de totalidade. É por isso que é chamado nesses textos, por exemplo, em uma invocação a Buda: "Om, ó onisciente, atende (meu desejo), atende (meu desejo); mostra-te, mostra-te, sê redondo e gira [a Mandala]" (*SCST*, p. 10). Isso significa: torne-se inteiro, chegue à perfeição, ou seja, com o propósito de me tornar inteiro por meio da meditação; pois quanto melhor puder formar esse Buda, mais ele sou eu, construído com minha própria substância. Esta é naturalmente uma ideia muito anticristã.

Essa meditação pode ser dividida em três fases. O texto é muito desestruturado, mas se o estudarmos com cuidado veremos que se divide em três fases: tese, antítese e síntese. A tese, na verdade, procede da consciência humana, que é submetida a uma análise intelectual minuciosa. Então, antes de tudo, na primeira seção da primeira fase, os processos de conhecimento são analisados filosoficamente, os diferentes tipos de processos cognitivos. Na segunda parte da primeira fase, as funções da consciência são submetidas a uma análise precisa, de modo que toda essa primeira fase é, na verdade, uma dissecação de toda a mentalidade consciente[483], uma desconstrução completa da consciência em partes separadas, um treinamento intelectual intensivo que não se pode de forma alguma reivindicar para os exercícios inacianos.

Cada vez há quatro estágios, já que quatro é outro símbolo de totalidade, pois, pode-se dividir cada círculo em quatro da maneira mais simples. É a divisão mínima do círculo, e por isso é outro símbolo de totalidade.

Na segunda fase vem a antítese. O que se conseguiu é ameaçado nesta fase e, portanto, as imaginações defensivas ocorrem. Imagina-se como a ameaça pode ser enfrentada, uma ameaça do inconsciente, em que uma mulher má desempenha ali um papel, o feminino do homem, a chamada *anima* que se manifesta de forma desagradável, como um demônio feminino, dez vezes. Existem dez *devatās* femininos, demônios femininos que ameaçam o iogue – portanto, uma situação semelhante à que encontramos, por exemplo, com Santo Antão do Egito, que também foi oprimido por tais presenças femininas. No entanto, no cristianismo é moral, enquanto no hindu não é moral, mas simplesmente perturbador. Por fim, o conhecimento de que tudo é uma ilusão emerge da luta ativamente imaginada contra essas influências demoníacas. São apenas imagens visionárias, esses demônios, e o iogue expressa a confissão: eu sou a verdade de todas essas coisas e sou da natureza *shūnyatā*, ou seja, o vazio. *Shūnyatā* é na verdade a natureza deste mundo, o vazio abismal, a consciência, que produz apenas figuras ilusórias, reflexos de nosso próprio estado psíquico.

---

483. RS: "individualidade".

Agora segue a terceira fase: a síntese, que devemos observar particularmente porque nessa síntese é erigida uma construção positiva, ou seja, é como se o iogue no indivíduo se transformasse por meio do encontro com muitas situações simbólicas, até que ele alcançasse o completo Estado de Buda, iluminação completa. Aqui temos uma série de dez símbolos que são particularmente dignos de nota na medida em que esses mesmos símbolos, no hemisfério ocidental, desempenham um grande papel na chamada filosofia hermética ou alquímica. Nossos antepassados gastaram muito tempo com essas coisas e, assim, redescobririam suas próprias artes ocultas em um texto oriental. Discuti essa série de símbolos frequentemente em seminários anteriores, por isso não vou entrar em detalhes aqui, mas simplesmente mencionar a série.

A meditação procede da fundação novamente. Mas aqui é a imaginação de uma montanha e, na verdade, da montanha central: o Monte Meru do mundo. Nessa montanha, existe uma cidade com quatro muros, composta por quatro cores diferentes. E a cidade é quadrada. Tem oito torres, e cada torre tem três andares. Claro, tudo isso deve ser meditado em detalhes, ou seja, para criá-lo. O chamado *vajra* de quatro cabeças repousa sobre essa cidade, é o diamante ou raio. Este é um símbolo tibetano bem conhecido. O texto é um livro simbólico e provavelmente uma criação mais recente. A datação desses textos ainda é nebulosa. Muitas dessas coisas chegaram à Europa apenas nas últimas décadas, primeiro por meio de Sir John Woodroffe[484]. Esse *vajra* é o símbolo do raio que você encontra com tanta frequência na arte tibetana, criado aproximadamente assim:

---

484. Também conhecido como Arthur Avalon, cf. nota 4.

O símbolo significa "energia concentrada". Frequentemente, outro símbolo é encontrado no centro, como este:

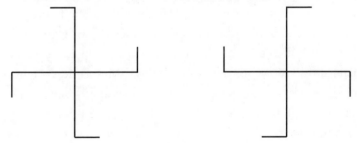

Um símbolo bastante desconhecido! É um símbolo do Bon[485], religião popular inferior dos tibetanos. (Isto não tem

---

485. Cf. nota 164.

intenção de ser uma alusão[486].) É a religião dos "chapéus vermelhos". Eles se envolvem com práticas mágicas e malignas. São desprezados pela espiritualidade superior. Eu sei disso por uma fonte confiável. Conversei com um espiritualista tibetano na fronteira com o Tibete e ele me disse que um símbolo voltado para a esquerda é desfavorável e se move em direção à escuridão, ao inconsciente. A virada para a direita, que acompanha o sol, é favorável, é o símbolo dos "chapéus amarelos", do nível superior budista na religião tibetana. E você encontra os dois signos juntos no trono do Dalai Lama, que proclama que ele une os chapéus vermelhos e amarelos, as tendências vermelha e amarela no budismo tibetano, e meio que segura as duas pontas em suas mãos: o caminho para a escuridão, o "caminho da mão esquerda" e o "caminho da mão direita", ou seja, em direção às claras alturas da consciência.

---

486. Para a compreensão de Jung sobre a suástica e a Hakenkreuz de Hitler, cf. nota 152.

Seminário 2[487]

15 de novembro de 1940

Mahāsukha
Vihāra
Lua com *liṅgaṃ*
Lótus (*padma, yoni*)
Sol
Lua
Lótus
Vajra
Cidade
Meru

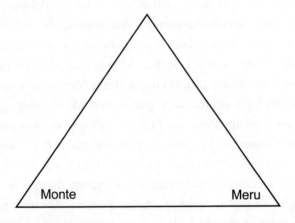

---

487. Anotações de LSM, RS, ES, OK em conjunto com LT e tradução em inglês de BH.

Da última vez, terminamos discutindo a síntese da série de símbolos do *Shrī-chakra-sambhāra tantra*. Quero repetir isso mais uma vez. No início da série sintetizadora de símbolos está a montanha do mundo Meru. Nessa montanha temos o símbolo da cidade, quadrangular, com oito torres e quatro cores: vermelho, amarelo, branco e verde. Acima da cidade, no nível seguinte, temos o *vajra*. No Tibete é descrito como *dorje*. Tem quatro cabeças. Eu lhes dei uma descrição mais detalhada da última vez.

Acima do *vajra* há outro lótus, de oito pétalas, como um símbolo da consumação da totalidade. Como vocês sabem pelas várias vezes que foi mencionado, o lótus significa o assento da divindade ou o Buda. Acima disso vem a lua como um símbolo do espírito e, acima dela, o sol. Isso representa a essência do físico, a quintessência do corpo. Sobre isso há outro lótus, desta vez significando o feminino. É descrito como *padma*. *Padma* significa útero. Então, acima disso, a lua com o símbolo do *liṅgam*. Na verdade, isso simboliza a unificação do masculino com o feminino: a lua é o símbolo do feminino, o *liṅgam* do masculino. Acima disso vem *vihāra*, o claustro. Esta é uma forma mais elevada da cidade: uma reunião de pessoas que habitam uma comunidade sagrada. Nesse claustro existe uma mandala. Nesse círculo mágico há um lótus de oito pétalas, e nesse lótus está o próprio iogue como Mahāsukha, como o senhor da bem-aventurança, que na verdade significa: grande bem-aventurança, com quatro faces, representando os próprios quatro elementos, também as quatro sagradas cores; com 12 mãos, significando a cadeia *nidāna*[488]. Esta é a cadeia de causas, que finalmente culminam no sofrimento do mundo. Uma causa leva a outra. Assim, surge uma cadeia, de cuja promulgação eterna e imutável advém a totalidade do sofrimento, que

---

488. Cf. p. 282 (17 de fevereiro de 1939).

deve ser abolido pelo Buda. O iogue como Mahāsukha tem três olhos.

Agora, sobre o significado:

A primeira imagem produzida na meditação é uma montanha, significando aumento ou elevação, destacando-se como uma montanha, por exemplo, projetando-se na paisagem: algo se eleva como um monte acima da superfície. É como se a terra tivesse sido empilhada de todos os lados, um amontoado do que antes estava disperso. Este é um símbolo muito simples do que acontece em tal contemplação: ou seja, toda a atenção que nos liga ao mundo mediante o desejo e o medo é reunida pelo iogue. Separando-se de todo o ambiente, ele sobe amontoando em uma montanha o que antes estava espalhado por todo o mundo. Desse modo ele manifesta seu ser interior como uma forma; seu homem interior torna-se visível.

E assim ele alcança um limite com o mundo externo. Isto é representado pela cidade que é especialmente enfatizada pela muralha circundante. Este é o local fortificado que é protegido por muros de quatro camadas para o exterior em que todas as pessoas que antes estavam dispersas estão agora reunidas. Toda a antiga dispersão que pertencia ao iogue devido à sua quebra e fragmentação no mundo está agora unificada ali dentro daquela muralha e no centro dessa maravilhosa fortaleza. Na verdade, esta não é apenas uma ideia budista, mas também hindu antiga: a cidade de Brahma, a cidade do ser do mundo.

No interior dela está o grande tesouro, representado pelo *vajra*. Essa fortaleza é como um cofre de tesouro. Menciono este nome porque também desempenha um papel considerável no misticismo medieval, o chamado *gazophylacium*[489] onde o tesouro é guardado. Nessa cidade, no centro. Vocês podem

---

489. Cf. p. 316.

imaginar um paralelo ocidental sendo a Jerusalém Celestial, por exemplo, também no céu e também o destino dos libertos da terra, os redimidos. Lá, as nações se reúnem. Há também uma colina ou montanha no centro, sobre a qual ascende o símbolo máximo do cristianismo: Cristo na forma do cordeiro místico.

Ali no centro está o *vajra* de quatro cabeças. Isso simboliza a energia concentrada, sendo a energia que o iogue antes derramava sobre o mundo inteiro em um estado difuso. Cada faculdade arrancava-lhe essa energia através das impressões dos sentidos. De todos os lados elas o impactam com fascínio e desejo. Essa é a causa do sofrimento, da operação eterna e indestrutível da cadeia *nidāna*, que conduz infalivelmente ao sofrimento e à morte. Tal é a energia que ele retirou e concentrou aqui no *vajra* de quatro cabeças. O termo *vajra* tem dois significados: "diamante" e "raio". Como diamante, é o valor supremo, a maior beleza, concentrada em uma pedra. Como um raio: uma poderosa força mágica que pode atingir como um relâmpago. O raio é conhecido como um míssil dos deuses, e este livro, o *Shrī-chakra-sambhāra tantra*, também termina com um manual para a prática dos poderes mágicos que o iogue acumulou nesse estado. Ele é então como uma garrafa de Leyden[490] altamente carregada que pode repentinamente irradiar descargas elétricas.

Portanto, tudo isso foi apenas uma preparação – sobre este *vajra* agora floresce o lótus desse estado carregado. Isso significa o assento dos deuses, ou o local de nascimento da divindade ou do Buda, que é concebido como estando naquele lugar. O lótus floresce desse estado de tensão. Assim como o

---

490. A garrafa de Leyden foi o primeiro dispositivo capaz de armazenar uma carga elétrica. Seu nome deriva da cidade holandesa, onde Pieter van Musschenbrock a inventou em 1745-1746. Independentemente de Musschenbrock, o clérigo alemão Ewald Georg von Kleist criou um dispositivo semelhante na mesma época.

lótus cresce das líquidas profundezas e do abismo lodoso, gradualmente emergindo do mundo das trevas para o mundo da luz, suas flores surpreendentes se formando no diáfano aquoso que toca outro reino, da mesma forma o homem espiritual entra em energia ou tensão quando se retirou do mundo e pode suportá-la sem descarregar tensão por meio de uma nova referência ao mundo, e aí esse florescimento começa dentro dele, como um processo botânico. Então a vida espiritual interior começa a se agitar, a encontrar expressão, como uma planta. Daí esses muitos símbolos, que também conhecemos no Ocidente: a árvore com suas raízes em cima e suas folhas embaixo: a árvore da ioga. Esta é uma ideia tipicamente indiana. No entanto, você também pode encontrá-la em Ruysbroeck[491], nosso místico europeu holandês que certamente não poderia saber nada da filosofia indiana.

Então, temos a ideia da rosa, uma raiz escondida que brota. Cristo é tal broto, também crescendo secretamente de uma única raiz. Maria é a rosa, a rosa mística. Ela é o vaso no qual a divindade foi concebida e que lhe deu à luz. Para nós, a rosa é o equivalente ao lótus. Se você pensar nos últimos versos da *Divina comédia* ("Paraíso", canto 30, versos 115-147; canto 33, versos 7-9; cf. tb. p. 324), também encontrará a rosa como uma forma coletiva de tudo que é sagrado. A culminação de tudo que é sagrado é encontrada naquela rosa celestial.

---

491. João de Ruysbroeck (*ca.* 1293-1381), místico flamengo. Depois de sua ordenação em 1318, o beato Jan serviu como padre em Bruxelas até 1343, quando – após uma controvérsia sobre os ensinamentos do místico Bloemardinne – mudou-se para o eremitério de Groenendaal. Ele escreveu 12 livros, todos em holandês médio. Entre suas obras mais conhecidas estão *The spiritual espousals* (1995) e *The seven steps of the ladder of spiritual love* (1944). Seus ensinamentos místicos foram importantes para a formação da Escola de Windesheim com seu expoente mais famoso, Tomás de Kempis. Sobre o significado simbólico da árvore, cf. OC 13.

Assim, o círculo do lótus expressa uma totalidade, uma culminação do todo, e o lótus também contém a ideia de transformação. Ou seja, tudo abaixo dele: *vajra*, cidade e montanha, tudo equivale apenas a subir. Esse aumento progressivo é como o caule crescendo das profundezas da água e desabrochando como uma flor. Em primeiro lugar, desse lótus surge a lua. Agora a lua inicialmente tem um significado feminino. Encontramos o mesmo em muitas contemplações místicas desse tipo, um símbolo feminino e depois masculino, produzido pela imaginação com o propósito de *conjunctio*, a união. O feminino e o masculino são, então, símbolos de pares opostos em geral. São os opostos, e sua união é a *unio oppositorum*, a *coincidentia oppositorum*, a união dos opostos, e isso é o precursor da visão de Deus, pois Ele é uma *unio oppositorum* como veremos com Inácio. Portanto, é a mesma ideia no Oriente.

A ideia do espiritual também é indicada pela lua. Os Upanishads trazem: "A lua foi gerada de seu *manas* [pensamento]" (Rigveda 10,90,13). Seu radical também a relaciona com a palavra "mente". A lua foi formada a partir da mente ou espírito. A lua representa o espiritual.

O sol, por outro lado, que vem em seguida, corresponde ao masculino; portanto, por exemplo, na alquimia vocês verão que os típicos pares de opostos, o epítome dos opostos, são sempre retratados como "*sol et luna*", em que o sol é sempre vermelho e a lua branca. Na China isso é inverso, com o branco como masculino e o vermelho como feminino. Também aí encontramos a mesma ideia de *conjunctio*. Em contraste com a lua, o sol representa não o espírito, mas o corpo, embora não o corpo grosseiro e material, mas a essência, a quintessência do corpo, um extrato da fisicalidade.

Não se pode reduzir esses conceitos a algo preciso, mas são ideias intuitivas – que o corpo é algo grosseiro em seu desdobramento e, no entanto, nesse desdobramento se manifesta uma essência, um princípio, um princípio de vida. Os primitivos (incluindo os neolíticos[492]) têm muitas ideias sobre esta questão de uma força vital. Se recorrermos à Idade Média ou aos neovitalistas[493], o corpo é uma manifestação do princípio vital disfarçado em matéria, uma vida abstrata do corpo, como epítome do físico ou da existência física. Isso é tipicamente oriental, pelo que sabemos agora. Nos métodos de meditação conhecidos no Ocidente, o espiritual é sempre nitidamente diferenciado do físico, mas esse não é o caso no Oriente. Lá, o corpo está sempre incluído na transformação e alcança a mais alta transformação junto com o espírito. O espírito não ocupa mais o primeiro lugar. É por isso que as formas de percepção no Oriente são tão extraordinariamente plásticas, concretas, porque o Oriente se abstém da ampla abstração tanto quanto possível para que o corpo incrivelmente importante não seja preterido. Pois a meditação se origina inteiramente no corpo e não no espírito.

---

492. Espécies humanas que vivem na idade neolítica (ou era da Nova Idade da Pedra): "A idade da pedra tardia ou polida; um período caracterizado por belas armas e instrumentos feitos de sílex e outros tipos de pedra, no qual, no entanto, não encontramos vestígios do conhecimento de qualquer metal, exceto o ouro, às vezes usado como ornamento. A isso podemos chamar de período 'Neolítico'" (Lubbock, 1856, p. 2-3). Esse estágio do desenvolvimento da humanidade foi caracterizado pela chamada revolução neolítica, a mudança da caça e da coleta para a agricultura e a colonização. As primeiras formas de assentamentos podem ser rastreadas até 11550 a.C. na região do Levante, enquanto para a maior parte da Europa a Nova Idade da Pedra é geralmente datada de 5500 a.C. a 2200 a.C.

493. A teoria do neovitalismo está principalmente associada ao trabalho do biólogo e filósofo alemão Hans Driesch (1867-1941), que postulou a existência de uma força que permeia toda forma de vida orgânica. Seu argumento foi construído com base nos resultados de sua pesquisa embrionária, no conceito aristotélico de enteléquia e nas teorias anteriores do vitalismo. Seu conceito de "psicoide" foi importante para as teorias psicológicas de Eugen Bleuler e de C.G. Jung (Addison, 2009). As obras de Driesch incluem *The history and theory of vitalism* (1914) e *The science and the philosophy of the organism* (1908), esta última apresentada nas Gifford Lectures de 1907. Sobre Driesch, cf. Shamadasani (2003, p. 180-181).

Acima desses dois vem o lótus da união. Aqui, um *padma* aparece no sentido estrito do órgão feminino. Isso leva ao lugar onde o espírito aparece pareado com o masculino: a lua com o *liṅgaṃ* como expressão da *conjunctio* doravante concluída, a união dos opostos. Assim, os mundos opostos descritos como masculino e feminino finalmente se uniram. Nenhuma separação permanece. Como consequência, de fato, o processo do mundo agora cessa, porque não ocorre mais fertilidade, nenhuma tensão de opostos permanece, então, nenhuma energia potencial está disponível. Agora surgiu uma estabilidade, uma incorruptibilidade, significando a existência eterna, que ao mesmo tempo está fechada para o mundo exterior. Os indianos também concebem a divindade desses princípios, são igualmente personificados lá, por exemplo, no tantrismo – em uma forma hindu, fortemente influenciada pelo budismo, uma forma particular de união psicológica. Lá o sol é masculino: Shiva, criador e destruidor ao mesmo tempo, e sua contraparte feminina de Shakti, Parvati, sua consorte, que sempre são retratados no tantrismo, especialmente no tantrismo tibetano, como eternamente unidos, *in actu*.

Assim, o nível mais alto é concluído. A concentração chega ao fim, e a cidade, que antes significava uma reunião de pessoas, passou agora para a paz completa e transformada do *vihāra*, o claustro budista. Esta é uma cidade espiritual na qual habita a comunidade dos sagrados, dos perfeitos. E a coroação também está do outro lado da venerável comunidade. Ao contrário do cristianismo, no qual a elevação culmina na nossa participação no Reino de Deus, e se transforma na comunhão dos santos. Aqui isso vai ainda mais longe na medida em que uma realização suprema ocorre na mandala, em um círculo mágico inultrapassável, onde essa mesma pessoa aparece como o próprio ser universal. O iogue se transformou no Buda do mundo.

Ele é o Mahāsukha, senhor da bem-aventurança. Ele está aqui no estado de conhecimento perfeito, consciência perfeita e tem três olhos.

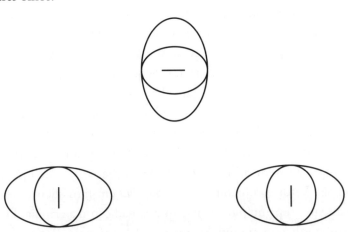

O olho superior é o chamado centro *ājna*, o centro do conhecimento perfeito.

Com isso, essa meditação atingiu seu objetivo. O iogue chegou à consciência de si mesmo como Buda. Ele não se tornou o Buda; Buda não existe, ele passou para o Nirvana. O Ocidente é semelhante no misticismo: quando alguém se identifica com Cristo ou Deus, então seu ser humano se perde, e ele se transforma em Cristo, ele passa para o ser de Cristo e não é mais ele mesmo. No Oriente, por outro lado, essa pessoa se tornou a consciência de si mesma como Buda. Percebe em si mesmo esse ser-Buda, que ele é de fato cada Buda. Isso tem sua semelhança no hinduísmo, na filosofia dos Upanishads, onde o ser do mundo é chamado de *ātman* e o iogue percebe que ele próprio é o *ātman*, portanto, totalmente em contraste com nossos conceitos ocidentais, apesar de muitas semelhanças.

Esta série naturalmente parece muito estranha quando é vista pela primeira vez. Mas existem ideias semelhantes no misticismo ocidental, especificamente naquela forma de prática mística relacionada à alquimia, e essas mesmas ideias são prováveis antecedentes de nossa alquimia. Têm origem na escola dos monges agostinianos (ou cônegos) de São Vítor. Ela foi fundada por Guilherme de Champeaux[494], o professor de Pedro Abelardo, que, no século XI, perto de Paris [*sic*], restaurou o pequeno claustro meio decadente de São Vítor de Marselha – o mais antigo mosteiro de Marselha, destruído na Revolução Francesa da maneira mais terrível. (É por isso que mais tarde foi chamada de "a grande revolução"!) Guilherme de Champeaux convidou monges a virem do mosteiro de Marselha com as relíquias de São Vítor e colocou essa antiga *cella* em movimento novamente. A princípio, ele não queria nada com a ciência. De fato, desde o início quis renunciar a toda ciência. Retirou-se do mundo muito zangado e ofendido; seu pupilo Abelardo o irritava terrivelmente com discussões sobre o universalismo[495]. Mas ele não prevaleceu, pois seus alunos logo retomaram a ciência. Eles se preocupavam muito com a natureza, embora em geral fossem grandes místicos. Três nomes se tornaram famosos no século XII: Hugo de São Vítor[496], Ricardo de São Vítor e Adão de São Vítor, o famoso poeta das sequências. Tenho certeza de que você já viu esses poemas medievais,

---

494. Guillaume de Champeaux (*ca.* 1070-1122), aqui conhecido como Guilherme de Champeaux, filósofo e teólogo francês.

495. A discussão escolástica entre representantes de uma visão realista dos universais, uma visão conceitualista, segundo a qual os universais são apenas conceitos da mente, e uma visão nominalista, que entendia os universais principalmente em termos de linguagem. A princípio, Guilherme de Champeaux defendia uma teoria do realismo da essência material, que abandonou quando confrontado com a crítica de seu aluno Abelardo (1079-1142). Em vez de ceder ao conceitualismo ou ao nominalismo, Guilherme apresentou uma teoria do realismo da indiferença, que entendia cada indivíduo como particular e universal ao mesmo tempo.

496. Sobre Hugo de São Vítor, cf. nota 40.

essas esplêndidas e ternas canções espirituais; são de Adão de São Vítor[497].

A figura que nos interessa é Ricardo[498]. Ele deixou dois livros importantes com títulos notáveis: *Benjamin Minor e Benjamin Major*[499]. O título fora do comum se refere a um verso dos salmos que diz: "ibi Beniamin adulescentulus *in mentis excessu* principes Iuda duces eorum principes Zabulon principes Nephthali" (Sl 67,28)[500]. "Lá está também o jovem Benjamin em estado de êxtase." Este é o texto da Vulgata, que historicamente é absolutamente incorreto; não existe tal verso no Antigo Testamento; "*in mentis excessu*" é omitido de nossa Bíblia. Mas esse texto da *Vulgata* serviu a Ricardo de São Vítor como mote para seus escritos. Nesse livro, ele descreve a "praeparatio animi ad contemplationem" ("a preparação do espírito para a contemplação"). Lá ele arrisca algo bastante semelhante ao que os budistas tentaram de seu jeito.

---

497. Adão de São Vítor, escritor francês de sequências litúrgicas, morreu em 1146. Adão já havia sido precentor na Catedral de Notre Dame em Paris, antes de se tornar monge na Abadia de São Vítor por volta de 1133. Esteve em contato com Abelardo e é provável que tenha colaborado com Hugo de São Vítor. As peças mais conhecidas dentre as mais de cem sequências atribuídas a Adão são *Laudes Crucis attollamus, Mundi renovatio, O Maria, stella maris* e *Zyma vetus expurgator* (Adão de São Vítor, 2011). Sobre Adão, cf. Fassler (1984).

498. Ricardo de São Vítor, monge escocês, teólogo e místico, morreu em Paris em 1173. Foi prior da abadia agostiniana de São Vítor de 1162 até sua morte.

499. *O livro dos doze patriarcas* ou *Benjamin Menor*, um texto latino sobre contemplação cuja data é desconhecida, embora provavelmente tenha sido escrito antes de 1162. Em seu seminário, Jung usou a tradução alemã de Paul Wolff e Hans Rosenberg (1936). *A arca mística* ou *Benjamin Maior*, também conhecido como *A graça da contemplação*, continua com o tema da contemplação de *Benjamin Menor* e se relaciona com a prática da oração.

500. Sl 68,27 (ACF): "Ali está o pequeno Benjamim, que domina sobre eles, os príncipes de Judá com o seu ajuntamento, os príncipes de Zebulom e os príncipes de Naftali".

Quero ler para vocês algumas traduções literais de uns trechos de Ricardo de São Vítor, e vocês verão por si mesmos que extraordinária semelhança existe em sua construção. Ele diz (1979, p. 132-133; Wolff, 1936, p. 179-180):

> A primeira e principal coisa para a alma que se esforça por ascender às alturas do conhecimento deve ser o esforço de se conhecer.

Esta poderia ser a abertura do *Shrī-chakra-sambhāra tantra*.

> O ápice do conhecimento é conhecer a si mesmo perfeitamente. O pleno conhecimento de um espírito racional é uma montanha grande e alta. Essa montanha transcende o ponto mais alto de todos os conhecimentos mundanos; do alto contempla toda a filosofia, todo o conhecimento do mundo.

Esta é a elevação do iogue.

> O que Aristóteles ou Platão descobriram de tão excelente; o que de tão excelente uma tal multidão de filósofos foi capaz de descobrir? Verdadeiramente, sem dúvida, se eles tivessem sido capazes pela agudeza de sua habilidade natural de subir esta montanha, se seus esforços tivessem bastado para que eles se descobrissem, se eles tivessem se conhecido plenamente, nunca adorariam ídolos, nunca curvariam o pescoço para uma criatura, nunca levantariam o pescoço contra o Criador. Aqui, aqueles que procuram falharam na busca. Aqui, eu digo, eles falharam e não foram capazes de subir a montanha. "Suba o homem a um coração elevado, e Deus será exaltado" (Sl 63,7-8)[501]. Ó homem, aprende a conhecer; aprende a pensar sobre ti mesmo e ascenderás a um coração elevado. Quanto mais avanças diariamente no conhecimento de ti mesmo, mais

---

501. Esta passagem pode ser encontrada apenas na Vulgata. Nas passagens seguintes, a versão datilografada de RS tem as versões latina e hebraica manuscritas nas margens.

tendes sempre para as coisas mais elevadas. Aquele que chega ao conhecimento perfeito de si mesmo já toma posse do cume da montanha.

Oh, quão poucos são aqueles que ascendem até aqui, seja porque não sabem ou porque não são capazes. É muito raro subir esta montanha, mas muito mais raro permanecer em seu cume e ficar lá por um tempo. No entanto, o mais raro de tudo é viver lá e descansar na mente (Ricardo de São Vitor, 1979, p. 134-135; Wolff, 1936, p. 180-181).

Aqui vem a ideia de habitar no cume da montanha. Aqui, novamente um texto dos salmos: "Quem subirá ao monte do Senhor, ou quem estará no seu lugar santo?" (Sl 23,3)[502].

A admiração da alegria é aquela exclamação: "Senhor, quem terá a sua morada no teu tabernáculo? Quem habitará no teu santo monte?" (Sl 14,1)[503]. Oh, quão grande e que tipo de fortaleza, para ascender e permanecer; oh, quanta bem-aventurança, habitar e descansar! Quem está apto para esta obra, quem é digno de recebê-la? Senhor, quem ascenderá; Senhor, quem estará em teu santo monte? "Envia a tua luz e a tua fidelidade: elas me guiem, me conduzam ao teu santo monte e aos teus tabernáculos" (Sl 42,3)[504].

Ou: em sua morada, "*tabernacula tua*". O título do capítulo 78 diz: "Quão eficaz é o conhecimento completo de si mesmo" (Ricardo de São Vítor, 1979, p. 136). Vou ler para vocês algumas partes dele:

No pico desta montanha, Jesus é transfigurado; [...].

---

502. Vulgata 23,3: "quis ascendit in montem Domini aut quis stabit in loco sancto eius".

503. Vulgata 14,1: "Domine quis habitabit in tabernaculo tuo aut quis requiescet in monte sancto tuo?"

504. Vulgata 42,3: "emitte lucem tuam et veritatem tuam ipsa me deduxerunt et adduxerunt in montem sanctum tuum et in tabernacula tua".

Aqui Cristo corresponde ao Buda, ou ao iogue como Buda.

> [...] nele Moisés é visto com Elias e cada um é reconhecido sem um sinal; nisso, a voz do pai falando ao filho é ouvida. O que nisso não é maravilhoso? O que nisso não é desejável? Desejas ver Cristo transfigurado? Sobe esta montanha; aprende a te conhecer. Desejas ver Moisés e Elias e reconhecê-los sem nenhum sinal? Desejas entender a lei e os profetas sem mestre, sem intérprete? Sobe esta montanha; aprende a te conhecer. Desejas ouvir o mistério dos segredos do pai? Sobe esta montanha; aprende a te conhecer. Pois ele desceu do céu quando disse: γνῶθι σεαυτόν, isto é, "conhece a ti mesmo". Agora tu vês o quanto a subida desta montanha é eficaz, quão útil é o conhecimento completo de ti mesmo?

Isso soa muito diferente e se pode achar que é uma doença. Vocês devem ler o *Schweizer Spiegel*[505]. Saiu um bom artigo sobre isso. Muito educativo! O título do capítulo 83 é: "Aquele cuja mente está acostumada a permanecer nas partes mais recônditas percebe as manifestações divinas" (Ricardo de São Vítor, 1979, p. 141-142).

> Quando pode a mente que não se eleva à consideração de si mesma voar nas asas da contemplação para as coisas que estão acima dela? O Senhor desce nesta montanha; Moisés sobe. Nesta montanha o Senhor ensinou e Moisés aprendeu sobre a construção do tabernáculo. O que se entende por tabernáculo da aliança senão o estado de perfeição?

Cidade perfeita e finalmente *vihāra*.

> Portanto, aquele que sobe a montanha, que presta atenção diligentemente, que procura por muito tempo,

---

505. Jung se refere ao seguinte artigo de Adolf Guggenbühl: "*Selbsterziehung*" [Autoeducação], publicado na revista *Schweizer Spiegel* (novembro de 1940, n. 2). ES anotou aqui: "Selbsterkenntnis, Willensbildung, Toleranz" [Autoconhecimento, o treinamento da vontade, tolerância].

que finalmente descobre de que tipo é – resta que ele aprenda com a demonstração divina que tipo deve ser, que tipo de tabernáculo da mente deve preparar para Deus, e por quais obediências deve apaziguá-lo. Sendo assim, achas tu que uma mente que ainda está dispersa por vários desejos, que é arrastada para cá e para lá por vários pensamentos, será digna de receber essa graça? Se tu és incapaz de te reunir em uma unidade, se não sabes como entrar em ti mesmo, quando poderás ascender pela contemplação às coisas que estão acima de ti?

O título do oitavo capítulo diz: "Como a mente que se esforça ansiosamente pela contemplação das coisas celestiais deve se concentrar dentro de si" (Ricardo de São Vítor, 1979, p. 142-43).

Aquele que se esforça ansiosamente pela contemplação das coisas celestiais, que suspira pelo conhecimento das coisas divinas, aprenda a reunir os israelitas dispersos; que ele se esforce para conter as divagações da mente; acostume-se a permanecer no mais íntimo de si mesmo e a esquecer tudo o que é exterior.

Então: de forma alguma externamente. Mas hoje se pensa que isso deve ser encontrado fora.

Faça uma igreja, não só de desejos, mas também de pensamentos, para que aprenda a amar somente o bem verdadeiro e a pensar incessantemente somente nele: "Bendizei a Deus nas assembleias" (Sl 67,27)[506].

Não se trata em absoluto da comunhão dos santos ou de uma sala de oração, porque essa reunião é uma consolidação elaborada pelo indivíduo. Ele reúne sua dispersão, não a dos outros.

---

506. Vulgata 67,27: "in ecclesiis benedicite Deum Dominum de fontibus Israhel".

Pois nesta dupla igreja, a saber, de pensamentos e desejos, nesta dupla concórdia de esforços e vontades, Benjamin é levado às alturas, e a mente divinamente inspirada é elevada às coisas celestiais: "Lá está Benjamin, um jovem em êxtase"[507].

Ele se identifica naturalmente com este Benjamim escolhido pelo destino divino.

Onde, vocês se perguntam, senão nas igrejas? "Vós, da descendência de Israel, bendizei a Deus nas assembleias, bendizei o Senhor. Ali está Benjamim, o menor deles, na frente" (Sl 67,27-28)[508]. No entanto, cada um deve primeiro fazer de seus pensamentos e desejos uma sinagoga em vez de uma igreja. Você sabe muito bem que sinagoga significa "congregação". Igreja significa "convocação". Uma coisa é juntar algumas coisas em um lugar sem vontade ou contra a vontade; outra é correrem juntos espontaneamente por si mesmos ao aceno de quem manda. Seres insensíveis e brutos podem ser congregados, mas não podem ser convocados. No entanto, mesmo um concurso de coisas racionais deve ocorrer espontaneamente a um gesto de cabeça para que possa ser chamado de convocação. Assim se vê quanta diferença existe entre uma convocação e uma congregação, entre igreja e sinagoga. Portanto, se tu perceberes de antemão que teus desejos estão se voltando para os prazeres exteriores e que teus pensamentos estão ocupados incessantemente com eles, então tu deves com muito cuidado obrigá-los a ir para dentro de modo que, por um tempo, tu possas pelo menos fazer deles uma sinagoga. Sempre que reunimos as divagações da mente em uma unidade e fixamos todos os impulsos do coração em um desejo de eternidade, o que estamos fazendo além de construir uma sinagoga a partir dessa

---

507. Vulgata 67,28.
508. Vulgata 67,27-28.

casa interior? Mas quando aquela multidão de nossos desejos e pensamentos, depois de ser atraída pelo gosto daquela doçura interna, já aprendeu a correr espontaneamente ao aceno da razão e a permanecer fixa no mais íntimo, então certamente pode ser julgada digna de ser chamada de igreja. Portanto, aprendamos a amar apenas os bens interiores, aprendamos a pensar frequentemente apenas neles e, sem dúvida, faremos igrejas como sabemos que Benjamim ama.

Esta é a ideia da *ecclesia spiritualis*[509]. Todos devem praticar a reunião interior a fim de fazer parte de uma igreja que é uma *ecclesia spiritualis* e não exterior. Vemos que esses monges de São Vítor têm uma forma bastante particular de pensar que se aproxima em muitos aspectos do *devoti* que discutimos. Por outro lado, eles têm uma relação diferente com o conhecimento em geral, com a consciência, na medida em que isso representa uma espécie de escola de filosofia.

Esta consideração pode nos levar agora ao típico método ocidental de meditação ou método de ioga que já discutimos em seminários anteriores, ou seja, aos *Exercícios espirituais* de Santo Inácio.

---

509. ES traz em vez disso: "restauração da *ecclesia militans*".

Abreviaturas

BH   Hanna, B. (ed.). *Modern psychology: Notes on lectures given at the Eidgenössische Technische Hochschule, Zürich, by Proff.-Dr. C.G. Jung* (outubro de 1933 a julho de 1941; 3 vols.; compiladas e traduzidas por Elizabeth Welsh e Barbara Hannah; publicação privada).

DK   Hermann, D., & Kranz, W. (1951-1953). *Die Fragmente der Vorsokratiker: Griechisch und Deutsch* (W. Kranz, ed.; 6. ed. rev.; 3 vols.). Weidmann.

ES   Eduard Sidler

JA   Coleção de documentos de C.G. Jung. ETH-Bibliothek. Arquivos da Universidade ETH de Zurique.

JOHA   Arquivo de História Oral de Jung. Biblioteca Countway of Medicine. Escola de Medicina de Harvard. Boston.

JL   Jung Library Küsnacht

JLN   Notas de seminário de Jung de JÁ

JMP   Falzeder, E., Liebscher, M., & Shamdasani, S. (eds.). (2018ss.). *Jung's lectures on modern psychology at the ETH Zurich* (8 vols.; Philemon Foundation). Princeton University Press.

LSM   Lucie Stutz-Meyer

LT   Louise Tanner

OK   Otto Karthaus

RS   Rivkah Schärf, mais tarde Schärf-Kluger

SBE   Müller, M. (ed.). (1879-1910). *Sacred books of the East* (50 vols.). Clarendon Press.

SCST   *Shrî-chakra-sambhâra Tantra*

YS   *Yoga: Discipline of freedom: The Yoga sutra attributed to Patanjali.* (1996). (B.S. Miller, tradução, comentários, introdução e glossário de palavras-chave). University of California Press.

YSD   Die Yoga Sûtra des Patañjali. (1908). (P. Deussen, trad.). In *Allgemeine Geschichte der Philosophie mit besonderer Berücksichtigung der Religionen.* Vol. I/3: Die nachvedische Philosophie der Inder (p. 511-543). F.A. Brockhaus.

YSH   Hauer, J. W. (1931). Übersetzung der Yoga--Merksprüche des Patanjali mit dem Kommentar des Vyassa. In *Yoga. Internationale Zeitschrift für wissenschaftliche Yoga-Forschung.* H. Palmié; novamente em: (1932). *Der Yoga als Heilweg. Nach den indischen Quellen dargestellt. Einleitung zur Geschicht des Yoga und zu seinen Texten, mit einer Verdeutschung der sogenannten Yoga-Merksprüche der Patanjali.* W. Kohlhammer.

Referências

Addison, A. (2009). Jung, vitalism and "the psychoid": An historical reconstruction. *The Journal of Analytical Psychology*, *54*(1), 123-143.

Agostinho de Hipona (1992). *The works of Saint Augustine: A translation for the 21st century: Sermons 94A-147A* (E. Hill, trad. e notas; J.E. Rotelle, ed.; pt. III, vol. 4). Augustinian Heritage Institute; New City Press of the Focolare.

Aitareya Brahmanam (1863). *The Aitareya Brahmanam of the Rigveda containing the earliest speculations of the Brahmans on the meaning of the sacrificial prayers and on the origin, performance, and sense of the rites of the Vedic religion* (M. Haug, ed. e trad.). Government Central Book Depot; Trübner & Co.

Alan de Lille (1855). *Alani de Insulis opera omnia* (Patrologia Latina, vol. 205). Imprimerie Catholique.

Alan de Lille (1981). *The art of preaching* (R. E. Gillian, trad.; Cistercian Fathers, vol. 23). Cistercian Publications.

Ambrósio de Milão (1862-1865). Sancti Ambrosii Mediolalensis Episcopi de Interpellatione Job et David Liber Quatuor. In J.-P. Migne (ed.), *Patrologia Latina* (vol. 14, p. 835-890). Imprimerie Catholique.

Ambrósio de Milão (1972). *Saint Ambrose: Seven exegetical works* (M.P. McHugh, trad.; The Fathers of the Church: A new translation, vol. 65). The Catholic University of America Press; Consortium Press.

Amitâyur-Dhyâna-Sûtra. (1894). (J. Takakusu, trad.). In *Sacred books of the East* (vol. 49, p. 161-201). Clarendon Press.

An introduction to yoga: Four lectures. (1908). (A. Besant, trad.). Theosophical Publishing Society.

Ângelo Silésio (1924). *Cherubinischer Wandersmann. Sinnliche Beschreibung der vier letzten Dinge* (H.L. Held, ed.; Sämtliche poetischer Werke, vol. 3). Allgemeine Verlagsanstalt. [Em inglês: (1986). *The cherubinic wanderer* (M. Shrady, trad.; J. Schmidt, introdução e notas; E.J. Furcha, prefácio). Paulist Press. Também: (2001). *The wanderer: Epigrams of a European mystic* (W. Pelz, trad.). Cairns Publications.] (Trabalho original publicado em 1657.)

Anuário de Eranos. (1934). *Yoga und Meditation im Osten und Westen* (Eranos Yearbook 1933). Rhein.

Atanásio (1892). *Select works and letters* (P. Schaff & H. Wace, eds.; Nicene and Post-Nicene Fathers, vol. 4, série II). Christian Literature Publishing.

Atreya, B.L. (1936). *The philosophy of the yoga-vasishta: A comparative, critical and synthetic survey of the philosophical ideas of Vasiṣiha as presented in the Yoga-Vāsiṣiha-Mahā-Rāmāyaṅa Adyar.* The Theosophical Publishing House.

Atwood, M.A. (1910). *A suggestive inquiry into the hermetic mystery with a dissertation on the more celebrated of the alchemical philosophers, being an attempt towards the recovery of the ancient experiment of nature.* Trelawny Saunders.

Aurobindo, S. (1943). *Gedanken und Einblicke: Studie über das Yoga des Shri Aurobindo von N. K. Gupta* (J. Herbert, prefácio). Rascher. Traduzido da edição original em A. Pondichery por A. von Keller.

Aurobindo, S. (1945). *Die Mutter* (A. von Keller, trad.; Sämtliche Werke, vol. 2: Indische Weisheit). Rascher.

Avalon, A. (ed.). (1913). *Ṣaṭ-Cakra-Nirûpaṇa and Pâdukâ-Pañca-ka* (Tantrik Texts, vol. 2). Sanskrit Press Depository; Luzac & Co.

Avalon, A. (ed.). (1919a). *Shrî-chakra-sambhâra Tantra* (K. Dawa-Samdup, trad.; Tantrik Texts, vol. 7). Luzac & Co; Thacker, Spink & Co.

Avalon, A. (1919b). *The serpent power, being the Ṣaṭ-Cakra-Nirûpaṇa and Pâdukâ-Pañcaka. Two works on laya-yoga* (A. Avalon, trad. do sânscrito, introdução e comentários). Luzac & Co.

Bailey, R. (1969-1970). *Unpublished oral interviews with Miss Ruth Bailey* (G. F. Nameche, entrevistador. Arquivado no C. G. Jung Biographical Archive, Countway Library of Medicine, Harvard University, Cambridge, MA).

Bernardini, R., Quaglino, G.P., & Romano, A. (2011). A visit paid to Jung by Alwine von Keller. *Journal of Analytical Psychology, 56,* 232-254.

Bernet, B. (2013). *Schizophrenie. Entstehung und Entwicklung eines psychiatrischen Krankheitsbildes um 1900.* Chronos.

Berthelot, M. (1887-1888). *Collection des anciens alchimistes grecs.* Georges Steinheil.

Best place for study: German psychologist's impression of Benares (1938, jan. 4). *Amrita Bazar Patrika.*

Bhagavad Gîtâ, or The Lord's song (1896). (A. Besant, trad.). Theosophical Publishing Society.

Bishop, P. (2002). *Jung's answer to Job: A commentary.* Routledge.

Blair, C.J. (1961). *Heat in the Rig Veda and Atharva Veda: A general survey with particular attention to some aspects and problems.* American Oriental Society.

Blum, M.L. (2002). *The origins and development of Pure Land Buddhism: A study and translation of Gyōnen's Jōdo Hōmon Genrushō*. Oxford University Press.

Borges, J.L. (1962). The fearful spheres of Pascal. In *Labyrinths* (D.A. Yates & J.E. Irby, trads.; p. 189-192). New Direction Publishing.

Brauen, M. (1998). *The mandala: Sacred circle in Tibetan buddhism*. Shambhala.

Brome, V. (1978). *Jung: Man and myth*. Macmillan.

Brosse, J. (1978). *Alexandra David-Néel: L'aventure et la spiritualité*. Retz.

Brunton, P. (1934). *A search in secret India*. Rider; E.P. Dutton.

Brunton, P. (1935). *The secret path*. Rider; E.P. Dutton.

Brunton, P. (1936). *A hermit in the Himalayas*. Rider; E.P. Dutton.

Brunton, P. (1937). *The quest of the overself*. Rider; E.P. Dutton.

Brunton, P. (1939). *Indian philosophy and modern culture*. Rider; E.P. Dutton.

Brunton, P. (1941). *Hidden teaching beyond yoga*. Rider; E.P. Dutton.

Brunton, P. (1952). *Spiritual crisis of man*. Rider; E.P. Dutton.

Burleson, B. (2005). *Jung in Africa*. Continuum.

Burnet, J. (1892). *Early Greek philosophy*. Adam and Charles Black.

Cahn Fung, A. (2004). Paul Brunton: A bridge between India and the West. *Paul Brunton Philosophic Foundation*. http://wisdomsgoldenrod.org/publications/cahn/PBThesisPt1.pdf Traduzido de *Paul Brunton: Un pont entre l'Inde et l'Occident*.

Tese de doutorado apresentada ao Departamento de Antropologia Religiosa, Université de Paris IV Sorbonne, 1992.

Clark, J.M. (1926). *The abbey of St Gall as centre of literature and art.* Cambridge University Press.

Collins, A., & Molchanov, E. (eds.). (2013). Jung and India. *Spring: A Journal of Archetype and Culture, 90.*

Comário (1963). *Buch des Komarius, des Philosophen und Hohepriesters, der Cleopatra die göttliche und heilige Kunst des Steins der Philosophen lehrte.* Holland Press.

Copenhaver, B.P. (ed.). (1992). *The Greek corpus hermeticum and the Latin Asclepius in a new English translation with notes and introduction.* Cambridge University Press.

Coward, H. (1996). Taoism and Jung: Synchronicity and the Self. *Philosophy East and West, 46*(4), 477-495.

Creuzer, G.F. (1810-1812). Symbolik und Mythologie der alten Völker, besonders der Griechen (4 vols.). Leske (vols. 1-2); Heyer & Leske (vols. 3-4). Segunda edição revisada, continuação do volume 5 por F.J. Mone, 1819-1823.

Dasgupta, S. (1922-1955). *A history of Indian philosophy* (5 vols.). Cambridge University Press.

David-Néel, A. (1929). *Mystiques et magiciens du Tibet.* Plon. [Em inglês: (1931). *With mystics and magicians in Tibet.* The Bodley Head.]

David-Néel, A. (1933). *Grand Tibet: Au pays des brigands-gentilshommes.* Plon. [Em inglês: (1936). *Tibetan journey.* John Lane.]

David-Néel, A. (1938). *Magie d'amour et magic noire: Scènes du Tibet inconnu.* Plon. [Em inglês: (1983). *Tibetan tales of love and magic.* Neville Spearman.]

David-Néel, A. (1940). *Sous des nuées d'orage: Recit de voyage*. Plon.

David-Néel, A. (1955). *Unbekannte tibetische Texte*. O. W. Barth.

Davis, W. (2012). *Into the silence: The Great War, Mallory, and the conquest of Everest*. Vintage Books.

Deussen, P. (1894). *Allgemeine Geschichte der Philosophie mit besonderer Berücksichtigung der Religionen* (vol. I/1: Allgemeine Einleitung und Philosophie des Veda bis auf die Upanishad's). F.A. Brockhaus.

Deussen, P. (1897). *Sechzig Upanishads des Veda*. F.A. Brockhaus.

Deussen, P. (1908). *Allgemeine Geschichte der Philosophie mit besonderer Berücksichtigung der Religionen* (vol. I/3: Die nach-vedische Philosophie der Inder). F.A. Brockhaus.

Dieterich, A. (1891). *Abraxas: Studien zur Religionsgeschichte des spätern Altertums*. B.G. Teubner.

Dieterich, A. (1903). *Eine Mithrasliturgie*. B.G. Teubner.

Doniger, W. (2009). *The Hindus: An alternative history*. Viking Press.

Dorn, G. (1568). *Chymisticum artificium naturae, theoricum et practicum*. Frankfurt.

Dorn, G. (1602). Speculativae philosophiae, gradus septem vel decem continens. In *Theatrum Chemicum, praecipuos selectorum auctorum tractatus... continens* (vol. 1, p. 255-310). Ex officina Cornelii Sutorii, sumtibus Lazari Zetzneri.

Draper, M. (1987). Wells, Jung and the persona. *English Literature in Transition*, 1880-1920, *30*(4), 437-449.

Driesch, H. (1908). *The science and the philosophy of the organism: The Gifford Lectures delivered before the University of Aberdeen in 1907*. Adam and Charles Black.

Driesch, H. (1914). *The history and theory of Vitalism*. Macmillan & Co.

Eisler, R. (1930). *Kant-Lexikon: Nachschlagewerk zu Kants sämtlichen Schriften, Briefen und handschriftlichem Nachlass*. E. S. Mittler & Sohn; Pan-Verlag Metzner.

Ekkehard I (1838). Waltharius. In J. Grimm & A. Schmeller (eds.), *Lateinische Gedichte des X. und XI. Jahrhunderts, 1-126*. Dieterichsche Buchhandlung. [(1984). *Waltharius* (D. M. Kratz, trad.). The Garland Library of Medieval Literature. Série A, 13. Garland.]

Ekkehard IV (1909). *Der Liber Benedictionum Ekkeharts IV. nebst den kleineren Dichtungen aus dem Codex Sangallensis 393* (J. Egli, ed.; Mitteilungen zur vaterländischen Geschichte, série 4/1). St Gallen.

Ekkehard IV (1980). *Casus Sancti Galli/St. Galler Klostergeschichten* (H.F. Haefele, ed.). Wissenschaftliche Buchgesellschaft.

Engi, L. (2008). Fritz Fleiner (1867-1937). In *ius.full* 6/08 (p. 226-228). http://www.iusfull.ch/fileadmin/letzte_hefte_content/2008-06_Fleiner.pdf

Erenrich, S. (ed.). (1999). *Freedom is a constant struggle: An anthology of the Mississippi Civil Rights Movement*. Black Belt Press.

Eschenbach, W. von. (1891). *Werke* (K. Lachmann, ed.; 5. ed.). Reimer.

Eschenbach, W. von. (1912). *Parzival: A knightly epic* (J.L. Weston, trad.). O.E. Stechert & Co.

Evans-Pritchard, E.E. (1965). *Theories of primitive religion*. Oxford University Press.

Evans-Wentz, W.Y. (1935). *Tibetan yoga and secret doctrines; or, seven books of wisdom of the Great Path, according to the late Lāma Kazi Dawa-Samdup's english rendering* (arranged and edited with introductions and annotations to serve as a commentary). Oxford University Press. [Em alemão: (1937). *Yoga und Geheimlehren Tibets*. Barth.]

Fassler, M.E. (1984). Who was Adam of St. Victor? The evidence of the sequence manuscripts. *Journal of the American Musicological Society, 37*(2), 233-269.

Feuerstein, G. (1997). *The Shambhala encyclopedia of yoga*. Shambhala.

Ficino, M. (1937-1945). Tractatus de Deo et anima vulgaris. In P.O. Kristeller (ed.), *Supplementum Ficinianum* (p. 128-158). Olschki.

Filóstrato (2005). *The life of Apollonius of Tyana* (C.P. Jones, ed.; vol. 1: Livros I-IV, vol. 2: Livros V-VIII). Harvard University Press.

Fleiner, F. (1911). *Institutionen des deutschen Verwaltungsrechts*. Mohr.

Fleiner, F. (1916). *Entstehung und Wandlung moderner Staatstheorien in der Schweiz: Akademische Antrittsrede Uni Zürich*. Orell Füssli.

Fleiner, F. (1923). *Schweizerisches Bundesstaatsrecht*. Mohr.

Flournoy, T. (1900). *Des Indes à la planète Mars: Étude sur un cas de somnambulisme com glossolalie*. F. Alcan; Ch. Eggimann. [Em inglês: (1994). *From India to Planet Mars: A case of multiple personality with imaginary languages* (S. Shamdasani, ed. e introdução; C.G. Jung, prefácio; M. Cifali, comentário). Princeton University Press.] (Trabalho original publicado em 1899.)

Franz, M.-L. von. (1974). *Number and time: Reflections leading towards a unification of psychology and physics*. Rider & Company.

Freud, S. (1987a). Das Unbehagen in der Kultur. In *Gesammelte Werke* (vol. 14, p. 419-506). Fischer Verlag. [Em inglês: Civilization and its discontents (J. Strachey, trad.). In *Complete works* (vol. XXI, p. 64-145).] (Trabalho original publicado em 1930.)

Freud, S. (1987b). Die Zukunft einer Illusion. In *Gesammelte Werke* (vol. 14, p. 325-380). Fischer Verlag. [Em inglês: The future of an illusion (J. Strachey, trad.). In *Complete works* (vol. XXI, p. 5-56).] (Trabalho original publicado em 1927.)

Gandhi, M.K. (Mahatma). (1962). *The essential Gandhi: An anthology of his writings on his life, work, and ideas* (L. Fisher, ed.; E. Easwaran, prefácio). Vintage Books.

Gandhi, M.K. (1993). *An autobiography: The story of my experiments with truth*. Beacon Press.

Garbe, R. (1894). *Die Sâmkhya-Philosophie: Eine Darstellung des indischen Rationalismus nach den Quellen*. Haessel.

Geiger, W. (ed. e trad.). (1922). Nidâna-Samyutta. In *Samyutta Nikâya: Die in Gruppen geordnete Sammlung aus dem Pâli-Kanon der Buddhisten, zum ersten Mal ins Deutsche übertragen von Wilhelm Geiger, II, 1*. Oskar Schloss Verlag.

Geiger, W. (ed. e trad.). (1925/1930). *Samyutta Nikâya. Aus dem Pâli Kanon der Buddhisten: die in Gruppen geordnete Sammlung aus dem Pâli-Kanon der Buddhisten, zum ersten Mal ins Deutsche übertragen von Wilhelm Geiger* (vol. I: 1930, vol. 2: 1925). Benares Verlag/Ferdinand Schwab.

Geismar, H. (2009). Stone men of Malekula in Malakula: An ethnography of an ethnography. *Ethos, 74*(2), 199-228.

Gijswijt-Hofstra, M., & Porter, R. (eds.). (2001). *Cultures of neurasthenia: From Beard to the First World War*. Rodopi.

Goethe, J.W. von. (1960). Ultimatum. In *Poetische Werke* (vol. 1). Aufbau Verlag.

Goethe, J.W. von. (1980). *Goethe's Faust* (B. Fairley, trad). University of Toronto.

Goethe, J.W. von. (1987). *Sämtliche Werke, Briefe, Tagebücher und Gespräche* (vol. 1). KlassikerVerlag. (Trabalho original publicado em 1776.)

Goethe, J.W. von. (1994). *The collected works* (C. Middleton, ed.; vol. 1: selected poems). Princeton University Press.

Goethe, J.W. von. (2005). *Faust*. Pennsylvania State University. Traduzido para o inglês, na métrica original, por B. Taylor.

Goethe, J.W. von. (2014). Faust I & II. In *Collected works* (vol. 2). Princeton University Press. Editado e traduzido por S. Atkins, com uma nova introdução de D.E. Wellbery.

Guggenbühl, A. (1940, nov.). Selbsterziehung. *Schweizer Spiegel*, vol. 2.

Gupta, M. (1942). *The gospel of Sri Ramakrishna* (Swami Nikhilânanda, trad. e introdução; 2 vols.). Sri Ramakrishna Math.

Haaning, A. (2014). Jung's quest for the Aurora Consurgens. *Analytical Psychology*, *59*, 8-30.

Hannah, B. (1981). An early-twelfth century example of active imagination: Hugh de St. Victor's conversation with his anima. In *Encounters with the soul: Active imagination as developed by C. G. Jung*. Sigo Press.

Hauer, J.W. (1921). *Die Anfänge der Yoga Praxis im alten Indien. Eine Untersuchung über die Wurzeln der indischen Mystik nach Rgveda und Atharvaveda*. W. Kohlhammer.

Hauer, J.W. (1931). Übersetzung der Yoga-Merksprüche des Patanjali mit dem Kommentar des Vyassa. In *Yoga. Internationale Zeitschrift für wissenschaftliche YogaForschung*. H. Palmié.

Hauer, J.W. (1932). *Der Yoga als Heilweg. Nach den indischen Quellen dargestellt. Einleitung zur Geschichte des Yoga und zu seinen Texten, mit einer Verdeutschung der sogenannten Yoga-Merksprüche der Patanjali.* W. Kohlhammer.

Hauer, J.W. (1934a). *Deutsche Gottschau. Grundzüge eines Deutschen Glaubens.* Karl Gutbrod.

Hauer, J.W. (1934b). *Eine indo-arische Metaphysik des Kampfes und der Tat. Die Bhagavadgītā in neuer Sicht mit Übersetzungen.* W. Kohlhammer.

Hauff, W. (1824). *Kriegs- und Volkslieder.* Metzler.

Heise, J. (ed.). (1990). *Die kühle Seele. Selbstinterpretationen der japanischen Kultur.* Fischer.

Herbart, J.F. (1816). *Lehrbuch zur Psychologie.* August Wilhelm Unzer.

Herbart, J.F. (1824/1825). *Psychologie als Wissenschaft, neu gegründet auf Erfahrung, Metaphysik und Mathematik* (2 vols.). August Wilhelm Unzer.

Herbart, J.F. (1839/1840). *Psychologische Untersuchungen.* Dieterichsche Buchhandlung.

Hesse, H. (2006). *Die dunkle und wilde Seite der Seele: Briefwechsel mit seinem Psychoanalytiker Josef Bernhard Lang 1916-1944* (T. Feitknecht, ed.). Suhrkamp.

Howitt, W. (1841). *The student-life of Germany: From the unpublished MS. of Dr. Cornelius.* Longman, Brown, Green and Longmans.

Hugo de São Vítor (1854). *Opera omnia* (J.-P. Migne, ed.; Patrologiae cursus completus. Series Latina: vols. CLXXV-CLXXVII). Imprimerie Catholique.

I Ching. Das Buch der Wandlungen. (1924). (R. Wilhelm, trad. e comentários). Diederichs.

Inácio de Loyola (1996 [1522-1524]). The spiritual exercises. In *Personal writings: Reminiscences, spiritual diary, selected letters including the text of the spiritual exercises* (J. A. Munitiz & P. Endean, trad., introdução e notas; p. 281-328). Penguin.

Irineu de Lyon (1885). Against heresies (A. Roberts & W. Rambaut, trad.). In *Ante-Nicene Fathers* (A. Roberts, J. Donaldson & A.C. Coxe, eds.; vol. 1). Christian Literature Publishing Co.

Janet, P. (1898). *Névroses et idées fixes* (vol. 1). Félix Alcan.

Jung, C.G. (1933). *The Berlin Seminar, 26 June – 1 July 1933* (G. Sorge, ed.). Philemon Series.

Jung, C.G. (1933/1934). *History of modern psychology: Lectures delivered at the ETH Zurich* (E. Falzeder, ed.; Philemon Series, vol. 1). Princeton University Press.

Jung, C.G. (1937/1938). *ETH Lectures. Volume 5: Psychology of the unconscious* (M. Liebscher & C. Wagner, eds.; Summer semester 1937 & Summer semester 1938; Philemon Series). Princeton University Press.

Jung, C.G. (1939/1940). *ETH Lectures. Volume 7: The Exercitia spiritualia of Saint Ignatius of Loyola* (M. Liebscher, ed.; June 1939 – March 1940 & November 1940; Philemon Series). Princeton University Press.

Jung, C.G. (1950). Prefácio. In *The I Ching, or Book of changes: The Richard Wilhem translation* (C. F. Baynes, trad.; p. i-xx). Pantheon.

Jung, C.G. (1962). *Memories, dreams, reflections* (A. Jaffé, ed.; R. Winston & C. Winston, trads.). Pantheon Books.

Jung, C.G. (1973). *Letters* (G. Adler & A. Jaffé, eds.; R.F.C. Hull, trad.; vol. 1: 1906-1950; vol. 2: 1951-1961). Princeton University Press.

Jung, C.G. (1977). *C. G. Jung speaking: Interviews and encounters* (W. McGuire & R.F.C. Hull, eds.; Bollingen Series, vol. 97). Princeton University Press.

Jung, C.G. (1984). *Dream analysis: Notes of the seminar given in 1928-1930* (W. McGuire, ed.). Princeton University Press.

Jung, C.G. (1985). *Ein großer Psychologe im Gespräch: Interviews, Reden, Begegnungen* (R. Hinshaw & L. Fischli, eds.). Herder.

Jung, C.G. (1996). *The psychology of Kundalini yoga: Notes of the seminar given in 1932 by C. G. Jung* (S. Shamdasani, ed.). Princeton University Press.

Jung, C.G. (1997). *Visions: Notes of the seminar given in 1930-1934* (C. Douglas, ed.). Princeton University Press.

Jung, C.G. (2009). *The red book: Liber novus*. W.W. Norton. [(2013). *O livro vermelho: Liber novus* (S. Shamdasani, ed.). Vozes.]

Jung, C.G. (2014). *Dream interpretation ancient and modern: Notes from the seminar given in 1936-1941* (J. Peck, L. Jung & M. Meyer-Grass, eds.; E. Falzeder & T. Woolfson, trads.; Philemon Series). Princeton University Press.

Jung, C.G. (2020). *Black books* (S. Shamdasani, ed.; M. Liebscher, J. Peck & S. Shamdasani, trads.). W. W. Norton.

Jung, C.G., & Kerényi, K. (1941). *Das Göttliche Kind: In mythologischer und psychologischer Beleuchtung* (Albae Vigiliae VI/VII). Pantheon Akademische Verlagsanstalt.

Jung, E., & Franz, M.L. von. (1960). *Die Graalslegende in psychologischer Sicht*. Rascher. [Em inglês: (1970). *The Grail Legend* (A. Dykes, trad.). Putnam's Sons.]

Kaelber, W.O. (1976). Tapas, birth and spiritual rebirth in the Vedas. *History of Religions, 15*(4), 343-386.

Kerner, J.A.C. (2012). *Die Seherin von Prevorst: Eröffnungen über das innere Leben und über das Hineinragen einer Geisterwelt in die unsere* (2 vols.). J.G. Cotta'sche Buchhandlung. (Trabalho original publicado em 1829.)

Khong, B.S.L., & Thompson, N.L (1997). Jung and Taoism: A comparative analysis of Jung's psychology and Taoist philosophy. *Harvest: Journal for Jungian Studies, 43*(2), 86-105.

King, C. (1864). *The Gnostics and their remains*. Bell and Daldy.

Kitayama, O. (1991). The wounded caretaker and guilt. *Int. R. Psycho-Anal., 18*, 229-240.

Klages, L. (1929). *Der Geist als Widersacher der Seele*. Barth.

Konrad von Haimburg (Conradus Gemnicensis). (1888). *Conradus Gemnicensis. Konrad von Haimburgs und seiner Nachahmer Reimgebete* (G.M. Dreves, ed.; Analecta hymnica medii aevi, vol. III). Fues's Verlag.

Kosawa, H. (1935). Two types of guilt consciousness: Oedipus and Ajase. *Tokyo Journal of Psychoanalysis*, 11.

Kössinger, N., Krotz, E., & Müller, S. (eds.). (2015). *Ekkehart IV. Von St. Gallen*. Walter de Gruyter.

Krishna, G. (1988). *Kundalini for the New Age: Selected writings of Gopi Krisha* (G. Kieffer, ed.). Bantam.

Lao-Tsé (1911). *Tao Te King. Das Buch des Alten vom Sinn und Leben* (R. Wilhelm, trad. e comentário). Diederichs.

Layard, J. (1942). *Stone men of Malekula*. Chatto and Windus.

Layard, J. (1944). *The lady of the hare: Being a study in the healing power of dreams*. Faber and Faber.

Leisegang, H. (1924). *Die Gnosis*. Alfred Kröner Verlag.

Lévy-Bruhl, L. (1910). *Les fonctions mentales dans les sociétiés inférieures*. Felix Alcan.

Lévy-Bruhl, L. (1935). *La mythologie primitive. Le monde mythique des Australiens et des Papous*. Felix Alcan.

Lincoln, J.S. (1935). *The dream in primitive cultures* (C.G. Seligman, introdução). Cresset Press.

Lubbock, J. (1865). *Pre-historic times, as illustrated by ancient remains, and the manners and customs of modern savages*. Williams and Norgate.

Maas, P.A. (2006). *Samâdhipâda: Das erste Kapitel des Pâtañjalayogaśâstra zum ersten Mal kritisch ediert* (Studia Indologica Universitatis Halensis. Geisteskultur Indiens. Texte und Studdien 9). Shaker.

MacDermot, V. (1978). Introduction to Carl Schmidt. In *The Books of Jeu and the untitled text in the Bruce Codex* (p. ix-xxi). Brill.

MacDonald, A.W., & Lalou, M. (1970). *L'œuvre de Jean Przyluski*. Adrien-Maisonneuve.

Madhavananda (1925). *Life of Sri Ramakrishna: Compiled from various authentic sources*. Advaita Ashrama.

Maharaj, N. (2012). *I am that: Talks with Nisargadatta Maharaj* (S. Dikshit, ed.; M. Frydman, trad.; 2. ed. rev.). Acorn.

Maier, M. (1616). *De circulo physico quadrato*. Jennis.

Maier, M. (1618). *Atalanta fugiens, hoc est emblemata nova de secretis naturae chymica*. Johann Theodor de Bry. (Com 52 gravuras em cobre de Matthaeus Merian.) [Em alemão: (1708). *Chymisches Cabinet*. Georg Heinrich Oehrling.]

Martelli, M. (2013). *The "Four books" of Pseudo-Democritus* (L. M. Principe & J.M. Rampling, eds.; Sources of Alchemy and Chemistry). Maney Publishing.

Martelli, M. (2016). Greco-Egyptian and Byzantine alchemy. In G.L. Irby (ed.), *A companion to science, technology, and medicine in Ancient Greece and Rome* (vol. 1, p. 217-231). Wiley Blackwell.

Masson-Oursel, P. (1937). *Die indische Erlösungstheorien im Rahmen der Heilsreligionen: Die Gnadenlehre im religiösen Denken Indiens* (Eranos Yearbook 1936, p. 113-133). Rhein. [Em inglês: (1955). The Indian theories of redemption in the frame of the religions of Salvation: The doctrine of Grace in the religious thought of India. In *The mysteries: papers from the Eranos Yearbooks* (J. Campbell, ed.; Série Bollingen, vol. 30/2, p. 3-13). Princeton University Press.]

Masson-Oursel, P. (1938). *Die indische Auffassung der psychologischen Gegebenheiten: Die indischen Heilstechniken* (Eranos Yearbook 1937, p. 79-91). Rhein. [Em inglês: (1972). The Indian conception of psychology: Indian techniques of salvation. In *Spirit and nature, papers from the Eranos Yearbooks* (J. Campbell, ed.; Série Bollingen, vol. 30/1, p. 204-212). Princeton University Press.]

McGuire, W., & Hull, R.F.C. (eds.). (1977). *C. G. Jung speaking*. Princeton University Press.

Meier, C.A. (1949). *Antike Inkubation und moderne Psychotherapie* (Studien aus dem C. G. Jung Institut, vol. I). Rascher. [Em inglês: (1967). *Ancient incubation and modern psychotherapy*. Northwestern University Press. Revisada e explicada: (1989). *Healing dream and ritual: Ancient incubation and modern psychotherapy* (L. Burr, R. Hinshaw, G. Massey, J. Peck & D. Roscoe, eds. e trads.). Daimon.]

Meier, C.A. (1986). Spontaneous manifestations of the collective unconscious. In *Soul and body: Essays on the theories of C. G. Jung* (p. 11-29). Lapis Press. (Trabalho original publicado em 1937.)

Mertens, M. (2006). Greco-Egyptian alchemy in Byzantium. In P. Magadalino & M. Mavroudi (eds.), *The occult sciences in Byzantium* (p. 205-230). La Pomme d'or.

Mestre Eckhart (1857). *Deutsche Mystiker des vierzehnten Jahrhunderts* (F. Pfeiffer, ed.; vol. 2: Meister Eckhart). Göschen. [Em inglês: (1924). *Meister Eckhart* (C. de B. Evans, trad.). Watkins.]

Mestre Eckhart (1903). *Meister Eckeharts Schriften und Predigten* (H. Büttner, trad.; vol. 1). Eugen Diederichs.

Mestre Eckhart (1909). *Meister Eckeharts Schriften und Predigten* (H. Büttner, trad.; vol. 2). Eugen Diederichs.

Mestre Eckhart (1981). *Meister Eckhart: The essential sermons, commentaries, treatises and defence* (B. McGinn & E. Colledge, trads. e eds.). Ramsey; Paulist Press.

Mirandola, G.P. della. (1930). *On the imagination* (Harry Caplan, ed. e trad.; Cornell Studies in English 16). Yale University Press; Humphrey Milford; Oxford University Press.

Moekel, P. (1919). *Mein Hund Rolf, ein rechnender und buchstabierender Airedale-terrier* (F. Moekel, ed.). Robert Lutz.

Müller, M. (1894). Introduction to Buddhist mahâyâna texts. In *The sacred books of the East* (M. Müller, ed.; vol. 49). Clarendon Press.

Müller, R. (2006). *Verwaltungsrecht als Wissenschaft. Fritz Fleiner 1867-1937*. Vittorio Klostermann.

Muramoto, S. (2011). The Buddhist concept of mind and body in diversity. In R.A. Jones (ed.), *Body, mind and healing after Jung: A space of questions* (p. 127-144). Routledge.

Musaeum hermeticum (1625). *Musaeum hermeticum omnes sopho-spagyricae artis discipulos fidelissime erudiens, quo pacto summa illa veraque Medicina, quo res omnes, qualemcumque defectum patientes, instaurari possunt (quae alias Benedictus Lapis Sapientum appellatur) inveniri ac haberi queat. Continens Tractatus chymicos novem praestantissimos quorum nomina & seriem versa pagella indicabit. In gratiam filiorum doctrinae, quibus Germanicum Idioma ignotum, in Latinum conversum ac juris publici factum.* Lucas Jennis.

Myers, F.W.H. (1892). The subliminal consciousness: Sensory automatism and induced hallucinations. *Proceedings of the Society for Psychical Research, 8,* 516-521.

Nanjio, B. (1883). *A catalogue of the Chinese translation of the Buddhist Tripitaka: The sacred canon of the Buddhists in China and Japan.* Clarendon Press.

Nietzsche, F. (1988). *Also sprach Zarathustra* (G. Colli & M. Montinari, eds.; Kritische Studienausgabe, vol. 4). De Gruyter. [Em inglês: (1961). *Thus spoke Zarathustra* (R.J. Hollingdale, trad.). Penguin Books.] (Trabalho original publicado em 1883-1885.)

Notker I (1959). *Taten Kaiser Karls des Großen* (Notkeri Balbuli Gesta Karoli Magni imperatoris) (H.F. Haefele, ed.; Monumenta Germaniae Historica, New series 12). Weidmann. [Em inglês: (1905). *Early lives of Charlemagne by Eginhard and the Monk of St Gall* (A.J. Grant, trad.). De La More Press.]

Notker III (1972). *Die Werke Notkers des Deutschen.* Niemeyer. Editado por E.H. Sehrt e T. Starck, continuado por J.C. King e P.W. Tax.

Oppermann, M.A. (ed. e trad.). (1908). *Yoga-Aphorismen des Pâtañjali: Sanskritübersetzungen und Betrachtungen.* Theosophisches Verlagshaus. Reimpresso em 2014, Edition Geheimes Wissen.

Ostler, H. (1906). *Die Psychologie des Hugo von St. Viktor. Ein Beitrag zur Geschichte der Psychologie in der Frühscholastik. Beiträge zur Geschichte der Philosophie des Mittelalters* (vol. 6/1). Aschendorff/Verlag der Aschendorffschen Buchhandlung.

Paracelso (1577). *Aurorae Thesaurusque Philosophorum* (G. Dorn, ed. e trad.). Thomas Guarinus.

Pelet, E. von. (1930). *Worte des Ramakrishna.* Erlenbach; Rotapfel-Verlag.

Peyronnet, M.-M. (1973). *Dix ans avec Alexandra David-Néel.* Plon.

Platão (1997). Phaedrus (A. Nehamas & P. Woodruff, trads.). In *Complete works* (J.M. Cooper, ed.; p. 506-556). Hackett.

Poewe, K. (2006). *New religions and the Nazis.* Routledge.

Przyluski, J. (1920). *Le Parinirvana et les funérailles du Buddha.* P. Geuthner.

Przyluski, J. (1923). *La légende de l'empereur Açoka (Açoka--Avadana) dans les textes indiens et chinois.* P. Geuthner. [Em inglês: (1964). *The legend of emperor Aśoka in Indian and Chinese texts* (D.K. Biswas, trad. com notas e comentários adicionais). F.K. Mukhopadhyay.

Przyluski, J. (1938). *Die Erlösung nach dem Tode in den Upanishaden und im ursprünglichen Buddhismus: Der Lebendig-Erlöste in dem entwickelten Buddhismus* (Eranos Yearbook 1937, p. 93-136). Rhein.

Przyluski, J. (1939). *Ursprünge und Entwicklung des Kultes der Mutter-Göttin: Die Mutter-Göttin als Verbindung zwischen den Lokal-Göttern und dem Universal-Gott* (Eranos Yearbook 1938, p. 11-57). Rhein.

Pseudo-Aristóteles (1914). *De mundo* (E.S. Forster, ed. e trad.). Clarendon Press.

Quispel, G. (1950). *Anima naturaliter christiana* (Eranos Yearbook: special volume for C. G. Jung on the occasion of his 75th birthday, p. 173-182). Rhein-Verlag. [Também em: (1951). *Latomus 10*, 163-169.]

Ramakrishna (1934). *Teachings of Sri Ramakrishna* (2. ed.). Advaita Ashrama.

Rhys Davids, C. (1934). *Religiöse Übungen in Indien und der religiöse Mensch* (Eranos Yearbook 1933, p. 95-134). Rhein.

Rhys Davids, C. (1935). *Zur Geschichte des Rad Symbols* (Eranos Yearbook 1934, p. 153-178). Rhein.

Rhys Davids, C. (1936a). *Der Mensch, die Suche und Nirvana* (Eranos Yearbook 1935, p. 207-230). Rhein.

Rhys Davids, C. (1936b). *The birth of Indian psychology and its development in Buddhism.* Luzac & Co.

Rhys Davids, C. (1937). *Erlösung in Indiens Vergangenheit und in unserer Gegenwart* (Eranos Yearbook 1936, p. 135-163). Rhein.

Ricardo de São Vitor (1979). *The twelve patriarchs, the mystical ark, book three of the Trinity* (G.A. Zinn, trad. e introdução; J. Châtillon, prefácio). S.P.C.K.

Rolland, R. (1929). *La vie de Ramakrishna. Essai sur la mystique et l'action de l'Inde Vivante* (vol. I). Librairie Stock. [Em inglês: *The life of Ramakrishna* (E.F. Malcolm-Smith, trad.).]

Rolland, R. (1930). *La vie de Vivekananda et l'Évangile universel: Essai sur la mystique et l'action de l'Inde Vivante* (vol. 2). Librairie Stock. [Em inglês: *The life of Vivekananda and the Universal Gospel* (E.F. Malcolm-Smith, trad.).]

Rostand, E. (1910). *Chantecler: Play in four acts* (G. Hall, trad.). Duffield and Company.

Ruysbroeck, J. de (1944). *The seven steps of the ladder of spiritual love* (F.S. Taylor, trad.; J. Bolland, introdução). Dacre Press.

Ruysbroeck, J. de (1995). *The spiritual espousals* (J. Alaerts, ed.; H. Rolfson, trad.; P. Mommaers, introdução). Liturgical Press.

Rykwert, J. (1976). *The idea of a town: The anthropology of urban form in Rome, Italy and the Ancient World*. MIT Press.

Salzer, A. (1967). *Die Sinnbilder und Beiworte Mariens in der deutschen Literatur und lateinischen Hymnenpoesie des Mittelalters. Mit Berücksichtigung der patristischen Literatur. Eine literar-historische Studie*. Wissenschaftliche Buchgesellschaft. (Trabalho original publicado em 1893.)

Schmieder, K.C. (1832). *Die Geschichte der Alchemie*. Verlag der Buchhandlung des Waisenhauses.

Schmitt, J.L. (1927). *Das Hohelied vom Atem*. Dom Verlag.

Seitz, P. von. (1853). *Bruder Philipps des Carthäusers Marienleben* (H. Rückert, ed.). Gottfried Basse. (Trabalho original publicado em c. 1300.)

Sengupta, S. (2013). *Jung in India*. Spring Publishing.

Shamdasani, S. (1990). A woman called Frank. *Spring Journal of Archetype and Culture*, 50, 26-56.

Shamdasani, S. (1996). Introduction. In C.G. Jung, *The psychology of Kundalini yoga: Notes of the seminar given in 1932 by C. G. Jung* (S. Shamdasani, ed.; p. xvii-xlvii). Princeton University Press.

Shamdasani, S. (2003). *Jung and the making of modern psychology: The dream of a science*. Cambridge University Press.

Shamdasani, S. (2012). *C. G. Jung: A biography in books*. Norton.

Siorvanes, L. (1996). *Proclus: Neo-Platonic philosophy and science*. Yale University Press.

Spencer, B., & Gillen, F.J. (1899). *The native tribes of Central Australia*. MacMillan.

Stoler Miller, B. (1996). *Introduction to yoga: Discipline of freedom: The Yoga Sutra attributed to Patanjali*. University of California Press. Uma tradução do texto, com comentários, introdução e glossário de palavras-chave.

Strehlow, C. (1907). *Die Aranda- und Loritja-Stämme in Zentral-Australien*. Joseph Baer.

Suzuki, D.T. (1934). *An introduction to Zen Buddhism*. Eastern Buddhist Society. [Em alemão: (1939). *Die große Befreiung: Einführung in den Zen-Buddhism* (Mit einem Geleitwort von C. G. Jung). Curt Weller.]

Suzuki, D.T. (1954). *The role of nature in Zen Buddhism* (Eranos Yearbook 1953, p. 291-321). Rhein.

Suzuki, D.T. (1955). *The awakening of a new consciousness in Zen* (Eranos Yearbook 1954, p. 275-304). Rhein.

Suzuki, D.T. (1957). *Zen: Lehre vom Nichtbewusstsein* (E. von Pelet, trad.). O. W. Barth.

Tanaka, K.K. (1990). *The dawn of Chinese Pure Land Buddhist doctrine: Jìngyǐng Huìyuán's commentary on the Visualization Sûtra*. State University of New York Press.

Taylor, K. (2001). *Sir John Woodroffe, Tantra and Bengal: "An Indian soul in an European body?" SOAS Studies on South Asia*. Routledge; Curzon.

The Amitāyur-dhyāna-sūtra (1894). (J. Takakusu, trad.). In *Buddhist mahâyâna texts* (E.B. Cowell, F. Max Müller & J. Takakusu, trads.; M. Muller, ed.; The sacred books of the East, vol. 49, p. 159-202). Clarendon Press.

The Apocryphal New Testament (1924). (M.R. James, trad. e notas). Clarendon Press.

The connected discourses of the Buddha: A new translation of the Samyutta Nikâya. (2000). (B. Bodhi, trad.; vol. 1). Wisdom Publications.

The secret of the golden flower: A Chinese book of life (1931). (C.F. Baynes, trad.). Kegan Paul & Co. [(1929). *Das Geheimnis der goldenen Blüte. Ein chinesisches Lebensbuch* (R. Wilhelm, trad.; C.G. Jung, comentário). Dornverlag; edição revisada e ampliada: (1962). *The secret of the golden flower: A Chinese book of life* (Traduzido para o alemão e explicado por R. Wilhelm, com prefácio e comentários de C.G. Jung e parte do texto de meditação chinês *The book of consciousness and life*). Wehman Bros.; (1984). *The secret of the golden flower: A Chinese book of life.* Arkana.]

The three paths to the union with God (1897). (A. Besant, trad.). Theosophical Publishing Society.

Thomas, L. (1930). *India: Land of the Black Pagoda.* Garden City Publishing.

Tractatus Aristotelis Alchymistae ad Alexandrum Magnum de Lapide Philosophico (1622). In *Theatrum Chemicum* (vol. 5, p. 787-799). Lazarus Zetzner.

Trismosin, S. (1598-1599). *Aureum vellus, oder Guldin Schatz und Kunstkammer.* F. Gottshausz S. Gallen Reichshoff [Leonhard Straub].

Twain, M. (1907). *Christian science: With notes containing corrections to date.* Harper & Bros.

Van Tongerloo, A. (1993). *Coptic manichaean texts* (Encyclopaedia Iranica, vol. 6, p. 260-264). Encyclopaedia Iranica Foundation.

Vaughan, T. (1650). *Anima magica abscondita: Or a discourse of the universall spirit of nature, with his strange, abstruse, miraculous ascent, and descent.* T. W. for H.B. [Em inglês: (1919). *The works of Thomas Vaughan* (A.E. Waite, ed., notas e apresentação). Theosophical Publishing House.]

Vermorel, H., & Vermorel, M. (eds.). (1993). *Sigmund Freud et Romain Rolland: Correspondance 1923-1936: De la sensation océanique au Trouble du souvenir sur l'Acropole* (Histoire de la psychanalyse, collection dirigée à Alain de Mijolla). Presses Universitaires de France.

Vidal, F. (2011). *The sciences of the soul: The early modern origins of psychology.* The University of Chicago Press.

Vishńu Puráńa (Vishńupurāṅam). (1840). *A system of Hindu mythology and tradition.* Trubner & Co. Traduzido do sânscrito original e ilustrado por notas oriundas principalmente de outros Puráńas, por Horace Hayman Wilson.

Vivekananda (1896). *Vedânta philosophy: Lectures on râja yoga, or conquering the internal nature; also Patanjali's yoga aphorisms, with commentaries, and glossary of Sanskrit terms.* Longmans and Co. [Em alemão: (1937). *Raja-Yoga. Mit den Yoga Aphorismen des Patanjali* (E. von Pelet, ed. e trad.). Rascher.]

Vivekananda (1899). *Vedânta philosophy: Lectures by the Swâmi Vivekânanda on jnâna-yoga.* The Vedânta Society.

Vivekananda (1934). *Inspired talks: My master and other writtings.* Ramakrishna and Vivekananda Centre of New York.

Vivekananda (1937). *Essentials of Hinduism.* Advaita Ashrama.

Vivekananda (1943). *Ramakrishna, mein Meister* (E. von Pelet, trad.). Rascher.

Vivekananda (1944). *Gespräche auf den tausend Inseln* (A. von Keller, trad.). Rascher.

Von der Vogelweide, W. (1875). *Die Gedichte Walthers von der Vogelweide* (K. Lachmann, ed.). Georg Reimer.

Wells, H.G. (1897). *The invisible man.* C. Arthur Pearson.

Wells, H.G. (1998). *The correspondence of H. G. Wells* (D.C. Smith, ed.; 4 vols.). Pickering & Chatto.

Wernher (Padre) (1860). *Des Priesters Wernher driut liet von der maget* (J. Feifalik, ed.). Viena. (Trabalho original publicado em 1172.)

Widengren, G. (1974). Einige Bemerkungen über die Methoden der Phänomenologie der Religion. In G. Lanczkowski (ed.), *Selbstverständnis und Wesen der Religionswissenschaft.* Wissenschaftliche Buchgesellschaft.

Wilhelm, R. (1925). *Lao-Tse und der Taoismus.* Frommann.

Williams, P. (1989). *Mahayana Buddhism: The doctrinal foundations.* Routledge.

Willson, M. (1986). *In praise of Tara: Songs to the saviouress.* Wisdom Publication.

Wolff, P. (ed.). (1936). *Die Viktoriner: Mystische Schriften* (P. Wolff & H. Rosenberg, trads.). Thomas Verlag Jakob Hegner.

Yeats-Brown, F. (1930). *The lives of a Bengal lancer.* The Viking Press.

Yeats-Brown, F. (1937). *Yoga explained.* The Viking Press.

Zimmer, H. (1926). *Kunstform und Yoga im indischen Kultbild.* Frankfurter Verlagsanstalt. [Em inglês: (1984). *Artistic form and yoga in the sacred images of India* (G. Chapple & J.B. Lawson, eds. e trads.). Princeton University Press.]

Zürcher, E. (1959). *The Buddhist conquest of China: The spread and adaptation of Buddhism in early medieval China.* Brill.

Índice

A

Abraxas 403
Absolvição, pedido de 240, 296
Adão
    Cristo como o segundo 393
    filosófico 302
    primeiro homem 207
Adão de São Vítor 421, 478, 479
Adão filosófico 302
Adler, Gerhard 306
Advaita 190, 287
Adversus haereses (Santo Irineu) 271
Agostinho, Santo 310, 367
Alain de Lille 316, 325, 350
Alemanha nazista 111, 173
Alexandre o Grande 321
Alquimia 86, 88, 90, 210, 297, 298, 299, 316, 318, 347, 348, 351, 352, 354, 356, 359, 380, 459, 460, 474, 478
    água batismal ou benta da 326
    atitude espiritual da 460
    confronto do sol e da lua 370
    corpo sutil 303
    extração 373
    filosofia hermética 345, 347
    homo philosophicus 303, 306
    ioga da 315
    linguagem metafórica da 349
    medieval 222, 317, 325
    processo de iniciação 298
    simbolismo essencial na 379
    símbolo da montanha 308
    símbolo de Maria 316
    símbolos de incesto 377
    tantra 313
Altjiranga mitjina 217, 402
Ambrósio, Santo 310
Amitābha 67, 325, 381
    Terra Pura de 74
Amitāyur-dhyāna-sūtra 60, 125, 127, 143, 159, 176, 333, 342, 461

leitura de Jung do 66
Ângelo Silésio 425
Animais 116, 145, 213
    natureza e Oriente 447
    povos indígenas 402
    rituais primitivos 308
    sacrifício de 110
    simbolismo cristão 201
Anima naturaliter christiana 244
Anos-luz, medição do tempo 160
Antigo Testamento 479
Antônio, Santo 251, 465
Anuário de Eranos 347
Apadakṣiṇam 209, 210, 268, 269
Apocalipse de João, Livro do 197, 318, 320
Apolônio de Tiana 394
Aqua permanens 325
Arca de Noé 358
Aristóteles 210, 321, 443, 480
Arrebatamento
    objetivo da ioga 106, 385
    palavra grega ékstasis 382
Artistic form and yoga in the sacred images of India (Zimmer) 78, 84, 165, 189
Arūpa 275, 279, 282, 288
Āsanas 122
Asclépio, culto de 96
Aṣṭāṅga
    a ioga dos oito membros 61, 121, 123, 124
Atanásio 251, 252
Ātman 176, 192
    conceito de 396, 430, 442
    filosofia dos Upanishads 477
    filosofia oriental do 248, 285
Atos de Tomé 270
Atravessando o dilúvio 289
Atwood, Mary Anne 347
Autodesenvolvimento do indivíduo 173
Avalon, Arthur 58, 83, 177, 178, 183

B

Bally, Gustav 127
Bardo Thödol 153, 155, 183, 195, 222, 223, 433
Baynes, Cary F. 76, 369
Baynes, Helton Godwin 306, 308
Beckwith, George 308
Bergson, Henri 304, 402, 403, 405
Berthelot, *Collection des anciens alchimistes grecs* de 298, 458
Besant, Annie 119
Bête noire 225
Bhadra 234
Bhutia Busty 86
Biäsch, Hans 127
Bico 130, 281, 291
Binswanger, Ludwig 127
Bleuler, Eugen 215, 475
Boaventura, São 367, 456
Bodenstein, Adam von 305
Bodhimandala 156, 159, 160, 162, 186
Bodhimandavara 162, 164
Bodhisattva 70, 72, 73, 75, 125, 128, 144, 148, 149, 151, 153, 155, 156, 159, 171, 179, 203, 234, 241, 257
Bodhisattva Avalokiteśvara 70, 75, 144, 148, 153, 156, 159, 179
Borges, Jorge Luis 367
Brahma, conceito de 398
Brāhmaṇa, Aitareya 105
Brāhmaṇa, Śatapatha 423
Bramanismo 80, 396, 398, 405, 411, 421, 433, 442, 471
Brihadāranyaka, Upanishad 422, 433
Brome, Vincent 118
Bruce, James 319
Bruno, Giordano 367
Brunton, Paul 115, 176
Buda Amitābha 69, 72, 74, 75, 76, 125, 126
Buda Amitāyu 72, 125, 147, 148, 152, 154, 156, 159, 165
Buda, doutrina de 132, 137, 146, 245, 256, 281, 289
Buda Gautama 67
Budas *pratyeka*, independentes 241
Budismo 64, 66, 67, 77, 85, 113, 122, 125, 146, 147, 177, 192, 202, 215, 226, 245, 247, 319, 366, 382, 386, 476

cadeia *nidāna* 281
da Terra Pura 60, 69, 76
fundamentos do 129
japonês 73
japonês, zen- 434, 435
mahāyāna 125, 128, 153, 155, 160, 177, 179, 184, 224, 292, 381, 461
principais ramos do 128
processo da ioga dentro do 165, 175
religião sem deuses 156
ritos no 362
sacrifício do avidyā 308
tântrico 194
tibetano 140, 167, 179, 183, 199, 234, 366, 468
Budismo da Terra Pura 60, 69, 76, 80
Budismo tibetano 79, 140, 167, 179, 183, 199, 234, 366, 468
Burckhardt, Jacob 83
Bússola, oito cantos da 136

C

Cadeia *nidāna* 220, 281, 282, 288, 470
Caminho
      duplo 242
Caos
      conceito de 301
      materia prima 301, 348
Castrum 87, 88, 313, 316, 317, 331, 345, 351
Cauda pavonis 320, 364
Chakra 178, 202, 230, 264, 334, 464
Champeaux, Guillaume de 478
Chantecler (Rostand) 400
Chapéus vermelhos 179, 468
Cherubinischer Wandersmann (Ângelo Silésio) 425
Chorten 163, 273
Círculo
      conceito de circundamento 361
      de gansos e mandalas 144, 145, 325
      dos *bodhis* 156, 160
Circumambulatio 145, 163, 165, 170, 189, 209, 361
Circunvolução 170, 362

Cittaṃ, consciência comum 114, 387, 437
Civitas 313, 316, 318, 331, 345, 351
Clube de Psicologia de Zurique 58, 60, 62, 66, 76, 107, 335
Codex Brucianus 319, 320, 322, 425
Codex Marcianus 352
Código de Manu 410
Coincidentia oppositorum 474
Coiote 200
Comário 299, 309, 326
Complexo de Ajase 73, 129
Complexo de Édipo 73
Concupiscentia 168, 254, 256, 296
Confucionismo 67
Coniunctio 288, 304, 359, 371, 375, 377, 378, 381, 383
Consciência 203, 253, 258, 371, 375
    clareza de 245
    de Buda 337, 342, 463, 477
    de outro ser humano 280
    desengajamento da 383
    diferenciação da 244
    do tempo 427
    egoica 415
    esquizofrenia 229
    estado mais elevado de 213
    eterna 437
    europeia 336
    funções da 239, 302, 317, 353, 430, 465
    humana 395, 398, 400, 408, 437, 455, 464
    ocidental 347, 412, 414, 431
    oriental 412, 416
    Oriente honra a 256
    personificação e 273
    posse da 286
    quatro direções da 196
    quatro funções da 224
    subjetiva 236
    submersão da 285
    suprema 269, 391, 462
    terra 284
    união da 380
    unificação da 270
Contemplatio, palavra latina 101
Conteúdo psíquico
    estados de 100

Cooper, Gary 176
Corpo da verdade perfeita 145, 153
Corpo incorruptível 381
Corpus glorificationis 207
Cristianismo 57, 118, 129, 201, 319
    alemão 442
    compreensão dos indígenas 444
    Cristo vivendo em você 172
    mentalidade do 455
    moralidade no 465
    participação no Reino de Deus 476
    religião ocidental 66, 172
    romano 443
    simbolismo 380
    símbolo máximo do 472
Culturas primitivas 216

D

Dalai Lama 468
Dasgupta, Surendranath 62, 109
Däss, Günther 367
Datta, Narendranath 120
David-Néel, Alexandra 140, 141, 183, 222, 335, 342
Dawa-Samdup, Kazi 153, 178, 183
Déesse raison 457
Demchog 186, 202, 227, 275
Deus 270, 284, 286, 366, 377, 403, 415, 420, 437, 446, 458, 464, 474, 477, 480, 483
    anjo de 252
    círculo 367
    conceito de 211
    conhecimento de 244, 458
    divindade 423
    espírito de 301, 348, 352
    Filho de 320
    graça de 355
    Lei de 447
    mãe de 314, 315
    onipotência de 350
    Reino de 423, 476
    voz de 273
Deussen, Paul 63, 104, 105, 111, 193, 386, 392, 407, 408, 439
Devatās 180, 257
    femininos 254, 296, 465
    figuras divinas 288
    masculinos 253

nirmānakāya 292
resposta dos 251
seres divinos 226
Devatā-Samyutta 289
Dhamma-kakka-ppavattana sutta
(Fundamento do reino da
retidão) 77, 130, 132
Dharma (verdade ou lei) 74, 160,
195, 241, 463
Dharmakāra 69, 70
Dharmakāya
    corpo da verdade perfeita 153,
    289, 292
    mundo da verdade absoluta
    153, 163, 288, 292, 433
Dhāraṇā (concentração) 114, 124
Dhātu (elemento) 190, 195
Dhvaja 166, 333, 462
Dhyâna (meditação) 67, 71, 114,
124, 199, 385, 396
Die Sâmkhya-Philosophie (Garbe) 65
Dieterich, Albrecht 198, 299, 403
Divina comédia 473
Divinitas Sancti Spiritus 315
Domus thesauria 316, 331, 345, 379
Dorn, Gerhard 305
Durée créatrice, Bergson 304, 402,
403, 405

E

Ecclesia spiritualis 485
Eckhart, Mestre 65, 83, 291, 413,
414, 416, 421, 423, 424, 425, 431
Eddy, Mary Baker 266
Ekkehard 442, 443
Ékstasis 382
Elefante 118, 129, 145, 201, 202,
264, 293
Eliade, Mircea 62, 78
Ellenberger, Henry F. 60
Empédocles 301
Energia concentrada 467, 472
Eschenbach, Wolfram von 381
Espiritualidade oriental 57, 68, 140, 353
Esquizofrenia 229, 353
Essays on a science of mythology
(Jung e Kerényi) 86
Estados Unidos, revogação de
proibição nos 286

Estupas 85, 145, 162, 164, 170, 273
Evans-Wentz, Walter Yeeling 153,
183, 267, 283, 294, 315
Exercícios espirituais (Santo Inácio de
Loyola) 57, 68, 134, 447, 455, 485

F

Fausto (Goethe) 332, 378
Fedro (Platão) 279
Feuerstein, Georg 65, 79, 103, 107, 113
Ficino, Marsílio 367
Filosofia hermética 249, 345, 346,
347, 363, 368, 375, 379, 466
Filosofia *sāṃkhya* 64, 65, 341, 391, 397
Fischer, Thomas 60, 127
Fleiner, Fritz 453
Flor de ouro 88, 90, 325, 331, 345,
351, 364, 367
Forel, Auguste-Henri 215
Forel, Oscar Louis 127
Franz, Marie-Louise von 350, 381
Freud, Sigmund 68, 73, 119, 129,
357, 377, 378
Frischknecht, Max 367
Fröbe-Kapteyn, Olga 58, 63

G

Gabriel, Ernst 127
Gandhi, Mahatma 182
Garbe, Richard 65
Gautama, Buda 67
Gazophylacium 316, 471
Geiger, Wilhelm 281, 290
Genes femininos 371
Genes masculinos 371
Gnosticismo 322, 356, 381, 403
Gnosticismo copta 322, 425
Goethe, Johann Wolfgang von 104,
266, 372, 378, 408, 459
Guggenbühl, Adolf 482
Guṇas
    conceito de 64
    propósito dos 432
    rajas 65, 387, 406
    sattva 65, 182, 387, 392, 406
    tamas 65, 182, 387, 406

H

Hathaway, Henry 176
Hauer, Jakob Wilhelm 58, 63, 65,
 81, 103, 106, 107, 385, 392, 395,
 396, 407
Hauff, Wilhelm 239
Heráclito 263, 304, 321
Herbart, Johann Friedrich 98
Hermafrodita 230, 355, 359
Hermes 270
Heron, Alexander Macmillan 336
Heruka, o senhor da mandala 182,
 187, 203, 214, 220, 226
Heruka, palavra 190
Hinduísmo 67, 73, 79, 80, 103, 118,
 120, 209, 245, 264, 477
Hipólito, Santo 319
Hiraṇya 283
Hiraṇyagarbha 283, 285, 366
Hiraṇyākṣa 283, 285
História da filosofia (Deussen) 386
Hitler, Adolf 63, 111, 123, 468
Homo philosophicus 302, 303, 306, 307
Homúnculo 313, 355, 380
Honegger, Johann 198
Howitt, William 240
Hugo de São Vítor 101, 421, 478, 479
Hui-ming ching 383
Huxley, Aldous 120

I

I Ching 76, 263
Idade Média 178, 321, 352
 elementos físicos 221
 filosofia natural 401
 força vital 475
 ideias surgindo na 101
 imaginação 333
 modo de percepção 209
 papel da rosa na 324
 psicologia 373
 signos do zodíaco 231
Ignorância 111, 113
Igreja Católica 134, 147, 151, 314, 350
Iluminação 180
 bodhi 413
 Buda 69, 79, 153, 466
 budismo e 128, 131

círculo da 160
luz, iluminação suprema 462
meditação oriental e 88, 151
palco redondo da 156, 160
perfeita 160, 161
princípios de 257
processo de desenvolvimento 338
quatro caminhos para a
 salvação por meio da 265
Iluminação espiritual
 samādhi 61, 67, 106, 114, 124,
 234, 276, 382, 385
Iluminismo
 no século XVIII 384
 revolução do 457
Imaginação 134, 140, 318, 342
 ativa 99, 106, 220, 224, 227,
 243, 315, 331, 338, 462
 conceito de *shūnyatā* 262
 de coisas invisíveis 333
 dos projéteis mágicos 255
 elemento forma 203
 exercícios de ioga 315
 ideia de Cristo interior 337
 imagem do Buda 166, 171, 463
 na Idade Média e no Oriente, a
 fantasia como 333
 processo de 102, 224
 propósito da *conjunctio*
 (união) 474
Imaginação ativa 57, 61, 81, 95, 98,
 99, 106, 220, 224, 227, 243, 315,
 331, 332, 338, 339, 343, 462
Inácio de Loyola, Santo 57, 68, 134,
 315, 437, 449, 459
Inconsciente coletivo 95, 100, 289
Inconsciente pessoal 100, 368
Indígenas Pueblo 216, 246, 400,
 444, 448
Invocação 178, 238
 cerimônias 200
 do Buda 464
 do Espírito Santo 270
 do *tathāgata* 230
 sê redondo e gira 247
 vajra-muh 253
Ioga 346, 383
 a filosofia mais antiga da Índia 110
 apropriações ocidentais da 264

519

arrebatamento como objetivo
da 385
budismo e 66, 132, 165, 175, 237
ensino de 106
espiritualidade oriental e 57
experiências de um homem
branco com 116
filosófica chinesa 182
hinduísta 125
indiana 66, 116, 298, 359, 383, 441
meditação oriental e 90, 412
objetivo da prática 107
oito membros da 124
oriental 105
prática da 121
técnica ocidental 61, 105
Ioga da serpente 177
Ioga da serpente de fogo 168
Ioga dos oito membros (*aṣṭāṅga*)
121, 123, 124
Ioga indiana 67, 116, 298, 359, 383
Ioga kundalini 58, 78, 84, 107, 168,
177, 248, 264, 300
Ioga tântrica 58, 60, 78, 80, 177,
224, 248, 300, 345, 351, 377
Iogue, no círculo mágico 195
Islã 67, 248, 296

J

Jainismo 67
James, William 120
Jesus Cristo 172, 311, 393, 446, 464, 482
Jōdo-shū 69
Jung, Carl Gustav 57
leitura do A*mitāyur-dhyāna-sūtra* 66
leitura do *Shrī-chakra-sambhāra tantra* 82
leitura do *Yoga sūtras de Patañjali* 61
Jung, Emma 381
Jung, Johann Paul Achilles 238

K

Kadmon, Adão 425
Kaivalya 430, 431, 432
Kālayasas 70
Kali (Kālikā), deusa hindu 109, 118, 163

Kalpa 138, 139, 144, 148, 152, 161
Kāmaloka 275, 279, 282, 288
Karma 113, 120, 156, 222
budismo 156
desfavorável 153
doutrina do 150
kleśas são 113
negativo 150
noção metafísica de 213
obstáculo do 148, 156, 159
positivo 150
raízes do 385
Keller, Alwine von 63
Kerényi, Karl 86
Khāndogya Upaniṣad 398, 399, 422
Kleist, Ewald Georg von 472
Kleśas 123
como impulsos compulsivos
110, 385, 409, 455
conceito de 62
impulsos inconscientes 243
ioga e a diminuição dos 107
libertação dos poderes
cármicos 151
obstáculos 68
Patañjali lista os cinco 108
Kosawa, Heisaku 73, 129
Krishna 275, 392, 409

L

Lama 205, 215, 218, 220, 222, 232,
235, 244, 252, 295, 337, 342
Lamaísmo 84
Lamaistisches vajramandala 169
Lapis aetherius 222
Lapis angularis 311, 314
Lápis-lazúli 133, 135, 136, 163, 166,
167, 172, 333
Lapis philosophorum 182, 230, 314, 349
Layard, John Willoughby 306
Leisegang, Hans 271, 322, 403, 417
Lévy-Bruhl, Lucien 217, 400
Lincoln, Jackson Steward 217
Liṅga-deha 398
Liṅgaṃ 274, 294, 340, 341, 342, 470
corpo de ligação 398
lua com 313, 331, 345, 469, 476
poço 340
significado de 341, 342

Lingdam Gomchen, rinpoche 86
Liturgia de Mitras 197, 198
Livro do castelo amarelo 89, 354
Lótus 153, 157, 364, 462, 469
  branco 159
  círculo de gansos em torno de
    um 144, 145, 149
  de oito pétalas 275, 297, 470
  flores de 171, 381, 463, 470
  ideia de 327
  meditação 334, 337
  padme como 203
  posição de meditação 146,
    162, 228
  rosa equivalente a 324
  tesouro no 164
  yoni 297, 313, 331, 340, 345
Lua 136, 193, 216, 230, 470, 474
  com *liṅgaṃ* 297, 313, 331, 345,
    469, 476
  meia-lua 194
  sino pendurado sob a 272
  sol e 230, 297, 340, 352, 355,
    367, 370, 474
  unificação da 342
Lumen 355
Luminosum 393
Lux moderna 355

M

Maaianas, sūtras 69, 74, 80
Magno, Alberto 350
Mahābhāṣya (Patañjali) 64, 106
Mahāyuga 138
Maier, Michael 309
Mandala(s) 322
  círculo de gansos 145, 149, 325
  círculo mágico 361, 462, 470, 476
  da Água 262
  da Terra 263
  de Fogo 262
  descrição de 160
  do Ar 262
  do dharma-dhatû-jñāna 261
  Eterna e Imutável 270
  feitas de manteiga 168
  figuras divinas 288, 293
  hindus 167
  interior de toda a 272

Lamaistisches vajramandala 169
Mandala Yamāntaka 278
  o senhor da 295
  quadrado com portas no
    interior de uma 254
  ritual 180
  roda como símbolo 333
  Shakti da 294
  simbolismo das 320
  símbolo de totalidade 464
  símbolos de redondeza 247, 248
  tibetana 274
Maṇḍapaṃ 184
Mani 319
Mantra 189, 229, 233, 240, 253,
  268, 272
  como expressão mágica 192
  entoando 185
  "hūm" 193, 202, 227, 265
  "om" 193, 208, 269, 325
  texto sânscrito do 235
  "yam" 262
Marolles, Michel de 300
Massa confusa 348
Masson-Oursel, Paul 59
Mastro de bandeira
  (*dhvajastambha*) 166
Mater Gloriosa 378
Materia 179, 376, 394
Matéria
  dividida em quatro elementos 302
Materia prima 210, 301
Mater natura 394
Māyā 104, 136, 257, 296, 376, 402
  Shakti 179
McCormick, Harold Fowler, Jr. 60,
  110, 272
Medição de tempo
  anos-luz 160
Meditação 101
  conceito 101
  décima 148
  décima primeira 149
  décima quarta 151
  décima quinta 151
  décima segunda 149
  décima sexta 151, 155
  décima terceira 150
  dentro da ioga 127, 132, 151

gesto de unir as mãos 152
nona 148
oitava 143, 146
orações pelos moribundos 155
quarta 137
quinta 138
segunda 136
sétima 141
sexta 138
terceira 137
Megalomania 365
Meier, Carl Alfred 97, 127, 361
Miles ecclesiae 455
Miller, Barbara Stoler 111, 387
Mirandola, Giovanni Francesco Pico
della 318
Mirandola, Giovanni Pico della 318
Misticismo 299
cristão 192, 464
medieval 471
ocidental 192, 464, 477
Mitologia 90, 100
aborígenes australianos 217
antiga 116, 375
grega 394
hindu 264
indiana 332, 394
tântrica 394
tibetana 394
Monogenes 319, 322
Monte Ararat 358
Monte Everest 336
Monte Meru 264, 267, 272, 297, 304,
308, 309, 313, 314, 331, 339, 466
Moralidade 120
Morgenthaler, Fritz 127
Mudrā 233, 234
linguagem de sinais 122
Mulādhāra chakra 264, 293
Müller, Max 60, 67, 70, 125, 151
Muramoto, Shoji 76
Musschenbrock, Pieter van 472
Mystiques et magiciens du Tibet
(David-Néel) 140, 222, 335

N

Nala Vagga 289
Nandana 291
Nandana Vagga 291

Natal 95, 205
Neolítico 475
Neumann, Erich 145
Neumann, Karl Eugen 180
Neurastenia 412
Nidāna Samyutta 281
Nirmānakāya 288, 289
Nirvana 77, 79, 85, 128, 129, 162,
242, 477
Nirvāṇa kāya
mundo das coisas criadas 163
Niyama 103, 121
Nobre caminho óctuplo 77, 124, 129, 131
Nolens, volens 185
Notker 443
Novo Testamento 172, 337, 366

O

Odem
sopro de vida 176
O filho hermafrodita do sol e da lua 355
O homem invisível (Wells) 117
Olhos, três 101, 275, 279, 471, 477
O livro das mutações 263
O livro tibetano dos mortos 126, 183,
195, 433
O livro vermelho (Jung) 89, 251, 285
Oppermann, M.A. 64, 388
Opus magnum 355
Oração 152, 197, 246, 273, 483
cânticos 163
da noite 185
do Tathāgata 150
fórmulas 163
para os moribundos 422
para os mortos 155
rodas de oração e bandeiras 228
Origem dependente 281
O segredo da flor de ouro (Wilhelm e
Jung) 81, 87, 169, 352, 354, 369, 383
Os livros negros (Jung) 82, 83, 403
Ovo filosófico 303
Ovum philosophorum 303

P

Padma 320, 334, 462, 470, 476
Padres da Igreja 244, 309, 316, 318,
325, 350, 355

Pagode Negro 120
Palco redondo da iluminação 156, 160
Paracelso 249, 305, 306
Participation mystique 146, 400
Partido Nazista 123
Patañjali, Yoga sūtras de 61, 109,
   114, 121, 382, 432
     ioga de 427, 461
     objetivo da ioga 385
     trechos do 391, 393, 406
Pater Seraphicus 378
Pax Romana 445
Pelet, Emma von 63, 64, 388
Pelicano 323, 324
Pelicanus 323
Personalidade consciente 315, 363
Personificação 226, 231, 273, 352, 381
Phôteinós 356, 393
Pitágoras 304, 322, 394
Platão 248, 257, 279, 304, 464, 480
Pradakṣiṇa 209, 210, 268
Prajāpati 103, 104, 105, 176, 303,
   365, 399, 401, 402, 405, 422, 442
Prakṛti 387, 414, 416, 418, 419, 434
    princípio de 393
    puruṣa e 65, 387, 391, 394,
      406, 421, 437
Prāṇayama, a arte de respirar 122
Pratyāhara, retirada dos sentidos 123
Prima materia 348
Processo de individuação 88, 90,
   140, 454
Proclo 304, 403
Proibição nos Estados Unidos
   revogação de 286
Protágoras de Abdera 257
Protestante 425, 431, 445
Przyluski, Jean 59
Pseudo-Aristóteles 321
Pseudo-Demócrito 298, 299, 458
Psicologia e alquimia (Jung) 87,
   320, 353
Pupila 399
Puruṣa 248, 442
    conceito de 392, 393, 394, 395
    conhecimento de 387
    espírito 387, 391
    filosofia 285
    ideia indiana de 320, 381
    prakṛti e 65, 421, 437

sattvaṃ e 406, 407, 421, 430,
   431, 432, 433
superconsciência 413
unidade 396

Q

Quaternarium 321, 331, 345, 351
Quatro cores 196, 264, 275, 302,
   309, 320, 470
Quinta essentia 209, 210, 213, 220, 221,
   222, 263, 276, 324, 351, 361, 364

R

Rajas 65, 182, 387, 392, 406. Cf. *guṇas*
   princípio dinâmico 65
Rāja-yoga (Vivekananda) 63, 115, 120
Ramakrishna, Sri 118
Reissiger, Karl Gottlieb 240
Religião primitiva 216, 441
Religiões primitivas 179
Rex gloriae 324, 463
Rhys Davids, Caroline 59
Ricardo de São Vítor 421, 478, 479
Rigveda 58, 66, 103, 104, 285
Rizomas 301
Rockefeller, Edith 60
Rockefeller, John D. 60
Rolland, Romain 118, 119, 120
Rosa mystica 325, 462, 473
Rosário dos filósofos 298, 359
Rosenberg, Hans 479
Rostand, Edmond 400
Rūpaloka 275, 279
Ruysbroeck, João de 473

S

Śākyamuni 67, 74, 160, 165
Śākyamuni, Buda 74
Samādhi
    iluminação espiritual 61, 106, 114,
      124, 137, 155, 234, 276, 382, 385
Samanta 234
Samantabhadra, Buda 235
Samanta, Buda 235
Sambhogākāya
    mundo dos corpos sutis 163,
      288, 292

523

Saṃgha, comunidade 74, 154, 241
Sāṃkhya
ioga e 65
Saṃsāra 107, 256, 397
Saṃyama 388
como perfeita disciplina 114
Sangskāra 203, 213
Sapientia 283, 316, 317
Sattvaṃ 182, 387, 392, 406.
Cf. guṇas
princípio puro 65
Schiller, Friedrich 273
Schmezer, Elise 240
Schmidt, Carl 319
Schmitt, Johannes Ludwig 123
Schmitz, Oskar A. H. 443
Schweizer Spiegel (revista) 482
Schwyzer, Emile 198
Seminário de Berlim 145
Separatio elementorum 303
Shakti 179, 209, 223, 283, 287, 294, 295, 394, 476
Shiva 109, 170, 194, 209, 230, 283, 286, 287, 340, 394, 403, 440, 476
Shrāvakas, discípulos do Buda 241
Shrī-chakra-sambhāra tantra 60, 178, 189, 205, 227, 295, 464, 470, 472, 480
leitura de Jung do 82
Shrī Heruka 180
Shrī Heruka aham 187, 189
Shrī mahāmāyā 179
Shūnyatā
conceito de 261, 263
elementos de 313, 326
vazio 183, 190, 192, 225, 258, 297, 337, 382, 418, 465
Silcher, Friedrich 239
Simbolismo hermético 331, 345
Simbolismo tântrico 331, 345
Si-mesmo 65, 76, 136, 401, 433
Buda 210, 364, 366
compreensão do 195
conceito de 392
diferenciação entre o eu e o 408, 430, 432
em estupas 163
mandala como representação simbólica do 140
na Índia 113
não reconhecido 395

pessoal 176, 358, 365, 366
questão do 391
realidade 383
símbolos do 285
transcendental 65, 107
Sinésio de Cirene 458
Sizígia 208
Sociedade Suíça de Amigos da Cultura do Leste Asiático 66
Sociedade Suíça de Psiquiatria 127
Sofrimento da existência 136
Sol 166, 168, 176, 203, 216, 398, 468
água e 67, 68, 75, 172
Buda e 172
flor do 325
lua e 230, 297, 340, 352, 354, 367, 368, 370, 474
meditação do 197, 198
nascente 161
olho 284, 422
poder do 216
poente 133, 135, 333, 461
Rá 201
simbolismo do 399, 461
South, Thomas 347
Splendor Solis 306, 307
Stein, Charlotte von 372
Stieler, Joseph Karl 266
Suástica 173, 468
Sukhāvatīvyūha maior 70, 80
Sukhāvatīvyūha menor 70
Sūtra da visualização (Sūtra da contemplação) 70, 80
Suzuki, Daisetsu Teitaro 63, 434, 435

T

Takakusu, J. 70, 125
Tamas 65, 182, 387, 392, 406, 407. Cf. guṇas
princípio da inércia 65
Tambor/tamborilar dos dedos 122, 133, 162, 184, 231, 233
Tantrismo 81, 87, 167, 177, 223, 248, 300, 345, 352, 476
Taoismo 67, 76
Tao te ching 76
Tapas
conceito de 103, 104, 105
Tārā 178, 179

Tathāgata 131, 141, 150, 161, 203,
  214, 230, 235, 242
Tejobindu, Upanishad 411
Templo do Sol de Konarak, em
  Orissa 120
Templum, palavra latina 101
Terra da Suprema Felicidade 136,
  146, 149, 154, 155
Tertuliano 244
The lives of a Bengal lancer
  (Yeats-Brown) 115, 176
Theologica naturalis 458
The sacred books of the East (Müller)
  67, 71, 125, 130, 160, 285
The serpent power (Avalon) 58, 177, 359
The study of Patañjali (Dasgupta) 62
Thomas, Lowell 120
Tibetan yoga and secret doctrines
  (W.Y. Evans-Wentz) 267, 283, 294
Timeu, de Platão 248
Tipos psicológicos (Jung) 76, 83, 291,
  304, 422, 423
Tolstói, Lev 120
Tomás de Aquino 350
Tone, Franchot 176
Transformações e símbolos da libido
  (Jung) 57, 83, 104, 105, 198, 217
Triângulo, *yoni* 294
Trismosin, Salomon 306
Twain, Mark 266

U

Uhsadel, Walter 447
Unio oppositorum 474
Universidade de Calcutá 59, 60, 183
Universidade de Osmania em
  Hyderabad 60, 145, 247
Universidade Hindu de Benares 60
Upanishads 58, 83, 193, 283, 285,
  338, 396, 398, 421, 439, 474, 477

V

Vajra 84, 88, 178, 182, 256, 469, 471
  armas 297
  compreensão do 84, 317
  de quatro cabeças 88, 90, 276,
    297, 313, 320, 339, 345, 351,
    466, 470

  diamante 178
  eterno 283, 317
  identificação com o 295
  raio 178, 267, 320, 466
Vajra-īśvara 220
Vajra-muh 253
Vajrasattva 182, 203, 220
Vajrayāna, budismo tibetano 179
Vara, fluxo circular 162
Vas hermetis 331, 345, 354, 379
Veritas 316
Vihāra 85, 297, 313, 331, 341, 345,
  354, 379, 470, 476, 482
Viṣaya jñāna 193
Vishnuísmo 396
Vivekananda, Swami 63, 64, 119,
  120, 388

W

Wagner, Richard 116
Weizsäcker, Adolf 173
Wells, Herbert George 117
Widengren, Geo 216
Wilhelm, Richard 76, 89, 435
Wolff, Paul 479
Wolff, Toni 60
Woodroffe, John 58, 183, 315, 466.
  Cf. Avalon, Arthur
    The serpent power 177
Wotan (Jung) 443

Y

Yama(s) 121
Yamāntaka, Mandala 278
Yeats-Brown, Francis 115, 176
Yoga as philosophy and religion
  (Dasgupta) 62, 109
Yoga sūtras (Patañjali) 61, 125, 382, 384
  consciência no 416
  conteúdo principal do 433
  diferença entre *puruṣa* e
    sattvam 431
  dominar o tempo 428
  ensinamentos do 386
  ensino de ioga 106, 109
  ioga clássica 115, 461
  kleśas 110
  liberdade 432

práticas do 121
trechos individuais no 391,
395, 406, 410, 421, 427
Yoginī 179, 187, 230
Yoni
triângulo 294
Yuga de Kali 139
Yukteswar, Sri 145

Z

Zimmer, Heinrich 59, 78, 80, 86,
145, 189
*Artistic form and yoga in the
sacred images of India* 78,
84, 165, 189
circumambulatio 165
prática tântrica 79
teoria da fusão 80
zen-budismo 434
Zodíaco 231, 294, 301
Zoroastrismo 67, 319
Zósimo 299, 355, 458

Conecte-se conosco:

f facebook.com/editoravozes

◉ @editoravozes

𝕏 @editora_vozes

▶ youtube.com/editoravozes

◯ +55 24 2233-9033

www.vozes.com.br

Conheça nossas lojas:

www.livrariavozes.com.br

Belo Horizonte – Brasília – Campinas – Cuiabá – Curitiba
Fortaleza – Juiz de Fora – Petrópolis – Recife – São Paulo

  Vozes de Bolso

EDITORA VOZES LTDA.
Rua Frei Luís, 100 – Centro – Cep 25689-900 – Petrópolis, RJ
Tel.: (24) 2233-9000 – E-mail: vendas@vozes.com.br